디지털 해적들의 상상력이 돈을 만든다

재미와 장난으로 시장을 혁신한 사람들

디지털 해적들의 상상력이 돈을 만든다

매트 메이슨(Matt Mason) 지음 | 최지아 옮김

살림Biz

이제 곧 길거리 지식의 위대함을 목격하게 될 것이다.
— 닥터 드레(Dr. Dre), 1988

C O N T E N T S

재미와 장난이 거대한 혁신을 불러오다

마크 젠킨스(Mark Jenkins)의 길거리 설치물 '미터 팝(Meter Pop)'
(길거리의 주차 미터기에 커다란 막대사탕을 덧입힌 것처럼 보이는 재미난 형태의 설치물-옮긴이)
- 미국 워싱턴 DC 인디펜던스 가, 2006년 1월 15일, ⓒ마크 젠킨스

쌀쌀한 1월의 어느 날 아침, 워싱턴 DC의 인디펜던스 가를 차로 달리고 있다고 상상해보라. FM 라디오를 켜고 치직거리는 잡음 사이로 좋아하는 노래가 흘러나올 때까지 이리저리 다이얼을 돌려대는 당신. 한동안 다이얼을 돌려대다 마침내 주파수를 고정하자 스피커에서 선명하게 흘러나오는 스테레오 사운드 음악이 차 안을 가득 메운다.

하지만 그것도 잠깐, 힙합 음악의 묵직한 베이스 사운드를 쿵쿵 울려대며 어디선가 갑자기 나타난 SUV 한 대가 옆 차선에 멈춰 섰다. 고성능 스테레오 시스템에서 울려 퍼지는 힙합 리듬에 맞춰 당신의 자동차 창문도 덩달아 진동할 뿐, 당신의 음악은 이제 더 이상 들리지 않는다. 길게 드러눕듯 운전석에 앉아 있는 사내를 쌔려보지만 얼굴 위로 푹 눌러쓴 모자 때문에 눈을 마주칠 수가 없다. 운전대 위로 뻗은 그의 왼쪽 팔뚝에 채워진 값비싸 보이는 시계 위로 아침 햇살이 내려앉는다. 혼잡한 차량들 사이로 베이스 사운드가 울려 퍼지는 가운데 운전석에 앉은 사내가 스내어 드럼 박자에 맞춰 고개를 까닥이자 곧이어 둔탁한 목소리의 멜로디가 차가운 겨울 공기 속으로 퍼져나간다.

그는 한눈에 봐도 알 수 있는 오늘날의 전형적인 힙합 청년이다. 그의 모습에서는 기세등등하고 우쭐대는 태도와 모종의 열정이 동시에 배어 나온다. 커다란 중형차와 화려한 장신구를 좋아하는 취향이 드러나고 또한 그의 사운드트랙에서는 길거리 문화와의 끈끈한 유대감과 더불어 가난에 찌든 현실이 묻어난다. 힙합 가수 피 디디(P. Diddy)의 뮤직비디오 엑스트라와 같은 차림의 이 사내는 사실 알고 보면 대학생이거나 마약 거래상일 수도 있고 혹은 양자 물리학자일 수도 있다. 겉모습만으로는 도무지 알 길이 없다.

그는 또 특정한 사회적·민족적 배경을 갖고 있을 수도 있다. 그러나 어찌됐든 그는 오늘날 지구 최대의 문화적 움직임에 속하는 힙합에 매료되어 그 지배를 받고 있는 힙합 인구 중 한 사람이다. 미국만 따져도 힙합 인구수는 수백만 명에 달한다. 여러 사람들의 눈에 그는 지금까지 젊은이 문화가 걸어온 그 모든 발자취를 상징한다.

그가 차고 있는 손목시계를 부러움과 경탄의 눈길로 바라보며 불쾌하기 짝이 없는 그의 스피커를 노려보느라 정신없는 당신에게 사이드미러를 체크할 겨를이 있을 리 없다. 혹시라도 그럴 틈이 있었더라면 바로 당신의 뒤편으로 젊은이 문화의 미래가 다가오고 있음을 눈치챘을지도 모를 텐데 말이다.

그때 당신의 눈에 들어온 것이 있었으니 바로 갑자기 먹통이 되어버린 당신의 라디오. 몸을 구부려 이리저리 주파수를 돌려보지만 도대체 아무런 반응이 없다. 옆에 서 있는 SUV의 라디오도 먹통이 되기는 마찬가지, 당신만큼이나 답답했던지 주먹으로 대시보드를 탕탕 내리치는 힙합 청년의 모습을 힐끔 쳐다보는 당신. 이제 당신은 선루프 쪽을 점검해본다. 티 없이 맑고 청명한 하늘에서 라디오 수신을 방해하는 외계인의 흔적 따위는 전혀 찾아볼 수 없다. 백미러를 보아도 아무것도 감지되지 않기는 마찬가지다. 프리우스(Prius: 도요타에서 나오는 하이브리드 차 브랜드—옮긴이)에 타고 있는 멍한 표정의 젊은 사내를 제외하고는.

물론 당신의 눈에는 이 젊은 사내의 조수석에 장착된 개조형 아이트립(iTrip)이 아이팟과 접속되어 있는 모습이 보일 리 만무하다. 더군다나 이 기기를 이용해 약 10미터 반경에 들어 있는 모든 FM 주파수에 해적판 정적을 송출하고 있다는 사실은 상상조차 할 수 없는 일이다.

프리우스에 타고 있는 이 천연덕스러운 얼굴의 사내가 바로 젊은이 문화혁명의 기다란 연장선 끝자락에 서 있는 라디오 해적 집단이다. 이들은 수십 년 동안 미디어 세계를 조종해온 라디오 해적들이다. 할리우드를 설계했고, 수많은 신종 형태의 방송을 탄생시켰으며, 냉전의 승리를 도왔던 주역들도 바로 다름 아닌 이들이다. 그러나 세계 전역에서 미디어의 모습을 변화시켜온 전대의 수많은 선배들처럼 이 프리우스 사내도 주류 사회로부터 거의 아무런 주목을 받지 못하기는 마찬가지다.

신호등이 초록색으로 바뀌자 당신은 방금 왜 그런 일이 일어났는지 도무지 모르겠다는 표정으로 다시 차를 몰기 시작한다. SUV와 프리우스가 고속도로와 연결된 9번가로 우회전하자 그제야 당신의 라디오가 되살아났다. 그후 몇 분이 지나자 좀 전에 일어난 일을 거의 까맣게 잊다시피 한 당신은 한

참을 더 운전해 내려가 길가에 차를 댄다. 그런데 이번에는 좀 전보다 더 이상한 일이 벌어진다. 주차 미터기에 집어넣을 동전을 찾느라 주머니를 뒤적이는데 아까보다 더 희한한 젊은이 문화와 마주친 것이다.

날마다 이용하는 주차 미터기 대신에 1미터 높이의 커다란 레몬색 막대사탕이 햇살을 받으며 버젓이 땅에 꽂혀 있는 것이다. 이게 도대체 뭐람. 어쩌다 헨젤과 그레텔(Hansel & Gretel) 영화 세트장으로 들어와 차를 세우기라도 했단 말인가?

좀 더 자세히 살펴보니 그건 아니라는 생각이 분명해졌다. 그것은 일반 주차 미터기에 반문화적 성격을 덧입혀 막대사탕의 모습으로 재구성해놓은 작품이다. 사탕의 달착지근한 머리 부분은 전부 옅은 노란 색 스카치테이프로만 만들어져 있다. 그것은 이 사회의 또 다른 이름 없는 영웅이 남겨놓은 흔적이다. 하지만 이번에는 공중파가 아닌 공공장소를 조종해온 해적들의 소행이었다. 그리고 이 막대사탕은 볼펜과 스프레이 깡통으로 혁명을 시작한, 세상에 드러나지 않은 무명 집단이 남겨놓은 여러 업적들 가운데 하나다. 그들은 광고, 패션, 영화, 디자인을 포함해 다른 모든 업계에 두루 영향을 미친 장본인들로서, 지금까지 수십억 달러의 매출액을 일으키는 브랜드를 설립하고, 정치적 쟁점에 미디어의 스포트라이트를 집중시키며, 주변 세상에 대한 우리의 사고방식을 변화시킨 이들이다.

공중파상에서나 공공장소 안에서 그리고 우리를 둘러싼 새로운 디지털 정보 층(層)을 통해서, 해적들은 우리의 정보 이용 방식을 바꿔놓고 있다. 사실 그것은 경제 시스템의 원초적 본질이 변화하는 것이나 다를 바 없다. 라디오 해적에서부터 그래피티 아티스트에 이어 오픈 소스 문화와 리믹스에 이르기까지, 젊은이 문화의 배후에 놓인 새로운 발상들은 세계를 뒤바꾸는 막강한 세력으로 진화해왔다.

지난 60년 동안 자본주의는 서구 세계를 쥐고 흔들어왔지만 그 속으로 침투해 들어가는 해적들의 머릿수가 점점 늘어나면서 그들이 헤집고 들어간 구멍이 눈에 띄게 드러나고 있다. 개인 소유의 재산과 아이디어와 특권들이 그 누구의 통제도 없이 공공 영역으로 스며들고 있는 것이다.

이제 우리가 탄 배를 좌지우지할 세력은 바로 해적들이며, 이로써 전 세계 인구와 기업과 정부들은 새로운 딜레마에 직면하고 있다. 이것이 바로 '해적들의 딜레마'다. 그렇다면 우리 몸을 실은 배의 동향 흐름에 맞춰 우리는 어떤 반응을 나타내야 할까? 이 해적들은 우리를 몰살시킬 파멸자인가, 아니면 우리를 살려줄 구세주인가? 그들은 싸워서 물리쳐야 할 위협적인 존재들인가, 아니면 함께 경쟁하면서 뭔가 배워가야 할 창의적인 세력들인가? 그들과 경쟁할 것인가 경쟁하지 않을 것인가(이것이 문제로다)는 아마도 21세기 경제와 문화에 있어서 가장 중대한 물음이 될 것이다.

2003년에는 전자프론티어재단(Electronic Frontier Foundation: 인터넷상에서 표현의 자유와 개인 프라이버시를 옹호한다는 취지로 설립된 미국의 비영리 조직—옮긴이)의 공동 창립자이자 미국의 록 밴드 그레이트풀 데드(Grateful Dead)의 전 작사가로서 젊은이 문화와 혁신의 교차로에 서 있는 존 페리 발로우(John Perry Barlow)는 이 문제를 다음과 같이 요약해놓았다.

사이버 공간을 암중모색하며 지내오는 동안 사이버 공간 속의 거의 모든 법적·윤리적·정치적·사회적 고민의 깊숙한 근원에는 반드시 밝혀내야 할 거대한 미해결 수수께끼가 남아 있었다. 그러니까 지금 나는 디지털화된 재산에 관한 문제점을 말하고 있는 것이다. 그 수수께끼는 바로 다음과 같다. 우리의 (디지털화된) 재산이 무한대로 복제되어 우리도 모르는 새 우리의 소유권 범주에서 벗어나 아무런 비용 없이 전 세계에 동시다발적으로 배포될 수 있다면, 우리는 그것을 어떻게 보호할 수 있을 것인가? 우리의 머리로 만들어낸 성과물에 대해서 우리는 앞으로 어떻게 보상받을 수 있을 것인가? 만약 보상을 받을 수 없다면 이런 성과물의 지속적인 창작과 배포는 무엇으로 보장받을 수 있단 말인가?

심오하리만치 새로운 도전에 대해 마땅히 뾰족한 해결책도 없거니와 더군다나 물리적 성질이 강한 일부 사물을 제외한 나머지 모든 것들의 고속 디지털화 현상을 사실상 뒤로 미룰 수도 없는 처지의 우리는, 점점 침몰해가는 배를 타고 미래를 향해 항해하고 있는 셈이다.

그렇다면 이 책은 침몰해가는 이 배를 구해줄지도 모르는 해적들에 관한 이야기라 할 수 있다. 해적들은 종종 불어오는 변화의 바람을 제일 먼저 감지해낸다. 해적들의 딜레마에 대한 정답은 기존의 법칙이 더 이상 적용되지 않는 공간, 다시 말해 사회와 시장에 의해 아직 개척되지 않은 바다를 헤쳐나가는 해적들의 무용담 속에 담겨 있다. 그러니까 젊은이 문화의 역사 속에 해답이 들어 있는 셈이다.

지금까지 60년이 넘는 세월 동안 십대 반항아들은 계속해서 뭔가 색다른 일을 벌여왔고, 정보와 지적 재산과 공공장소를 공유하는 새로운 방식을 만드는 일에도 힘써왔다. 우리에게 친숙한 젊은이 운동의 배후에는, 정보 취급 방식에 관한 기존의 전제들이 더 이상 먹혀들지 않는 오늘날의 환경 속에서 어떻게 경쟁하고 협력하고 공존할 수 있을지에 관한 급진적인 발상들이 놓여 있다.

이 책은 이런 급진적인 발상들이 떠오르는 모습을 주의 깊게 살펴볼 것이다. 처음에는 일부 정신 나간 이단아들이 벌이는 사회적 실험으로 출발했다가 종국에는 모든 분야로 속속 침투해 들어가 비즈니스와 정치를 포함한 다른 수많은 분야에 영향력을 미치는 발상들 말이다.

이제 처음으로 우리 인류 집단의 미래와 젊은이 문화의 변화무쌍한 과거가 하나로 연결되면서 뒤죽박죽 혼란스럽던 부조리함이 우리에게 더없이 중요한 혁신들에 어떻게 영감을 불어넣었는지 보여주게 될 것이다. 지금 바로 우리 눈앞에서는 젊은이 문화의 파급 효과가 우리 삶과 일의 방식을 바꿔놓고 있지만 이 같은 영향력은 거의 주목받지 못하고 늘 간과되기 십상이다.

하지만 이 세상 모든 이들이 주목하게 될 날도 그리 멀지는 않았다. 이 책은 디지털 정보를 취급하는 사람들만을 다루지 않고 실제 세상으로도 침투해 들어간다. 이제 곧 책을 통해 알게 되겠지만 새로운 테크놀로지 덕분에 물리적인 제품을 다운로드하는 일은 음악 다운로드만큼이나 쉬워질 것이다. 사실 이미 우리는 특정인을 대상으로 하는 내로우캐스트(narrowcast) 전파 방송으로도 직접 정보를 송출하고 있다. 그것은 한데 집합시키면 대통령도 전복시킬 만한 위력을 갖고 있다.

정보의 시대(Information Age)는 지금 사춘기를 맞아 성장통을 겪고 있다. 그렇다면 우리는 우리 자신들의 십대 시절을 돌이켜보고 젊은이 문화에서 파생되어 주변부를 통해 사회에 성공적으로 침투해 들어간 비즈니스 모델을 탐색하고 이해함으로써 이 과도기를 무난하게 넘길 수 있는 최고의 묘안을 함께 짜낼 수 있을 것이다.

젊은이 문화가 거칠게 반항하는 이유는 현실이 늘 올바르게 돌아가지만은 않기 때문이다. 젊은이 운동은 유혈 혁명을 선동하지 않고 대안과 소통할 수 있는 하나의 커뮤니케이션 방식인 동시에 내부로부터 시스템을 재조직하는 방식으로, 결코 만만한 일은 아니다. 이단적인 경제학자 E. F. 슈마허(Schumacher)는 우리를 지배하는 시스템의 폐단을 지켜보고는 "시스템의 폐단을 부정하는 것은 너무나도 분명한 부조리다. 그렇다고 그것이 나쁘다고 인정하는 것도 현대 사회가 맡은 주요 역할을 인간성에 반하는 일종의 범죄로 몰아세우며 비난하는 것이나 다름없다."고 말했다. 하지만 십대 시절에 슈마허의 글을 접하는 이들은 드물다. 그보다는 젊은이 문화와 사회적 실험으로 맞서 대항하는 경우가 일반적이다. 그것은 곧 기존과는 다른 행동 양식에 관한 비공식 연구를 말하며, 바로 여기서 멋진 음악과 반항적인 헤어커트 스타일과 새로운 운영 방식이 제공된다.

이 책에 기록된, 세상에 거의 알려지지 않은 젊은이 문화의 '유레카 순간'은 매우 귀하고 값진 것이다. 뭔가 낯설고 새로운 아이디어가 별안간 소수의 사람들에게 먹혀들고 그들이 다시 다른 사람들에게 그것을 전달할 때, 바로 그때 빅뱅이 일어난다. 이 같은 빅뱅의 경험은 하나의 계시이자 미래를 비추는 한줄기 섬광이다.

그러다 몇 년이 흘러 거기서 슈퍼스타와 대형 브랜드가 출현하는 것을 목격하고 나면 처음에는 초라하게 시작되었던 급진적인 아이디어들이 몰라보게 성장할 수 있다는 사실이 확연해진다. 젊은이 문화의 상업적 성공 스토리는 전 세계 다양한 분야에서 각양각색의 배우들이 펼치는 활약상으로 수차례 반복되고 있다. 예를 들어 50센트(50Cent)와 같은 래퍼들은 앨범 한 장 발표하지 않고도 1년에 5천만 달러를 벌어들일 수 있다. 마크 에코(Marc Ecko)와 같은 그래피티 아티스트는 자신의 낙서로 10억 달러 이상을 벌어들이는 다국적 브랜드를 일구어낼 수 있었다. 에코는 2006년 「로열(Royal)」이라는 잡지에서 다음과 같이 말했다. "오늘날 가장 파괴적인 영향력을 지닌 목소리는 더 이상 기업이라는 공중파를 통해 전달되는 아티스트의 목소리가 아니다. 그것은 바로 해적의 목소리다. 이제는 해적이 제작자가 되는 세상이다. 정부나 대기업 당국을 비방하는 인디 펑크의 메시지는 더 이상

노랫말 가사에만 머무르지 않는다. 해적은 무시무시하다. 게다가 잔뜩 굶주려 있다. 해적은 고질라(Godzilla)다. 그는 디저트를 먹으려고 문을 두드리는 불청객이다."

그러나 이 새로운 고질라들이 비단 그래피티 아티스트나 억만 장자 가수들만은 아니다. 고질라의 고무 가면 뒤에 가려진 얼굴은 사실 당신의 얼굴일 수도 있다. 해적들과 우리가 서로 다를 게 없기 때문이다. 이제는 무법의 해적들과 합법 기업들, 법을 준수하는 시민들이 한 공간 속에 살면서 어떻게 하면 정보를 새로운 방식으로 공유하고 통제해나갈 수 있을지 함께 노력을 기울이고 있다. 이 책은 우리가 어떻게 해적들과 경쟁하고 그들을 다루어 나갈지에 관한 내용인 동시에, 우리 안에서 해적의 모습을 발견해내어 어떻게 더 나은 모습으로 가꾸어 나갈 수 있을지에 관한 내용이기도 하다.

그런데 우리는 어쩌다 이곳에 다다르게 된 것일까? 우리가 몸담은 배의 행로를 정해줄 새로운 정황들은 과연 무엇이고, 그것은 우리의 다음 목적지에 대해 무엇을 말해주고 있을까? 이런 질문들에 답하기 위해 나는 여러 다양한 분야의 유수한 학자와 역사가, 혁신가, 야심가들의 노력을 한데 집결시켜놓았고, 이들의 아이디어와 통찰력은 앤디 워홀(Andy Warhol)과 레이먼즈(Ramones), 마돈나(Madonna), 패럴(Pharrell), 50센트와 같은 아이콘들이 들어 있는 출연진의 활약에 의해 증명되고 있다. 나 역시도 막 떠오르던 문화 현장의 발화 시점에 런던에서 해적 DJ로 성장한 경험과 더불어, 주류 음악 · 미디어 · 광고업계에 발을 담그고 보내온 개인의 직업적 삶을 되짚어보았다.

또한 부지불식간에 상황의 판도를 완전히 뒤바꿔놓은 전설적인 뮤지션, 아티스트, 기업가, DJ 들을 만나 인터뷰했다. 러셀 시몬스(Russell Simmons)

와 같은 힙합계의 거장에서부터 위키피디아(Wikipedia)의 창업주 지미 웨일스(Jimmy Wales)와 같은 미디어계의 이단아에 이르기까지, 세상에 널리 알려진 변화의 주체들의 도움에 힘입어 해적들의 딜레마가 지배하는 세상의 이야기를 들려줄 계획이다.

아울러 이 책을 통해서 자신들의 이야기를 처음으로 들려준 범상치 않은 인물들도 소개할 것이다. 댄스 음악의 발명을 도운 수녀를 만나볼 것이고, 그녀가 1940년대에 고아원에서 추진한 아이디어들이 우리가 알고 있는 자유 시장을 어떻게 변형시키고 있는지 알아볼 것이다. 우리는 또 1980년대에 비디오 게임에 나오는 나치스 당을 스머프(Smurfs)로 대체하여 재구성함으로써 비디오 게임 산업의 미래를 뒤바꿔놓은 세 명의 고등학생도 만나볼 것이다.

그 외에도 아이들이 운동화를 컴퓨터에서 다운로드할 때 나이키(Nike)에 일어나게 될 변화에 대해 설명해준 교수도 만나볼 것이고, 히피 운동이 퍼스널 컴퓨터의 탄생에 어떤 역할을 했는지도 살펴볼 것이다. 아울러 그래피티 아티스트와 패션 디자이너와 프랑스 요리사 들이 저작권의 미래에 대해 우리에게 무엇을 가르쳐주고 있는지도 알게 될 것이고, 1970년대에 뉴욕에서 디스코 음반을 틀어놓고 빈둥거리던 한 남자 모델이 보잉(Boeing) 사의 비행기 디자인 방식에 어떤 영향을 미쳤는지도 살펴볼 것이다. 그러나 우리는 먼저 비즈니스 모델의 배후에 존재하는 어떤 사고방식이 해적들의 딜레마를 일으켰는지 이해할 필요가 있을 것이다. 그것은 낡은 시스템에 대한 하나의 새로운 버전으로, 나는 그것을 '펑크 자본주의(Punk Capitalism)'라고 부르겠다.

2006년 10월, 한 기자 회견장에 나온 유투(U2)의 보컬리스트이자 자선 사업가 보노(Bono)는 여기저기서 터지는 카메라 플래시로 자신의 트레이드마크인 연한 색안경을 번쩍이면서 "이것이 바로 펑크 자본주의"라고 세상을 향해 당당히 선언했다. 나이키와 아메리칸 익스프레스(American Express), 갭(Gap), 애플(Apple), 아르마니(Armani), 모토롤라(Motorola)와 같은 쟁쟁한 기업들의 CEO 단체로부터 후원을 받아 일명 '프로덕트 레드(Product Red)'라는 캠페인을 로스앤젤레스에서 런칭했을 때의 일이다. 이 기업들은 이 캠페인을 통해 특정 제품군을 만들어 거기서 창출되는 수익을 아프리카 에이즈 퇴치 후원에 사용하겠다고 서명했다.

그러나 보노의 기자 회견이 있기 10년 전, 그러니까 '프로덕트 레드'가 창설되기 훨씬 전부터 캐나다 출신의 펑크 로커 세 사람은 이미 자신들의 철학을 집대성한 한 특정 용어를 쓰고 있었다. 이제 곧 그들에게 간단히 설명 듣게 되겠지만, 그것은 바로 하나의 팬진(fanzine: 특정 분야의 팬들을 위한 잡지─옮긴이)을 수억 달러의 매출액을 벌어들이는 미디어 왕국으로 키우는 데 사용했던 바로 그 철학이었다.

나는 이 펑크 자본주의라는 용어로 이 사회를 지배하는 새로운 시장 조건의 기준을 설명하려고 한다. 이 사회는 디즈니(Disney) 사의 공동 회장도 최근 언급한 바와 같이 "해적 활동이 또 하나의 비즈니스 모델"이 되는 사회다. 리믹스(remix)가 생산과 소비 구조 방식을 변화시키고 19세기 저작권법을 쓸모없게 만들어놓는 사회다. 그것은 광고가 더 이상 예전에 그랬듯이 효력을 발휘하지 못하는 세상이다. 그것은 오픈 소스 방식이 여러 새로운 공공재와 틈새시장과 지식과 자원(상업적이거나 비상업적인 사업을 구상하기 위해 우리 같은 평범한 사람들이 공짜로 이용할 수 있는 수단들)을 창출해내는 공간을 말한다. 그것은 창의성이 우리의 가장 귀중한 자원이 되는 공간이며, 예전에는 돈을 내고 사용하던 것들이 공짜가 되고 오히려 기존에 공짜였던 것들에 돈을 지불해야 하는 시장을 말한다. 그것은 새로운 사회적 기업가

(social entrepreneur)들의 이타주의가 경쟁력만큼이나 파워를 갖게 되는 세상이다. 그들은 변화를 일으키는 것이 이익 창출만큼이나 중요하다고 여김으로써 돈을 버는 창의적인 레지스탕스들을 말한다.

펑크 자본주의의 버팀목이 되는 철학은 펑크록의 뿌리에서 형성되었다. 그러나 이제 곧 알게 되겠지만 펑크 자본주의의 스토리는 사실상 1960년대에 미국 켄터키 주에서 도망쳐 나온 한 시골뜨기 십대 소년이 만들어낸 헤어스타일에서 출발한다. 그것은 세상을 뒤엎어놓은 헤어스타일이었다.

CHAPTER 01

펑크 슬로건,
거대 기업의 성공 전략이 되다
Punk Capitalism

창의적 D.I.Y.에서 나이키 운동화 다운로딩에 이르기까지

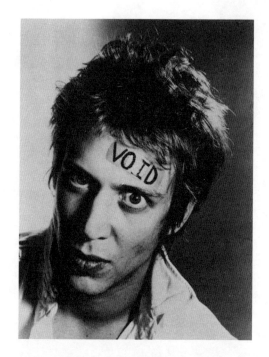

"헤어스타일이 중요하다는 걸 알았어요."

펑크 문화를 폭발시킨 리처드 메이어스(Richard Meyers)

그는 카페 뒤쪽 테이블의 내 맞은편에 앉아 있었다. 그를 보면서 헤어스타일이 중요하다는 생각은 좀처럼 떠올리기 힘들었다. 굵은 안경테를 지나 턱까지 드리워진 짙은 갈색 머리는 그의 평상시 모습을 완성해놓고 있었다. 지금 막 침대에서 빠져나온 듯 느긋해 보이는 모습은 카메라를 의식한 연출이 아닌 그의 본래 모습인 듯싶었다. 그의 머리는 뭔가 대단한 생각을 쏟아부어 만든 것처럼 보이지는 않았지만, 지금 함께 얘기 나누고 있는 이 남자는 좌우간 누가 뭐래도 20세기에 빼놓을 수 없는 중요한 헤어스타일의 소유자였다.

그는 리처드 메이어스(Richard Meyers)였다. 작가이자 시인이며 아티스트인 동시에 한때 네온 보이즈(Neon Boys), 텔레비전(Television), 보이도이즈(Voidoids)와 같은 밴드에서 활약했던 리처드 메이어스. 그는 리처드 헬(Richard Hell)이라는 이름으로 더 잘 알려져 있다. 1970년대 초반에 그가 처음 시도했던 각진 헤어스타일과 갈기갈기 찢어놓은 듯한 넝마 패션은 '펑크'로 더 잘 알려진 하나의 흐름을 정의하기에 이르렀다.

우리가 앉아 있는 뉴욕의 로어 이스트 사이드 카페에서 얼마 떨어지지 않은 곳에 있던 CBGB 클럽에서 헬이 초창기에 선보인 공연 무대는 펑크 1세대에게 커다란 영감을 불어넣었다. 켄터키 주에서 도망쳐 나와 뉴욕에 정착한 헬은 잭 케루악(Jack Kerouac)과 알렌 긴스버그(Allen Ginsbeg)와 같은 비트 작가와 시인들에게 영향을 받아 야심찬 작가의 인생을 출발하지만 얼마 지나지 않아 음악을 통한 표현이 글보다 훨씬 더 강력한 힘을 발휘할 수 있음을 깨닫게 된다. 헬은 "음악이 마음에 드는 점은 그것이 바로 다양한 커뮤니케이션 수단이라는 것이다. 로큰롤 음악의 경우에는 가수의 옷차림이 늘 중요하다. 가수의 모습은 그 무엇을 표현한다. 그것은 대개 관습에 대한 거부, 그러니까 오전 9시에 출근해서 오후 5시에 퇴근하는 정형화되고 통제된 형식에 대한 거부감을 나타낸다. 나아가 자신의 연출 방식을 어떻게 이용해서 메시지를 전달할 것인지에 대해서도 정교함을 발휘할 수 있다. 가수라면 늘 받는 인터뷰에서 앨범 표지와 라이브 쇼에 이르는 가수의 메시지 전달 방법은 그야말로 무궁무진하다. 나는 바로 이런 것들을 이용하고 싶었다."

헬은 실제로 이런 수단들을 마음껏 이용했다. 19세기 초반에 머리끝이 삐죽삐죽한 일명 스파이키 헤어(spiky hair)를 고수하던 프랑스의 반항 시인 랭보(Rimbbaud)와 아르토(Artaud)에게 일부 영감을 받아 자신의 긴 머리카락을 짧게 자르고 과감히 연출해낸 헤어스타일을 하나의 표현 도구로 삼아 히피 운동과 머리를 부풀린 대중적인 로커의 모습에 반발했다. 헬은 비틀즈(Beatles)의 일명 바가지(bowl) 커트 머리를 보면서 그들이 정말로 표현하려는 것이 무엇이었는지 자문했다. 헬은 이렇게 설명한다. "그들은 다섯 살배기 어린아이 모습을 표현하려는 것이 분명했다. 그랬더니 내가 다섯 살일 때 또래들의 머리 모양이 어땠는지 궁금해졌다. 내가 자라던 시절에는 일명 부치(Butch) 커트 머리가 최고 유행이었다. 머리 전체를 짧게 자르는 형태로 앞쪽 머리에 왁스를 바를 수도 있었다. 물론 내가 어릴 적엔 이발소에 자주 갈 수가 없어서 머리 모양을 깔끔하게 유지하기가 힘들었다. 머리가 지저분한 건 당연한 일이었다. … 나는 내 머리는 내가 직접 손질하고 싶었다. 이발소에서 자른 머리처럼 보이고 싶지는 않았다."

헬은 비틀즈의 바가지 스타일과 부치 스타일을 혼합하고 여기에 다시 19세기 프랑스 급진 자유문학가 두 사람의 스파이키 헤어스타일을 뒤섞어 그만의 새로운 D.I.Y.(do-it-yourself) 헤어스타일을 만들어냈다. 그의 헤어스타일은 굉장한 인기를 모았다. 1974년 당시 그가 속해 있던 밴드 '텔레비전'은 일요일 밤마다 CBGB 무대에 올랐다. 헤어스타일만큼이나 과격한 헬의 의상은 군데군데 넝마처럼 찢어진 곳을 옷핀으로 고정시키고 옷 여기저기에 'PLEASE KILL ME'와 같은 슬로건을 적어 넣은 패션이었다. "내 옷은 사람들에게 자신의 옷차림에 대해 불확실한 느낌을 갖도록 만들어 이윤을 창출하는 기업들의 허위적인 패션을 거부하는 하나의 표현 수단이었다. 나는 강제로 물건을 판매하려는 사람들이 늘 못마땅하고 괘씸했다."

헬의 언급은 일반 통념에 대한 전면적인 공격이었다. 그는 당시 뉴욕과 팝 문화 시대의 가장 큰 영향력 행사자에 속하던 관중들의 마음속에 자신의 집념 어린 의지를 불태웠다. 텔레비전 밴드의 성공에 힘입어 매일 밤 펑크 록 가수를 무대에 올리는 방식으로 전환한 CBGB('Country Blue-Grass Blues'의 약자이다)는 레이먼즈와 패티 스미스(Patty Smith), 토킹 헤즈(Talking Heads), 데비 해리(Debbie Harry)와 같은 아티스트들을 키워낸 창의적인 온상이 되었다. 한편 당대의 또 다른 영향력 있는 밴드였던 뉴욕 돌즈(New York Dolls)의 매니저 말콤 맥라렌(Malcolm McLaren)은 헬에게 깊은 감명을 받고 그의 스타일을 런던으로 가져가 섹스 피스톨즈(Sex Pistols)라는 새로운 밴드를 만들었다.

펑크는 이렇게 폭발했다.

그렇게 세계를 뒤흔든 지 30년이 지나서 펑크는 박물관의 유물로 남게 되었다. 헬과 함께 앉아 있던 카페에서 업타운 쪽으로 몇 마일 떨어져 있는 메트로폴리탄 미술관에서는 다국적 명품 브랜드 버버리(Burberry)의 후원으로 펑크 전시회가 열리고 있었다. 관람객들은 오늘날 세계적인 명성을 떨치고 있는 비비안 웨스트우드(Vivienne Westwood)와 같은 패션 디자이너들이 제작한 초창기 영국 펑크 의상들을 눈으로 좇으면서 귀로는 세계 유명 밴드 섹스 피스톨즈의 보컬리스트 조니 로튼(Jonny Rotten)이 들려주는 팟캐스트(podcast) 설명을 들을 수 있다.

펑크는 이렇게 소멸했다.

그러나 헬은 다시 부활했다. 하지만 왕년의 모습을 되풀이하는 대신에 보다 발전한 모습이다. 여전히 주류 세력권 안에 포함되어 로어 이스트 사이드에서 활동하고 있지만 그 외에 여러 다양한 영역에서도 공신력을 인정받고 있다. 현재 그는 늘 갈망해오던 성공적인 시인이자 출판 작가로도 활동하고 있다. 이 같은 그의 새로운 태도와 커리어, 그리고 과거에 비해 덜 위협적인 지금의 헤어스타일은 사실상 모두 하나의 전략에서 비롯된 것이다. 그는 깊은 상념에 젖어 이렇게 말한다. "늘 똑같은 모습에 머무르지 않는 것이 흥미로운 것이다. 늘 똑같다면 식상할 뿐이다. 나이 오십 줄에 아직도 펑크 가죽 재킷을 걸치고 돌아다니는 모습은 정말이지 꼴불견이다. 그러니까 자신을 어떤 식으로도 규정짓지 않는 것이 중요하다는 말이다. 그렇게 하면 그 누구도 당신을 함부로 소유하지 못한다."

헬은 자신의 헤어스타일이 의미를 상실하자 그것을 과감히 벗어던졌다. 그럼에도 그의 말과 그가 추구한 D.I.Y. 이상은 전 세계에 영향을 미쳤다. 그것은 오늘날 헬의 정신을 다시금 되살리는 새로운 D.I.Y. 기업가 세대에게 든든한 뒷심이 되고 있다. 새롭고 파격적인 오늘날의 D.I.Y. 테크놀로지는 전례 없는 창의적 파괴력을 일으키고 있다. 펑크의 역사는 또 오늘날 새로워진 세계가 어떻게 돌아가고 있는지에 대해 귀중한 통찰력을 제공해준다. 펑크는 분노의 표출이자 대중문화에 대한 반발인 동시에, 대중문화의 자리에 보다 더 개인화되고 보다 덜 집중화된 세계관이 어떻게 대체될 수 있는지에 대해 새로운 아이디어를 제공했다.

펑크는 다양한 형태의 음악으로 살아남았다. 펑크는 뉴웨이브로 발전되었고, 힙합에도 영향을 미쳤으며, 그런지(Grunge) 음악을 태동시켰고, 인디 밴드 개념의 효시가 되었다. 그러나 무엇보다 중요한 것은 펑크의 독립적 정신이 D.I.Y. 혁명에도 박차를 가했다는 사실이었다. D.I.Y.는 권위와 계급주의에 저항하도록 우리를 부추겼고, 우리가 소비하는 것만큼 우리 스스로 직접 생산이 가능할 뿐 아니라 또한 반드시 그래야 한다는 점을 강조했다. 이러한 생각은 펑크 이래로 우리 경제의 기본 시스템 구조를 조용히 변화시키면서 기존의 낡은 생각을 걷어내고 펑크 자본주의라는 21세기 업그레이드판을 교체해 넣었다.

오늘날 우리 모두의 현실은 불현듯 펑크 공연장을 연상케 한다. 변화를 거듭하면서 훨씬 더 혼란스러워지고 집중화되는 환경 속으로 내동댕이쳐지고 있기 때문이다. 전통적인 일자리는 점점 줄어들고 있고, 소비와 생산의 관계는 계속해서 복잡한 양상을 더해가고 있다. 또한 제조 분야에서 일어나고 있는 변화는 누구나 집에서 무엇이든 편안히 직접 만들어낼 수 있는 날이 속히 도래할 수 있음을 시사하고 있다.

이제 곧 알게 되겠지만 D.I.Y.의 가능성은 새로운 국면에 접어들고 있다. 이렇듯 새로워진 세상은 마치 공연장을 가득 메우고 서로에게 병을 집어던지는 초록색 머리의 십대 펑크족만큼이나 놀라운 광경일 수도 있다. 하지만 일단 이해하고 나면 그것이 훨씬 더 나은 세상이라는 사실이 분명해질 것이다. 상의하달식의 대중문화의 종말은 우리 모두에게 자유와 기회를 창출해주기 때문이다.

헬이 과거를 이용해 창조해낸 하나의 헤어스타일은 한 세대의 관점의 기틀을 정립하기에 부족함이 없었다. 그리고 후대들은 기발함과 독창력을 이용해 성장하면서 펑크가 옹호하던 것을 이루어냈다. 지배적인 헤게모니와 계급주의를 산산조각 내버리고 처음부터 다시 시작해 한 사회의 운영 방식을 개선해나간 것이다.

헬은 과연 옳았다. 헤어스타일은 정말로 중요했다.

펑크여 영원하라.

그러니까 지금까지 세상만사가 이상하게 돌아갔던 거야

펑크가 탄생했을 때 점잖은 사회의 눈에는 모든 것이 탐탁지 않았다. 처음에 펑크는 위협과 공갈과 쓰레기로 보였다. 1976년에 그레이터런던 의회(Greater London Council)의 한 의원은 다음과 같이 독설을 퍼붓기도 했다. "펑크 음악이 도대체 무엇이란 말인가? 그것은 메스껍고 저질스러우며 기분 나쁘고 추악한 데다 외설스럽고 음란하며 구역질나는 것이다. 대부분의 펑크 그룹들은 그냥 하루 바삐 사라져주는 것이 우리를 돕는 길이다."• 그러나 2002년에 전설적인 펑크 밴드 더 클래시(the Clash)의 리드보컬인 조 스트러머(Joe Strummer)가 세상을 뜨자 영국 BBC 방송은 펑크를 가리켜 "음악과 사회의 장벽을 걷어차고 세상 그 어떤 것도 가능해 보이도록 만든 개척자"라고 설명했다.

그렇다면 과연 무엇이 변화했을까? 역사는 왜 애정을 품고 펑크를 기억하는 것일까? 그것은 펑크의 결정적인 특징 때문이다. 기존에 정착된 개념과 오래된 교리 따위는 한계를 일으킨다. 그리고 한계는 나쁜 것이다. 섹스 피스톨즈의 리드보컬 조니 로튼은 〈불결과 분노(The Filth and the Fury)〉라는 다큐멘터리에서 다음과 같이 얘기했다. "우리의 첫 리허설은 하나같이 끔찍

• 콜그레이브(Stephen Colegrave)와 설리번(Chris Sullivan)의 『펑크Punk: The Definitive Record of a Revolution』에서 인용함.

했다. 그건 마치 상대편에서 '노래하는 법이나 더 배워 오시지.'라고 하면 '왜? 도대체 누가 그딴 소릴 하는 거야? 왜 그런 한계를 정해야 하는데? 그러니까 지금까지 세상만사가 이상하게 돌아갔던 거야.'라고 반문하는 식이었다."

젊은이 문화는 사회에서 소외당하고 인정받지 못하는 느낌을 구체화해 그것에 정체성을 부여한다. 그것은 어떤 요인들에 대한 반작용이나 반응을 말하며, 이러한 움직임이 막강한 영향력을 지닌 일부 대중들에게 수용되고 나면 그것은 자생력을 갖게 된다. "사실 그것은 역사적으로 볼 때 불가피한 현상이었다. 서구 문화가 점점 균등화되고 대규모화되면서 결국 주류권을 벗어난 새로운 계층의 생성이 불가피해진 것이다. 그러자 대중문화의 우둔함과 식상함을 간파한 사람들이 혼자서 그리고 공동으로 일을 벌여나가면서 그릇된 대중적 세태의 기준과 가치에 저항하기 시작했다. … 나는 이것이 그저 어떤 개인의 기발한 발상이라고는 생각하지 않는다. 그것은 세태가 변화하는 방식에서 자연스레 비롯된 것이다."라고 헬은 말한다.

반항과 자기표현에 대한 부추김은 분명 펑크 이전에도 존재했지만 그 성나고 시끄럽고 단순한 음악은 이런 감정들을 응집시켜 사회를 통해 충격파를 전달했다. 그리고 로큰롤의 환상에서 깨어난 세대에게 다시금 무엇이든 가능하다는 사실을 증명해 보였다. 콜그레이브(Colegrave)와 설리번(Sullivan)이 쓴 저서 『펑크(Punk)』에서 섹스 피스톨즈의 드러머 폴 쿡(Paul Cook)은 "우리는 팝스타들이 외계에서 왔다고 생각했다. 하지만 더 이상 그것을 믿을 수 없게 되었다."고 말했다. 그의 말은 깜짝 놀랄 만큼 새로운 사실은 아니었다. 당시 나이든 로커들 대부분은 모나코 등지에서 슈퍼모델들과 어울려 놀 뿐(사실 아직도 많은 이들이 그렇게 하고 있다) 영국 하류층이 겪는 궁핍함 따위는 안중에도 없었다. 하지만 쿡은 이내 자신이 틀렸음을 깨달았다. 그는 섹스 피스톨즈의 드러머였다.

섹스 피스톨즈와 펑크는 평범한 사람들에게 능력을 부여했다. 사람들에게 직접 음악을 만들고 직접 옷을 디자인하고 팬진을 시작하게 했을 뿐 아니라, 연주 공연과 시위운동을 벌이게 하고 레코드점과 음반사를 설립하도록 했다. 헤브디지(Hebdige)가 『하위문화와 스타일의 의미(Subculture and the Meaning of Style)』에서 지적한 것처럼 펑크 팬진 「스니핑 글루(Sniffin' Glue)」는 하위문화가 만들어낸 가장 선동적인 선전 문구를 담고 있었다. 그것은 펑크의 D.I.Y. 철학을 담은 결정적인 문구였는데, 손가락 세 개로 기타 코드를 쥐고 있는 그림 아래로 다음의 문구가 씌어 있었다.

"여기 기타 코드 한 개가 있고, 코드 두 개가 더 있다.
그럼 이제는 당신만의 밴드를 결정할 차례다."

1970년대의 젊은이 문화는 펑크였다. 영국에서의 펑크는 대다수 젊은이들이 미래를 보며 점치던 대량 실업과 기회 부족과 따분함에 대한 반작용이었다. 오늘날의 우리는 D.I.Y.가 그렇게까지 급진적으로 보이지 않는 세상에 살고 있다. 이제 우리는 누구든지 변화의 주체가 될 수 있다는 사실에 수긍한다.

펑크가 우리 이야기의 출발점이 되는 이유는 이 책에 나오는 모든 개념들이 펑크의 관점과 펑크가 옹호하는 D.I.Y. 철학에 기반을 두고 있기 때문이다. 30년도 더 이전에 일어났던 이 D.I.Y. 운동은 대중문화가 타도될 수 있는 방법에 대해 의견을 제시해놓았다. 오늘날 우리에게 능력을 제공해주는 아이디어와 테크놀로지는 모두 D.I.Y.에 토대를 두고 있으며, 대중문화는 점점 쇠약해지고 있다.

창조적 파괴자 허리케인 펑크

경제학자 조지프 슘페터(Joseph Schumpeter)는 경제 발전에는 '창조적 파괴의 폭풍'이 필요하다고 말했다. 그렇게 보면 펑크는 최고 등급에 속하는 초강력 허리케인이었다.

이 허리케인은 적어도 19세기부터 현 상황을 타도하려는 다양한 반문화 운동을 통해 형성되고 있었다. 현실주의, 인상주의, 다다이즘, 초현실주의는 모두 펑크 정신을 견고히 만드는 데 한몫을 담당했고, 아티스트들은 규칙을 부수고 전통을 무시하도록 부추겼다. 그러나 허리케인 펑크가 추구하는 가장 명쾌한 개념을 갖고 있던 이들은 다름 아닌 파리 레프트뱅크(파리 센 강의 좌안에 예술가와 학생들이 모여 사는 곳―옮긴이) 출신의 술주정뱅이 무리였다.

이 상황주의자들은 1950년대와 60년대에 미술과 영화, 그래피티, 산문을 비롯한 여러 고안물을 통해서 그들의 무정부적이고 반체제적인 세계관을 표방했던 급진적 경향의 소그룹 아티스트들이었다. 이들이 남긴 유산은 펑크에 미친 영향력을 비롯하여 모든 현대적 형태의 행동주의와 팝문화, 심지어 그들이 경멸하던 기업 마케팅까지 모두 포함한다. 그들의 주특기는 바로 우회(detournement)였다. 그것은 기존의 메시지를 취해서 그 의미를 파괴시키고 새로운 의미로 바꾸어놓는 행위를 일컫는 것으로, 본래의 메시지를 쓸모없게 만들어놓는 하나의 방식이었다.•

뒤이어 그들의 사상을 증폭시킨 다른 여러 운동 가운데는 비트 시인이나 표현주의 운동이 있지만, 그중에서도 대중문화의 타도에 심취했던 인물은

• 상황주의자는 훗날 리믹스 문화에 영향을 미쳤고 펑크에도 일부 중요한 영향을 미쳤다. 몽타주를 발명한 독일 아티스트 존 하트필드(John Heartfield)와 작가 윌리엄 S. 버로우(William S. Burroughs)를 그 예로 들 수 있다.

단연 앤디 워홀(Andy Warhol)이었다. 그 어떤 공장보다도 대량 생산을 타도하기에는 그의 '팩토리'가 보다 안성맞춤이었다.

의미를 제조하다

워홀은 1963년부터 68년 사이에 실크스크린, 석판화, 영화 등을 계속 쏟아냈는데, 그것은 대중문화와 동일한 방식으로 예술을 만들어내어 대중문화를 흉내 내려는 의도에서였다.

워홀은 또 벨벳 언더그라운드(Velvet Underground)라는 밴드를 결성해 운영하면서 기존의 엔터테인먼트 형식에 의문을 제기하도록 부추겼고, 팝 음악의 맥락에 따라 전위 예술의 움직임을 확고히 안착시켰다. 워홀이 운영하던 작업실 팩토리(Factory)에서 자주 노닥거리던 또 다른 밴드로 여장 차림을 즐기던 길거리 갱단인 뉴욕 돌즈(New York Dolls)도 D.I.Y. 가치체계를 추구하면서 레이먼즈와 더 클래시를 포함한 다른 여러 아티스트들에게 지대한 영향을 미쳤다.

팩토리가 생긴 이후로 헬과 네온 보이즈는 로어 이스트 사이드에서 활약했다.

곧이어 레이먼즈와 블론디를 비롯해 막강한 영향력을 지닌 뮤지션들이 잇따라 배출되면서 계속해서 불어나는 관중들을 위해 연주했다. 이들 밴드는 뉴욕 펑크의 토대를 구축했고, 바워리 가의 보헤미안들에게 영감을 제공했다. 영국 출신의 맬컴 맥라렌도 예외는 아니었다.

예술학교를 중퇴하고 당시 여자친구였던 디자이너 비비안 웨스트우드와 함께 런던의 킹스로드에 위치한 렛 잇 록(Let It Rock)이라는 의류점을 운영하던 맥라렌은 1974년에 뉴욕을 방문하여 처음 리처드 헬을 보고서 펑크의 잠재력을 깨달았다. 맥라렌은 리처드 헬이 이루어낸 상황주의 운동과의 유대관계를 보다 돈독히 다지고 싶었다. 「더 러프 가이드 투 록(The Rough Guide to Rock)」(지난 수십 년간 세상에 나온 다양한 록 음악에 관해 모든 것을 담아놓은 가이드북으로, 무엇보다 인터넷을 통한 일반인 참여가 주축이 되어 제작된다는 특징을 갖고 있다. ─옮긴이)에서도 "맥라렌은 프랑스 무정부주의자들의 철학과 뉴욕 부랑자들 간의 연관성을 간파하고 그것을 예술적으로 확대 포장해놓았다."고 적고 있다. 그는 뉴욕 돌즈의 매니저로 잠시 일하다가 1975년 5월에 런던으로 돌아가 이 새로운 사상을 불어넣었다. 그로부터 머지않아 영국 펑크가 탄생되었다.

섹스 피스톨즈, 세상을 뒤흔들다

맥라렌과 웨스트우드는 자신들의 상점 이름을 섹스(SEX)로 바꾸고 기존에 판매하던 싫증난 로큰롤 의상 대신에 보다 파괴적인 SM(새디즘과 매저키즘을 말함─옮긴이) 의상과 헬의 정신이 깃든 넝마 의상으로 채워 넣었다. 맥라렌은 새로이 활력을 되찾은 상점에서 자주 시간을 보내던 당시 전도유망한 뮤지션들을 모으기 시작했다(그러나 전설처럼 내려오는 얘기에 따르면 조니 로튼은 핑크 플로이드의 사진 위에 '혐오한다'는 글을 낙서한 티셔츠를 입고 있었다는 것만으로 맥라렌에게 발탁되었다).

섹스 피스톨즈가 무대에 오른 순간부터 펑크는 정치적으로나 개념적으로 막강한 존재로 부상하기 시작했다. 그리고 악기 하나 제대로 다룰 줄 모르던 팬들조차도 D.I.Y.의 대담성에 급속도로 물들기 시작했다. 제대로 연주할 수 있는지 없는지는 더 이상 중요한 문제가 되지 못했다. 뉴욕에 있던 헬은 자신의 모든 것을 영국의 섹스 피스톨즈에게 빼앗긴 사실에 대해 전혀 분노하지 않았다. "영국에서는 모든 것이 섹스 피스톨즈로부터 발산되어 나왔고 그것은 꾸준히 지속된 현상이었다. 한쪽에서는 어른들이 펑크에 반발했지만 다른 한쪽에서는 아이들이 펑크에 매료되었다. 그리고 그 충돌은 엄청난 뉴스거리였다. 우리 뉴요커들은 그것이 말콤 맥라렌이나 레이먼즈, 뉴욕 돌즈를 매개체로 삼아 얼마나 크게 뉴욕의 영향을 받은 것인지 잘 알고 있었다. 하지만 별안간 섹스 피스톨즈를 비롯한 밴드들이 나타나기 전까지는 밴드 활동 면에서나 홍보, 그리고 병적 집단 광란 등에서 그만큼 지속적인 파장을 일으킨 밴드는 없었다. … 섹스 피스톨즈가 단지 운이 좋았다고는 생각하지 않는다. 그들은 정말로 눈부셨고 그것은 의심의 여지가 없었다. 그들의 음악은 대단했다."

섹스 피스톨즈의 첫 번째 싱글 앨범 '아나키 인 더 유케이(Anarchy in the U.K.)'가 그 모든 것을 말해준다. 대형 음반사와 3년간 반짝 유지되던 계약은 끝내 파기되고 말았다. 그들은 음반 자체보다 더 커다란 관심을 끌어 모으며 헤드라인을 장식하곤 했지만, 그들이 직접 프로듀싱하고 젊은 사업가 리처드 브랜슨(Richard Branson)이 발표했던 앨범 '네버 마인드 더 볼록스(Never Mind the Bollocks)'는 로큰롤 역사에서 가장 중요한 앨범 가운데 하나였다. 그들의 싱글 앨범 '갓 세이브 더 퀸(God Save the Queen)'은 너무나도 모욕적이어서 영국 차트 1위에 올랐을 때 각종 신문과 잡지의 인기곡 차트 1위의 곡명이 공란으로 비워지는 해프닝이 일어나기도 했다.

1977년에 섹스 피스톨즈의 멤버였던 글렌 매트록(Glen Matlock)이 탈퇴하면서 그 자리는 펑크 역사상 가장 유명한 심벌이 된 시드 비셔스(Sid Vicious)로 메워졌다. 섹스 피스톨즈의 인기가 올라가면서 미디어가 전국적으로 부추기는 펑크에 대한 증오심도 덩달아 커져갔다. 집단 히스테리 증세가 나라 전체를 광란의 도가니로 몰아넣으면서 그들의 무대는 엄청난 혼란이나 폭동으로 끝나곤 했다. 그들은 무질서를 요구했고 그것을 손에 넣었다. 그들은 거침없이 앞으로 나아갔다.

그러던 중 섹스 피스톨즈는 1978년 1월에 샌프란시스코에서 전격 해체했다. "누군가 당신을 넘보고 있다는 느낌이 든 적이 있는가?" 당시 로튼이 관중을 향해 씁쓸히 던진 질문이다. 아이러니컬하게도 섹스 피스톨즈 밴드는 실제로 자신들의 광기 어린 에너지를 사회에 도난당한 꼴이 되고 말았다. 그들은 자신들의 이미지에 압도되고 지나치게 소진된 나머지 지배력을 상실하고 말았다. 결정적으로 베이시스트였던 시드 비셔스가 밴드 해체 직후에 헤로인 과다복용으로 사망한 사건은 막판에 불어닥친 엄청난 비극이었다. 펑크의 1세대 물결은 '살기에는 너무 타락했고 죽기에는 너무 젊었다.'

이처럼 파괴적인 지각 변동의 단명적 성향에도 허리케인 펑크는 지금까지 세상이 지속해온 가장 강력한 젊은이 문화의 하나로서 그 행로에 넘쳐나는 음악과 볼거리와 움직임을 남겨놓았다. 펑크의 프리즘을 통해 퍼져나간 혁신적 사상들은 펑크를 뒤따르던 모든 하위문화를 밝게 비추면서 기존의 한계를 깨끗이 씻어내고 새로운 범주의 가능성을 끌어들였다. 펑크는 사실상 어느 곳에나 적용할 수 있는 새로운 관점과 시각을 우리에게 제공해주었다.

이 세상 전부가 하나의 무대다

50년 전의 세상은 판에 박힌 하나의 록 콘서트처럼 돌아갔다. 이 사실은 지금도 어느 정도 해당 가능한 이야기로, 아직도 우리 가운데 적지 않은 사람들이 이런 식으로 세상을 바라본다. 당신이 어느 록 콘서트의 관중들 틈에 끼어 있다고 상상해보라. 그렇다면 제작자이자 보스이자 오너는 바로 무대 위의 록 스타들이다. 제품과 서비스와 급여를 창출해내고, 접근 불가능한 무대의 아래쪽에서 라이터를 허공에 흔들며 노래를 따라 부르는 우리네 관중들이 소비하는 콘텐츠를 생성해내는 이들은 바로 이 록 스타들이다.

그러다 아주 가끔씩 재수 좋은 관중 한 명이 무대 위로 불려 올라가 나머지 관중들의 부러움을 사기도 하지만, 이런 일은 가뭄에 콩 나듯 일어난다. 대개는 방벽으로 빙 둘러싸인 무대를 관중들이 기어오르지 못하도록 인심 사나워 보이는 관계자들이 철통같이 지키고 있는 광경을 흔히 볼 수 있다. 어쩌면 이 방벽들은 기술이나 테크놀로지의 결핍을 의미하는 것일 수도 있고, 그것은 곧 재정상의 문제일 수도 있다. 하지만 그것은 가능성에 대한 우리의 인식 문제에서 벗어나지 못하는 경우도 많다. 매몰찬 얼굴의 무대 관계자들은 바로 이 사회가 만들어낸 의혹들이다. 부질없는 짓이라고 외쳐대면서 우리의 포부와 열망을 함부로 다스리고 제어하는, 이 사회가 만들어낸 의혹 말이다. 콘서트 장을 둘러보면 무대 위로 올라가기를 염원하는 수천 명의 관중들을 볼 수 있다. 하지만 처절하리만치 분명한 사실은 당신도 여느 관중들과 다름없이 그런 기회로부터 제외되어 있다는 것이다.

그러나 펑크의 기치 아래 공연의 개념은 완전히 변화했다. 펑크는 록 콘서트에서 흔히 발견되는 정보의 일방적 흐름을 경멸했다. 펑크 공연장에서 밴드와 팬은 함께 한 공간을 차지하는 동등한 존재다. 거기에는 어떤 계급도 존재하지 않으며 누구나 공연의 일부분에 속한다. 펑크 팬들은 후미진 관중석에서 머리를 부풀린 로커를 우상처럼 숭배하는 대신에 비좁은 공연장의 관중들 틈에서 이리저리 떠밀리는 가운데 밴드와 상호 소통한다. 밴드가 팬들을 향해 맥주병을 던지면 당신도 뒤질 새라 그들을 향해 맥주병을 던진다. 누구든지 상대편에게 침을 뱉을 수 있고, 공연이 끝나면 함께 물건을 때려 부수기도 한다. 그것은 종종 과격하고 증오심에 불타는 관계로 발전하지만, 적어도 모두가 공평하다.

바야흐로 오늘날의 세상은 펑크 공연장과 흡사한 모습이 되고 있다(물론 침을 뱉는 행위는 덜하겠지만 말이다). 무대를 가로막고 있던 방벽들이 걷히고,

당신을 포함해 졸지에 팬에서 공연자로 뒤바뀐 신 부류들이 세상이라는 무대로 우르르 몰려가고 있다. 테크놀로지는 값싸졌고, 정보는 도처에 널려 있으며, 감시자들은 사라져버렸다(감시자들이 있다 해도 그들의 훈계를 누가 새겨듣는단 말인가?). 이제 남은 일은 낡은 계급 구조에 따라 우리 자신을 정의 내리는 일을 중단하고 무대 위로 달려가는 것이다.

당신이 늘 원해왔지만 실천에 옮기지 못했던 일들을 떠올려보라. 어쩌면 그럴 만한 사정이 있어서, 혹은 방법을 몰랐거나 그럴 만한 경제적 여건이 되지 않아서, 어쩌면 기회를 잡지 못해서 그랬을 수도 있다. 그러나 이제는 컴퓨터 접속 비용만으로도 얼마든지 이용 가능한 풍부한 정보를 갖고 거의 무엇이든 시도할 수 있는 방법을 어렵지 않게 찾아낼 수 있다. 게다가 해당 분야에 관한 지식이 비공식적일수록 그 안에서 새로운 혁신을 일으킬 수 있는 방법을 더 쉽게 찾아낼 수 있다.

혁신의 권위자 프랜스 요한슨(Frans Johansson)도 『메디치 효과(The Medici Effect)』라는 책에서 바로 이 점을 주장했다. 그는 어떤 특정 분야에 대해 갖고 있는 우리의 지식이 '연상 장벽(associative barriers)'을 쌓아올리게 할 수 있다는 의견을 앞세우면서, 어떤 특정 방식으로 일을 처리하도록 잠재적인 영향력을 행사하는 우리의 편견들을 무력화했다. 그는 "연쇄적인 연상 작용도 굉장한 이점이 있기는 하지만 거기에도 대가는 따른다. 그것은 포괄적인 사고력을 억제한다. 우리는 기존의 편견에 대해 별다른 이의를 제기하지 않고 성급히 결론에 도달해서는 장벽을 쌓아올리고 어떤 특정 상황에 대해서 양자택일식으로 생각하게 된다."고 설명했다.

펑크 밴드 가운데 처음부터 연주 실력이 뛰어난 밴드는 없었지만(연주법을 제대로 배우지 못한 밴드들이 태반이었다) 그들은 밴드가 지닌 가능성에 대해 폭넓게 생각할 줄 알았다. 헬과 섹스 피스톨즈는 다른 곳에서 습득한 신선한 아이디어들을 가져와 이용했다.

늘 필요한 모든 것을 습득할 필요는 없다. 기본기가 있고 자신의 경험과 상상력만 있으면 훨씬 더 나은 결과를 창출할 수 있다. 기타 코드 한 개를 배우고 나서 필요하면 코드 두 개 정도를 더 배우는 식이 보다 합당한 방법이다.

그런 후에는 당신만의 밴드를 결성하는 것이다.

펑크는 초창기부터 이런 생각을 팬들에게 주입시켰다. 펑크는 오늘날 일어나는 문화 대변혁의 훌륭한 메타포가 된다. 그렇다면 이 같은 영향력 아래서 성장해온 일부 펑크족들이 이러한 변혁을 현실로 옮겨놓은 기업가로 변신했다고 해도 그다지 놀랄 일은 없을 것이다.

펑크적 감성으로 세상을 바꾸다

펑크 운동은 아직까지도 전 세계 언더그라운드에서 다양한 모습으로 되살아나고 있다. 그러나 펑크 운동은 주류적인 맥락에서도 시스템 내외부적으로 제대로 운영되고 있는 여러 기업체와 기업 활동들을 일으키고 있다. 개빈 맥긴스(Gavin McInnes)와 섀인 스미스(Shane Smith), 스루시 앨비(Suroosh Alvi)는 펑크 비즈니스를 운영하고 있는 세 명의 노장 펑크족 기업인들이다.

데드 케네디스(Dead Kennedys)나 서브휴먼스(Subhumans)와 같은 펑크 밴드의 노래를 들으며 캐나다 오타와에서 자라난 맥긴스와 스미스는 D.I.Y.의 가능성에 깊은 영향을 받았다. 스미스는 그 당시 도시에 살던 펑크족들이 열 명도 채 되지 않았기 때문에 그럴 수밖에 없었었다고 말한다. 열세 살 때부터 밴드를 결성한 맥긴스와 스미스 두 사람은 '가죽 바지 엉덩이는 뒈져버려(Leather Ass Butt Fuck)'와 같은 과격한 의미의 밴드 이름을 짓고 자신들만의 무대를 펼치기 시작했다. 스미스는 이렇게 회고했다. "우리는 펑크 밴드가 나올 때까지 기다릴 수 없었다. 그러니까 우리는 직접 밴드를 결성하고, 악기 다루는 법과 연주법을 독학하고, 공연할 만한 술집을 찾아내고, 거기서 업소 맥주들을 조금씩 슬쩍 하겠다는 얘기였다. 우리에게는 무슨 일이 있어도 반드시 해내겠다는 투지가 있었다."

그들은 오타와에서 그런대로 꽤 잘나가던 밴드였지만 인근 펑크 클럽의 운영 방침과 마찰을 빚게 되면서 그곳을 떠날 수밖에 없게 되었다. 이윽고 다른 서너 개 밴드와 함께 투어 공연을 마치고 난 그들은 1994년에 몬트리올에서 스루시 앨비를 만나게 된다. 당시 앨비는 막 재활원에서 나와 갱생에 힘쓰려는 목적으로 「보이스 오브 몬트리올(Voice of Montreal)」이라는 무료 잡지를 창간한 상태였다. 그러다 맥긴스와 스미스를 만나고 나서 잡지명은 「바이스(VICE)」로 바뀌었고, 잡지의 편집 방침도 두 사람의 밴드만큼이나 현란하고 폭력적이면서 논쟁적으로 변했다.

"자신과 친구들을 위해 음악을 시작할 때는 전혀 거리낄 것이 없다. 오로지 자기 자신과 몇몇 친구들만을 생각하면 그만이니까 말이다. 그러다 다른 사람들이 모여들면 그것도 나쁘지는 않지만 그렇다고 해서 달라질 것은 없다. 잡지도 마찬가지다. 우리는 청중을 의식하고 잡지를 만들지 않는다. 어떤 구독자를 겨냥할 것인지, 잡지에 익스트림 스포츠를 포함시킬지 말지 고민하지는 않는다. 그 어떤 것도 전혀 상관할 바가 없기 때문이다. 그저 우리가 흥미롭다고 판단되면 무엇이든지 집어넣으면 된다."

「바이스」지는 종종 충격적이고 한눈에 봐도 역겨운 내용들을 싣는 잡지로 유명해졌다. 예를 들면 「바이스」지 포토그래퍼의 카메라에 재수 나쁘게 포착된 일반인들의 패션에 대해 가혹하지만 재미난 혹평을 퍼붓는 것으로 유명한 '호감과 비호감(Dos & Don'ts)' 패션 섹션에서부터 '남자 정액 대

모이스처라이저(cum vs. moisturizer)'와 같은 제목의 미용 기사나 도시 남녀 싱글들의 헌팅 현장에 관한 기사를 포함하여 양로원 노인들의 코카인 흡연이 점점 힘들어지는 이유에 관한 폭로 기사에 이르기까지 잡다한 내용들이 들어 있다.•

스미스는 다음과 같이 설명한다. "우리는 「디테일스(Details)」나 「GQ」처럼 어떤 일정한 방식만을 고수하는 잡지가 아니다. 우리 잡지는 별로 대단치 않은 것이라도 우리 자신을 위해 직접 연주하겠다는 펑크 정신에서 비롯되었다. 그러다 뭔가 대단한 것으로 발전해도 좋고 그렇지 않아도 상관없다."

창간 10주년이 넘어서 잡지 발행국이 14개국 이상으로 늘어난 「바이스」지는 「비즈니스 위크(Business Week)」지에서 소개된 것처럼 "세상에서 가장 재미난 인쇄물 … 저가의 마약과 섹스 분야에서의 마샤 스튜어트(Martha Stewart : 평범한 가정주부에서 CEO로 급부상하여 출판 및 방송 분야에서 대활약을 펼치고 있는 미국의 살림 여왕. 여기서는 마약과 섹스에 관한 한 그 영향력이 대단하다는 사실을 빗대어 설명한 것이다—옮긴이)"로 평가받고 있다. 현재 엄청나게 성장한 바이스 제국은 성공한 음반사와 영화사 및 TV 채널 회사와 함께 런던에 위치한 술집과 공연장을 비롯하여 도서 및 상품 거래업까지 사업 영역이 확대되었다. 바이스는 마치 하나의 펑크 밴드를 운영하듯 하는 사업 방식으로 수억 달러의 매출액을 벌어들이는 브랜드로 탈바꿈하여 결국에는 펑크의 영원한 적수인 다국적 기업이 되고 말았다.

상황주의자에서 펑크에 이르기까지 '스타일'은 힘없고 무력한 아이들에게 오랜 세월 하나의 무기가 되어주었고, 이런 전통을 고수한 「바이스」지와 같은 스타일 잡지들은 파격적인 관행을 하나의 비즈니스 계획으로 바꿔놓

• 솔직히 말하자면 나 역시도 「바이스」지에 여러 번 글을 기고했으며, 따라서 충격적이고 역겨운 내용에 동참했다는 사실을 밝혀두어야겠다.

았다. 그리고 다른 모든 성공적인 젊은이 문화와 마찬가지로 펑크 역시 주류에 흡수되었다.

오늘날의 「바이스」는 나이키, 리바이스(Levi's), 앱솔루트 보드카(Absolut vodka)와 같은 여러 주류 광고주들이 이용하는 공신력 높은 기업으로 부상했다. 그런가 하면 1996년에는 섹스 피스톨즈가 투어 공연을 위해 재결합하기도 했다(사망한 시드 비셔스 대신에 원조 베이시스트였던 글렌 매트록이 합세했다). "우리는 공통된 목표를 발견했다. 그건 바로 당신의 돈이다."라고 당시 조니 로튼은 설명했다. 그는 2004년 영국에서 여러 주류 광고주들이 이용하던 또 다른 공신력 있는 프로그램인 "나는야 명망가……. 저를 뜨게 해주세요!(I'm a Celebrity... Get Me Out of Here!)"라는 리얼리티 쇼에서 활약하기도 했다.

누군가 당신을 넘보고 있다는 느낌이 든 적이 있는가?

이미지는 아무것도 아니다

많은 노장 펑크족들은 그들이 추구하던 이상에도 한때 그토록 저항하던 그 일을 자초하고야 말았는데, 그것은 바로 기업 광고주들과 손잡는 일이었다. 광고업은 수십억 달러가 오가는 엄청난 산업이다. 대개는 인식하지 못하지만 우리는 매일 3천 개 이상의 광고 메시지에 노출된다. 예술과 일상을 차별화하지 않는다는 상황주의자들의 개념은 오늘날 브랜딩(branding)으로 알려지게 되었다.

상업화를 향해 지독한 욕설을 퍼부어대던 펑크였지만* 그것은 알게 모르게 적에게 귀중한 신무기를 넘겨주는 꼴이 되었다. 어떤 것이 '쿨' 해지면 그것은 대번 주류에 의해 소비된다. 펑크도 예외는 아니었다. "나는 1977년에 메이시스(Macy's) 백화점 쇼윈도에 걸려 있던 갈기갈기 찢어진 넝마 패션

의상을 기억한다."고 리처드 헬은 회고했다. 펑크는 어떤 목적의식과 자본주의로부터의 해방을 사람들에게 제공하려고 노력했다. 그러자 자본주의는 소비자에게 펑크를 판매하는 식으로 반응했고, 온가족을 위해 대량생산된 레이먼즈 티셔츠는 이제 세계 곳곳의 쇼핑몰에서 판매되고 있다.

펑크의 반체제적인 슬로건은, 소비자들에게 D.I.Y. 정신을 불어넣는 판촉 방식에 맛을 들인 거대 기업들의 성공 전략이 되었다. 스프라이트(Sprite)는 "이미지는 아무것도 아니다(Image Is Nothing)."라고 말하면서 천연덕스럽게 탄산음료를 판매한다. 소니(Sony)는 "어서 창조하라(Go Create)."고 촉구하고, 구글(Google)은 "악해지지 말자(Don't Be Evil)."고 광고한다. 버거킹(Burger King)은 "하고 싶은 대로 하라(Have It Your Way)."고 외쳐대며, 나이키는 "그냥 하라(Just Do It)."고 명령한다. 매장 개업식 때마다 몰려드는 관중을 향해서 "다르게 생각하라(Think Different)."고 외쳐대는 애플(Apple)은 매킨토시 사용자를 위한 D.I.Y. 세미나를 개최하여 거라지밴드(GarageBand)와 같은 펑크 브랜드 음악 소프트웨어를 최대한 활용하는 법을 가르쳐준다. 리 고메즈(Lee Gomes)는 「월 스트리트 저널(Wall Street Journal)」에 다음과 같이 기고했다. "평화와 정의, 그리고 공정한 기회가 가득한 사회를 구현하고자 힘쓰는 삶은 쉽지 않다. 그러나 컴퓨터 구매 행위로 정의로운 투쟁에 일조할 수 있다고 말하면서 스스로 위로하기는 무척이나 쉽다. 이제는 올바른 쇼핑과 정의로운 행위가 동등해지고 있는 세상이다."

• 그러나 여타의 전반적 사회가 그랬듯이 펑크는 많은 모순을 품고 있었다. 더 많은 대중과 소통하기 위해 대형 음반사와 계약하는 일은 펑크의 정통성을 고수하는 여러 현대 펑크 밴드들에 의하면 정당화될 수 없는 일이다. 그러나 초창기에 성공을 거둔 거의 모든 펑크 밴드들은 실제로 그렇게 했다.

의미를 생산하다

젊은이 문화가 주창하는 가치관은 기업이라는 무덤에서 종종 허무한 몸짓으로 끝나는 경우가 많다. 자본주의가 출현한 이후로 문화는 그것에 대항하면서 자본주의의 개선책을 찾아내고자 노력해왔다. 지금까지 100년이 넘도록 젊은이 문화를 사람들에게 되팔아온 자본가들은 광고를 통해서 문화의 중요성을 제품과 서비스에 접목해왔다.

여기서 흥미로운 점은 또 달리 일어난 현상이었다. 펑크 자본가들이 자신들의 편의에 따라 자유 시장 시스템을 이용하기 시작하면서 제품 판매를 통해 소비자들에게 중요한 현안들을 되파는 식으로 판도를 뒤바꿔놓은 것이다.

「바이스」가 작은 다국적 기업이 되어버린 현실은 「바이스」 창업주인 섀인 스미스의 문제는 아니었다. 그는 비록 세상에 물들기는 했어도 자신들의 성공이 우리에게 보다 파괴적 성향을 띨 수 있는 자유를 제공한다고 주장했던 사람이었다. "「바이스」를 시작하던 당시에 우리에게는 대단한 이상과 사명이 있었다. 우리는 베이비붐 세대를 무척이나 싫어했고 현상 유지와 관련된 모든 것에 저항하기를 원했다. 하지만 내가 좋아하던 잡지들 태반이 도산하고 말았다. 경영은 참으로 힘든 일이다. 창의적인 것과 비즈니스적인 것은 전혀 별개의 것이다.

우리는 대형 잡지사와 경쟁 구도에 놓이기 시작했다. 그리고 성장하면서 얼토당토않은 일을 하게 되었다. … 브랜드를 구축하는 일이나 자금 문제 등을 염려하는 일 말이다. 하지만 이제는 은행에 돈이 쌓이면서 우리가 원하는 것들을 할 수 있게 되었다. 그러다 보니 어느새 대단히 정치적으로 변해가고 있다."「바이스」는 최근 몇 년 동안 펑크 본래의 충격 요법을 이용하여 유행에 민감한 젊은 「바이스」 독자들에게 그동안 제대로 전달되지 않았던 매우 충격적이고 중요한 이야기들을 다뤘다. 2005년에 온갖 무능력자들을 집필진으로 내세워 발간한 「바이스」 특집호에서 '또라이라는 단어의 완벽한 또라이적 이용 실태'와 같은 기사들을 다뤘을 때는 비평가들이 도를 넘어섰다고 우려했지만 한편으로는 사회 소외층을 진솔하고 독자적인 방식으로 묘사했다는 호평을 받기도 했다. 2006년 새인 스미스가 객원 편집자 제이미-제임스 메디나(Jamie-James Medina)와 함께 수단의 다르푸르로 날아가 익스트림 여행 가이드를 촬영해 가져온 다큐멘터리●는 서구와 아시아 석유 회사들이 그곳에서 저지른 만행과 아울러 주민 수십만 명을 죽이고 수백만 명의 터전을 몰수한 수단 대학살을 노골적으로 연계시킨, 서구 미디어에 얼마 안 되는 귀중한 자료였다.

스미스는 "미국에는 현상 유지에 저항하는 미디어가 없고 그저 모두가 똑같은 4개의 거대 기업만이 있을 뿐이다. 버드와이저와 같은 대형 광고주를 잃게 될까 봐 전전긍긍하다 보니 자신의 목소리를 내는 법이 없다. 〈존 스튜어트와 함께하는 데일리 쇼(The Daily Show with Jon Stewart)〉는 35세 이하의 젊은이들이 가장 많이 시청하는 뉴스 프로그램이자 풍자 코미디 쇼다. 힘없고 무력한 아이들을 위한 거대 시장은 존재한다. 우리는 공화당이나 민주당보다는 펑크족이 세상을 바라보는 식으로 정치 프로그램을 다루고 있다. 그것은 '말도 안 된다. 그것은 좌파도, 우파도, 중도파도, 뭣도 아니다. 그냥 개수작이다.'라고 하는 것과 비슷하다."고 말한다.

미래는 새로운 변화 주체, 즉 이윤에 목적의식을 덧붙여놓은 펑크 자본가들의 것이다. 추상적인 경제 구조는 개인의 이기심만이 우리를 지배한다고 오랫동안 주장해왔지만 현실은 그것이 잘못된 생각임을 계속해서 입증해주고 있다.

● 5부작 다큐멘터리 〈인사이드 수단(Inside Sudan)〉은 www.vbs.tv에서 무료로 볼 수 있다.

2006년 「뉴욕 타임스」에서 리처드 시클로스(Richard Siklos)는 이 새로운 평크 기업들은 "경쟁을 당혹스럽게 만들었다. 그것은 애초부터 경쟁을 목표로 하지 않았기 때문"이라고 밝힌다. "그들은 분명 자신의 비용을 감수하면서 그저 한두 푼 버는 걸로 만족해한다. 그러니까 정말로 돈을 위해 하는 일이 아니다. 상업적 기준으로만 따지면 이치에 맞지 않는다. 당신이 루퍼트(세계적인 미디어 그룹 뉴스 코퍼레이션News Corporation의 회장 루퍼트 머독을 일컬음─옮긴이)나 서머(또 다른 거대 미디어 그룹 비아콤Viacom의 회장 서머 레드스톤Summer Redstone을 일컬음─옮긴이)라면 이 평크 기업들은 밤잠을 이루지 못하게 하는 걱정스런 테러범을 상징할 것이다. 음흉한 미소를 띤 죽음의 사자 말이다."

언젠가 앤디 워홀도 "잘되는 비즈니스가 곧 훌륭한 예술"이라고 말했다. 그리고 평크 자본가들은 자신들의 공장에서 걸작을 창조해내는 것으로 그 말을 증명하고 있다. 「바이스」의 평크 기업가들처럼 몬트리올에서 태어나 동시대에 성장한 또 다른 십대 소년 도브 차니(Dov Charney)는 의류 브랜드 아메리칸 어패럴(American Apparel)의 창업주이다. 대학 시절부터 티셔츠를 판매하기 시작한 차니는 1989년에 터프츠(Tufts) 대학을 중퇴하고 D.I.Y. 의류 사업을 시작했다. 그는 패션 비즈니스에 대한 높은 안목을 키워 5개국에 53개 매장을 낸 최신 유행 브랜드로 일구어놓았다. 차니의 설명에 따르면 맨해튼 본점에서는 매년 평방피트당 업계 평균 판매액 수치의 7배에 달하는 1,800달러를 벌어들이고 있다. 아메리칸 어패럴이 여타 의류들과 비교해 그다지 특별할 것 없는 단순하고 로고 없는 티셔츠나 운동복과 같은 의류를 판매한다는 점에서 보면 그것은 흔치 않은 일이다. 아메리칸 어패럴의 팬들이 구매하는 것은 다름 아닌 기업의 메시지다.

워홀과 마찬가지로 차니 역시도 의미를 생산해낸다. 아메리칸 어패럴의 모든 생산 제품은 이제 미국 유일의 최대 의류 제조 공장이자, 노동 착취와 거리가 먼 로스앤젤레스 다운타운 소재의 공장에서 생산되고 있다. 아메리칸 어패럴의 4,500명 직원들은 시간당 평균 13달러를 벌면서 유급 휴가나 건강 보험, 보조금 지급 식사, 교통비, 무료 자전거, 무료 주차와 같은 혜택을 받고 있다. 또한 진보적인 환경 정책을 추구하고 있어서 사용 면직물의 20퍼센트 이상이 유기농이고(현재 이 수치를 80퍼센트까지 끌어올리려는 계획이 추진 중이다) 직물 쓰레기는 재활용되고 있다. 공장에서 사용하는 전원의 20퍼센트는 지붕의 태양 전지판에서 얻고 있다.

이 같은 사실들이 매우 이상적으로 들릴지는 몰라도 사실 아메리칸 어패럴과 같은 기업들은 파격적인 것과는 거리가 멀다. 펑크 자본가들은 신념뿐만 아니라 다른 모든 면에서 경쟁을 벌여야 한다는 사실을 절감하고 있다. 아메리칸 어패럴의 사명 선언(mission statement)은 이렇게 적혀 있다. "의류 업계에서 경쟁력을 유지하는 동시에 최고의 급여를 제공할 수 있는 것은 모두 이 같은 시스템 덕분이다. 우리는 지방이나 후진국의 노동 착취 공장(혹은 광고 에이전시)에 외주를 주지 않기 때문에 프로세스 전체가 시간 효율적일 뿐 아니라 시장 요구에 빠르게 대처할 수 있다. … 게다가 어떤 기업보다도 윤리적이라는 사실은 말할 것도 없다. 우리는 그저 뭔가 다른 것을 시도하고, 조금씩 돈을 벌어들이고, 사람들이 좋아하는 옷을 제공하고, 인간다워지고, 프로세스 자체에서 즐거운 시간을 보내고 있다." 아메리칸 어패럴에서 즐겁게 보내는 시간은, 비공식으로 개최되는 '젖은 티셔츠 콘테스트(wet T-shirt competitions: 티셔츠 차림의 여성에게 물을 뿌려서 가장 섹시해 보이는 여성에게 상을 주는 시합—옮긴이)'에서 승리한 젊고 아름다운 직원들의 모습을 담아놓은 기업 광고에 잘 나타나 있으며, 매년 2억 5천만 달러가 넘는 경이로운 매출액은 더 말할 것도 없다.

아메리칸 어패럴은 과거에 맥라렌과 웨스트우드가 운영한 의류점 '섹스'의 현대판이라 할 수 있다. 70년대 포르노 영화에 심취한 브랜딩 전략과 광고 캠페인을 비롯하여 노동 착취 금지 공장에서 만든 속옷 차림으로 공장을 배회하면서 직장에서의 표현의 자유를 장려하는 것으로 유명한 차니의 행동뿐 아니라(일부 여직원들과의 관계를 공공연하게 드러내어 비난을 받기도 하지만) 의류업계를 향해 강력히 주장하는 기업의 파격적인 메시지를 보아도 그렇다. 아메리칸 어패럴은 노동 착취를 거부하고 전 제품을 미국에서 생산함으로써 노동 착취 공장을 이용하지 않고도 어떤 일들이 가능한지 패션 세계를 향해 당당히 선언하고 있다.

이제는 목적의식을 갖춘 브랜드와 제품들이 돈을 벌어들이는 세상이다. 그리고 더욱 더 많은 사람들이 이런 제품들에 넘어가면서 더 많은 돈을 끌어들이고 있다. 그밖에도 목적의식을 갖춘 다른 업계 사례들로는 2005년 한 해 동안 무려 37퍼센트나 증가한 전 세계 '공정 거래 제품 시장'과 2005년 1월부터 이듬해 1월까지 겨우 3퍼센트 판매 성장세에 그친 일반 자동차 시장과 비교해 미국에서만 판매가 2배나 오른 '하이브리드 차 시장'을 들 수 있다.

우리는 너무나도 많은 조작 기사와 허위 광고를 흡수하면서 점차 그런 것들에 면역이 되어가고 있다(이에 대해서는 4장에서 좀 더 논의할 것이다). 이에 맞서서 펑크 자본가들은 우리에게 실질적인 알맹이와 스타일을 판매하고 있다. 바이스의 섀인 스미스는 다음과 같이 주장한다. "펑크는 그런 것을 받아들이지도 않았고, TV나 신문에서 보는 것을 믿지도 않았다. 그리고 이런 현상은 널리 확산되었다. 사람들이 주요 방송사의 뉴스를 믿지 않고 인터넷에서 뉴스를 얻기 때문이다. 그렇다고 해서 그것이 꼭 어떤 혼란과 무질서를 의미하는지는 나로서는 잘 모르겠지만 어쨌든 분명한 사실은 당신 스스로 생각한다는 것이다."

창조적인 파괴는 새로운 주류를 만든다

펑크는 스스로 해보고자 하는 의지를 제외하면 그 무엇도 중요하지 않다는 생각을 확장시켰다. 언젠가 조니 로튼은 "우리는 아마추어이기를 원한다."고 말했다. 이런 D.I.Y. 정신에 속한 잠재력을 완벽하게 구현하도록 돕는 것이 바로 테크놀로지다. 오늘날 세계 모든 대륙의 아마추어들은 손쉽게 (때로는 공짜로) 접근 가능한 최신 하드웨어와 소프트웨어로 무장하고 있으며, 인터넷이라는 개방적이고 세계적인 유통 경로에 대해서는 더 말할 필요도 없다. 지금까지 D.I.Y.가 이토록 손쉬웠던 적은 없었다.

이 같은 노동력 운영 방식의 변화에 따라서 직업들은 급격히 변화하고 있으며, 직업과 삶의 균형에 관한 생각은 직업과 삶이 독립체로서 갖는 실질적 의미에 대한 새로운 반문으로 바뀌어가고 있다. 일자리의 미래에 관한 2004년 미 노동부 연구조사에 따르면 "고용인들은 보다 분산되고 특화된 기업에서 일하게 될 것이고, 노사 관계는 점차 표준화 성향을 버리고 보다 개인화될 것이다. … 영구적인 평생 직업에서 덜 영구적이고 덜 표준화된 고용 관계(가령 자유직)로의 변화 양상을 예측할 수 있다."고 예견한 바 있다.

자유직의 급성장은 세계적인 규모로 일어나는 단순한 체제 저항의 현상이 아니다. 그것은 우리 태도에 일어나는 심오한 변화를 반영한다. 우리 가운데 풀타임 직장인들은 점점 불만을 키워나가고 있다. 2007년에 컨퍼런스 보드(Conference Board)라는 미국 민간 리서치 그룹에서 시행한 설문조사에서는 응답자 절반 이상이 자신의 현재 직업에 만족하지 못한다고 대답했다. 그보다 20년 전인 1987년에 시행된 비슷한 설문조사에서 같은 대답을 한 응답자 수치는 40퍼센트 미만이었다. 그리고 보면 분명 돈도 예전만큼 효과를 발휘하지 못하는 듯하다. 1989년에 영국 인구의 58퍼센트가 자신이 행복하다고 답변한 데 비해서 2003년에는 평균 수입이 60퍼센트 증가했음에도 그 수치는 45퍼센트로 떨어졌다.

리처드 플로리다(Richard Florida)는 『창조적 계급의 부상(The Rise of the Creative Class)』이라는 저서에서 서구 세계에 속한 사람들은 무엇보다 창의성에 의해 움직인다고 주장한다. "이제 우리는 보다 독자적으로 일하고자 노력하고 있고, 무능한 매니저나 아랫사람을 괴롭히는 상사와 함께 일하기는 점점 더 어려워지고 있다. … 기성 조직 세대의 라이프스타일은 순응성을 강조하는 데 반하여 새로운 라이프스타일은 개성과 자기주장, 다름의 인정, 풍요롭고 다차원적인 경험의 갈망 등을 옹호한다."

사회적 현상의 하나로 경험되고 있는 이 모든 변화들이 신 테크놀로지에서 비롯된 결과라고 여기는 잘못된 인식이 있기는 하지만, 플로리다를 포함한 여러 인물들의 판단에 따르면 이러한 실질적 변화들은 사실상 모두 문화의 기저부에서 출발한 것이다. 창의성에 기반을 두고 운영되는 D.I.Y. 문화로의 이동 속에 함축된 의미는 농업에서 제조업으로의 사회적 전환이 일어났던 과거만큼이나 심오한 것일 수도 있다. 창의적인 인재들이 사회의 새로운 절대 강자로 등장하면서 관리자와 CEO들은 빠르게 퇴출되고 있는 실정이다. 플로리다는 "창의적인 개인은 이제 더 이상 인습 타파주의자로 여겨지지 않고 있다."고 말한다. "그가 바로 새로운 주류에 해당한다."

새로운 대규모 생산

펑크의 이상은 마침내 과다 경쟁의 양상을 완전히 무너뜨리게 될 수도 있다. 일자리를 제공하는 업계들이 빠르게 변화하는 속도만큼 우리도 새롭게 일하는 방식을 찾아나가고 있기 때문이다.

펑크족들은 5·60년대에 문학의 혁신적인 생산 방식을 발견한 비트 시인들에게서 D.I.Y. 영감을 찾아냈다. "내가 속해 있던 세상에서 내게 너무나도 중요했던 사람들은 무슨 일이든지 스스로 해내는 이들이었다." 헬은 자신에게 영향을 미쳤던 작가들을 이렇게 기억한다. "그들은 기존의 제조 방식과 판매 체제를 완전히 비껴갔다. 그들은 새로운 제작과 신선한 유지라는 전통에서 출발했다. 하루 만에 책을 쓰고 이튿날 책을 출간할 수 있게 된 것이다."

비트 시인과 펑크족들에게 자기표현의 기회를 제공했던 인쇄업체와 서점들은 새로운 POD(print—on—demand: 고객이 원하는 품질과 부수의 인쇄물을 만들어낼 수 있는 새로운 인쇄 시스템—옮긴이) 도서 거래 기업들로 발전해나갔다. 그중 한 업체인 엑스리브리스(Xlibris)는 매년 수천 권 이상의 책을 출판하여 대형 서점에 납품하고 있다. 그밖에 루루(Lulu)와 같은 POD 기업들은 이 아이디어를 좀 더 발전시켜서 매달 수만 권 도서를 출간하는 것 말고도 음악·영화·그림을 출간하고 유통할 수 있는 선택권을 소비자에게 넘겨주고 있다. 루루에서 실시한 설문조사에 따르면 블록버스터의 수명 주기는 지난 십 년 동안 절반으로 줄어들었다. "블록버스터 소설은 하루살이의 길로 접어들고 있다."고 루루의 CEO 밥 영(Bob Young)은 말한다. "출판 혁명은 바로 코앞에 닥쳐 있다. … 그것은 문화적 전환의 일부에 해당한다."

D.I.Y.는 여러 산업들의 전통적인 프레임워크를 변화시키고 있다. 음반과 영화 및 비디오 게임 분야에서는 이미 일어나고 있는 현상이며, 그밖에 다른 분야에서도 얼마든지 일어날 수 있는 현상이다. 그 결과 많은 기업들이 전체 운영의 틀을 펑크 자본가들에게 맞추고 있으며, 그들의 다양한 니즈는 고도로 발전된 테크놀로지가 충족시켜주고 있다.

생산 수단에 대한 소유권(자본주의의 주요 골격)은 이제 대중의 손으로 넘어가고 있는 것처럼 보인다. 그러나 생산 수단의 '소유' 개념은 이제 얼마 안 있어 무의미해질 수도 있을 것이다.

3-D.I.Y.

이제 전자 전송과 다운로드가 가능한 것은 무엇이든지 점점 거세게 불어 닥치는 D.I.Y. 영향권에 들어가고 있다. 다운로딩 덕분에 미디어와 엔터테인먼트 산업은 지금까지와는 전혀 다른 야수로 돌변하고 있다. 펑크 자본가들의 마지막 미개척 분야와 마지막일지도 모를 대량 생산의 종말은 이미 목전에 다다랐을 수도 있다. 인터넷은 전자 전송이 가능한 모든 것들의 판도를 뒤집어놓고 있다. 그 속에는 물질세계도 포함되어 있어서 머지않아 우리 스스로 직접 제품을 제조하게 될 수도 있다.

스파이키 헤어 대신에 연구실에서 혁명을 일으킨 새로운 펑크 부류 덕분에 D.I.Y.는 그 어느 때보다도 오늘날에 있어서 기성 체제에 반발하는 위협적인 요인이 되고 있다. 여기서는 POD 따위도 필요치 않다. 영국 바스 대학교(University of Bath)에서 에이드리언 보이어(Adrian Bowyer)가 지휘하는 엔지니어 팀은 현재 D.I.Y.의 궁극적인 지향점이 될 수 있는 일에 착수하고 있다.

어릴 때부터 기계 분해에 남다른 관심을 가졌던 보이어는 세탁기와 TV를 분해하여 자동차도 날려버릴 수 있을 만큼의 강력한 폭발 장치를 만들어내기도 했다. 보이어는 "뭔가를 배우는 유일한 방법은 그것을 완전히 분해했다가 다시 작동 가능하도록 조립하는 것임을 터득했다."고 말했다. 기계 작동 방식에 늘 불만을 품어온 보이어는 그것을 어떻게 개선시킬 수 있을지 생각했다. "나는 산업 혁명 시절부터 엔지니어링이 사물을 그릇된 방식으로 만들어놓았다고 생각했다. … 생물 유기체가 사용하는 생산 방식이 훨씬 더 매끄럽고 효율적이다. 특히나 생물 유기체들은 자체 조립과 재생산이 가능하지만 현재 어떤 엔지니어링 제품들도 그것은 불가능하다."

지난 20년 동안 보이어는 다윈의 진화론을 엔지니어링에 응용하여 '동식물이 성장하는 방식과 똑같이' 발전해나가는 디자인 소프트웨어를 만들어 냈다. 그러나 보이어 내면에 깃든 펑크 정신이 깨어난 것은 '3D 프린팅'을 발명했을 때였다.

3D 프린팅이라고 하면 왠지 공상 과학 소설처럼 들리겠지만 그것은 이미 현실이 되어가고 있다. 잉크를 종이에 흩뿌리는 일반 프린터 방식처럼 복사기 크기의 3D 프린터는 가루 형태의 금속, 세라믹, 기타 여러 물질들을 분사하여 층과 층 사이를 융합시켜 입체로 된 3D 물체를 만들어낸다.

아디다스(Adidas)와 BMW, 팀버랜드(Timberland), 소니 같은 기업들은 이미 3D 프린터를 이용하여 자체적으로 신상품 프로토타입을 생산해내고 있다. 3D 프린팅은 전체 설계 프로세스를 보다 효율적이고 반응적으로 처리할 수 있을 뿐 아니라 새로운 제품 콘셉트를 비밀리에 추진하는 일에도 일조하고 있다. 보이어는 다음과 같이 설명한다. "연구조사 분야에서는 매우 유용하다. 실험용 기계를 제작해야 한다면 우선 캐드(CAD) 시스템으로 설계하여 3D 프린터가 자동으로 만들어낸 부품을 조립하기만 하면 된다. 보통 몇 달씩 걸리던 프로세스가 이제는 하루 이틀 만에 끝나고 있다."

아직은 엄청난 가격 때문에 대부분의 3D 프린터는 부담스런 존재이지만 테크놀로지는 컴퓨터 발달 속도만큼이나 빠르게 발전해나가고 있다. 3D 프린터는 그리 멀지 않은 미래에 세계 곳곳의 가정과 사무실에서 환영받는 기기가 될 수 있을 것이다.

앞으로 이런 일이 일어나게 되면 (혹은 현재 일어나면서) 생산자와 소비자의 경계는 더 이상 남아 있지 않게 될 것이다. 그렇다면 이런 상황에서 유일한 문제는 바로 설계 자체의 독창성과 정교함일 것이다. 무엇이든 집에서 프린트할 수 있는 세상은 온갖 궁금증으로 가득한 세상이 될 것이다. 불법으로 음악 다운로드를 받는 속도로 아이들이 집에서 에어 조던(Air Jordans)

운동화를 프린트하기 시작한다면 과연 나이키에서는 어떤 일이 벌어질까? 당신의 새 자동차는 쇼룸에서 직접 프린트될 수 있을까? 프린터가 고장 나는 바람에 선물을 프린트할 수 없어서 크리스마스 아침을 망치는 일은 일어나지 않을까?

D.I.Y.는 계속해서 독자적인 성향을 띠어가고 있다. 사회적으로 개인의 독립화 현상이 이루어질수록 더 많은 산업들이 탈집중화될 것이다. 그렇게 되면 사실상 더 이상 산업이 남아나지 않게 되면서 거대 기업들의 독점적 통제 대신에 여러 활기찬 지역 시장들이 가치를 생산해내는 시점에 다다르게 될 수도 있다. 음반 업계에서는 이미 일어나고 있는 이 현상은 전자 전송이 가능한 것이라면 반드시 해당되는 현상으로, 조만간 물리적 제품 세상에서도 일어나게 될 수 있다. "역사적으로 볼 때 우리는 고도의 테크놀로지가 헐값이 되어버린 시점에 이르렀다. 나는 그 가격을 최대한 더 낮춰서 부자들이 하찮게 여기는 것을 활용하여 가난한 이들이 수입을 올릴 수 있게 되기를 바란다."고 보이어는 말한다. 앞으로 MP3 파일을 다루는 것처럼 무엇이든지 복사해내는 법을 터득하게 된다면 음반 산업의 운명은 대량 생산의 종말에 대한 전조가 될 수 있을 것이다.

아직 프로토타입 단계에 머물러 있기만 한 다른 테크놀로지처럼 렙랩(RepRap: 자체 복제 능력을 갖춘 기계를 만들어내어 빠른 프로토타입 제작이나 제품 생산에 이용하도록 하겠다는 프로젝트로, 3D 프린터가 여기에 해당한다—옮긴이)도 제작자의 기대에 부응하지 못하게 될 수도 있겠지만 그 속에 함축된 의미는 상당히 파격적인 편이다. 3D 프린터는 세계 제조 시스템의 종말뿐 아니라 소비 분야만큼이나 생산 분야에 통제력을 가하게 될 새로운 개인 분산화 프로세스의 시작을 의미하게 될 수도 있다. 보이어는 "그것은 우리네 일반인들을 부유하게 만들어준 제조업이라는 사다리의 첫 번째 발판에 세계 절대빈곤층도 어렵지 않게 발을 얹도록 해줄 것이다."라고 설명한다.

초창기 시절의 D.I.Y.는 팬진에 기록되었던 글귀처럼 자신만의 밴드를 결성하도록 도와주는 하나의 기타 코드에 해당했다. 머지않아 그것은 전자 전송되는 설계도가 되어 운동화 다운로딩은 물론이고 좀 더 개선되고 효율적인 미래를 포함하여 우리가 원하는 것은 무엇이든지 설계하고 구축할 수 있도록 해줄 것이다.

여기 아이디어 한 개가 있고, 아이디어 두 개가 더 있다…….
그럼 이제는 당신만의 미래를 구상할 차례다

파괴적 성향의 테크놀로지가 누구에게나 공평하게 주어지는 요즘 세상에 펑크적 관점은 우리 모두가 사용 가능한 파격적인 마인드세트에 해당된다. 펑크는 낡고 오래된 전제들을 당연하게 여기거나 신고전주의 경제학처럼 우리를 움직이는 유일한 동력이 개인의 이기심이라고 여기지도 않았던 탓에 새로운 일처리 방식을 발견해낼 수 있었다.

펑크 자본가들은 펑크록 철학에서 그대로 빠져나온 다음의 3가지 개념을 활용하여 변화를 일으키고 있다.

1. 스스로 하라(Do It Yourself)

펑크족은 대량 시장에 기반을 두기를 거부하면서 역동적인 문화 운동을 일으켰다. 오늘날 핵심 세력에 속하는 펑크 자본가들은 자신들을 억누르던 연상 장벽을 제거해나가고 있다. 그들은 자신들을 위해 일하면서 비즈니스를 설립하고, 자신들이 소비하는 것만큼 생산해내는 방식을 찾아내면서 다양한 신 시장과 비즈니스 모델의 기초를 마련하고 있다. D.I.Y.는 우리의 노동력 시장을 바꿔놓고 있으며, 창의성은 우리의 가장 귀중한 통화수단이 되고 있다.

2. 체제에 대항하라(Resist Authority)

체제에 대항했던 펑크는 무정부 상태를 밝은 미래로 나아가는 길로 바라보았다. 마찬가지로 펑크 자본가들도 서로 동등하게 연결되어 협력하는 개인들의 세력과 함께 새로운 D.I.Y. 테크놀로지를 적극 활용함으로써 체제에 맞서고 있다. 신 경제를 움직이는 이 두 개의 동력은 낡은 시스템을 뒤로 하고 우리 삶과 일의 새로운 방식을 창조해내고 있다. 테크놀로지+민주화 =펑크 자본주의

3. 이타주의와 이기심을 결합하라(Combine Altruism with Self—Interest)

펑크는 높은 이상을 갖고 있었다. 비록 공격적이고 무시무시해 보이기는 했지만 사회를 향한 신랄한 비판과 파괴적 성향을 통해서 더 나은 세계로의 변화를 추구했다. 펑크 자본가들도 이와 동일한 테크닉을 이용하여 스타일에 물질적 요소를 첨부시키겠다는 취지를 내걸고 공허한 기업 행위와 제조업과 제품들로 가득한 세상을 무너뜨리고 있다. 펑크는 신고전주의 경제학으로 인해 한동안 잊혀졌던 또 다른 동기 부여제인 '이타주의'를 기업가 정신에 주입시켜놓았고, 이를 통해 이윤보다 목적의식을 앞세우는 개념이 전 세대에서 훌륭하고 멋지게 조명되었다. 펑크는 새로운 의미가 절실히 요구되는 곳에 그것을 심어놓았다.

이 같은 3가지 개념의 흔적은 우리의 눈길이 닿는 곳 어디에서나 우리가 사용하는 소비 제품 속에서 발견될 수 있다. 펑크가 대항하던 기업계에서도

이 개념들을 모방하면서 이제는 반체제주의적인 담론이 흔히 오가고 있다. 하지만 지금은 펑크가 활약하던 예전만큼이나 제대로 효과가 발휘되지 못하고 있는 실정이며, 그 대신에 목적의식에 따라 움직이는 새로운 펑크 자본가 세대의 행보가 주목되는 세상이다.

과거에 펑크가 확장시켜놓은 개념들은 이제 한껏 흥분 상태로 치닫고 있다. 이제는 자세히 살펴보기만 하면 어디에서나 펑크의 여파를 발견할 수 있다. 하지만 이렇듯 단숨에 날카롭고 거세게 일어났던 사회적 충격도 어쩌면 사람들의 뇌리 속에서 완전히 잊혀져버릴 수도 있었다. 불법으로 D.I.Y. 메시지를 방송하던 또 다른 급진주의 세력들이 존재하지 않았더라면 말이다. 음악 역사에 조예가 깊은 클린턴 헤일린(Clinton Heylin)이 『해적판(Bootleg)』에서도 얘기했지만 "최초의 펑크 밴드들이 미친 영향력이 지금까지 살아남은 것은 단지 그들의 음악이 불법으로 유포되었기 때문이라는 속설은 꽤 일리 있는 주장일 수 있다." 펑크가 세상을 변화시키기는 했지만 또 다른 혁신자들의 작은 공로가 없었더라면 그 어떤 것도 불가능했을 것이다. 이 혁신자들은 바로 해적들이다.

CHAPTER 02

저작권 너머의
신종 소비자 군단과 연대하라

The Tao of Pirates

해상 요새, 특허괴물. 그리고 해적 활동이 시장을 만드는 이유

시랜드 공국(The Principality of Sealand)

영국 동남쪽 해안에 위치한 마을 하위치에서 영국 해협 동쪽을 따라 음울한 바다를 표류해가면 덩치 큰 콘크리트 기둥 두 개가 망망대해 위로 솟아 있는 모습을 볼 수 있다. 이 기둥 밑의 해저에는 마치 육중한 기둥을 지탱하고 있다가 익사한 그리스 신화의 아틀라스(Atlas)처럼 생기 없는 난파선의 잔해들이 널려 있다. 바다에서 약 26미터의 높이로 솟아 있는 기둥 정상에는 오랜 세월 비바람에 시달리다 녹슨 거대한 플랫폼이 놓여 있다. 이 플랫폼은 제2차 세계대전 때 수백 명 영국 군인들의 주둔지였으며, 런던을 향해 날아가는 독일 공군을 저격하던 고사포의 포대가 세워졌던 곳이었다. 원래 전투 용도로 세워져서 포트 러프스(Fort Roughs)라는 이름으로 알려져 있던 이 구조물은 1946년에 시설물 용도가 해제된 이후로 영국 정부에 의해 공해 상에 덩그러니 방치되어 있었으며, 심지어 이런 사실조차도 사람들의 관심 바깥에 머물러 있었다. 사정이 이렇다 보니 패디 로이 베이츠(Paddy Roy Bates) 소령이 이곳을 점령하리라고는 그 누구도 예측하지 못했다.

전 육군 소령이었던 베이츠가 포트 러프스에 관심을 쏟게 된 것은 우연한 기회 탓이었다. 당시 그는 서로 동일한 해상 요새 네 곳 가운데 한 곳에서 영국을 상대로 로큰롤 음악을 방송하던 해적 방송국 라디오 에섹스(Radio Essex)를 운영하고 있었다. 그런데 문제는 기지국으로 사용하던 해상 요새가 영국 본토에서 3마일이 채 안 되는 거리에 떨어져 있는 데다 당시까지 영국 관할권에 속해 있다는 사실이었다. 영국 정부는 아무런 관심도 보이지 않은 채 방송국 문을 닫도록 명령했다.

베이츠는 바다 쪽으로 더 멀리 떨어져 있는 포트 러프스라면 이런 규제가 적용되지 않으리라고 생각했다. 사실 바다 한복판에서라면 그 어떤 규칙도 적용되지 않으리라는 사실을 그는 잘 알고 있었다. 그는 1966년 크리스마스 이브에 포트 러프스로 돌격하여 이미 그곳에 정착해 있던 해적 방송국을 강제로 퇴거시키고 권력을 장악했다. 그러나 이번에는 라디오 방송국 운영 그 이상의 것을 가슴속에 품었다. 스스로 왕위를 임명하여 로이 국왕(Prince Roy)이 된 베이츠와 그의 부인 조안 왕비(Princess Joan), 그들의 아들 마이클 왕자(Prince Michael)는 점점 녹슬고 부패해가는 자신들의 영토를 국제법에 따라 독립국으로 선언했다. 그렇게 해서 시랜드 공국(이하 시랜드)이 탄생되었다.

로이 국왕은 부서져가는 요새를 세계에서 가장 작은 나라로 만들어놓은 후 그곳에 국기를 게양하고 헬리포트를 설치했다. 영국으로서는 시랜드 국민들(당시에는 3명이었고 그 후로도 기껏해야 5명을 넘지 않았다)이 자체적으로 화폐를 주조하고 우표를 발행하고 여권을 제작하고 왕위를 수여하는 일을 막을 길이 없었다. 실제로 18.95파운드(약 4만 원)와 우편 요금만 있으면 이베이(eBay)를 통해서 시랜드 백작이나 백작부인이 될 수 있다.

"시랜드는 기존 국가 체제의 강압적인 법령과 규제에 불만을 품은 사람이라면 그 어떤 자주권 아래에 놓여 있지 않은 장소에서 누구든지 독립을 선포할 수 있다는 원리원칙에 의해 세워졌다."고 베이츠 가족은 선언했다. 이렇게 해서 영국(혹은 시랜드) 역사상 가장 기이한 스토리의 하나가 펼쳐지게 된다.

시랜드에서 들려오는 이상한 이야기들은 해를 거듭하면서 정기적으로 헤드라인을 장식하고 있다. 1968년에는 지나가는 해군 함선(시랜드 공국 침략을 시도했을 수도 있고 시도하지 않았을 수도 있다)을 향해 총을 발포한 일로 베이츠가 법정에 서기도 했지만 영국 판사는 시랜드가 사실상 대영제국 영해를 벗어나 있다는 입장을 밝혔다. 1977년에는 독일과 덴마크 음모자들에게 침략을 받기도 했지만 베이츠 가족은 한바탕 소동에 해당하는 전쟁에서 그들을 물리치고 다시금 세력을 되찾았다. 시랜드는 그곳에 카지노나 매음굴을 세우려는 어두운 세력들이나 국가의 법망을 피해 달아나려는 불법 기업가 무리들에게 끊임없는 유혹의 대상이 되고 있다. 시랜드 여권은(대부분은 모조 여권이다)은 세계 곳곳의 불미스런 세력들의 수중에서 발견되고 있으며, 그중 하나는 마이애미에서 발견된 패션 디자이너 지아니 베르사체(Gianni Versace)의 암살범 시체에서 나오기도 했다.

2000년에는 정부와 변호사, 이혼한 전처 등이 포함된 여러 감시자들의 눈을 피해 '민감한' 정보들을 익명으로 안전하게 저장해두는 해양 데이터 저장소의 구축 문제를 놓고 헤이븐코(HavenCo)라는 회사와 시랜드 왕족이 협상을 벌이는 통에 이 작은 나라가 또 다시 전 세계 신문 톱기사에 오르기도 했다. 헤이븐코는 도박 사이트나 파일 공유 네트워크도(그리고 국가 법망이나 세금 징수자를 피하려는 사람은 누구든지) 환영했다. 헤이븐코가 취급하지 않는 유일한 데이터라면 아동 포르노·스팸 메일·테러리즘과 관련된 것들이었다.

사람이 만든 세계 최초의 주권 국가는 아니라 해도 시랜드가 세계 최초의 인터넷 무정부 수도라는 사실만큼은 확실했다. 세상에서 둘째가라면 서러울 정도로 특이한 베이츠 가족은 하나의 해적 기지국을 하나의 변종 해적 국가로 탈바꿈해놓았다.

시랜드는 해적 DJ가 설립한 최초이자 유일한 독립국 영토이기는 했지만 해적 문화 위에 세워진 유일한 국가와는 거리가 멀었다. 사실 해적들은 지난 수세기 동안 새로운 사회들을 세워 올린 건축가들이나 다름없었다. 그들은 새로운 영화와 음악 장르 및 새로운 미디어 형태를 만들어내고는 그것을 종종 익명으로 그리고 늘(적어도 처음에는) 불법으로 운영했다. 그들은 정부를 전복시키고 새로운 산업들을 탄생시키고 전쟁에서 승리했다. 해적들은 사회적으로나 경제적으로 긍정적인 변화를 일으켰다. 이제 누구나 원하는 것은 무엇이든지 복사하여 방송할 수 있게 되면서 해적들의 활동을 이해하는 일은 그 어느 때보다 중요하게 되었다. 우리 누구나 해적이 될 수 있기 때문이다.

이제는 해상 요새도 필요치 않다.

지적 재산권과 해적행위

그렇다면 해적이란 정확히 무엇일까?

A. 길모퉁이에서 불법 DVD를 판매하는 사람
B. 턱수염을 기르고 앵무새를 데리고 다니면서 바다 항해자들을 습격할지도 모르는 사람
C. 능률과 혁신과 창의성을 강조하면서 실제로 수세기 동안 그것을 실천해온 언론 자유의 수호자

정답은 'A, B, C 모두'이다. 해적이란 본래 대가를 지불하거나 허가를 구하지 않고 타인의 창의적 재산을 임의로 복사하거나 방송하는 사람을 말한다.

가장 먼저 밝혀둘 사항이라면 일부 해적 활동은 명백한 절도 행위에 속한다는 것이다. 매년 업계에서는 해적 활동으로 수십억 달러를 날리고 있는 실정이다. 기업들은 골머리를 썩고 있고, 아티스트와 크리에이터들은 수입

을 손해보고 있으며, 사람들은 일자리를 잃고 있다.

이렇게 보면 지적 재산권은 온당하고 해적 활동은 잘못된 것처럼 보이지만 사실은 그 반대의 경우가 맞을 수도 있다. 누군가의 저작권을 습격한 테러리스트가 또 다른 누군가에게는 창조적 자유를 위해 싸우는 투쟁가로 비춰질 수도 있다. 해적 활동으로 이루어진 다양한 결과물들은 대부분 더 나은 방향으로 사회를 변화시킨다.

시랜드와 비슷한 형태로 출발한 또 다른 해적 국가는 바로 미합중국이다. 19세기 산업 혁명이 발발한 시기에 미국 건국의 아버지들은 유럽인들의 발명품을 위조하고 세계 특허들을 무시한 채로 지적재산권을 통째로 빼돌렸다. "지적재산권법의 느슨한 집행은 미국 경제의 기적을 일으킨 기본 동력이었다. 미국은 해적 활동으로 얻은 노하우를 산업화에 이용했다."고 도론 S. 벤－아타(Doron S. Ben－Atar)는 『기업 비밀(Trade Secrets)』에서 지적한 바 있다. 유럽인들은 밀매업자로 악명이 높았던 미국인들을 가리켜 해적이라는 뜻의 네덜란드어로 '얀케(Janke)'라고 부르기 시작했고, 이 명칭은 오늘날에 이르러 '양키(Yankee)'라고 발음되고 있다.•

음반과 라디오, 영화, 케이블 TV를 포함해 지적 재산과 관련된 그 밖의 모든 산업들의 유래를 거슬러 올라가면, 그 발단에는 예외 없이 해적 활동이 발견될 것이다. 에디슨(Edison)이 축음기를 발명했던 당시의 음악가들은 그에게 자신들의 제작물을 훔쳐간 해적이라는 낙인을 찍었고, 그의 오명은 로열티를 지급하는 시스템이 생길 때까지 지속되었다. 로열티 시스템이 생기게 되자 영화 제작 기술을 발명한 에디슨은 자신의 기술을 이용해 영화를 제작하는 사람들에게 라이선싱 비용을 요구했다. 이 일을 계기로 윌리엄

• 18세기의 어느 시점에 다다랐을 때 주요 유럽 국가들도 해적 행위와 산업 스파이 행위에 깊이 개입했던 점에서 보면 다소 부당한 취급이었다. 해적 행위는 미국이 생존할 수 있는 유일한 방편이었다.

(William)이 이끄는 영화 제작 해적 집단들은 뉴욕을 빠져나와 황무지 서부로 도망쳐 가서 에디슨의 특허가 소멸될 때까지 라이선스 없는 태평성대를 구가했다. 그들은 오늘날에는 합법 지역이 된 당시 그들이 세운 타운에서 사업을 지속해나갔다. 그곳은 바로 할리우드였고, 윌리엄의 성(姓)은 바로 폭스(Fox)였다(윌리엄 폭스는 20세기 폭스 사의 창업주이다).

한편 케이블 TV가 처음 생겨난 1948년에는 케이블 업체들이 자신들의 콘텐츠를 방영하면서 네트워크 사용료 지불을 거부했다. 그들은 흡사 원시적 형태의 불법 파일 공유 네트워크처럼 그렇게 30년 이상을 버텨왔지만 결국 똑같이 사용료를 지불하라는 의회의 결정으로 저작권 소유자들과 해적 TV 방송업체들 간의 타결이 이루어졌다.

만약 저작권법이 이런 해적들의 운영에 제동을 걸었다면 우리는 미국인들이 마치 거대한 암만파(Amish : 세속주의를 멀리하며 모두 공평하게 노동하며 살아가는 원리주의 기독교도—옮긴이) 커뮤니티처럼 보이는 세상에 살게 되었을지도 모른다. 레코드 음반이나 케이블 TV는 물론이고, 비행기 이코노미 좌석의 가치와 맞먹는 인기 영화도 존재하지 않았을 테니 말이다. 해적들은 법의 부당한 쪽에 서 있었기는 했지만 로렌스 레식(Lawrence Lessig) 교수가 『자유 문화(Free Culture)』라는 책에서 상세히 설명해놓은 것처럼 그들의 행위는 돌이켜보면 참으로 중요한 것이었다. 그들은 부당하다고 여기는 규정에 순응하기를 거부하면서 맨주먹으로 산업을 일으켰다. 돌이켜보면 오래전부터 사회가 해적들에게 어느 정도 숨통을 틔어주었고 나아가 그들이 사회에 기여하는 가치를 인정해주었기에 타협이 이루어질 수 있었던 것이고, 그것이 차츰 법에 적용되면서 새로운 산업들이 활짝 꽃을 피우게 된 것이다.

그럼 길모퉁이에서 불법 DVD를 판매하는 사내가 지금 이 시대에도 영화 산업에 박차를 가하는 주체가 될 수 있을까? 이 질문에 HDTV 억만장자 마크 큐반(Mark Cuban)은 '그렇다'고 생각하는 듯하다. 그는 소비자들이 언제 어디서 어떻게 영화를 보고 싶어 하는지에 따라서 영화를 평가해야 한다고 주장한다. 그의 기업에서는 오스카상 수상 감독 스티븐 소더버그(Stephen Soderbergh)의 영화 〈버블(Bubble)〉을 영화관과 DVD, HD-TV에서 2006년 동일 날짜에 동시 개봉하기로 결정했다. 소더버그 감독은 「와이어드(Wired)」 지에 "지난 4년간 흥행했던 아무 영화 제목을 대보라. 그것은 개봉 당일에 어떤 경로를 통해서나 볼 수 있었다."고 말했다. "그것이 바로 해적 활동이다. 나는 피터 잭슨(Peter Jackson) 감독의 〈반지의 제왕(Lord of the Rings)〉이나 〈오션스 일레븐(Ocean's Eleven)〉, 〈오션스 투웰브(Ocean's Twelve)〉를 영화관 개봉 당일에 커낼 가*에서 본 적도 있다. 우리는 그저 통제권을 얻기 위해 노력할 뿐이다."

해적 활동의 역사는 되풀이되고 있다. 해적들은 전통적 경로와 형식주의의 수명을 단축시킴으로써 새로운 재료와 형식과 비즈니스 모델을 원하는 청중에게 제공할 수 있다. 커낼 가는 월 가보다 더 빠르게 움직인다. (해적 활동은 유통 방식에 변화를 일으키고 기업들을 부추겨 보다 경쟁적이고 창의적으로 변화하도록 하면서 해적들이 속해 있는 시장을 변화시킨다. 해적들은 기업들의 통제력에서 공공 영역을 방어하는 일뿐 아니라 거대 기업과 정부들을 부추겨 우리가 원하는 것을 원하는 시점에 제공하도록 만든다.) 만약에 그렇게 되지 않더라도 어차피 우리가 강제로 빼앗게 되겠지만 말이다.

대중을 위한 해적들

해적들은 그 어떤 영역보다도 미디어 영역을 더 많이 습격한다. 당신은 중

• 뉴욕에 대해 생소한 사람들을 위해 부연 설명하자면 맨해튼의 차이나타운에 위치한 커낼 가 지역은 해적판이 모이는 주요 집결지 중 하나로, 엄청난 양의 짝퉁 DVD와 핸드백, 향수 등이 날마다 거래되고 있다.

국 정부의 검열 제도에 반발해 투쟁하는 이가 누구라고 생각하는가? 여기서도 또 다시 좀 전에 언급했던 길모퉁이 DVD 사내가 등장한다. 2006년 중국 당국이 사회적 부도덕성을 이유로 영화 〈게이샤의 추억(Memoirs of a Geisha)〉의 개봉 금지령을 내렸을 때조차도 해적들은 잽싸게 시장에 침투해 수백만 장의 영화 DVD를 팔아 해치우면서 자유 시장의 보이지 않는 손으로 중국 정부의 감시벽을 뚫어낼 수 있었다. 5억 6,500만 달러에 달하는 해적 DVD 시장●은 중국에서 판매되는 DVD의 95퍼센트를 생산해내는 해적들의 구미를 당기고 있지만, 그 여파로 일어난 표현의 자유도 영화 검열을 무색하게 만들 정도의 영향력을 갖게 되었다. "금지된 것은 늘 유혹적"이라는 말로 파격적 성향을 드러내는 중국인 여성 블로거 무쯔메이(Muzimei)●●는 훗날 이렇게 말했다. "위쪽에서 정치인들이 정책을 도입하면 아래쪽에 있는 사람들은 그것을 우회해나가는 방법을 찾아낸다."

테크놀로지의 고급화 덕분에 전 세계 곳곳의 일반인들은 검열관과 감시자를 훨씬 앞지르고 있다. 시민 저널리스트에서 블로거, 그리고 직접 온라인 콘텐츠를 제작해 방송하는 일반인들에 이르기까지, 우리는 해적 정신을 지닌 방송 세대들에 의해서 전통적인 경로●●●를 벗어나고 있다. 해적 문화는 공공 영역의 주요 골격에 해당하며, 미디어 영역은 다른 일반인들뿐 아니라 해적 스스로를 위해 해적들이 선의의 목적으로 점거한 여러 영역들 가운데 하나에 불과하다.

점잖은 상류층 사회가 대항해 싸우는 다른 여러 명목들처럼 해적 활동과

- 2006년 미국영화협회(MPAA)에서 발표한 조사에 따르면 중국 DVD 해적판 시장의 가치는 5억 6,500만 달러이다. 이 수치는 곧 미국 영화 제작사들의 손실액을 의미하기도 한다.
- ●● 무쯔메이는 중국 정부에 의해 매우 과격하고 노골적인 인물로 평가되고 있어서 한때 그의 이름이 인터넷에서 검색 금지된 단어 리스트에 오른 적도 있었다.
- ●●● 2005년 영국 구글에서 시행한 조사에 따르면 현 시대를 살고 있는 사람들은 매일 온라인상에서 평균 164분을 소비하고 있으며, 그에 비해 TV 시청 시간은 겨우 148분밖에 되지 않는다.

의 전쟁도 앞으로 수년간 소란스레 지속될 것이다. 하지만 이 전쟁에서 승리하기 어려운 이유는 실체 없는 명목과의 싸움이 본래 터무니없을 뿐 아니라 지금까지 해적들의 공로로 사회가 혜택을 입은 사실이 지난 역사를 통해 계속해서 증명되었기 때문이다.

일반인의 녹음 행위는 무조건 불법화하려고 드는 엔터테인먼트 업계의 관행이 주요 원인이 되어(비용을 지불하지 않고 뭔가를 다운로드하거나 혹은 책에서 일부 페이지를 복사할 경우에 엔터테인먼트 업계는 당신을 해적으로 간주한다) 우리가 점점 해적이 되어가는 이 시점에서 해적의 정신세계를 이해하는 일은 매우 중요하다.

이제는 단지 해적 활동에서 비롯되지 않고 해적 문화에 기반을 두고 세워진 한 업계의 사연을 소개하겠다. 그것은 심지어 실제 해적선 위에서 성장해나갔다. 그것은 지금까지도 규제와 창조적 자유 사이에서 균형점을 찾지 못한 비즈니스로, 어쩌면 앞으로도 계속 그럴지도 모른다. 하지만 이 산업 덕분에 지난 1세기 동안 여러 타인들의 제작물이 세계 곳곳으로 불법 유포될 수 있었다. 그랬기 때문에 자칫 보거나 듣지 못했을 장소로 방송이 퍼져나가 귀중한 정보가 공유됨으로써 해당 제작물의 가치가 올라가고 전혀 새로운 시장이 열리기도 했다. 이는 바로 해적 라디오의 이야기다.

전설적인 DJ 펫지

DJ 펫지(Fezzy)는 방송 준비에 여념이 없었다. 춥고 어두컴컴한 크리스마스이브, 펫지는 저녁 9시 정각을 앞두고 자신의 스튜디오에서 초호화 버라이어티 쇼를 준비하고 있었다. 방송 대본과 악기와 레코드판으로 단단히 무장한 그는 이제 곧 펼쳐질 박진감 넘치는 라디오 토크쇼와 생음악을 선사할 채비를 모두 끝마쳤다.

9시 정각이 되자 방송이 시작되었다. 마이크를 잡고 자기소개와 저녁 프로그램 설명을 모두 끝마치고 나면 그 다음은 레코드판을 틀어줄 차례다. 펫지는 매력 넘치는 목소리의 여가수 클라라 버트(Dame Clara Butt)가 부르는 헨델(Handel)의 '라르고(Largo)'를 멋들어진 신형 축음기로 근사하게 뽑아냈다. 레코더가 모두 돌아가자 성경책을 펼쳐들고 누가복음에 나오는 크리스마스 이야기를 읽어주더니, 이번에는 바이올린을 꺼내들고 즉석에서 샤를르 구노(Charles Gounod)의 '오 홀리 나이트(O Holy Night)'를 연주하여 청취자들을 즐겁게 해준다. 그러고는 자신이 얼마나 다재다능한지 증명이라도 하듯이 목청 높여 노래를 부른다.

물 만난 고기가 따로 없다.

펫지의 버라이어티 쇼가 뭐 그리 대단한 논쟁을 불러일으켰을까 싶겠지만, 오늘날 꽤나 외설스러운 라디오 쇼로 유명한 하워드 스턴(Howard Stern)의 부러움을 샀을 정도로 그의 쇼는 당시 청취자들을 충격에 빠뜨렸다.

DJ 펫지가 맨 처음 무선 방송을 시작한 때는 1906년이었다.

매사추세츠 주 브랜트 록의 해안가 마을에서 40세의 캐나디안 교수 레지널드 페슨든(Reginald Fessenden)(펫지는 토머스 에디슨이 그에게 붙여준 별명이었다)은 대서양을 가르며 항해하던 유나이티드 푸르트 컴퍼니(United Fruit Company: 제3세계에서 재배되어 미국과 유럽에서 판매되던 열대 과일을 거래하면서 20세기 초중반에 전성기를 구가한 미국 대형 기업—옮긴이) 선박 몇 척과 미국 북동부 뉴잉글랜드 지역의 햄 라디오 열성팬들을 상대로 방송을 내보냈고, 전파를 타고 우연히 들려온 방송에 사람들은 아연실색하고 말았다. 잡음 사이로 들려오는 모스 부호의 삑삑대는 소리에만 익숙해 있던 사람들의 귀에 진폭 변조와 전파를 이용해 사람의 목소리와 음악으로 구성된 최초의 방송이 전달됐으니 말이다. 그것은 훗날 AM 라디오로 명칭이 바뀌게 되었다.

페슨든은 오늘날 테슬라(Tesla)나 마르코니(Marconi), 에디슨과 동등한 지위를 갖춘 뛰어난 발명가이자 자신의 이름으로 된 500개 이상의 특허 보유자로 더 잘 알려져 있다. 그러나 엄밀히 따지면 그는 최초의 해적 라디오 DJ이기도 하다. 어떤 라이선스도 갖고 있지 않았음은 물론이거니와 일반 통념에 개의치 않고 기존의 미디어 포맷을 조작하여 자신이 원하는 것을 직접 만들어내면서 남들이 가지 않은 길을 걸어갔기 때문이다. 처음에 마르코니와 에디슨은 음파에 관한 페슨든의 이론을 비웃고 조롱했다. 그러나 DJ 펫지가 공중파를 시도하고 있을 때 이 두 잔소리꾼은 여전히 모스 부호를 갖고 씨름하고 있었다.

훗날 「뉴욕 헤럴드 트리뷴(New York Herald Tribune)」지는 다음과 같이 평가했다. "과학 분야에서도 세상과 대적해 싸우는 유일한 한 사람만이 옳고 나머지는 틀린 경우가 종종 일어날 수 있다. 페슨든 교수가 바로 그런 사람이었다. 그는 인정받는 권위자 세력들의 거센 반발에 홀로 힘들게 투쟁하면서 자신의 이론을 증명해냈다. … 라디오의 발전은 이런 착오로 인해 10년 정도 후퇴하고 말았다."

곧이어 미국 전역의 과학자들과 햄 라디오 광신도들이 페슨든의 뒤를 따르기 시작했다. 사실 오래전부터● 무선 방송이 지닌 저력을 알고 있던 미국은 제1차 세계대전 때 군대의 사기를 진작시키는 데 무선 방송을 이용했으며, 1920년에는 피츠버그에 KDKA라는 최초의 상업용 방송국을 세우기도 했다. 뒤이어 미국 전역에는 500개가 넘는 상업용 방송국이 생겨났다. 그러

● 미국의 무선 방송은 1912년에 타이타닉(Titanic) 호가 가라앉고 나서야 엄격히 통제되기 시작했고, 이때부터 구조 신호용 독립 주파수와 24시간 선박 운항 서비스, 무선 기사 라이선스가 도입되었다. 1912년 전만 해도 많은 이들이 미국 무선의 자유가 완전히 잘못된 길로 빠질 수 있음을 우려했다. 제1차 세계대전 중에는 모든 전파 스펙트럼이 군대로 넘어가는 일이 일시적으로 일어나기도 했다.

나 당시만 해도 미국을 제외한 지역의 무선 방송은 정보와 교육 프로그램 방송으로는 적합하지만 일반인에게 넘겨주기에는 그 파워가 너무나도 막강한 국가 정보 수단과 다를 바 없는 것으로 생각되었다. 이 같은 상황은 해적 라디오의 가장 기념비적인 업적이 이루어지는 배경을 만들어주었다. 그것은 유럽에 로큰롤을 전파한 일이었다.

해적 라디오, 세상을 뒤흔들다

미국과 유럽의 해적 라디오 방송국의 차이는 거의 대서양만큼이나 벌어져 있었다. 미국 해적들의 경우에는 유쾌하고 별난 방송을 취미 삼아 운영하는 경우가 대부분이었다. 한 번에 몇 시간씩 방송하다가 며칠 혹은 몇 주 후에 방송을 중단하는 식이었다.[*] 반면 유럽의 해적 라디오는 거대한 비즈니스와 다름없었다. 하루 24시간씩 쉬지 않고 방송하는 유럽 방송국들은 신종 음악들을 만들어내는 동시에 종종 엄청난 수익을 창출해냈다. 심지어 많은 해적들이 자신만의 브랜드를 만들어 상품을 판매하면서 파생 기업이 설립되기도 했다.

이런 차이는 유럽 나라들이 민영 라디오의 저력을 간파하지 못한 데서 빚어진 결과였다. 게다가 이 같은 실책은 유럽 해적들을 바다로 내모는 계기로 작용했는데, 그것은 공해상에서의 방송이 완전히 합법적이라는 이점 때문이었다.

---

[*] 그렇다고 해서 미국 해적들의 역사가 풍요롭거나 특이하거나 혹은 훌륭하지 않았다는 소리는 아니다. 그 중에서 눈에 띄는 방송국으로는 시청자들에게 고무로 만든 닭을 우편으로 보내어 명성을 날렸던 CSIC와 1996년부터 일반인들의 전화 통화를 도청해(주로 바람피운 상대와 배우자와의 말싸움이 대부분이었다) 그 일부를 시청자들에게 독점적으로 들려주던 라디오 셀(Radio Cell)이 있다. 더 보이스 오브 래린자이티스 (The Voice of Laryngitis)와 라디오 프리 할렘(Radio Free Harlem)처럼 비교적 규모가 큰 방송국은 많은 애청자들을 매료시켰으며, 한때 해적 라디오의 인기는 1990년의 할리우드 영화 《볼륨을 높여라(Pump Up the Volume: 해적 라디오에 관한 영화)》의 주연배우 크리스찬 슬레이터(Christian Slater)의 인기를 앞지른 적도 있었다.

사실 유럽 최초의 전설적인 방송국들은 선상에서 출발하지 않았다. 라디오 노르망디(Radio Normandie)는 1929년에 프랑스 북서부 지방과 영국 남부 지방을 대상으로 프랑스 페캉의 한 부촌에서 방송을 시작했다. 라디오 파리(Radio Paris)는 에펠탑● 꼭대기에 설치한 안테나로 전파를 송출했으며, 라디오 룩셈부르크(Radio Luxenbourg)는 1933년에 일반 지도에는 거의 표기되기도 힘들 정도로 작은 시골에서 출발했다. 세계 유일의 막강한 파워를 지닌 라디오 방송국임을 자처하던 라디오 룩셈부르크는, 자신들의 조그만 본국 전역에 합법 방송을 내보낼 수 있게 됐을 뿐 아니라, 영국과 프랑스 및 독일을 포함해 그밖에 민영 라디오가 금지된 다른 여러 유럽 국가들과 더불어 라디오로 팝 음악 청취가 불가능한 지역에까지 전파가 미치도록 했다. 1950년대에 수백만 명의 라디오 청취자를 거느리게 된 유럽에서 그것은 가장 커다란 민영 방송국이었다. 라디오 룩셈부르크를 청취하는 것만으로 영어 회화를 배웠다고 말하는 유럽인들도 있을 정도였다. 하지만 라디오 룩셈부르크의 모국어는 뭐니 뭐니 해도 로큰롤이었고, 로큰롤은 유럽 전 대륙에 빠르게 흡수되었다.

한편 라디오 룩셈부르크의 활약으로 법망의 허술한 부위가 드러나기도 했는데, 그것은 제법 돈이 되는 라디오 신 시장으로의 관문이었다. 일부 영악한 사람들은 민영 라디오가 불법으로 금지된 국가의 외부 지역에서 유럽 청취자들을 상대로 얼마든지 합법 방송을 내보낼 수 있다는 점과 광고를 팔아먹을 수 있다는 점을 재빨리 간파했다. 새로운 로큰롤 음악이 지닌 매력과 광고 수입의 잠재력은 전 세계 기업가들에게는 땅속에 묻힌 보물과도 같았다. 그들은 서둘러 갑판 위에서 적응하는 법을 배우고는 바다로 우르르

● 프랑스 최고의 명소에서 송신했다는 사실보다 훨씬 더 기이한 것은 방송을 들었다는 사실을 방송국으로 알려온 청취자가 겨우 세 명뿐이었다는 사실이다.

몰려들기 시작했다.

해상 라디오는 1960년대에 폭발적으로 증가했다. 라디오 캐롤라인(Radio Caroline)(한때 롤링 스톤즈의 매니저이기도 했던 로넌 오라힐리Ronan O'Rahilly 라는 이름의 젊은 아일랜드 청년에 의해 시작되었다)과 라디오 서치(Radio Sutch)(영국 팝스타이자 정치가인 스크리밍 로드 서치Screaming Lord Sutch가 설립한 방송국으로, 바다에 버려진 또 다른 해상 요새에서 운영되었다), 라디오 런던(텍사스 사업가 조합에서 자금을 제공하고 오래된 미국 소해정掃海艇에 본거지를 마련했다)을 포함해 적어도 30개 방송국이 영국 해협을 떠돌면서 런던 등지에 사는 청취자 수백만 명에게 최신곡을 내보냈다. 1967년 록그룹 더 후(The Who)는 라디오 런던에서 생방송을 내보내는 형식으로 '더 후 셀 아웃(The Who Sell Out)' 앨범을 녹음하기도 했다. 그러나 이런 아이디어들에도 그들의 소행을 괘씸히 여긴 영국 정부는 같은 해에 거의 모든 해적들을 엄중히 규제했다(해상 방송을 불법화해 고통을 가했다).•

영국 BBC 방송은 '라디오 원(Radio One)'이라는 이름의 라디오 런던 복제판을 설립했다. 빌 브루스터(Bill Brewster)와 프랭크 브루턴(Frank Broughton)이 저술한 『간밤에 내 목숨을 살려준 DJ(Last Night a DJ Saved My Life)』란 책에 따르면 라디오 원이 추구하는 목표는 '해적들의 항해에서 바람의 마지막 숨결을 얻어내는 것'이었다. 라디오 캐롤라인을 포함한 일부 최초의 해적들은 계속해서 투쟁을 벌여나갔고, 그중 많은 해적들이 디지털과 위성 전파를 통해 오늘날 다시 태어났다. 그리고 영국 해협은 비교적 소란을 덜 피우는 페리선과 어선, 그리고 우리의 친구 시랜드의 품으로 되돌

• 법적 규제보다 더 좋지 않은 여파도 있었다. 네덜란드로 송신하던 해적 방송국 라디오 노르트제(Radio Nordsee)는 1964년에 네덜란드 공군과 해군의 습격을 받아 폐쇄되었지만, 이에 굴하지 않고 다시 TROS 라는 오늘날 네덜란드 최대 규모의 방송 기업의 하나가 되었다.

아갔다. 비록 이 특정 해전에서는 패했다고 해도 해적들이 전쟁의 승리자임은 일찌감치 밝혀졌다.

해적 라디오, 출세길에 오르다

법적 규제로 말미암아 활동이 중단되는 대신에 육지로 내몰리게 된 해적들은 다시 사업을 일으켰다. 해적 기업가와 DJ 커뮤니티는 유럽 사회와 라디오 업계에 대변혁을 일으키면서 로큰롤을 음악 차트 40위권에 진입시켰고, 사람들에게 팝음악의 정신을 일깨우는 데 일조했다. 영국 음반 산업은 1970년대 상업 라디오의 출범과 더불어 이 같은 사실을 깨닫게 되면서 많은 해적들의 노고에 후하게 보상했다. 지미 새빌(Jimmy Saville)과 존 필(John Peel), 토니 블랙번(Tony Blackburn)과 같은 라디오 런던과 라디오 캐롤라인의 이전 DJ들이 BBC 라디오 원에 고용되면서 영국에서는 모르는 사람이 없을 정도로 유명세를 얻게 되었다. 또한 해적 1세대가 진로를 바꿔 합법화되면서 유럽 대륙의 각 도시마다 새로운 언더그라운드가 생성되었다.

이 신종 해적들은 공해로 진출하는 대신에 익명으로 도심에 파고들면서 활동을 시작했다.

FM 주파수로 전환한 1980년대와 90년대의 해적들은 런던과 파리 등지의 새로운 라디오 청취자 세대에게 서비스를 제공했다. 이들은 소울과 힙합, 하우스, 거라지, 테크노 음악처럼 미국에서 밀려들어온 새로운 사운드에 무척이나 관심이 많았다. 집에서 제작해 주로 고층 빌딩에 고정시켜놓은 해적의 안테나는 당국에서 적발이 가능했지만, 비교적 전력이 약하고(그래서 적발되지 않는) 마이크로파 신호를 통해 이 안테나와 연결되어 있는 복잡한 도시 콘크리트 미로 속의 스튜디오는 적발하기가 어려웠다. 적발된 송신기를 몰수한다 해도 스튜디오를 찾아내기는 힘들었으며, 신나는 음악을 틀어주고 광고를 판매하는 것으로[*] 수입을 올리는 방송국들은 종종 단속으로 잃어버린 안테나 비용을 단 몇 시간 만에 충당하기도 했다. 이 같은 고양이와 쥐의 추격전은 오늘날 전 세계 해적들의 활동을 지속시키고 있다.

영국의 FM 주파수에 포진된 약 150개 해적 방송국들은[**] 음악의 총아로 꾸준히 사랑받는 가운데 런던의 라디오 청취자 10퍼센트가량을 끌어들이고 있다. 애시드 하우스(acid house)와 하드 코어(hard core), 드럼 앤 베이스(drum'n bass), 유케이 거라지(U.K. garage), 그라임(grime), 덥스텝(dubstep) 등은 이 같은 방식으로 발전한 세계적인 언더그라운드 움직임의 일부에 불과하다. 해적 라디오는 신종 음악이 돌연변이를 일으킬 수 있는 하나의 온상지에 속한다. 처음에 해적 라디오가 만들어낸 신종 음악들은 주류에 다가가기에는 다소 위험이 따르는 것처럼 보였지만 주요 대중에게 어필하기 시작하면서 해적들의 음악이 팝 차트에 오르기 시작했으며, 해적 DJ들은 주류와 비주류를 넘나드는 유명인사가 되었다. 아울러 해적 방송국들이 창출해낸 현장의 움직임은 소규모 산업으로, 나아가 세계적인 수출품으로 성장했다.

해적 브랜드

키스 FM(Kiss FM)은 그런 온상지 가운데 하나였다. 1985년에 출범한 키스 FM은 런던의 고지대에 해당하는 런던 남부의 크리스털 팰리스 근교에서 힙합과 하우스 음악을 방송하고 있다. 키스 FM은 이 같은 훌륭한 입지 조건으로 전 지역을 아우르는 막강한 전파력을 소유하고 있을 뿐 아니라, 훌륭

- 여러 대형 음반사와 홍보업체, 합법 우량 기업체들은 비록 불법이기는 해도 유행을 선도하는 청취자들에게 접근하기 위해 해적 방송국에 광고를 내보낸다.
- 2007년에 시행된 OFCOM(영국의 방송 통신 규제 기관)의 추정치에 따른 것으로, 이중 절반 이상이 런던에서 활동하고 있다.

한 전속 DJ•들을 통해 고정 팬 청취자들을 사로잡고 있다. 1990년에 이르러 대단한 인기를 끌면서 라이선스를 부여받은 키스 FM은 해적 무리에서 벗어나 하나의 해적 브랜드로 거듭나게 되었다. 오늘날에는 디지털 TV 채널에서부터 패키지 관광과 음악 클럽 투어에 이르는 파생 사업을 겸비하고 2005년 한 해에 1억 6,100만 파운드 이상의 실적을 올린 수억 파운드 미디어 기업인 이맵 퍼포먼스(Emap Performance)에 속해 있다. 하지만 예나 지금이나 키스 FM의 파워가 어디로부터 나오는지 잘 알고 있는 이곳 책임자들은 언더그라운드 방송에서 가장 인기 많은 해적 DJ들을 직접 채용하여 합법적인 라디오 세계에서 활약할 수 있는 절호의 기회를 제공해주고 있다.

2003년에 프로그래밍 디렉터 사이먼 롱(Simon Long)은 "그들에게 가하는 압력은 전혀 없다."고 얘기했다. "일부 극소수 사람들에게 들려주고 싶은 곡도 얼마든지 틀 수 있다. 한마디로 완전한 자유를 누릴 수 있다. 해적 집단이 늘 신선한 인재 등용의 온상지가 될 수 있는 이유가 바로 이런 것이다. … 이런 이유로 키스 FM에서는 끼와 재능이 넘치는 열정적이고 젊은 DJ들이 합법적인 공중파에서 활약할 수 있는 기회를 갖도록 하는 것을 원칙으로 삼고 있다." 현재 BBC 방송사를 비롯해 다른 수많은 영국 상업 방송사들도 도시 해적들을 직접 채용하고 있으며, 이 같은 방식은 이미 해적 청취자들의 테스트를 거쳐 입증된 인기 절정의 DJ들과 음악들을 주요 방송사에 공급하는 일종의 마이너리그 역할을 담당한다. 해적 방송이 보다 좋은 음악을 만든다는 이유로 해적 활동이 라디오 산업에 의해 수용되고 있는 실정이다.

아직도 영국 전역에 퍼져 있는 이 라디오 무법자들은 많은 상업 방송국들

• 팀 웨스트우드(Tim Westwood), 피트 통(Pete Tong), 트레버 넬슨(Trevor Nelson), 대니 램플링(Danny Rampling), 노먼 제이(Norman Jay), 폴 오큰폴드(Paul Oakenfold)와 같은 대부분의 키스 원조 DJ들은 현재 세계에서 가장 유명한 DJ이자 댄스 음악의 영향력 있는 인물들에 속한다.

의 비호를 받는 가운데 당국의 끊임없는 추적을 받고 있다. 그러나 해적들이 만들어 제공하는 음악은 여러 기업 파트너들의 생명줄과 다를 바 없다. 해적들은 하루 온종일 새로운 사운드와 스타일을 통해 끊임없이 사회에 활력을 제공하면서 창의력과 혁신과 수입을 일으킨다. 아울러 라디오 해적들이 디지털화되면서 런던 길거리에서 나온 음악들이 인터넷으로 전파되어 세계 청취자들을 사로잡고 있으며, 머나먼 이국땅에 새로운 장르와 현장의 흥미로움을 구축하고 있다.

물론 이런 라디오 해적 활동의 이야기는 광범위한 스펙트럼 가운데 하나의 주파수에 불과할 뿐이다. 여기서 좀 더 멀리 다이얼을 돌리면 각종 분야에서 변화를 일으키고 있는 해적들의 이야기를 들을 수 있다. 세계대전과 베트남 전쟁 및 이라크 전쟁에서 부대들이 어떻게 해적 라디오를 이용하여 군인들의 사기를 고취시켰는지 그 얘기를 들을 수도 있고, 해적들을 전술 무기로 이용한 군대 이야기도 엿들을 수 있다. 이를테면 미국은 1960년에 해적 방송국 라디오 스완(Radio Swan)을 만들어 멕시코 만에 위치한 스완 섬에서 쿠바를 향해 반 카스트로 정책을 선전했고, 피그스만 침공(Bay of Pigs invasion: 1961년 미 중앙정보국CIA에서 쿠바 망명자들로 이루어진 반 카스트로 군대를 결성해 쿠바를 침공했다가 참패한 사건-옮긴이) 때는 암호 메시지를 보내는 데 해적 라디오를 사용하기도 했다.● 그런가 하면 냉전 시절에는 또 다른 해적 방송을 통해 러시아와 미국이 서로를 향해 끊임없이 선전 활동을 펼친 이야기도 들을 수 있다.

이제 다시 반대 방향으로 다이얼을 돌려보면, 1970년대에 오스트레일리아에서 공중파를 이용해 레지스탕스 운동을 지원했던 행동주의자들처럼 평

● CIA는 훗날 해적 방송국을 소유했던 사실을 인정했다.

화를 위해 활동한 해적들의 이야기도 들을 수 있다. 그런가 하면 1990년대에 남중국해와 포모사 해협에서 중국 정부의 억압 정권에 저항한 신종 해상 해적들의 얘기와, 이스라엘 해안에서 벗어나 방송을 통해 중동 지역에 평화를 전파하는 데 여념이 없는 또 다른 해적들의 얘기도 들을 수 있다.

이번에는 다이얼을 좀 더 멀리 돌려보면, 1986년부터 아르헨티나의 판자촌에서 활동한 2천 개 이상의 해적 방송국들과 함께 브라질, 하이티, 멕시코 시티, 엘살바도르를 포함한 남미 지역에서 송출되고 있는 수많은 방송들의 시끌벅적한 소음을 들을 수 있다. 사실 우리는 세계 7개 대륙에 퍼져 있는 해적들의 소식을 접하곤 한다. 비주류 세력에게 하나의 목소리를 전달하고, 새로운 음악을 점점 융성하는 움직임으로 키우나가고, 대중 여론의 형세를 뒤집어놓고, 시민들의 바람과 요구에 보다 효과적으로 대응하도록 법과 사회에 압력을 가하는 해적들의 이야기 말이다. 그것은 어떤 이들에게는 편파적인 음악적 취향을 지닌 상업 라디오에서는 제공되지 않는 온전한 음악 선택권의 자유를 주창하는 수단이 되며, 또 어떤 이들에게는 오직 자유만을 부르짖는 수단이 된다.

기술 변화와 비즈니스 모델을 초월한 해적

해적들은 선택의 여지가 존재하지 않는 분야에 초점을 맞추고 선택의 필요성을 주장한다. 게다가 이들의 정신은 미디어 포맷과 기술 변화와 비즈니스 모델을 모두 초월한다. 그것은 일단 수용되고 나면 어디에나 적용 가능할 만큼 강력한 도구에 속한다.

성공적인 해적들은 사회 변화와 기술 변화에 재빨리 적응해나가는 특성이 있지만 이는 여느 기업가들에게도 모두 해당되는 사항이다. 그러나 해적들만의 독특한 특성은 바로 색다른 아이디어와 방법으로 운영되는 새로운 공간의 창출 능력이다. 어떤 해적들은 DJ 펫지가 AM 라디오를 통해 그렇게 했던 것처럼 자체적인 미디어 포맷을 만들어내기도 한다. 그런가 하면 기존의 포맷을 조작하여 새로운 대안을 만들어내는 해적들도 있다. 과거에 무면허 신 영화 산업을 일으켰던 할리우드 해적들이나, 오늘날 할리우드 영화를 밀매하여 집에서 개봉 영화를 볼 수 있도록 해주는 해적들처럼 말이다(비록 영화관에서 카메라폰으로 찍은 영화이기는 하지만).

밀매업자와 같은 사고방식은 시각의 새로운 전환을 가져다줄 수 있다. 만약 당신이 갖고 있는 아이디어를 실현할 수 있는 인프라가 존재하지 않는 경우라면 스스로 직접 방법을 만들어낼 수 있는 기회를 얻게 될 것이다. 당신의 아이디어가 공감될 수 있는 공간을 찾아내는 일은 아이디어를 소유하는 일만큼이나 중요하다. 아이디어가 훌륭하다면 청중을 늘리는 일은 그리 어렵지 않을 것이다. 바로 이 청중들이 해적에게 파워를 제공하는 이들이다.

중국의 노자(老子)는 지도자가 제대로 지휘한다면 사람들은 누군가의 지시 때문이 아니라 자신이 스스로 그렇게 움직이는 것처럼 여기게 되며 이 모든 현상은 자연스럽게 일어난다는 명언을 남겼다. 해적들은 이런 방법으로 커뮤니티를 선도하는 데 탁월한 능력을 지닌 전문가들로, 일단 알고 나면 손에 넣지 않고는 배길 수 없는 제품과 서비스와 음악을 사람들에게 제공한다. 이 같은 새로운 아이디어들이 전파되고 나면 동일한 시장에 속해 있는 다른 사람들에게 필연적으로 해적의 딜레마가 일어나게 된다. 이 해적들과 싸워야 하는지, 아니면 그들의 행위에 어느 정도 가치가 있음을 인정하고 함께 경쟁해나가야 하는지 말이다.

규제자들은 한쪽에서 해적 방송국이 불법이고 라디오 라이선스 보유자들에게 손상을 입힌다고 주장할 수 있다. 반면에 라디오 청취자들은 "그들의 음악을 듣고 싶어 하는 사람들이 이토록 많은데 도대체 그런 음악을 틀어주는 합법 방송국은 왜 없단 말인가?"라고 반문할 수 있다. 한편 아티스트들은 "주류 방송국이나 상점들과는 달리 해적들은 내 음반을 틀어주고 후원해 준다. 덕분에 실제로 많은 음반이 팔리고 있다."고 항변할 수도 있다.

해적들의 활동은 먼저 의문을 제기한다. 그리고 사회적으로 유용하다고 판단되는 행위를 벌일 때면 종종 생산적인 담론을 불러일으키고 이는 다시 법의 변화로 이어져서 결국에는 사회적 경제적 발전을 일으킨다. 민주주의가 사람들 스스로에게 권한을 부여하는 프로세스를 창출하는 것이라 한다면, 해적들은 분명 그런 프로세스의 완벽한 촉매 역할을 담당하고 있다.

런던의 해적 방송국들은 음악을 들려주는 DJ에게 권한을 위임하여 그와 같은 추진력을 일으킨다. 자신들이 들려주는 음악에 대단한 열정을 지니고 있는 DJ들은 라디오에서 음악을 틀 수 있다는 사실만으로도 매달 라디오 청취료를 꼬박꼬박 지불하는 경우가 대부분이다. 게다가 자신은 물론이고 방송국까지도 청취자들의 신뢰를 얻을 수 있는 라디오 쇼와 콘텐츠 제작의 기회를 누리기 위해 기꺼이 자신의 권리를 희생한다. 청중의 심금을 울리면 청중의 커뮤니티 정신도 함께 움직인다. 영국 정부를 위협해 해적 방송국들을 폐쇄하려는 엄두조차 내지 못하게 만든 장본인들도 바로 이 같은 커뮤니티들이었고, 결국 정부는 국가가 후원하는 '라디오 원' 해적 방송국을 만들어 수백만 명의 성난 음악 팬들을 달래주기에 이르렀다. 키스 FM을 응원하고 전폭적으로 지원해준 이들은 바로 청취자들이었으며, 결국 이들의 흥분이 절정에 이르자 당국은 라이선스를 부여하는 것 외에 달리 방법이 없었다. 파일 공유 네트워크가 문화와 혁신에 지극히 중요하다는 사실을 확신한 인터넷 커뮤니티는 당국이 저지하는 속도만큼이나 빠르게 새로운 p2p 네트워크의 문을 열어젖혔다. 훌륭한 아이디어는 사람들이 호응해줄 때에만 강력한 힘을 발휘한다. 이전에는 존재하지 않던 새로운 공간을 커뮤니티에 제공해주는 조건으로 사람들에게 권한을 부여하면, 사람들은 그 대가로 당신의 아이디어를 적극 후원하게 된다.

지금까지 살펴본 해적 활동에 따르면 그들이 승리하는 방법은 두 가지다. 그것은 해적들을 금지하던 법이 바뀌던지, 아니면 해적들이 인기를 얻게 되면서 사실상 법이 무효화되는 것이다. 그러나 이제는 처음부터 법을 위반하지 않는 여러 사람들이 해적 정신을 받아들이고 있다.

해적 2.0 시대

오늘날 모든 블로거들과 그들의 블로그는 '웹 2.0'의 위력을 칭송하고 있다. 웹이 살아 숨 쉬면서 끊임없이 스스로 발전해나간다는 개념은 분명 대단한 것이지만, 이것 역시 오래된 해적 정신에 기반을 두고 있다. 웹상에서는 누구나 자신이 원하는 바를 다른 사람에게 알릴 수 있으며, 이는 수십 년간 해적들이 사용해온 방식이다. 웹 2.0은 곧 해적 정신이다.

해적 라디오는 일반 시민들에게 DJ가 될 수 있는 기회를 제공해주었다. 그러나 오늘날 전 세계를 상대로 하는 방송에 필요한 것은 오직 인터넷 접속뿐이다. 해적 정신을 지닌 개인들은 웹을 이용해 저널리스트, 코미디언, 포르노 스타, 예언자, TV 프로듀서, 기타 등등의 모습으로 거듭나고 있으며, 그렇기에 미디어가 해적들에게 하루아침에 정복당할 수 있다는 생각은 다분히 현실적이다. 이 사실을 알고 있는 미디어 업계 거장들은 두려움에 떨고 있다. 2006년 3월 루퍼트 머독은 한 연설에서 "고도의 테크놀로지가 주도하는 변화의 세력에 대해 과거의 영광이 방패막이 되어줄 것이라 기대하는 사회나 기업들은 반드시 실패를 맛보고 붕괴할 것"이라고 말했다. "그것은 내가 속한 미디어 업계는 물론이고 지구상의 다른 모든 업계에도 적용되는 사실이다. 우리 업계만 보더라도 노장 권력층들, 그러니까 편집자와 임원진, 나아가 방송국 소유주들로부터 파워가 점점 멀어지고 있다. 새로운 미디어 소비자 세대가 떠오르면서 자신들의 원하는 시점과 방식과 취향에 맞춰 콘텐츠가 제공되기를 요구하고 있기 때문이다."

여기서 차이점이라면 이 세대들은 기성 체제의 눈을 피해 다니는 무법자가 아니라 처음부터 자신들을 해적으로 생각해본 적 없는 일반인이라는 것이다. 그러나 이 같은 사실을 인식하기도 전에 이들의 활동무대가 온라인상으로 옮겨지게 되자 해적 정신이 지배력을 갖게 되었다. 이 같은 사실을 제대로 보여주는 예로는 블로그의 위상만한 것이 없다.

블로거, 부탁해요

1990년대 초반만 해도 웹 페이지 제작은 아무나 할 수 없는 굉장한 일이었다. 그러나 1994년에 블로거 1세대가 상륙하면서 모든 게 변해버렸다. 그 중에서도 가장 널리 알려진 블로그 하나를 꼽자면 스와스모어(Swarthmore) 대학에 다니던 저스틴 홀(Justin Hall)이 제작한 Justin's Home Page(훗날 links.net으로 이름을 바꿈)를 들 수 있다. 처음에 그가 올린 게시물은 자신의 간단한 신상 정보와 블로그 사용 가이드, 몇몇 웹사이트 링크, 그리고 자신이 찾아낸 영화배우 캐리 그랜트(Cary Grant)의 마약 복용 장면과 같은 것들이었다. 그는 이렇게 적어놓았다. "안녕하세요. 이것이 바로 21세기형 컴퓨터 놀이입니다. … 제가 글을 올리면 여러분들이 호기심을 갖고 읽어주시리라 생각합니다. 그렇죠?"

이제는 누구나 그의 말뜻이 무엇인지 이해한다. 블로그는 세상의 모든 시시콜콜한 정보를 제공하는 수천만 명의 블로거들과 함께 주류에 편입되었다.• 오늘날에는 좌파·우파·중도파 정치 블로그, 스포츠 블로그, 애완동물 블로그, 메이크업 블로그, 가정용 기계 블로그, 쇼핑 블로그는 물론이고 심지어 블로그를 위한 블로그까지 없는 것이 없다.**

주류에 속하는 뉴스 미디어들은 광범위한 지역 보도와 틈새 취재를 제공하는 여러 블로거들과 일반인 저널리스트들에 의해 막대한 피해를 입고 있다. 또한 일반 블로거와 저널리스트들은 세계 최대의 특종거리를 갖고 정기적으로 업계 프로들의 코를 납작하게 누르고 있다. 저널리즘 업계가 더 이상 예전처럼 돌아가지 않기에 이런 현상들이 발생하는 것이다. 블로거들이 집요하면서도 광범위하게 기사거리를 파고들수록 주류 뉴스 네트워크 사들이 제공하는 콘텐츠의 깊이는 갈수록 얄팍해지고 있다.

2005년 6월, 미국 주요 네트워크와 케이블 텔레비전 방송국들은 마이클 잭슨(Michael Jackson)의 아동 성추행 재판에 관해 6,248건의 기사를 다루었다. 한편 톰 크루즈(Tom Cruise)에 관한 기사는 1,534건이었고, 조지아 주의 달아난 신부에 관한 기사(결혼식을 나흘 앞두고 사라진 한 예비 신부가 자신이 두 남자에게 납치되었다고 허위 진술했다가 결국에 자작극으로 드러난 사건—옮긴이)는 405건이었다. 한편 같은 달 수단 동부 지역에서는 대대적인 전투가 발발했는데, 거의 무관심 속에서 자행되다시피 한 다르푸르 학살로 인해 2년간 무려 40만 명 이상의 주민이 떼죽음당한 사실을 감안하면 이 전투는 그야말로 대단한 특종거리였다. 그러나 수단을 언급한 뉴스는 모두 합쳐 126건에 지나지 않았다. 지난 10년간 인권을 위협하는 지구 최대의 위기로 급속히 떠오른 사건보다도 마이클 잭슨의 사건이 무려 50배나 넘게 기사화된 것이다.

청취율을 걱정한 나머지 합법 라디오 방송국들이 저마다 똑같이 선곡한

---

* 블로그 전문 검색엔진 테크노라티(Technorati)에 의하면 매일 7만 개의 새로운 블로그가 생성되고 있다.
** 앞서 언급한 테크노라티는 블로그계에서 회자되는 내용들을 알려주는 세계 최대 블로그들의 블로그에 해당한다. 2005년에는 무려 700퍼센트 이상의 구독자 증가율을 나타낸 바 있다.

노래들을 하루 온종일 반복해서 틀어주는 것처럼, 상업적 정치적인 압박도 고품격 뉴스를 보도하는 데 엄청난 피해를 입히고 있다. 미국 TV의 전설적인 뉴스 앵커맨 댄 래더(Dan Rather)는 다음과 같이 고백했다. "다소 흉측한 비교겠지만 한때 남아프리카에서는 적대자의 목에 불타는 타이어를 걸어놓곤 했다. 어떻게 보면 당신은 두려움의 포로가 되어 애국심 결핍이라는 불붙은 타이어를 목에 걸게 될 수 있다. 오늘날에도 저널리스트들이 곤란한 질문들을 회피하는 풍조가 반복되어 일어나는 것도 모두 이 두려움 탓이다. 그리고 부끄럽지만 나 역시도 이런 비판에서 벗어날 수 없는 처지임을 밝혀두겠다."

한번은 미군이 이라크에서 황린(黃燐)을 무기로 사용하고 있는 사실을 미국방부에서 부인해오다가 이라크 블로거들이 증거물을 공개하는 바람에 실상이 폭로된 적도 있었다. 후에 주류 방송은 이 사건을 매우 간략하게 기사화했다. 2005년 7월 7일에는 런던 폭탄 테러가 발발한 지 몇 시간 만에 생존자와 목격자들이 직접 카메라 폰에 담은 영상과 사진을 자신들의 체험담과 함께 인터넷에 띄워서 세상 사람들에게 테러 사건을 상세히 전달하기도 했다. 「뉴욕 타임스」는 "블로거들은 계속해서 주류 뉴스 미디어의 영역을 침범하고 있다."고 토로했다. "그들은 선거 유세장과 정치 집회, 대선 토론에서 자신들의 자리를 확보하면서 스스로 뉴스 기사의 주동 세력이 되고 있다." 실제로 세계 도처에서 막강한 파워를 보유하게 된 그들은 앞으로 누가 주도권을 쥐게 될지 스스로 결정내리고 있다.

시민 순찰대원

개성 없이 비슷비슷한 라디오 편성곡에 맞서 대항한 해적 DJ들처럼, 시민 저널리스트들은 뉴스 미디어의 규격화 현상에 맞서고 있다. 2000년에 한국에서는 정직원 7명으로 구성된 온라인 신문 「오마이뉴스(OhmyNews)」가 창간되었다. 그러나 지금은 콘텐츠의 80퍼센트●를 제공하는 3만 5천 명의 시민 저널리스트 팀을 확보하고 한국에서 가장 영향력 있는 미디어 기반의 하나로 자리 잡았다. 「오마이뉴스」는 '모든 시민은 기자다' 라는 모토를 갖고 있지만 창업주 오연호 씨는 "우리의 슬로건은 저널리즘을 바꾸어놓고 나아가 사회 전체를 바꾸어놓는 것"이라고 말한다. 그리고 실제로 정확히 그렇게 하려고 노력하고 있다. 「오마이뉴스」는 결국 막강한 영향력을 키우고 한국 대통령 선거를 좌지우지할 수 있게 되었다.

2002년 노무현 후보가 대통령 선거 출마 의사를 밝혔을 때 많은 한국인들은 그것을 농담으로 받아들였다. 가난한 농사꾼 집안에서 태어나 고등학교 장학금을 받고 가까스로 궁핍함을 면할 수 있었던 그는 독학으로 법학을 공부하고 네 번째 시도 끝에 사법 고시를 통과했다. 그 후 인권 변호사가 되어 헤드라인을 장식하면서 일류 펑크 자본가가 된 그는 D.I.Y. 성공 스토리의 주인공으로 거듭났다.

그러나 막상 대통령 선거에 출마한 노무현 후보는 다른 후보들이 갖고 있는 기성 정치 권력층과의 끈끈한 유대감이 자신에게는 없다는 사실을 깨달았다. 그의 지지 세력은 사실상 전무하다시피 했다. 한국의 대다수 보수파 신문들은 그를 완전히 무시했다. 그에게 승산은 전혀 없었다. 그러나 이 정도의 역경이야말로 해적 정신이 극복해낼 수 있는 종류의 것이었다.

이 같은 자수성가형 스토리는 더러운 정치와 부패에 환멸과 염증을 느끼고 있던 많은 한국 청년들에게 희망을 불러일으켰다. 그들은 노무현 후보에

• 「오마이뉴스」의 시민 저널리스트들은 자신의 기사가 웹사이트 전면에 게재될 경우에 돈을 받는다. 또한 구독자들은 자의적으로 기자들에게 비용을 지불할 수 있다. 한 철학과 교수가 올렸던 기사가 독자들의 전폭적인 호응을 얻게 되자 6천 명의 독자들이 1달러에서 최고 10달러 한도 내에서 기부금을 내기로 결정하면서 해당 교수는 한국 평균 연봉액에 해당하는 2만 4천 달러 이상을 벌어들였다.

게서 부패 척결의 가능성을 발견했고, 그 결과 온라인상에서 강력한 풀뿌리 캠페인을 구축할 수 있었다. 그를 지원하던 서포터즈들은 "인터넷의 위력을 동원해 기성 미디어 기반보다 더 빠른 속도로 노무현 후보에 관한 정보를 퍼뜨리면서 사람들에게 선거에 동참할 것을 호소했다."고 훗날 「오마이뉴스」 기자 빅터 푸(Victor Foo)는 말했다. 얼마 지나지 않아 그는 주류 정치 세력과 미디어 권력층의 지원 없이 유력한 후보 자리에 오르게 되었다.

하지만 재앙은 선거 당일에 불어 닥쳤다. 투표 개시를 겨우 8시간 앞두고 노무현 캠프의 파트너였던 정몽준 씨가 자신의 후보 지지 의사를 돌연 철회하면서 나라 전체가 충격에 휩싸인 것이다. 주류 미디어는 노무현 캠프에 맹공격을 가하기 시작했다. 「조선일보」는 '정몽준, 노무현을 버렸다'와 같은 사설을 지면에 실었다.

기성세대들에게는 안된 일이지만 노무현 후보와 그의 서포터즈들은 결과적으로 수세에 몰리지 않았다. 투표 당일 밤에는 두 진영 간의 격돌이 목격되었다. 기성 미디어의 인쇄소들이 멈춰 있는 동안 노무현 후보를 지지하는 신 미디어 해적들은 본격적인 활동을 개시해 아무것도 모르는 상대 진영을 새로운 테크닉으로 기습 공격했다. 「오마이뉴스」의 창업주 오연호 씨는 당시 상황을 다음과 같이 회고했다. "그들은 여러 인터넷 게시판으로 들어가서는 '정씨가 배반했다. 노무현 후보가 위험에 빠졌다. 나라를 살리려면 노무현에게 표를 던져라'와 같은 긴급 메시지를 올렸다. 그들은 심지어 보수적인 부모들에게 전화를 걸어 '노무현이 낙선하면 나도 따라 죽겠다'고 울부짖으며 그들을 설득했다."

「오마이뉴스」는 수천 명 지지자들이 동참한 가운데 노무현 후보의 지지를 호소하면서 간밤 동안 30분 간격으로 업데이트 기사를 올렸다. 동이 틀 무렵 간발의 차이로 상대 후보를 누른 노무현 후보는 의기양양한 모습으로 등장했다. 몇 시간 전만 해도 누구도 예상치 못한 결과였다.

그는 대통령의 자격으로 「오마이뉴스」와 첫 인터뷰를 가졌다.

유럽이 로큰롤을 듣기 원했을 때 해적들은 그 틈으로 파고들었다. 오늘날 신세대는 더 많은 선택권을 요구하면서 새로운 방식으로 정보를 받아들이고 있다. 블로거들이 주류 미디어의 위력을 빼앗으면, 주류 미디어는 그것을 다시 되사들이는 방법으로 반응하고 있다.

대단한 성공을 거둔 몇몇 블로그들은 돈 수억 달러의 주인을 바꿔놓았고, 그 외에도 많은 블로거들이 거대 기업과 타협하지 않고도 많은 돈을 벌어들이고 있다. 블로거들은 (최소한 아직까지는) 주류 미디어와 같은 상업적인 압박감에 시달리지 않고 있으며, 그중 많은 블로거들은 주류 미디어의 기관총으로는 도저히 명중시킬 수 없는 틈새 청중들을 겨냥해 일주일에 수만 달러의 광고 수입을 벌어들이고 있다. "뉴욕을 공략하려면 고다미스트(Gothamist) 블로그의 광고 지면을 구입하라. 엄마들을 공략하려면 비지 맘(Busy Mom) 블로그의 광고 지면을 구입하라." 아우디(Audi)의 광고 바이어 브라이언 클라크(Brian Clark)는 「뉴욕(New York)」지에서 이렇게 말했다. "기성 미디어들이 과연 이것을 어떻게 당해낼 수 있단 말인가?"

그럼 여기서 더더욱 중요한 사실이라면 기성 미디어들의 재산을 해적들이 가로채기에 여념이 없는 이 급박한 상황 속에서 과연 기성 미디어들이 그들에게서 파워를 되찾아 오는 문제에 대해 생각해볼 틈이나 있는가 하는 것이다.

갑자기 무슨 일인지 궁금하시다면 … 사실 저 역시 그렇습니다

이 소제목은 1987년 11월 22일 80년대 미국 TV의 유명 아이콘이었던 맥스 헤드룸(Max Headroom: 한국에서 '컴퓨터 인간 맥스'라는 제목으로 방영했던 외화—옮긴이)의 옷차림을 한 어느 TV 해적이 방송국 전파를 공중 납치한 사건 직후에 WGN TV의 스포츠 기자 댄 론(Dan Roan)이 어리둥절한 목소리로 내뱉은 첫마디였다. 해적이 송신한 정적 전파는 20초 동안이나 저녁 뉴스를 방해했다. 그것은 시카고 시어스 타워(Sears Tower)의 꼭대기에서 쏘아 보낸 전파로● 이는 매우 이례적인 사건이었다. TV 주파수를 교란시키는 일은 비용도 만만치 않을 뿐 아니라 꽤 까다로운 작업이기 때문에(맥스 헤드룸 사건은 미국에서 가장 근래에 일어난 역사적 사건으로 남아 있다) 해적들이 TV의 위험분자로 간주됐던 적은 단 한 번도 없었다. 그러니까 온라인 동영상 공유의 시대가 도래하기 전까지는 말이다. 오늘날 유튜브(YouTube)와 같은 일련의 서비스들은 직접 제작했거나 혹은 다른 소스에서 퍼온 콘텐츠를 누구라도 업로드할 수 있게 해준다. 해적들은 그들이 음악을 장악했던 방식대로 TV를 장악하고 있으며, 네트워크 사들은 마치 댄 론만큼이나 어떻게 반응해야 할 지 몰라 혼란스러워하는 눈치다.

일부 미디어 소유주들은 유튜브와 같은 사이트에 저작권 침해 명목의 소송을 거는 방식으로 대응해나가고 있다. 그러나 상업 라디오 업계의 똑똑한 인재들이 해적 DJ들을 채용하여 받아들였듯이, 사리에 밝은 네트워크 거물들도 TV 해적 명사들에게 우리의 거실을 장악할 수 있는 기회를 제공하고 있다. 앤디 밀로나키스(Andy Milonakis)라는 젊은이가 웹캠으로 녹화해 집에서 제작한 코미디 힙합 프리스타일 노래에 '전혀 새로운 프리스타일(Crispy New Freestyle)' '슈퍼볼은 게이(The Super Bowl Is Gay)'와 같은 제목을 붙여 인터넷에 올렸을 때만 해도 그가 2003년 지미 키멜 라이브 쇼

● 의문의 해적은 잡히지 않았고, 정체조차 밝혀지지 않았다.

(Jimmy Kimmel Live Show)에 출연하게 될 줄은 차마 생각지도 못했다. 게다가 2005년 MTV에서 자신에게 TV 프로그램 하나를 내주리라고는 더더욱 상상할 수 없는 일이었다. "꿈인가 생시인가 했다."고 그는 「USA 투데이 (USA Today)」지에서 말했다. "MTV를 보면서 내 역겨운 목소리를 듣게 되다니 말이다."

한편 웹상에서는 아만다 콩돈(Amanda Congdon)이 자신의 비디오 팟캐스트 '로켓붐(Rocketboom)'으로 하루에 시청자 수십만 명을 끌어들였다. 별 볼일 없던 한 여배우가 2004년 2분짜리 뉴스 형식 방송의 공동 대본 제작과 주연을 맡기 시작하면서 얻게 된 뉴스 캐스터로서의 인기는 곧이어 출판과 방송업계 에이전트들의 방문을 이끌어냈다. 콩돈은 2006년 7월에 로켓붐을 떠나 HBO의 TV 쇼를 제작했으며, 듀퐁(DuPong) 브랜드와 ABC 미국 미디어 네트워크를 위해 새로운 비디오 팟캐스트도 제작했다. "내가 연기 코치로부터 들었던 최고의 조언은 밖으로 나가 자신만의 전달 수단을 창조해내라는 것이었다. 그리고 인터넷은 그것을 가능하게 해준다." 아만다 가 「뉴스위크(Newsweek)」지에서 했던 말이다.

이 책 서문에서 만나본 프리우스에 탄 사내는 해적 라디오 DJ의 현대판에 속한다. 개조형 아이트립에 연결된 아이팟을 이용해 집 근처나 차량 주변의 FM 주파수를 통해 해적판 라디오 팟캐스트를 송신하는 일은 얼마든지 가능하다(비록 이웃한 차에서 나오는 시끄러운 음악을 죽이기 위해 해적판 정적을 내보내기도 하지만 말이다).

프리우스에 타고 있던 친근감 넘치는 해적들은 팟캐스트 라디오 쇼와 같은 새로운 전달 수단을 만들어냄으로써 주류 라디오 분야에 새로운 흔적을 새겨놓고 있다. 아일랜드 테크놀로지 사이트 '실리콘 리퍼블릭(Silicon

Republic)'에 따르면 현재 라디오 방송국보다 더 많은 팟캐스트가 존재하고 있으며, 매일 수백 개의 팟캐스트가 생겨나고 있다. 최근에는 시시콜콜 간섭하는 당국의 해적 방송 정책에 넌덜머리가 난 일부 런던 해적들이 언더그라운드 MC(래퍼)와 DJ들과 함께 해적 라디오에서 팟캐스트로 돌아서서 무료 다운로드가 가능한 인터넷 전용 쇼를 올리고 있다(2006년에 소개된 재치 만점의 한 팟캐스트 제목은 '빌어먹을 라디오(Fuck Radio)'였다). 위로부터 아래까지 전 영역에 걸쳐 해적들은 미디어(와 다른 해적들)를 부추겨 테크놀로지의 변화에 발맞추도록 하거나 혹은 뒤처지게 만들고 있다.

라디오 쇼의 호감도에 따라서 해적 DJ들의 인기도가 좌우되듯이, 블로거들은 최근 게시물이 얼마나 대단했는지, 그리고 팟캐스터들은 최근 유포한 비디오가 얼마나 근사했는지에 따라 평가받고 있다. 모든 장벽을 무너뜨리고 침투해 들어가는 해적들이 정상의 자리를 유지할 수 있는 유일한 방법은 바로 최고의 콘텐츠와 최고의 다양성, 그리고 가장 최신의 가장 재미나고 정확한 정보를 제공하는 것이다. 온라인상에서는 누구나 무슨 말이든지 지껄여댈 수 있다고는 하지만, 수백만 명의 블로거들이 서로 지켜보는 블로그 세상 속에서 가장 인기 높은 블로그에 실린 이야기가 부정확한 경우에는 그 즉시 실수를 지적당하는 경우가 대부분이다. 미디어는 해적들이 판을 치게 되자 점점 무력화되면서 보다 신속하게 움직이고 있다.

그러나 해적 정신의 소유자라고 해서 미디어와 엔터테인먼트 업계로의 험난한 진출을 학수고대하는 사람 중에 꼭 명망가 지망생들만 있는 것은 아니다. 그중에는 해적 활동의 순전한 즐거움을 만끽하려는 이들도 있고, 충분한 지지 세력을 확보해 대통령 당선은 물론이고 정부를 압도할 만한 세력을 얻는 이들도 있다.

'피' 포 벤데타

음악과 영화를 포함해 각종 해적 미디어의 다운로딩을 취급하는 가장 악명 높고도 널리 애용되는 웹 포털로는 스웨덴 사이트 '파이어릿 베이(Pirate Bay)'를 들 수 있다. 구글 형태로 설계되어 있어서 이케아(Ikea: 세계적인 조립 가구 브랜드—옮긴이)의 가구 매뉴얼보다도 사용이 간편한 파이어릿 베이는 매일 백만 명 이상의 개성 넘치는 사용자들을 맞아들이고 있다. 그러나 저작권 담당 변호사들의 강경 진압에 전전긍긍하는 다른 사이트들과 달리 파이어릿 베이가 활동을 지속해나갈 수 있는 것은 모두 이 같은 트래커 사이트(tracker site)의 운영을 허용하는 스웨덴 국가의 법규 때문이다.•

"법이 바뀌어 엄연한 불법 행위가 될 때까지, 혹은 스웨덴 현행 저작권법이 사실상 트래커 사이트를 불법화한다는 판결을 스웨덴 대법원이 내릴 때까지 우리는 결단코 활동을 지속할 것이다."라고 파이어릿 베이의 법률 고문이자 법학도인 미카엘 비보르크(Mikael Viborg)는 2006년 3월 「와이어드」 지에서 자신들의 입장을 밝혔다.

파이어릿 베이는 자유 문화의 옹호라는 창업주의 간절한 염원에 의해 운영되는 다소 호전적인 파일 공유 사이트에 속한다. 이들의 행동 취지는 많은 규제자들이 저작권법을 지키는 유일한 방법이 사람들의 권리와 사생활을 침해하는 것뿐이라고 주장하는 사실에 대한 반발이었다. 이는 이미 실제로 일어나고 있는 현상이었는데, 예컨대 일부 엔터테인먼트 기업들에서 DVD 플레이어나 CD 앨범과 같은 하드웨어와 소프트웨어에 스파이웨어를 장착해 사용자의 모든 녹음 대상을 기록해두는 식이었다. 성공을 거둔 모든

• 트래커 사이트는 어떤 해적 데이터도 포함하고 있지 않지만 대신 웹상에서 이용 가능한 콘텐츠의 위치를 알려주는 방대한 파일을 보유하고 있는 사이트다. 흡사 소매치기의 집 내부를 보여주는 지도와 같다고 볼 수 있다.

해적들과 마찬가지로 파이어릿 베이의 활동도 예외 없이 격렬한 논쟁을 일으켰다.

논쟁의 한쪽 끝에는 자신들의 미래를 염려하는 엔터테인먼트 업계가 놓여 있다. 사실 카세트테이프와 비디오 레코더가 도입되었던 1980년대에도 상황은 다르지 않았다. 그러나 카세트테이프와 비디오 레코더 업체들이 새로운 포맷 방식을 정하기 위해 싸우는 일을 중단하고 어떻게 하면 엔터테인먼트 업계로부터 돈을 벌어들일 수 있을지 고민하기 시작하면서 영화와 음반 산업은 막대한 수익을 창출하는 새로운 수입원이 될 수 있었다.

논쟁의 다른 한쪽 끝에는 새로운 포맷의 미디어 소비에 적극적인 사람들이 놓여 있다. 이들은 늘 그래왔던 것처럼 백업용 카피본을 만드는 자유를 만끽하면서 한편으로는 가정용 녹음과 하등 다를 바 없는 행위로 수백만 달러의 벌금과 실형 선고라는 위협에 놓여 있다. 파이어릿 베이의 합법성을 둘러싼 논란은 국제적인 언쟁으로까지 확대되면서 결국 할리우드와 백악관을 포함해 세계무역기구와 스웨덴 정부까지 끌어들였다. 결국 이 언쟁은 극도로 가열되면서 새로운 정치적 움직임을 촉발했는데, 그것은 바로 해적당(Pirate Party)의 탄생이었다.

해적당의 웹사이트는 다음과 같이 입장을 밝히고 있다. "흔히 저작권은 문화 창조에 필수적이고 특허는 혁신 발생에 필수적이라고들 한다. 이 말은 계속해서 반복되고 있고, 누구도 이의를 제기하지 않는다. 하지만 우리가 이의를 제기하겠다. 그것은 새로운 문화와 테크놀로지를 차단하는 것으로 이득을 보려는 사람들이 지속시키는 뜬구름 같은 소리에 불과하다. 막상 뚜껑을 열어보면 저작권은 여러 새로운 문화를 '차단'하고 특허는 여러 혁신을 '차단'한다. 무엇보다 오늘날의 저작권법은 창작자의 경제적 이익과 사회의 문화적 이익 사이에서 아무런 균형도 잡아주지 못한다."

해적당의 입장이 급진적으로 보일 수도 있지만 지금까지 우리가 살펴본 해적들의 역사를 감안할 때 그들의 주장에는 일리가 있다. 해적은 그들의 역사 속에서 혁신을 일으켜왔다. 피해망상에 쫓은 엔터테인먼트 업계가 합법적인 파일 공유 행위를 명목 삼아 시민들을 범죄자로 몰아붙이고, 컴퓨터를 이용해 사람들을 감시하고, 상점에서 CD나 DVD를 훔치는 경우보다 훨씬 더 높은 벌금을 내도록 강요하는 이 세상에, 이제는 정부가 시민들 편에 서야 할 때가 되지 않았느냐고 누군가 주장할 수도 있는 일이다. 저작권법과 특허법이 맨 처음 고안되면서 보호하고자 했던 바로 그 시민들 말이다.

파이어릿 베이는 2006년 5월에 스웨덴 당국으로부터 불시 단속을 받았다. 그것은 미 백악관이 스웨덴 정부에 무역 제재를 가하며 위협한 이후에 일어난 일이었고, 결국 트래커 사이트 관련 규정은 변경되었다. 그러나 이는 결코 현명한 판단이 아니었다. 파이어릿 베이는 불과 3일 만에 다시 복구되었고, 당국의 단속은 오히려 해적당을 새로운 차원으로 나아가게 하는 견인차 역할을 했다. 뿐만 아니라 스웨덴 정부가 현재 트래커 사이트에 불리한 법령을 폐지하도록 계획하게 만들었다. 해적당은 현재 1만 명에 가까운 회원을 두고 문화의 자유에 관한 법안 통과 운동을 글로벌 차원에서 대대적으로 벌이고 있다. 스웨덴 이외에 공식 등록되어 있는 해적당은 스페인과 오스트리아 및 독일에서 발족되었다. 아직 미등록 상태이기는 하지만 미국과 프랑스, 폴란드, 이탈리아, 벨기에 소재 지점에서도 적극적인 활동을 벌이고 있으며, 그밖에도 네덜란드와 브라질, 영국, 오스트레일리아, 캐나다, 스위스, 뉴질랜드, 노르웨이에서도 모임이 결성되고 있다. 해적당은 해적 활동이 시민 불복종의 가장 효과적인 형태의 하나라는 사실을 세계만방에 보여주고 있다. 해적당의 릭 팔크빈지(Rick Falkvinge)는 〈그 영화를 훔쳐라 (Steal This Film)〉라는 다큐멘터리에서 "파일 공유는 골치 아픈 문제가 아니라 하나의 기회에 해당한다. 중국 속담에 '바람이 불어올 때 어떤 이들은 피난처를 만들고 다른 어떤 이들은 풍차를 만든다' 는 말이 있다."고 말했다.

그러나 파이어릿 베이는 풍차를 만드는 데 그치지 않고 해상 요새까지 정복하려고 했다. 역사상 가장 기이하다고 할 만한 사건이 있었으니, 그것은 2007년 1월에 파이어릿 베이가 베이츠 일가로부터 시랜드 공국의 매입을 시도 중이라고 발표한 일이었다.* 그것은 세계의 유일무이한 해적 국가와 지구상에서 가장 무시무시한 정치 해적이 함께 손잡으려는 강력한 국제적 움직임에 속했다. 그러나 해적들이 미디어를 정복하고 하나의 지정학적 세력으로 인식되어가는 동안에 또 다른 한쪽에서는 기존 권력층이 이미 그들을 물리칠 음모를 꾸미고 있었다.

네트워크와의 싸움

'네트워크 중립성(net neutrality: 인터넷 상에서 사용자의 권리가 어떤 이유로든지 차별받아서는 안 된다는 원칙―옮긴이)' 은 인터넷이 공평한 경쟁의 장이 되는 이유에 해당한다. 웹의 발명가 팀 버너스 리(Tim Berners Lee)는 "내가 특정 서비스 품질의 네트워크에 접속하기 위해 비용을 지불하고, 당신이 그와 동일하거나 좀 더 우수한 품질의 서비스로 접속하기 위해 비용을 지불하면, 우리는 바로 그 수준에서 상호 소통할 수 있다."고 네트워크 중립성을 정의해놓았다. 전화와 통신 네트워크가 성공하게 된 것도 모두 네트워크 중립성 때문이며, 이는 웹이 경제적으로나 사회적으로 세계 변혁의 세력으로 자리 잡고 있는 이유가 된다. 이 네트워크 중립성 원칙에 의해 시민과 소비자들은 굉장한 파워를 거머쥐게 되었다. 일반 블로그의 접속이 주류 뉴스

---

* 시랜드는 화재로 큰 피해를 입은 후 2006년 7월에 50만 파운드 가격으로 베이츠 일가에 의해 매물로 올려졌다.

웹사이트의 접속만큼이나 쉬운 것도 모두 네트워크 중립성 덕분이다(적어도 서방 국가들의 경우에는 말이다). 지금까지 목격되고 있듯이 글로벌 매스 미디어와 전 지역 곳곳의 가정에서 제작된 다양한 콘텐츠 사이에 선택권이 주어진 상황에서 많은 이들은 후자를 선택하고 있다. 그렇다고 누구나 이 같은 현상에 만족하고 있는 것은 아니다.

미국에서는 현재 일부(전부는 아니지만) 거대 미디어와 통신 업체들이 네트워크 중립성을 타도하려는 목적으로 의회에 대대적인 로비 활동을 벌이면서 비민주적인 시스템으로 대체해 넣기를 원하고 있다. 만약 이들이 원하는 대로 된다면 개인이 원하는 시점에 요청한 데이터를 인터넷이 전송해주는 대신에 개인이 요청한 데이터가 제대로 도달했는지 확인해주는 명목으로 웹사이트가 통신업체에게 소정의 수수료를 지불해야 할 것이다. 이렇게 되면 인터넷 서비스 제공업체들이 개인의 데이터를 미리 선점하게 되고 심지어 개인의 선택권까지 마음대로 결정하게 되는 상황에 처할 수도 있다.

크레이그리스트(Craiglist)의 창업주 크레이그 뉴마크(Craig Newmark)는 그것은 마치 피자를 주문할 때 전화국에서 "저희 AT&T가 선호하는 피자업체는 도미노(Domino's)입니다. 도미노에 연결하려면 1번을 눌러주세요. 만약 동네 피자가게에서 주문하기를 원하신다면 도미노의 주문 절차를 완료할 때까지 3분만 기다려주세요."라고 하는 것과 같다고 설명했다.

그 외에 다른 막강한 거물 인사들도 기성 체제가 시간을 되돌리기에는 이미 너무 늦어버렸다고 생각한다. "결국 그것은 과대망상 대 기회의 국면으로 귀결된다."고 HDTV의 거물 마크 큐반은 말한다. "그것은 통신업체들이 자신들의 영향력을 이용해 네트워크의 개방성을 파괴하려는 망상증에 불과하다. 이제 그들에게는 그만한 영향력이 남아 있지 않다."

일부 미디어와 텔레커뮤니케이션 기업들이 자신들의 단기적 이익을 위해 네트워크 중립성을 없애고자 노력하고는 있지만 이들의 관심사가 누구에게 나 해당되는 건 아니다. 일부 거대 기업들은 오늘날 해적들의 물결에 서서히 그리고 마지못해 익숙해져가고 있으며, 많은 업체들은 그것을 싸움이 아닌 일종의 경쟁으로 받아들이면서 자체적인 혁신이 유도되고 있다. 디즈니 사의 공동회장 앤 스위니(Anne Sweeney)는 2006년 한 기조연설에서 다음과 같이 말했다. "해적들은 우리와 동일한 방식으로 품질, 가격, 이용 가능성을 놓고 경쟁을 벌인다. 이제 우리는 해적 활동이 하나의 비즈니스 모델임을 이해하고 있다.● … 디지털 혁명은 소비자 혁명을 일으켰다. 우리는 수요가 있는 콘텐츠를 만들어야 하는 것은 물론이고 원하는 시점에 즉시 만들어낼 수 있어야 한다. 이러한 파워의 이동은 비즈니스와 산업과 청중에 관한 사고방식을 완전히 바꾸어놓는다. 우리는 이들의 행동과 관심사에 맞춰 비즈니스를 구축할 필요가 있다. 브랜드를 새롭게 단장하려면 우리 모두가 계속해서 비즈니스를 갱신해나가야 한다. 왜냐하면 청중들은 보다 우세한 영향력을 갖고 있고 그것을 되돌려줄 기미를 보이고 있지 않기 때문이다." 애플의 스티브 잡스(Steve Jobs)는 디즈니에 대한 보충 의견으로 "해적 활동을 중단시키려면 그것과 경쟁하는 길밖에 없다."고 「뉴스위크」 지에서 설명했다.

특허 침해 사례를 샅샅이 뒤져라

해적판을 사용한 소비자를 고소하는 일이 기업이나 업계의 비즈니스 모델 가운데 주요 부분을 차지하게 된다면 그런 기업이나 업계가 더 이상 경쟁적인 비즈니스 모델을 갖지 못하게 될 것은 불 보듯 뻔하다. 한 기업이나

● 해적 행위는 디즈니의 탄생 배후에도 존재했다고 볼 수 있다. 디즈니는 원래 그림(Grimm) 형제가 집필했다가 후에 공공 영역으로 넘어간 동화에 기초해 세워졌다. 그러나 오늘날 디즈니와 같은 기업들은 미 의회를 상대로 성공적인 로비 활동을 벌여 미키 마우스(Mickey Mouse)와 같은 트레이드마크 캐릭터가 그림 형제의 동화처럼 공공 영역으로 넘어가지 못하도록 했다.

개인이 돈을 벌어들이는 능력이 가치의 혁신과 창조 능력에 기반을 두지 않고 법정 소송에 기초해서는 안 될 일이다. 그럼에도 법정 소송이 비즈니스 계획의 전부를 차지하는 한심하기 짝이 없는 경우들이 있다.

이런 기업들은 대개 특허괴물(patent troll)이라는 명칭으로 불린다. 이들은 자체적인 발명은 하지 않고 이미 세상에 존재하는 특허만을 사들이거나 이미 공공 영역에 존재하는 좋은 아이디어들에 특허 신청을 한다. 그러고는 새로 특허를 딴 아이디어를 이용하는 업체를 철저히 추적해 법정 고소나 협박을 통해 돈을 뜯어낸다. 이들은 사회를 위해 아무런 가치를 창출해내지 못한다. 그들이 중요시 여기는 목표는 오로지 사람들을 고소하는 방법으로 돈을 벌어들이는 일이다.

포전트 네트워크(Forgent Networks)는 1987년부터 무료로 널리 이용되던 JPEG 디지털 이미지 압축 특허를 1997년에 구매함으로써 특허괴물을 비난하는 사람들로부터 질타를 받았던 기업이다. 포전트는 2004년에 JPEG 테크놀로지를 사용하고 있던 44곳 기업체에 소송을 걸었고, 다른 50곳 기업체와는 재판 없이 분쟁을 해결했다. 그 외에도 1천 곳 이상의 기업체를 타깃으로 삼았다. 포전트의 CEO 딕 스나이더(Dick Snyder)는 2006년 3월 AP 통신에서 "이것이 아메리칸 방식이다. 우리는 그저 우리가 옳다고 여기는 일을 하면서 우리 소유물의 가치를 되찾고 있을 뿐이다."라고 말했다.

그러나 마이크로소프트를 비롯한 다른 21곳 기업체들은 스나이더가 해석한 '아메리칸 방식'에 동조하지 않고 포전트에 맞소송을 걸었다. 2006년 5월에 미 특허상표국은 포전트의 권리 주장 사실을 재수사한 결과 해당 테크놀로지가 이미 공유화된 사실을 알아내고 이들의 특허를 무효로 결정 내렸다. 결국 포전트는 특허에 대한 모든 권리를 포기하고 물러섰지만 기업체 30곳에 대해 청구한 JPEG 라이선싱 비용 9천만 달러는 그대로 유지되었다.

포전트가 미친 부정적인 영향은 그냥 흐지부지 없어지지 않았다. 미국을 비롯한 다른 여러 국가들이 제안한 법률에 따라 앞으로 특허 추적 행위는 훨씬 더 어려워질 전망이다. 그러나 특허괴물들은 사소한 소송 건수를 뒤쫓는 일뿐 아니라 우리의 귀중한 자산을 마음대로 점령하고 있다. 그렇기에 해적 활동에 대한 우리의 태도는 중요하다. 그것은 우리가 계속해서 JPEG 테크놀로지를 사용하고 해적판 음악을 들을 수 있기를 희망하는 단순한 이유 때문만이 아니라 우리 삶의 기초적인 요소까지 통제하고 특허권을 부여하려는 음모가 도사리고 있다는 점에서 무척이나 중요할 수밖에 없다.

바이오테크 기업들은 곡물과 동물뿐 아니라 심지어 인간 조직의 유전자 코드에도 특허를 출원하고 있다. 예를 들어 다국적 바이오테크놀로지 기업인 몬산토(Monsanto)는 다양한 종자를 특허 출원했고, 그중에는 자체 제작된 유전자 조작 돌연변이도 들어 있다. 종자라는 것이 특허받기 훨씬 전부터 수천 년에 걸쳐 자연적으로 진화해온 것인데도 말이다. 바이오테크 거물들은 자신들이 특허 낸 종자를 저장·재사용·공유한 명목으로 농부들에게 소송을 걸고 있다. 반면에 소송당한 농부들 대부분은 자신이 그것을 사용하고 있었는지조차 몰랐다고 주장한다(이웃 농장에서 종자가 날아오는 경우가 흔하기 때문이다). 몬산토를 비롯한 다른 바이오테크 기업들은 '터미네이터 기술(terminator technology)'을 갖춘 종자라 하여 마치 복사 방지용 MP3 파일처럼 재번식이 불가능한 새로운 불임 품종을 개발해내기도 했다. 이에 대해 미 농협에서부터 그린피스(Greenpeace)와 같은 인권 및 환경 단체에 이르는 세계 곳곳의 단체들이 반대 운동을 펼치고 있다.

가족 친지들과 종자를 공유하고 이듬해 수확을 위해 그것을 재사용하는 일은 파이어릿 베이 사이트에서 음반을 갈취하는 행위와는 분명 다르다. 음악 파일 하나를 불법 복사한다고 해서 당신이 어떤 유형물을 가로채어 누군가의 사용 기회를 박탈하는 것은 아니다. 하지만 지구상에 존재하는 음식물의 효율적인 생산을 가로막을 경우에는 곡물 비축량이 줄어들고, 대수층이 고갈되며, 지구가 보존하는 모든 생태계와 생명 보조 메커니즘이 쇠퇴하게 된다고 환경 과학자들은 경고한다. 즉 사회로부터 귀중한 것을 박탈하는 셈이다. 그러나 아직까지는 살아 있는 생명체(온전하게 출생한 인간을 제외하고)에 대한 특허 출원과 함께 DNA 한 가닥에서부터 동물 전체 종에 이르는 것에 대한 소유권 주장은 지극히 합법적인 실정이다.•

한마디로 우리의 경제 시스템은 망가진 것처럼 보인다. 시스템이 제대로 돌아가려면 앞으로 우리는 기업과 시장이 올바른 일을 하고 개인이나 공공의 이익을 위해 운영할 것이라는 확신을 가질 수 있어야 한다. 그러나 우리는 권리를 잃어가고 있고 혁신은 억압되고 있다. 낡은 비즈니스 모델과 비효율적인 유통 시스템을 사용하는 기업들이 현재 새로운 포맷 이용자들을 범법자로 몰아넣으면서 포맷의 전환을 꺼리고 있기 때문이다. 한편 경제 개발은 특허 뒤에 숨어서 그것을 남용하는 특허괴물들에 의해 방해받고 있다. 신뢰가 사라지면 시스템은 순조로운 활동을 중단한다. 만약 유전자와 음식물과 동물이 특허를 받게 되어 우리 일상에 지장을 초래하게 된다면, 오히려 해적 활동이 도덕적인 행동이 될 수 있지 않을까?

국경을 초월한 해적들

실제로 개인과 국가들은 이런 문제들 가운데 일부분에 대해 해적 정신으로 대처해왔다. 이런 현상은 결국 서구 열강과 개발도상국 사이의 갈등으로 이어지면서 세계 구도의 재편을 초래하는 이해관계를 일으켰다. 그리고 이

• 2005년 8월 몬산토는 160개국에서 특허권을 신청하고 돼지와 그로부터 번식되어 나올 수 있는 모든 새끼에 대한 소유권을 주장했다.

같은 이해관계가 복잡하게 얽혀 있는 분야로는 의약품 업계만한 곳이 없다.

인간 유전자를 노리는 특허괴물들은 이미 우리에게 삶의 비용을 청구하고 있다. "이를테면 유방암과 관련 깊은 유전자의 특허를 얻기 위해 인간 게놈 프로젝트(Human Genome Project: 인간 유전자 위치와 DNA 염기 서열을 알아내기 위한 연구계획으로, 개인의 유전적 차이를 밝혀내어 개인 맞춤용 치료법 등에 사용될 수 있다는 이점이 있으나 사생활 침해와 유전자 상업화의 우려와 같은 도덕적 부작용도 있다—옮긴이)를 앞지르려고 기업들이 앞 다투어 경쟁했다."고 노벨 경제학 수상자 조지프 스티글리츠(Joseph E. Stiglitz)는 주장했다. "그러나 이 같은 노력의 가치는 미미한 수준에 불과하다. 그런 경쟁이 일어나지 않았을 때보다 겨우 조금 앞당겨 유전자 지식이 생성되었을 뿐이기 때문이다. 그러나 사회에 미친 비용은 엄청났다. 유방암 유전자 특허 보유업체 미리아드(Myriad) 사가 유전자 검사에 청구하는 높은 비용(3천 달러에서 4천 달러)은 곧 유방암 검사로 발병을 확인하고는 즉시 적절한 치료를 받았을 수 있는 수천 명 여성 환자들이 사망할 수 있음을 의미한다고 볼 수 있기 때문이다."

현재 지구상에는 HIV/AIDS에 걸린 4천만 명 이상의 환자들이 있으며, 이중에는 64만 명에 이르는 15세 미만의 아동 환자들도 포함되어 있다. 특허를 통해 제약업체들이 자체 개발 신약에 대해 독점을 유지하고 터무니없이 부풀려놓은 가격을 청구할 수 있다는 이유로, 제약업계는 세계에서 가장 수익성 높은 업계가 되었다. 현재 HIV/AIDS 퇴치 의약품을 포함해 여러 신약 개발에 수십 억 달러가 소비되고 있다. 이처럼 어마어마한 투자 수준을 놓고 볼 때 제약업체들이 사회에 이바지하게 될 신약 개발을 꾸준히 지속하는 데 적절한 인센티브와 보호 조치는 반드시 필요하고 동시에 지극히 온당한 처사에 속하지만 현실적으로는 상황이 제대로 돌아가고 있지 않다.

서구 제약업체들은 HIV/AIDS로 고통받고 있는 세계 인구의 90퍼센트 이상이 엄청난 치료비용을 감당할 수 없다는 이유로 대부분의 개발도상국에 에이즈 의약품을 판매하지 않고 있다. 게다가 독점을 유지하는 동안에만 수익을 올릴 수 있다는 이유로 특허 보유 기간을 가능한 오래 연장하도록 조처해놓고는 자신들의 국내외 시장에 저렴한 유전자 의약품이 침투하지 못하도록 하고 있다. 의약품 성능은 좋을지 몰라도 정작 환자들은 그 혜택을 보지 못하고 있는 실정이다. 그 결과 세계보건기구(WHO) 발표에 따르면 매년 300만 명의 환자가 죽고 있다.

해적 활동이 이토록 절실히 요구되는 업계는 이전에는 결코 존재하지 않았다. 이때 거센 반란의 물결을 몰고 온 해적이 있었는데 그것은 바로 인도 뭄바이 제약 업체인 시플라(Cipla) 사의 유세프 하미에드(Yusef Hamied) 박사였다. 서구 세계를 겨냥한 유전자 약품을 생산해내는 기업이라면 합법적이면서도 높이 존경받는 업체로 인정받았겠지만, 하루 치료비가 27달러가 넘는 서구 세계와 비교해 하루 치료비가 고작 1달러⁎인 항 HIV 약품을 하미에드 박사가 생산해내기 시작했을 때 그는 전 글락소스미스클라인(GlaxoSmithKline) 회장에게서 "해적이자 도둑"이라는 누명을 얻게 되었다.

"우리는 로열티 지불에 대한 협상을 제안하고 있다."고 2003년 「포지티브 네이션(Positive Nation)」 지에서 하미에드 박사가 말했다. "특허의 가치가 엄청나다는 사실과 의약품 발명가가 반드시 적절한 보상을 받아야 한다는 사실은 누구도 부인할 수 없다. 그러나 터무니없는 보상은 있을 수 없다. 특허는 믿지만 독점은 믿지 않는다."

미 의약연구제조협회(PhRMA)의 대변인 섀넌 헤르츠펠트(Shannon

• 결코 많은 비용처럼 들리지 않겠지만, 인도만 해도 하루에 1달러 미만의 수입을 벌어들이는 인구가 4억 명이 넘는다.

Herzfeld)는 그의 입장에 반대하고 있다. 그녀는 「뉴욕 타임스」에서 "우리는 지적재산권이 우수한 의약품을 사용하는 데 방해물이 된다는 전제에 반대한다. '훔칠 수밖에 없었다'고 말하는 사람은 누구든지 옳지 않다. 특히 아이디어를 훔치는 행위가 우수한 의료 행위를 제공하는 방법은 될 수 없다."고 자신의 입장을 밝혔다.

세계무역기구는 2001년 카타르 도하에서 열린 회담에서 국가적인 보건 위기에 처한 나라가 저렴한 유전자 의약품을 수입해도 되는지 여부를 놓고 투표를 실시했다. 투표 결과 143개국 전체가 수입에 찬성했고, 오직 미국 한 나라만이 반대했다. 그리고 미국이 승리했다.

시장이 패배하고 민주주의가 묵살당하면 해적들은 침략 작전에 돌입해야 한다. 좀 전에 살펴본 경우에서는 개발도상 진영에 속한 정부가 '의약품 해적'이 되어 아이디어를 훔치는 방법으로 시의적절한 의료 서비스를 제공했다. 인도와 브라질, 아르헨티나, 태국, 이집트, 중국에서는 민영과 국영 기업들이 수익과 관련된 국제 특허법을 무시하고 저렴한 일반 필수 의약품을 자체 생산하여 수백만 명의 목숨을 구하고 병세를 호전시키고 있다.

인도는 1970년 이후로 지금까지 의약품과 농업 분야의 지적재산권을 인정하고 있지 않아서• 이곳 제약업체들은 서구 제조 방식에 기초하여 저렴한 의약품과 살충제를 역설계(reverse engineering) 방식으로 생산할 수 있다. 그 결과 1970년에 40세에 그쳤던 평균 수명은 오늘날 64세로 증가했다.

의약품 해적들은 이 문제에 국제적인 조명을 비췄다. 아직도 갈 길이 멀지만 일부 서구 제약업체들은 아프리카로 보내는 에이즈 의약품의 가격을 80퍼센트 가량 낮추었고, 다른 거대 제약업체들에게도 이와 동일한 시행을

• 서구 세계로부터의 압력으로 현재 이 법령들이 바뀌기 시작하고 있다.

압박하고 있다. 한편 인도 보건부 장관인 자비드 초우드허리(Javid A. Chowdhury) 박사는 「뉴욕 타임스」에서 "80퍼센트 가격 인하를 제공할 수 있다면 맨 처음 제시된 가격에는 분명 문제가 있다."고 따끔하게 지적했다.

특허가 사라지고 있다

세계무역기구는 회원국 대다수가 찬성투표를 던졌음에도 개발도상국에게 의약품 가격 할인 대신에 특허 해제는 허용하지 않았다. 이에 따라 개발도상국들은 해적으로 돌변하여 세계무역기구의 저속한 가짜 민주주의에 대항했다. 현재 이 해적 국가들은 특허 법령에 전면적으로 도전하고 있으며, 그중 일부 국가들은 보건 의료 분야의 관련 법령이 교체되어야 할 시기임을 주장하고 있다. 의약품업계는 잘못 돌아가고 있는 시스템의 전형적인 사례에 속한다. 제약업체들은 빈민을 위한 에이즈나 말라리아 치료제를 개발하기보다는 부자들에게 비아그라(Viagra)나 보톡스(Botox)를 판매하는 것으로 훨씬 큰 규모의 수익을 올리고 있다. 특허는 이 같은 잘못된 제약업체의 관행을 깨뜨리는 데 도움이 되지 못하고 있다. 오히려 그것보다는 의약품 해적들에 의해 야기된 논쟁이 도움이 될지도 모른다.

세계은행(World Bank)의 전 수석 경제학자인 조지프 스티글리츠는 제3의 해결책이 있다고 믿고 있는 여러 인물 중 한 사람이다. 특허가 새로운 아이디어를 보호하기는 해도 궁극적으로 비효율적일 수밖에 없는 이유는 우리 모두에게 반드시 필요한 지식의 사용을 제약하기 때문이다. 대신에 스티글리츠를 비롯한 사람들은 치료제와 백신 발명가에게 상을 수여하는 의료 포상 펀드의 개념을 도입했다. 정부를 비롯해 거대 제약업체들은 이미 매우 다양한 제약 연구에 비용을 지불해놓은 상태다.● 스티글리츠는 정부가 이미 의약품 연구 자금을 제공하고 있다면 수억만 명의 빈민층을 위한 질병 퇴치와 치료 개발처럼 특허가 적용되지 않은 일에 힘쓰는 제약업체들에게 포상금으로 보상해주는 것도 얼마든지 가능하다고 주장한다. 그는 이렇게 제안한다.

> 개발도상국의 질병 문제에 관해서라면 제약업체 포상금을 정부의 대외원조 예산액에서 충당하는 것도 얼마든지 가능하다. 오히려 이미 세상에 만연해 있는 나쁜 질병을 퇴치하는 것보다 훨씬 덜한 노력으로 개발도상국의 삶의 질은 물론이고 생산성까지 향상시킬 수 있다. … 내가 구상하고 있는 포상 시스템은 경쟁 시장에 의거해 가격은 낮추고 지식 결과물을 가능한 한 널리 보급하는 것이다. 제대로 방향 맞춰진 인센티브 정책이 있다면(심각한 질병에 대한 연구비는 늘리고 소모적이고 왜곡된 마케팅 비용은 줄여서) 우리는 낮은 비용으로 건강을 얻을 수 있다.

해적들은 특허 사용을 재검토하도록 의사결정자들을 부추기고 있으며, 이제는 개발도상국은 물론이고 서구 시장에도 적용되는 포상 시스템 개념이 지지를 얻고 있다. 2006년 4월 「포브스」 지는 "의약품 포상 시스템하에서는 미국 정부가 FDA 승인을 획득한 의약품의 권리를 돈으로 사들이고 그것을 공유화하게 된다. 이렇게 되면 신약 제조와 판매에 대한 자유 시장이 열린다. 일반 의약품들은(여기서 '일반'이라는 용어는 공유화된 권리의 또 다른 표현이다) 이미 가격을 낮추는 데 일익을 담당하고 있다. 특허로 보호받는

- 노암 촘스키Noam Chomsky는 '지속불가능한 비개발(Unsustainable Non Development)'이라는 기사에서 "제약업체를 포함한 일부 기업들은 기존에 들인 연구개발 비용을 보충해 넣기 위해 특허와 지적재산권을 통한 보호가 필요하다고 주장한다. 그러나 자세히 살펴보라. 연구개발 비용의 상당부분은 어차피 공공 자금으로 지불된다. 좀 더 구체적으로 말하면 공공 자금의 40~50퍼센트에 해당한다. 그러나 순전히 공공 자금으로 돌아가는 기초 생물학과 기초 과학을 계산해 넣지 않았으니 이것도 과소평가된 수치에 불과하다."고 지적했다.

의약품의 가격은 약 두 배 정도 높아진 반면에 일반 의약품의 실질적 가격
은 지난 4~5년간 계속해서 떨어졌다."

의약품은 해적 활동에 의한 사회적 이익이 분명하고 수익과 지적재산권
을 사람보다 앞세울 경우에 드는 사회적 비용이 만만치 않은 산업 분야에
속한다. 그러나 경제 성장이라는 미명하에 매년 수백만 명의 불필요한 죽음
이 아직도 계속 이어지고 있다. 특허도 중요하기는 하다. 그러나 자유 시장
의 긍정적인 에너지를 차단하고 사회에 부정적인 영향력을 미친다면 그것
은 반드시 교체될 필요가 있다.

사실 이러한 특허의 상당수는 미국 납세자들이 보유하고 있어서 세계보
건기구와 국제연합, 혹은 개발도상국으로 반납하는 것은 그리 어려운 일이
아니다. 해적 활동으로 세워진 국가인 미국이 과연 앞으로 이 같은 현상을
허용할 것인가? 그것은 해적들 간의 의리가 오늘날까지도 존재하고 있는지
의 여부에 달려 있다.

수완 좋은 해적들의 3가지 특성

미국의 탄생에서부터 인터넷의 탄생에 이르기까지 변화의 바람을 감지하
고 더 나은 미래로의 방향을 계획하는 몫은 종종 해적들에게 맡겨졌다. 해
적들이 시장에 모습을 드러내기 시작하면 그것은 대개 뭔가 제대로 돌아가
고 있지 않다는 조짐이다. 이 같은 해적들의 활약상에 대해 정부와 시장이
합법성을 인정하게 되면 해적들의 활동은 새로운 법령으로 보호받게 되면
서 더 나은 사회에 이바지할 수 있는 새로운 질서를 창조하게 된다.

지금 우리는 영화와 음악, 신문처럼 예전에는 비용을 지불하던 것이 이제
는 공짜가 되어버린 새로운 세상에 살고 있다. 그런가 하면 종자와 돼지처럼
예전에는 공짜로 생산되던 것에 대해서는 비용을 치러야 한다. 이는 우리 모

두가 해적 정신의 미세한 핵심을 간파할 필요가 있는 세상임을 뜻한다.

1. 시장 바깥으로 눈을 돌려라.

    기업가들은 시장 안에서 틈을 찾는다. 그러나 해적들은 시장 바깥으로 눈을 돌려 찾는다. 윌리엄 폭스 시대 이전만 해도 할리우드 영화 시장은 존재하지 않았다. 해적 DJ들이 출현하기 이전에 유럽에는 상업 라디오 시장이 존재하지 않았다. 해적들은 시장이 행동에 나서지 않는다고 해서 그것이 잘못된 판단임을 뜻하지는 않는다는 사실을 입증해냈다.

2. 전달 수단을 창조하라.

    해적들은 시장이 간과하는 틈새를 찾아내면 새로운 전달 수단을 설치하고 송신을 시작한다. 이러한 전달 수단은 점점 그 의미가 중요해지면서 마셜 맥루한(Marshall McLuhan) 교수의 표현처럼 매개체 자체가 메시지가 되기도 한다. 해적 DJ들이 새로 구축해놓은 기반은 로큰롤 음악보다 더 중요해졌다. 블로그라는 개념 자체는 저스틴의 홈페이지에 올렸던 개리 그랜트의 LSD 복용 장면 사진보다도 훨씬 더 커다란 영향력을 갖게 되었다.

3. 당신의 청중을 적극 활용하라.

    해적들이 사회에 가치 있는 일을 하게 되면 시민들이 호응하면서 토론이 시작되다가 결국 법령이 교체된다. 해적들은 지지자들을 사로잡고 자신과 아이디어 모두를 합법화하도록 만든다. 키스 FM은 청취자들 덕분에 라이선스를 획득했고, 노무현 대통령은 자신의 편에서 해적 정신을 발휘한 시민들 덕분에 대통령이 되었다. 그런가 하면 나라 전체가 의약품 해적들을 지지하면서 많은 생명들을 구하고 있다.

해적들의 힘과 혁신

해적 활동은 역사 전반에 걸쳐 지속되어왔고 우리는 그것을 장려할 필요가 있다. 이것이야말로 비효율적인 시스템이 교체되는 방법이기 때문이다.

어디로 시선을 돌리든지 당신은 기성 체제에 대항하고, 독점을 분산시키고, 사람의 원칙을 권장하는 해적들을 발견할 수 있을 것이다. 이는 바로 민주주의의 본질이다. 해적 정신은 커뮤니티를 동원하고 혁신을 조장하고 사회 변화를 일으키는 하나의 방법이다. 사람들은 해적들처럼 생각하면서 틈새 청중을 핵심 대중으로 성장시키고 주류를 근본적으로 변화시킨다. 해적들이 무너뜨린 비효율적인 기업 피라미드의 수는 그들이 발명해낸 음악 스타일의 수를 넘어선다. 시장의 주류에 속하지 않는 사람이나 방법이 있다면 그곳에는 늘 한계에 저항하는 해적들이 존재할 것이다. 인류학자 마거릿 미드(Margaret Mead)는 "사려 깊고 헌신적인 소수의 시민들이 세상을 바꿀 수 있음은 의심할 수 없는 분명한 사실이다. 실제로 세상을 변화시켜온 유일한 집단은 바로 그들이다."는 유명한 말을 남겼다. 해적들이야말로 우리 주변에 존재하는 가장 열정적인 시민들이다.

대부분의 해적들은 다른 사람이 이루어낸 업적을 모방하는 데 만족하지 않는다. 개중에는 그것을 다른 장소에 알려서 전혀 새로운 의미를 부여하기도 한다. 그러나 앞으로 살펴보게 되겠지만 해적들에게 독특한 시각을 제공해주는 프로세스, 다시 말해 우리 모두가 변화를 창출하는 데 활용할 수 있는 강력한 수단을 통해서 다른 사람의 업적을 완전히 재발명하는 해적들도 있다.

CHAPTER 03

장난으로 시작한 리믹스가
빅 아이콘을 만들다

We Invented the Remix

컷 앤 페이스트(Cut-'n'-Paste)가 만들어낸 거대한 부가가치

"이것(아이팟iPod)은 온갖 현란한 색상으로 출시된
획기적인 소비재 전자 기기로서,
중독성 강하고 휴대가 간편한 음악 감상 체험을 가능케 해준다."

−존 오스비(John Ousby) ⓒJohn Ousby

"지금 도대체 무슨 개수작들이야?" 갑자기 마돈나(Madonna)의 퉁명스런 물음이 방안에 울려 퍼지자 화들짝 놀라는 당신. 이건 당신이 기대했던 반응과는 거리가 멀어도 한참 멀다. 느긋하고 편안한 마음으로 신곡을 감상하고 싶었을 뿐인데 마돈나는 전혀 그럴 생각이 없었던 모양이다. 계속해서 똑같은 물음을 되풀이하고 또 되풀이하는 마돈나의 목소리가 당신의 머릿속에서 점점 더 크게 울려 퍼진다.

2003년 4월, 당신을 비롯한 전 세계 마돈나 팬들이 카자(KaZaA: p2p 기반의 음악 공유 사이트—옮긴이) 사이트에 들어가 다운로드한 그녀의 신곡 앨범 '아메리칸 라이프(American Life)'의 수록곡은 사실 가짜 MP3 파일이었다. 마돈나는 파일 공유 커뮤니티를 향해 한방 펀치를 날렸다. 그것은 인터넷 해적 활동에 대해 맞불 작전 방해 공작을 펼치며 몸소 해적 활동을 선보인 마돈나와 워너 브로스(Warner Bros)의 최신 합작품이었다. 겉보기에는 멀쩡한 최신 앨범 트랙이지만 알고 보면 전 세계 불법 다운로더들에게 욕설을 퍼붓고 으르렁대는 목소리의 디지털 유인장치를 여러 불법 p2p 사이트들에 잔뜩 깔아놓은 것이었다.

애초의 계획대로라면 그것은 음악계의 영리한 똑순이가 고안해낸 또 다른 기발한 홍보 활동이었겠지만, 애석하게도 그것은 마돈나의 출연작 〈에비타(Evita)〉와 〈상하이 유혹(Shanghai Surprise)〉 그리고 이혼한 전남편 '숀 펜(Sean Penn)'에 이어 마돈나의 영광스런 커리어에 또 다른 치명적인 오점이 되고 말았다.

마돈나는 역사상 네 번째로 최다 앨범 판매고를 올린 수억 달러 몸값의 아티스트다. 사실 컴퓨터를 통해 전 세계 일반인들에게 고함을 질러대기 시작했을 때만 해도 마돈나는 몇몇 사람들만을 혼내주려던 참이었다. 그러나 반응은 그렇지 않았다. 대부분의 마돈나 팬들은 그녀의 행동을 파일 공유에 대한 대처로 받아들이지 않고 자유 문화의 기본 정신에 대한 반발로 받아들였다. 자신들의 완력을 이용해 가짜 음악을 올려놓은 글로벌 음반 업계에 분노한 해커와 리믹서(remixer)와 운동가들은 몇 시간 만에 마돈나에 대항해 결집하기 시작했다. 여느 때와 마찬가지로 이번에도 자신을 새롭게 변화시켜서 음악 다운로드에 대한 음반 업계 투쟁의 선봉장으로 나섰던 마돈나였지만, 그것은 엄청난 실수였다.

마돈나는 맹공격의 대상이 된 해적과 핵티비스트(해커와 행동주의자가 합쳐진 표현)들이 자신의 메시지를 어떻게 조작해놓을지 전혀 예상치 못했다. 지금까지 살펴본 것처럼 해적들은 자체적인 미디어를 만들어 자신들의 콘텐츠를 내보낸다. 게다가 그들에게는 얼마든지 임의대로 사용 가능하고 가장 강력하며 창의적인 도구인 '리믹스'가 있었다.

가짜 파일이 출시된 지 며칠 만에 마돈나의 '아카펠라식 고함'의 신 버전이 새롭게 수록되어 배후에서 쏟아져 나오기 시작했다. 그리고 얼마 지나지 않아 세계 곳곳의 클럽과 라디오 방송국들이 새로운 마돈나 싱글 앨범의 다양한 리믹스곡을 틀어댔다. 이제는 "WTF(What the fuck의 줄임말로 마돈나가 욕설처럼 퍼부어댄 물음의 앞 글자를 떼어 만든 제목이다—옮긴이)"로 알려지게 된 이 리믹스곡들은 철저히 마돈나의 통제권 밖에서 창작되고 각색되어 전파되었다. Dmusic.com은 다양한 버전의 리믹스곡들 가운데 우수작을 가리는 시합을 벌이기도 했다(상품은 '보이콧 RIAA' •라는 로고가 새겨진 티셔츠였다). 우수작으로 뽑힌 'WTF' 리믹스 15곡은 앨범 하나에 담겨져 한 독립 음반사에 의해 발표되었다. 세계 곳곳의 미디어들이 이 해프닝들을 앞다투어 기사화하자 「할리우드 리포터(Hollywood Reporter's)」지도 '해커들, 마돈나의 미끼를 갖고 장난치며 놀다'라는 헤드라인을 싣기도 했다.

그러다 2003년 4월 19일 토요일에 마지막 대사건이 일어났다. 마돈나의 공식 사이트와 새 앨범 신곡들이 모두 해킹되면서 홈페이지에서 실제 신곡들을 누구나 마음껏 공짜로 다운로드할 수 있게 된 것이었다. 리믹스 단체는 마돈나와 음반 산업을 비롯해 자유 문화의 길을 가로막고 위협하는 이들에게 던지는 답변을 페이지 상단에 달아놓았다: "이것이 바로 나의 개수작이다."

리믹스 경향은 오늘날 팝 문화에서 가장 막강한 세력에 속한다. 우리가 기발한 창작물이라고 여기는 개념들도 알고 보면 누군가의 아이디어를 새롭게 개조한 버전인 경우가 많다. 구약성서 가운데 전도서도 "이미 있던 것이 후에 다시 있겠고 이미 한 일을 후에 다시 할지라 해 아래는 새 것이 없나니(전도서 1:9)"라는 말씀으로 이를 잘 설명하고 있다. 게다가 구약 성경조차도 예외는 아니다. 여러 학자들의 주장에 따르면 성경 이야기는 현재 이라크로 불리는 영토에 기반을 둔 고대 메소포타미아 문명의 이교도 신화와 맥락을 같이하고 있다.

- 미 음반산업협회(RIAA)는 미국 음반 산업을 대표하는 업계 단체다. 이 협회는 최근 몇 년 동안 이들이 음반 산업의 혁신을 강압적으로 저지하고 소비자들에게 불공정한 벌칙을 가한다고 주장하는 자유 문화 옹호자들에게 거센 비난을 받고 있다. 1998년에 RIAA가 제기한 소송에서 그들이 승소했다면 MP3 플레이어는 아마 불법화되었을 것이다. 또한 1999년에는 아티스트들의 저작권 권리를 박탈해 그것을 각 소속 음반사에 양도해야 한다는 법률에 동조했으며, 음악 다운로드의 명목으로 여러 엄마와 아동들을 상대로 천문학적 숫자의 배상금을 청구하는 소송을 제기했다. 2007년에는 소비자 문제를 다루는 블로그 '컨수머리스트(Consumerist)'에서 실시한 독자들 대상의 투표에서 핼리버튼(Halliburton: 미국의 에너지 공급업체이자 군수업체―옮긴이)을 가까스로 누르고 '미국 최악의 기업'으로 선정되기도 했다.

찾아라. 섞어라. 구워라.(Rip. Mix. Burn.)

아이팟은 현대 문화의 아이콘이 되었다. 세련된 마케팅, 고광택의 알록달록한 색상, 그리고 나무랄 데 없는 디자인은 엄청난 성공을 불러일으켰다. 그러나 2001년에 애플이 아이팟을 발표했을 때 나머지 MP3 플레이어들은 과거의 영광으로 전락하고 말았다. 사실 아이팟의 수명 긴 배터리를 개발해낸 것은 소니였고, 아이팟의 하드드라이브를 완성시킨 것은 도시바였으며, 아이팟의 운영 시스템은 원래 픽소(Pixo)라는 기업에서 만들어진 것이었다. 더군다나 아이팟의 '혁신적'인 디자인이라는 것도 사실은 1954년에 최초로 상업 판매된 리전시(Regency) TR—1 트랜지스터 라디오에 그 공을 돌려야 했다. TR—1은 세계 최초로 상업화된 배터리 동력의 포켓 사이즈 라디오였다. 한손에 쏙 들어갈 만큼 앙증맞은 크기에 원형 다이얼이 있고 다양한 색상으로 출시되던 TR—1은 '보라! 들어라! 가져라!'는 마케팅 슬로건을 대중들에게 전파했다. 실제로 2005년에 BBC 뉴스는 아이팟 마니아들에 대응하여 이렇게 논평했다. "하이테크, 트렌디한 색상, 록 뮤직, 감각 있는 슬로건이라면 … 누구나 저마다 각각의 것들을 떠올리지 않겠습니까?"

독창적인 아이디어도 알고 보면 예전부터 존재하던 개념에 새 옷을 입히고 전과 다른 역할을 지정해놓은 경우가 많다. 지금 이 책을 읽고 있는 당신도 여기에 소개된 많은 아이디어들의 출처가 어디인지, 나아가 그 출처의 출처까지도 파악할 수 있을 것이다. 그러나 구약 성경과 아이팟 외에 다른 무수한 창작품들도 이미 그랬던 것처럼, 훌륭한 리믹스는 그 부분들의 단순한 총합보다 훨씬 이상의 것을 의미한다.

음악 그 이상의 것

인간은 늘 기존의 것에 변화를 주면서 새로운 것을 창조해왔다. 19세기 후반 미국 뉴잉글랜드 지역(동부 지역) 대학생들이 케이크 받침대를 던지며 놀기 시작하면서 새로운 스포츠를 발명했던 것처럼 말이다(이는 원반던지기 놀이로 발전되었다. 여기서 케이크 받침대는 코네티컷 주 브릿지포트에 위치한 프리스비 베이킹 컴퍼니의 케이크에 따라 나오는 받침대였으며, 여기서 프리스비가 원반을 지칭하는 단어로 발전되었다). 그렇다고 해서 리믹스 문화라는 것이 달콤한 환상에 지나지 않는다고 말하려는 것은 아니다.

'리믹스'로 알려져 있는 현상은 그것과는 다르다. 리믹스는 혁신과 창조에 이용되는 의식적인 프로세스를 말한다. 사실 샘플링과 리믹싱에서 탄생된 '컷 앤 페이스(cut-'n'-paste)' 문화가 세상을 해석하는 방식에 혁명을 불러왔다고 해도 과언은 아니다. 미국의 음악 연구가 넬슨 조지(Nelson George)가 『힙합 아메리카(Hip Hop America)』라는 책에서 말한 것처럼 리믹스는 "창의성과 독창성의 본질에 관한 의문을 제기한다. … 그것은 전통적인 역사학자들도 알아볼 수 있을 정도로 과거와 현재와의 관계를 변화시켜놓는다. 리믹스한 노래의 오리지널곡이 무엇이었는지 궁금해할 정도로 말이다."

이제 과거는 우리의 편의에 따라 사용될 수 있는 공유물에 해당한다. '역사는 승자에 의해 기록된다.'●는 말이 있지만 이제는 누구든지 과거의 것을 시도해볼 수 있다. 리믹스는 이미 존재하는 것을 취해 당신 자신만의 창조적인 공간에서 새롭게 정의 내리고는 누군가의 제작물을 당신의 방식대로

● 아이러니컬하게도 이 말을 누가 처음 했는지는 아무도 모른다. 알렉스 해일리(Alex Haley: 소설 『뿌리(Roots)』의 저자)와 윈스턴 처칠이 이 말을 했던 여러 사람들 가운데 해당하지만 그 유래는 아무도 확실히 모른다.

재해석하는 것을 의미한다. 리믹스 경향은 우연히 음악 분야에서 시작되어 논쟁적인 아이디어로 발전했다가 다시 몇몇 음악 장르로 퍼져나간 하나의 대중 운동이 되었다. 그리고 이제 그것은 수백 개 산업에 적용되고 있는 하나의 산업 기준에 해당한다.

그러나 이 같은 성공을 거두었음에도 리믹스 집단은 여전히 혼합된 메시지를 보내고 있다. 세계 곳곳에서는 아직도 소송이 거세게 일어나고 있고, 아티스트들은 그저 누군가의 콘셉트를 리믹스해 단순 표절한 것이 아니라 그것을 새롭게 변형시켰음을 증명하기 위해 애쓰고 있다. 말하자면 오리지널 콘셉트를 다른 맥락에 끼워 맞추고 콘셉트 일부를 확장하거나 발산시켜서 새로운 청중에 맞게 바꿔놓았다는 사실을 말이다. 오늘날에는 리믹스 문화의 배후에 담겨 있는 마인드가 팝 문화에 널리 만연되어 있고 일상 속에 깊이 스며들어 있어서 그것이 존재하는지조차 인식하지 못할 수도 있다. 그러나 펑크 자본주의가 지배하고 있고 우리의 창의성이 소중한 자산이 되고 있는 세상 속에서 리믹스 프로세스가 어떻게 돌아가고 있고 그것이 어디서 비롯됐는지는 이해할 필요가 있다.

다음 이야기는 시대와 장소와 세대를 넘나드는 서로 다른(그러나 많은 부분에서 공통점을 지니고 있는) 세 음악 장르인 레게와 디스코와 힙합의 '삼위일체'에 해당한다. 긴 버전으로라면 책 한권 분량이 나올 정도로 방대한 내용을 다음 몇 페이지로 간추리는 일이 다소 무리일 수는 있겠지만, 리믹스의 방법으로 해결되지 못할 문제는 없다. 스토리를 세 부분의 역사로 나누고 각각의 현상들을 완전히 파악하기 위해서, 우리는 리믹스 스토리를 다시 리믹스하고 이를 또 다른 영향력 있는 팝-문화 삼위일체의 관점에서 살펴보도록 하겠다. (스타워즈 음악 큐!)

에피소드 1: 버전의 여행

우리의 이야기는 머나먼 행성…이 아닌 1950년대의 자메이카에서 시작된다. 당시 이곳에서는 사악한 제국과 동맹 반란군과의 전쟁이 여러 해 동안 이어지고 있었다. 여기서 말하는 사악한 제국은 영국을 의미했고, 반란군은 레게음악의 창시자들을 의미했다. 훗날 레게라는 명칭으로 알려지게 된 이 음악은 R&B와 스카(ska: 자메이카 대중음악), 그리고 정치적 변화의 간절한 염원이 한데 뒤섞여 태동한 하나의 움직임이었다. 수십 년간 자메이카를 억압해오면서 식민지화와 연방 정치의 야심을 품어온 어둠의 세력들은, 우리의 DJ* 모험담에 등장하는 기사들이 포함된 소규모 영웅 부대에 의해 천천히 밀려나고 있었다.

이 DJ들은 스타워즈에 나오는 광선검 같은 남성적 상징물로 남자다움을 드러낼 필요는 없었다. 이들에게 훨씬 더 강력한 무기는 바로 '사운드 시스템'이었다. 돌아다니는 이동 레코드 상점에서 거대한 베이스 스피커와 귀청 찢어질 듯한 시끄러운 앰프를 싣고 다니는 트럭으로 발전한 사운드 시스템은, 자메이카 방방곡곡을 누비면서 자메이카의 또 다른 위대한 창조물인 '사운드클래시(soundclash)'**를 통해 서로의 음악적 재능을 겨루었다.

검투사들의 싸움이 고대 로마를 대표한다면, 사운드클래시는 1950년대의 자메이카를 대표하는 것이었다. 그러나 사운드 시스템의 실질적인 파워

---

* 여기서 '디제이(deejay)'라는 용어는 현대적 정의의 DJ와는 다르다. 자메이카의 디제이는 음반을 틀어주는 사람이라는 전통적 개념의 DJ 역할뿐 아니라 사회자이자 MC이면서 자신이 트는 음악에 랩을 가미하기도 한다. 나중에는 개념이 더욱 복잡해져 두 개의 역할로 분리되었다. 셀렉터(selector)는 음악을 트는 것에 치중하는 데 반해 숀 폴(Sean Paul)이나 비니 맨(Beenie Man)과 같은 현대 디제이들은 MC 역할에 치중하면서 세계 차트 정상에 계속 오르고 있다.

** 사운드클래시는 서로 경쟁하는 사운드 시스템의 각 대표 디제이와 그들의 특기를 음악적 차원에서 겨루는 하나의 음악 경쟁 시합에 해당한다.

는 바로 정치적인 영향력이었고, 기성 체제와의 맞대결이야말로 진짜 싸움이었다. 힙합 역사학자 제프 창(Jeff Chang)은 그의 책 『멈출 수 없다 멈추지 않을 것이다(Can't Stop Won't Stop)』에서 이렇게 얘기했다. "모든 자메이카 수상들은 사회 동향을 파악하기 위해서 45rpm 레코드 싱글 발매 음반에 귀 기울여야 했다. 그것은 마치 멜로디와 리듬으로 구성된 정치 여론 조사와 같았다."

이 서사시에 등장하는 스타워즈의 한 솔로(Han Solo)와 같은 영웅은 바로 아서 듀크 레이드(Arthur 'Duke' Reid)이다. 그는 자메이카 전국 복권에서 따낸 당첨금으로 부인 루실(Lucille)과 함께 킹스턴에 소재한 주류 상점인 트레저 아일(Treasure Isle)에 투자했다. 레이드는 자신의 사운드 시스템을 상점에 설치하고 손님들을 유인했다(두 산업은 오래전부터 서로 관련이 있었다. 대부분의 사운드 시스템은 사운드클래시 시합에서 주류를 판매하여 돈을 벌어들였다). 사운드 시스템은 나중에 트로얀(Trojan)이라는 이름으로 알려지게 되었다. 일반 사운드 시스템이 스타워즈의 광선검보다 더 대단하다고 한다면, 트로얀은 스타워즈의 거대한 우주선인 밀레니엄 팰컨에 속했다. 레이드는 자신의 시스템을 베드포드 '트로얀' 트럭에 싣고 다니면서 자메이카 일대의 사운드클래시를 장악하기 시작했다. 레이드도 스타워즈의 한 솔로처럼 늘 총기류(정확히 말하면 권총 두 자루와 탄약 벨트, 산탄총 한 자루였다)를 지참하고 등장했으며, 시합이 제멋대로 진행되면 지체 없이 총을 꺼내들어 허공에 발사하곤 했다. "트로얀이 나가신다!"는 함성과 함께 자메이카 전국 방방곡곡을 누비며 사운드 시스템의 십자군이 된 그는, 1956년과 57년 그리고 58년 3년에 걸쳐 '킹 오브 사운드 앤드 블루스(King of Sound & Blues)'라는 대단히 명예로운 호칭을 얻었다. 듀크 레이드는 리믹스를 발명하기도 전에 전설적인 인물이 되었다.

반란군이 제국을 전복한 1962년에 사운드 시스템은 그전보다 더욱 강력해졌다. 자메이카가 영국으로부터 일부 독립을 획득했음은 물론이고 자메이카 음악은 미국에서 하나의 독자적인 음악으로 부상했다. 싸구려 45rpm 레코드로 출발해 78rpm 레코드로 교체되는 것을 지켜본 레이드는 자신의 본국 음악을 녹음해 발매할 수 있겠다는 확신을 얻었다. 그는 1964년에 33 본드 가에 위치한 트레저 아일 킹스턴 점포 위쪽으로 녹음 스튜디오를 차렸고, 바로 이곳에서 리믹스의 기반이 세워지게 되었다.

일은 1967년에 일어났다. 듀크 레이드는 52세를 맞이했고, 그가 일구어낸 록스테디(rock-steady) 장르가 세력을 장악했다. 그리고 자메이카의 이전 수도인 스페니시 타운에서는 새로운 종의 사운드 시스템이 출현하고 있었다. 어느 오후 레이드의 동료인 루디 레드우드(Ruddy Redwood)가 스튜디오에서 편곡 작업을 하고 있던 중이었다. 그중에는 이미 유행하고 있던 파라곤스(The Paragons)의 '온 더 비치(On the Beach)'도 들어 있었다. 사건은 바로 그때 터졌다. 스튜디오 엔지니어 바이런 스미스(Byron Smith)가 보컬 음반을 믹싱 데스크에 트는 것을 깜박 하는 바람에 노랫말이 제외된 연주곡이자 최초의 '더브 버전(dub version)'이 녹음된 것이다. 이 연주곡은 디제이들의 랩 작업에는 그야말로 안성맞춤이었다.

실수로 녹음된 곡에 흥미를 느낀 레드우드는 그것을 그날 밤 음악을 틀기로 되어 있던 사운드크래시에 가져갔다. 그는 턴테이블 두 개를 이용해 원래의 믹스 버전과 보컬이 제외된 버전을 번갈아 틀면서 그날 행사 DJ에게는 마이크로 더 많은 기교를 부릴 수 있는 여지를 제공했고 청중에게는 노랫말을 따라 부를 수 있는 기회를 제공하면서 행사장을 광란이 도가니로 몰아넣었다. 그날 밤 더브 버전 레코드를 수도 없이 틀어댄 덕분에 이튿날 아침 레코드판은 너덜너덜 엉망이 되어버렸다.

듀크, 영향력을 발휘하다

레드우드는 뭔가 특별한 일이 벌어졌음을 깨달았다. 레드우드는 "모든 이들이 함께 노래를 불렀다. 그것은 정말로 흥겨웠고 나는 분위기를 주도했다."고 스토브 배로우(Stove Barrow)와 피터 달튼(Peter Dalton)이 쓴 『레게음악 가이드(The Rough Guide to Reggae)』에서 말했다. 그리고 레이드는 즉시 그 아이디어의 핵심을 간파했다. 그는 싱글 음반 B면에 두 번째 오리지널 곡을 넣는 대신에 연주곡을 집어넣어 음반 제작비를 반으로 줄였다. 그러고는 이 콘셉트를 계속해서 추진해나갔다. 1968년에 이르자 레이드는 빠른 속도로 자신의 음반 브랜드를 통해 다량의 버전을 발표했다. 몇 달이 흐르고 나자 믹싱 데스크와 턴테이블은 하나의 악기가 되었고 스튜디오 엔지니어들은 연주자로 탈바꿈했다. 그리고 음악의 기본 구조 법칙은 더 이상 쓸모없게 되었다.

'더브'는 그 자체로 하나의 음악 스타일이 되었다. 리 스크래치 페리(Lee 'Scratch' Perry)와 킹 터비(King Tubby)와 같은 아티스트들은 이 개념을 보다 심화시켜서 보컬을 제외한 것뿐만 아니라 드럼과 베이스 음색을 고의적으로 부각시키고 보컬의 일부 발췌 부분과 에코와 리버브(잔향) 등의 초창기 효과음을 곡 여기저기에 자유롭게 흩어놓았다. 더브 버전은 곡의 핵심 요소를 짚어내고, 보컬을 삭제하고, 거대한 베이스 음으로 훌륭한 효과를 낼 수 있는 모든 부분의 볼륨을 키워놓았다. 이것이 바로 리믹스의 첫 번째 혁명이었다.

듀크 레이드는 60세의 나이로 1975년에 세상을 뜨던 무렵까지 음악 역사에 자신의 입지를 확고히 다져놓았고, 당대의 자메이카 사운드 시스템 거물들은 계속해서 전 세계인들에게 영감을 불어넣었다. 그러나 자메이카에서 레이드의 혁명적인 통치가 막을 내릴 무렵에 미국에서는 또 다른 무엇이 태동하고 있었다. 이처럼 각별했던 혁명은 안타까운 종말을 고하기는 했지만 댄스 음악에 길이 남을 화려한 앙갚음을 해놓고 떠나갔다.

에피소드 2: 디스코의 복수

우리의 2막은 칠흑같이 컴컴한 우주 속에 두둥실 떠 있는 거대한 은빛 합성 구체로부터 시작된다. 실로 막강한 위력을 지닌 이 구체는 바로 은하계에 만연하는 대혼란을 철저히 응징하고, 계급·인종·경제 집단·성적 취향과 관련된 오랜 선입견을 기어이 모두 파괴하고야 말겠다는 굳은 결단력으로 그 길을 가로막은 어떠한 사회적 장벽도 가차 없이 무너뜨리는 새로운 세계 질서의 수단을 말한다.

달은 없다…

그 구체는 바로 미러볼(mirror ball: 거울 조각들로 만들어져 나이트클럽의 천장에서 반짝반짝 빛을 내며 돌아가는 회전 구체-옮긴이)이었다. 그것은 깊고 깊은 우주 대신 뉴욕 브로드웨이에 위치한 오래된 의류 공장의 몇 평 되지 않는 비좁은 창고 공간에서 빙글빙글 돌아가고 있었다. 때는 바야흐로 1972년. 로프트에는 낯설고 몽환적인 R&B라는 새로운 사운드에 몸을 흔들어대는 사람들로 그득했다. 셀 수 없이 많은 음악 장르에 묵직한 베이스음을 부각시키고 여기에 포괄적인 사랑의 메시지를 뒤섞어놓은 R&B 음악은, 뿌리 깊은 평등 의식과 히피 문화의 부산물에 심취해 이제 막 새로이 떠오른 미국 사회 집단의 창작품이었다. 그저 로프트(the Loft)라는 이름으로만 알려진 이 창고의 주인은, 젊은 이탈리아계 미국인 DJ 데이비드 맨쿠소(David

Mancuso)였다. 이곳에서 벌어진 모든 일들은 훗날 디스코라는 이름으로 알려졌다.

디스코는 오늘날 많은 사람들에게 그리 대단한 것을 의미하지는 않는다. 영화 〈토요일 밤의 열기(Saturday Night Fever)〉가 디스코를 엉터리로 보여준 영화라고 말한다면 그것은 꽤 조심스럽고 얌전한 평가일 것이다. 당시 배후에서 활동하던 많은 DJ 개척자들이 이탈리아계 미국인이기는 했어도 영화가 좀 더 정확했더라면 극중의 주인공 존 트라볼타(John Travolta)는 흑인이나 라틴 아메리카인에 동성애자여야 했을 테니 말이다.

디스코는 머리를 큼지막하게 부풀린 일명 마이클 잭슨 가발과 나일론 나팔바지로 기억되는 게 대부분이지만, 그 기원은 레게 음악과 마찬가지로 해방의 스토리에서 시작된다. 음악 역사에 조예가 깊은 빌 브루스터와 프랭크 브루턴이 『간밤에 내 목숨을 살려준 DJ(Last Night a DJ Saved My Life)』라는 책에서도 언급했듯이 "디스코가 막바지 절정에 올랐던 시기는 로마의 퇴폐적인 몰락을 떠올릴지도 모른다. 그러나 처음에는 희망으로 가득 차 있었다." 60년대가 끝나자 로큰롤의 지배력도 끝나고 말았다. 비틀즈는 해체했고, 지미 헨드릭스(Jimmy Hendrix)는 세상을 떴으며, 엘비스 프레슬리(Elvis Presley)는 점점 감상적인 유행가와 약물에 의존했다. 민권 운동과 스톤월 폭동(1969년에 게이 바 스톤월Stonewall을 급습한 뉴욕 경찰에 대항해 동성애자들이 일주일 동안 일으킨 폭력 시위−옮긴이)의 승리감이 사람들의 뇌리 속에 신선하게 각인되었고, 베트남 전쟁도 오래지 않아 종결되었다. 그것은 많은 미국인들에게 긍정의 시대였으며, 사람들은 파티를 열기로 결심했다.

이때 다시 등장한 우리의 용감무쌍한 영웅 DJ들은 전혀 새로우면서도 파악하기 힘든 제다이 기술로 파티를 일으켰다. 그들은 텅 빈 로프트와 거라지, 버려진 교회를 오직 평화와 사랑과 화합(그리고 각성제와 진정제, 코카인,

신경안정제, LSD, 헤로인, 온갖 흥청거림)만이 지배하는 미니 유토피아로 탈바꿈했다.

그러나 디스코가 리믹스 문화에 미친 혁혁한 공은 DJ가 아닌 한 남성 모델에게서 비롯되었다. 그의 스토리는 1972년의 어느 여름 주말 한 외딴 모래밭의 전초 부대에서 시작된다. 매력적인 20대 남성인 우리의 영웅 톰 몰튼(Tom Moulton)은 파이어 아일랜드(Fire Island)로 향하고 있었다. 롱아일랜드 지역을 대표하는 좁다란 모래톱의 한쪽 편에 자리한 한 외딴 바닷가 아지트인 그곳은 1970년대 뉴욕의 게이 사교인사들이 주말마다 모여드는 소굴이었다. 당시 클럽과 술집을 비롯해 집에서 여는 파티에서는 예외 없이 디스코 음악이 흘러나왔다. 보텔(Botel) 클럽에서 노래를 틀던 몰튼은 3분간 연이어 흘러나오는 싱글 곡에 손님들이 지루해하는 것을 눈치챘다. "흥겹게 놀던 사람들이 하나둘씩 댄스 플로어를 빠져나갔다. … 그것은 매우 치욕스런 일이었다." 그는 라디오 방송 WFMU에 이렇게 고백했다. "그래서 나는 뭔가 수를 써야겠다고 생각했다."

몰튼은 필요한 장비들을 긁어모았다. 그것은 테이프 레코더와 산더미처럼 쌓인 테이프들, 그리고 노래를 잘라내어 듣기 좋게 이어 붙일 수 있도록 해줄 면도칼이었다. 그는 정확히 80시간 만에 재편집을 끝낸 45분짜리 디스코 트랙을 들고 다시 의기양양하게 등장했다. 그것이 리믹스의 두 번째 혁명인 '편집'이었다. 그는 무대에서 더 이상 먹히지 않는다고 판단된 곡을 일부 잘라내고 나머지 부분을 다시 이어붙이는 방식처럼 기존 DJ들과는 전혀 다른 방법으로 클럽에 불꽃을 당길 수 있는 확실한 음악 시한폭탄을 제조했다.

그러나 폭탄이 점화하는 데는 안타깝게도 다소 시간이 걸렸다. 편집 테이프를 들은 보텔 클럽의 사장은 괜한 짓이라면서 핀잔을 놓았다. 그러나 우리의 씩씩한 모델은 자신의 확신을 믿었다. 결국 몰튼은 또 다른 클럽인 샌드파이퍼(Sandpiper)에 테이프를 보냈다. 그의 리믹스곡은 바로 이튿날 밤 폭발했다. 잠자고 있던 그를 깨워놓은 건 새벽 2시 30분에 걸려온 전화였다. 하지만 수화기 저편에서 들려오는 온갖 시끌벅적한 소음에 당황한 그는 전화선을 뽑아버렸다. 다음날 아침 샌드파이퍼 사장은 몰튼과 연락이 닿았다. 알고 보니 간밤에 수화기에서 들려오던 소음은 몰튼의 테이프에 열광하던 클럽 관중들의 외침 소리였다. 샌드파이퍼는 몰튼에게 주당 500달러를 주겠으니 매주 새로운 믹스 테이프를 만들어달라고 부탁했다.

몰튼의 믹스곡은 두 시즌 동안 샌드파이퍼를 장악했고, 젊고 아리따운 핀업걸들이 무명 가수에서 뉴욕 디스코계의 총아로 부상했다. 그는 글로리아 게이너(Gloria Gaynor)(그녀의 앨범 ‘Never Can Say Good—bye’의 한 면 전체를 이음새 없이 연결된 18분짜리 믹스곡 하나로 만들어놓았다)와 그레이스 존스(Grace Jones)(당시 종종 전라의 몸으로 스튜디오 54 클럽에 모습을 드러내던 여성이었다)를 포함한 다른 여러 디스코 가수들의 리믹스 작업을 해주었다. 턴테이블 뒤에 발을 디디지도 못한 한 남성 모델이 디스코의 장인으로 우뚝 선 것이다.

몰튼은 새로운 아이디어를 발견하여 리믹스한 그것을 미국인의 의식 속에 심어놓았다. 머지않아 다른 디스코 DJ들도 녹음 스튜디오로 향한 길을 발견했고, 리믹스는 댄스 음악의 기본 법칙으로 등장했다. 이런 재편집의 개념이 일부 아티스트들에게는 매우 시건방진 시도로 비춰졌고 그 후로 리믹스 문화는 계속해서 싸움을 멈추지 않았다. 그러나 레게 음악을 탄생시킨 레게 운동과 마찬가지로 그것은 어쩔 수 없는 대중의 선택이었고, 상업적인 성공만이 그것을 계속 발전시켰다.

디스코가 리믹스를 하나의 음악 체제로 정립해놓았다면, 그 개념을 단단히 고정시킨 것은 힙합이었다. 디스코의 브레이크와 비트가 뉴욕 외곽지역으로 전파되어 나가는 동안에 새로운 관중들은 그것을 변화시켜 하나의 새로운 움직임을 창조해 역사상 최다 판매고를 올리는 음악 형태를 만들어놓았다.

에피소드 3: 사운드클래시의 귀환

이제 3막에 등장하는 사악한 황제 역에는 로버트 모지스(Robert Moses: 뉴욕의 도시경관을 혁신적으로 바꿔놓는 데 빠질 수 없는 인물이지만 그 공적만큼이나 많은 치명적 실수로 대중들에게 비판을 면치 못했던 미국인-옮긴이)를 세워놓을 생각이다. 그는 한때 "과도하게 건설된 대도시를 운영하려면 커다란 도끼로 베어내듯이 과감한 조치로 밀고 나가야 한다."고 말했던 인물이었다. 이 말은 끝없는 영향력과 복잡성이 존재하는 세상에 살면서 넘쳐나는 과잉 정보에 대처하는 하나의 처방책으로 사람들이 어떻게 리믹스를 이용하여 자신의 세계를 재정의 내릴 수 있는지에 대한 참고 인용문으로는 더없이 훌륭할지는 몰라도, 당시 정황상으로는 참으로 불쾌한 처사였다. 선거가 아닌 다른 통로로 도시계획가라는 공직에 오른 모지스는 1950년대 후반 뉴욕의 브롱크스 지역을 난도질한 만행에 책임을 지고 있던 인물이었다.

부유한 백인 계층이 뉴욕의 외곽지역으로 이동하면서 경제 능력이 없던 다수 빈곤층에 속하는 흑인과 라틴 아메리카 일가들은 사우스 브롱크스의 새 주택 건설 단지로 밀려났다. 욕심 많은 빈민가 집주인들이 보험금을 노리고 오래된 동네에 불을 지르는 방화가 만연하던 당시에 많은 인근 지역들에는 갱단 폭력과 방화, 인종 폭동, 헤로인 문제가 계속해서 심각한 사태로 치닫고 있었다. 하지만 이런 암흑기 속에서도 이에 대항해 동맹군들이 결집하기 시작했다.

방화가 판을 치고 갱단들이 충돌하는 와중에서도 새로운 희망은 솟아났다. 이런 대혼란 속에서도 네 가지 분야로 세분화되는 자기표현 방식(DJ, 래퍼, 비보이, 그래피티)이 힙합으로 녹아들었다. 그리고 이것 역시 이전에 소개된 1막과 2막에서처럼 댄스 플로어의 패권 다툼으로 시작되었다.

갱단들이 일삼던 영역 표시는 후에 그래피티로 알려진 하나의 강력하고 새로운 매개체로 탈바꿈했다. 레이드가 리믹스를 개척한 1967년과 같은 해에 듀크 레이드를 포함한 당대의 사운드 시스템 거물들에게 깊이 감명 받은 열두 살짜리 클라이브 캠벨(Clive Campbell)은 가족들과 함께 자메이카 연안을 떠나 뉴욕 브롱크스에서 새로운 삶을 시작했다. 그래피티 1세대 작가들에게 영향을 받은 수없이 많은 아이들 중 한명이었던 그는 그때부터 쿨 허크(KOOL HERC)라는 글자를 벽에다 새겨 넣기 시작했다. 그는 힙합을 창조한 DJ로 지금까지도 쿨 허크라는 이름으로 잘 알려져 있다.

톰 몰튼과 마찬가지로 쿨 허크도 댄스 플로어에 조예가 깊었다. 허크는 블록 파티에서 젊은 DJ가 디스코와 펑크 음악을 틀어주는 동안 (레코드 덱의 전원 공급은 인근 가로등에서 빼돌린 전원으로 충당하곤 했다) 노래의 보컬 부분이 빠지고 거친 드럼과 베이스 음색이 트랙을 주도하는 '브레이크' 파트를 기다리는 아이들을 유심히 눈여겨보기 시작했다. 이 어린 춤꾼들은 15~30초 사이의 막간을 이용해 격렬한 몸동작을 선보였다. 그들은 제임스 브라운(James Brown)이나 젊은 마이클 잭슨의 곡예와도 같은 몸동작에서 영감을 얻어 경쟁심에 이글거리는 격정적인 에너지로 드럼 박자에 맞춰 자신의 몸을 자유자재로 꺾어대면서 각각의 비트에 맞춰 동작의 형태를 변형시켰다. 그것은 후에 '브레이킹'으로 알려졌다.

쿨 허크는 그 광경에 매료되었다. 바로 그와 동일한 수준의 에너지를 하나의 완전한 퍼포먼스로 유지하고 싶었던 그는 같은 곡을 하나 더 복사하여 브레이크 비트를 퍼포먼스의 핵심 부분에 맞춰놓고 15초짜리 막간을 5분짜리 제작물로 늘여놓았다.

그의 창작품은 레이드와 몰튼의 아이디어를 또 다른 새로운 경지에 올려놓았다. 실시간으로 레코드를 리믹스하는 방법으로 순간순간 바뀌는 댄스 플로어의 변화무쌍한 상황에 대처할 수도 있었다. 힙합은 아직 리믹스와는 거리가 멀었지만 이제 얼마 있으면 힙합계의 아나킨 스카이워커(Anakin Skywalker)와 오비완 케노비(Obi Wan Kenobi)가 등장할 차례였다(이는 모두 스타워즈의 등장인물이다—옮긴이). 아나킨의 배역은 전자음악의 재기발랄한 신동으로 허크의 파티에 자주 모습을 드러내던 조셉 새들러(Joseph Saddler)가 맡게 될 것이었다. 새로운 브레이크 비트를 한층 더 개선시킬 수 있다는 확신에 사로잡혀 있던 새들러는 믹싱과 스크래칭 기술을 연마해 이른바 '퀵 믹스 이론(quick mix theory)'이라는 예술을 정착시켰다. 그는 힙합에 미친 최초의 실험가로서 스타워즈를 뒤섞어놓은 이 합성 작품 속에 등장하기 훨씬 전부터 '슬라이드 페이더(음향조절기)의 다스베이더(Darth Vader: 스타워즈에 등장하는 악의 화신—옮긴이)'로 불리고 있었지만 그랜드마스터 플래시(Grandmaster Flash)라는 또 다른 이름으로 세상에 알려졌다.

힙합의 오비완 역은 아프리카 밤바타(Afrika Bambaataa)였다. 악명 높은 블랙 스페이드(Black Spades) 갱단의 두목이었던 밤바타는 마이클 캐인(Michael Caine)이 주연을 맡은 고전영화 〈줄루(Zulu)〉를 보고 난 후에 악의 시스 로드(Sith lord)에서 평화를 사랑하는 제다이 기사로 돌아섰다. 영국 군인에 맞서 싸우는 줄루족 전사들을 본 밤바타는 어떤 계시를 느꼈다. 그는 자신의 주변 상황을 둘러보고는 그것이 다른 브롱크스 갱단과의 싸움이 아니라 당국과의 투쟁을 의미하는 것임을 깨달았다. 그는 정치성을 덧입힌 힙합 1세대로서 자신의 사운드 시스템을 뉴욕의 외곽 지역 전체에 전파했고, 이전에 구분지어놓았던 갱단 구역을 폭력 없이 무너뜨리고 모든 이들을 음악으로 화합시켰다. 오늘날의 힙합이 말썽을 일으키고 부정적인 이미지를 선동한다는 비난을 면치 못하고 있지만, 힙합의 발단은 사실상 평화의 에너지에서 비롯되었다.

아프리카 밤바타와 그랜드마스터 플래시는 레코드 위에서 선보이는 리믹스 프로세스의 새로운 변형을 구체화한 아티스트들이었다. 첫 번째 힙합 히트곡인 슈거힐 갱(Sugarhill Gang)의 '래퍼스 딜라이트(Rapper's Delight)'(시크Chic의 디스코 히트곡 '굿 타임스Good Times'의 편곡에 랩을 가미해 만든 곡이었다)의 성공에 깊이 감명받은 플래시와 그의 멤버인 퓨리어스 파이브 크루(Furious Five Crew)는 싱글 곡을 발표하다가 1981년에 '더 어드벤처 오브 그랜드마스터 플래시 온 더 휠스 오브 스틸(The Adventures of Grandmaster Flash on the Wheels of Steel)'을 세상에 내놓았다. 이 레코드는 희석되지 않은 새로운 리믹스 음악을 세상에 선보였다. 퀵 믹스 이론의 7분짜리 연습곡은 턴테이블로 제작된 최초의 레코드였다. 플래시는 레코드 덱 세 개와 믹서 두 개를 연결하고 퀸(Queen)의 '어나더 원 바이츠 더 더스트(Another One Bites the Dust)'와 블론디(Blondie)의 '랩처(Rapture)', 시크의 '굿 타임스(Good Times)'를 일부 발췌해서는 여기에 가짜 동화 스토리와 함께 다양한 효과음과 자투리 곡을 한데 뒤섞어놓았다. 그 결과는 리믹스의 선언서이자 창의력의 청사진에 해당했다.

1년 후에 아프리카 밤바타는 이 청사진을 세련되게 다듬었다. 전설적인 프로듀서 아서 베이커(Arther Baker)와 함께 만든 합작품인 '플래닛 록(Planet Rock)'은 힙합과 펑크 록 시장을 모두 공평히 겨냥해 만든 트랙이었다. 크라프트베르크(Kraftwerk)의 '넘버스(Numbers)'와 '트랜 유럽 익스프레스(Tran Europe Express)', 캡틴 스카이(Captain Sky)의 '슈퍼 스펌(Super Sperm)', 베이브 루스(Babe Ruth)의 '더 멕시컨(The Mexican)' 트랙의 핵심 부분들을 떼어내어 롤랜드(Roland) TR—808 드럼 머신의 새로운 비트에 맞춰 포장해 각색한 곡이었다. 이 두 곡, 즉 그랜드마스터 플래시의 '더 어드벤처 오브 그랜드마스터 플래시 온 더 휠스 오브 스틸(The Adventures of Grandmaster Flash on the Wheels of Steel)'과 아프리카 밤바타의 '플래닛 록'은 가히 혁명적이었다. 두 사람의 모험은 엔터테인먼트계 전체를 완전히 뒤바꿔 놓았다.

샘플러(sampler)●가 스튜디오에 널리 사용되기 시작한 뒤로는 그 어떤 후퇴도 일어나지 않았다. 힙합과 레게와 댄스 음악은 전 세계적으로 발전을 거듭해나갔고, 리믹스의 영웅담은 젊은이 문화에 더없이 중요한 공헌을 지속해나갔다. 이 세 가지 음악과 수없이 많은 문화, 그리고 리믹스의 배후에서 이상향을 채택해나간 기업들에 힘입어, 리믹스는 지금도 당신의 시선이 닿는 곳마다 혁신의 영감을 불어넣으며 영웅담을 지속하고 있다.

레이드에게 리믹스가 하나의 버전이었다면, 몰튼에게 리믹스는 편집이었고 플래시에게는 퀵 믹스 이론이었다. 2005년에 「와이어드」지는 리믹스를 '지난 십년간의 주도적인 기술'로 표현해놓았다. 리믹스가 세상을 강타했을 때 그것은 하나의 급진적인 새로운 사운드처럼 보였다. 리믹스는 새로운 의사소통 방식과 다르지 않았다.

리믹스는 본질적으로 하나의 창의적인 정신 프로세스를 말한다. 그것은 사물을 바라보는 방식의 변화와 다르지 않은 것을 요구한다. 앨버트 아인슈

● 샘플링 장비는 초보자를 위해 서로 다른 사운드를 녹음하거나 샘플링하여 새로운 사운드를 만드는 다양한 방식으로 환경 설정할 수 있도록 하는 음악 장비를 말한다.

타인도 "어떤 문제도 그 문제를 만들어낸 동일한 의식으로는 해결할 수 없다."고 말했다. 리믹스는 그러한 마인드세트의 구체화를 일컫는다. 그것은 어떤 것에 대한 당신의 선입견을 바꾸고 새로운 요소와 영향력을 취하는 것을 말한다. 그것은 과거의 덩어리를 미래를 쌓아올리는 블록으로 생각하도록 요구한다. 영화〈스카페이스(Scarface)〉의 토니 몬태나(Tony Montana)는 "이 세상은 당신의 것"이라는 주술적인 명대사로 그러한 의식 상태를 간결하게 요약해놓았다. 몬태나의 세상은 이제 음반과 티셔츠, 운동화, 비디오 게임, 영화 등에서 여기저기 샘플링되고 있다. 만약 몬태나가 아직까지 살아 있었다면 "이 세상은 모든 이의 것"이라고 말을 바꿨을 것이다.

리믹싱은 어렵지 않다. 그것은 대개 프로듀서와 사운드 엔지니어들로부터 시작되었고, 오늘날에는 영화와 게임 제작자를 비롯해 누구나 도약의 발판으로 사용하고 있다. 리믹싱의 조리법이 얼마나 간편하고 얼마나 놀라우리만치 유용한지 알아보기 위해서 이제 함께 리믹스를 실습해보기로 하겠다.

퀵 믹스 이론 101

리믹스는 어떤 아이디어를 감칠맛 나는 콘셉트로 만들어낼 수 있는 창의력 넘치는 조리법을 말한다. 조리법을 따라하려면 다음의 재료들이 필요하다.

- 아이디어 덩어리(스스로의 아이디어일 필요는 없다. 빌려온 아이디어라도 상관 없다.)
- 당신의 청중에 대한 개념
- 다른 사람들의 아이디어 한 줌(잘게 다진 것)
- 약간의 독창성

| 조리법 순서 |

1. 먼저 당신의 아이디어 덩어리를 놓는다. 그것은 당신이 현재 작업 중이거나 생각하고 있던 것, 혹은 이미 갖고 있거나 갖기 원하는 것일 수도 있다. 당신이 지금 지하철 안에 있다면, 그것은 당신이 앉아 있는 좌석이 될 수도 있고 맞은편에 앉아 있는 여성이 달고 있는 귀걸이가 될 수도 있다. 혹은 당신이 쓰고 있는 영화 각본이 될 수도 있고, 할머니의 티라미수 케이크의 조리법이 될 수도 있다. 그것이 무엇인지는 중요하지 않으며, 사실상 그 무엇도 해당될 수 있다. 이것이 당신의 기본 재료이자 앞으로 리믹스하게 될 대상이다.

2. 이 아이디어를 구성 부품들로 쪼개놓는다. 음악의 경우라면 드럼, 베이스, 기타 연주, 보컬 등을 의미한다. 그중에서 쓸모 있는 것과 쓸모없는 것을 구분한다. 그것이 레코드의 더브 버전이라면 보컬 부분을 빼고 드럼과 베이스 부분을 키워놓았을 것이다. 그것이 지하철 좌석이라면 앉기에 편안한지, 미학적으로 아름다운지, 재질은 무엇인지, 각 부품들은 어떻게 조립되어 있는지 살펴보라. 그리고 무엇이 괜찮고 무엇이 쓸모없는지 파악하면서 불필요한 것들을 추려내라.

3. 이제는 해당 제품의 마지막 사용자가 누구인지 생각해보라. 당신의 댄스 플로어와 당신의 리믹스의 소비자를 떠올려라. 그들은 누구인가? 그들이 원하는 것은 무엇인가? 톰 몰튼이 그랬던 것처럼 당신은 그들의 니즈를 만족시키기 위해서 기본 재료를 어떻게 편집할 수 있는가? 만약 지하철 좌석을 트렌디한 바에 갖다 놓으려면 어떤 조치가 필요하겠는가? 아니면 노부부가 사는 집에 적합하려면 어떤 용도 변경이 가능하겠는가? 당신의 댄스 플로어에서 춤을 추고 있는 사람들은 누구인가? 그들을 계속 춤추게 하는 것은 무엇인가? 무엇이 그들을 무대에서 떠나가도록 하는가? 당신은 어떻

게 그들을 열광시킬 것인가?

4. 이제 당신의 기본 재료를 다시 살펴보라. 어쩌면 제법 쓸모 있는 것인데 실수로 빼먹은 요소가 있을 수도 있고, 다시 생각해본 결과 너무 과대평가된 요소도 있을 수 있다. 만약 그 기본 재료가 음반 레코드라면, 프로듀서는 베이스음을 좀 더 키워야할지, 고음을 줄여야할지, 효과음을 집어넣어야할지 생각할지도 모른다. DJ 쿨 허크가 디스코와 펑크 음반에서 유독 브레이크 비트 사용에만 치중했던 이유는 그의 목표 대상인 브레이크 댄서들이 곡 가운데서 가장 커다란 관심을 기울였던 부분이기 때문이다. 만약 그 기본 재료가 노부부의 집에 어울려야 하는 지하철 좌석이라면 낮은 등받이를 생각해보아야 할 수도 있을 것이다. 리믹스는 어떤 아이디어를 놓고 그것을 전혀 다른 목표 대상에 적합하도록 만드는 것을 말한다.

5. 여기까지 진행됐다면 이미 아이디어는 몰라보게 달라져 있어야 하겠지만 아직도 시작에 불과하다. 지금까지의 작업은 단순한 재편집과 다를 바 없다. 이제는 약간의 퀵 믹스 이론을 응용해볼 차례다. 이제 당신의 댄스 플로어로 되돌아가서 무대를 움직이는 다른 아이디어들이 있는지 찾아보고 그것을 샘플링하라. 당신의 청중이 열광하는 것처럼 보이는 다른 요소들 옆에다 당신의 아이디어를 가지런히 정렬하라. 아프리카 밤바타와 아서 베이커가 '플래닛 록'을 만들었을 때 그들의 기본 재료는 당시 뉴욕에서 인기를 끌던 독일 그룹 크라프트베르크의 두 음반이었다. 그러나 또 한편 다운타운의 펑크족과 디스코족이 힙합을 좋아하고 있다는 사실과, 업타운 힙합 청년들이 디스코 브레이크에 영향을 받고 있다는 사실도 알고 있었기에 이미 이 모든 요소들이 담겨 있던 레코드에서 몇몇 요소들을 샘플링하고 그것을 재활용해 전혀 다른 두 부류의 청중들을 사로잡았던 것이다.

이제 당신의 새로운 샘플을 당신의 기본 재료를 바라보듯 꼼꼼히 살펴보고 거기서 최상의 요소들만 골라내고 나머지는 버려라. 골라낸 요소들을 증류한 다음 이 새 재료들을 어떻게 응용할 수 있을지 연구하라. 노부부를 위한 하이브리드 지하철 좌석에 바퀴 한 쌍을 달면 제법 유용할 지도 모른다. 그럼 이번에는 골프 카트와 합쳐보면 어떨까? 아니면 그것을 레이지보이(La-Z-Boy: 전자동 소파로 유명한 미국 가구 브랜드—옮긴이) 의자와 혼합해 안락성을 높이고 여기에 고성능 차량의 유압장치를 달아 의자에서 보다 쉽게 앉고 일어설 수 있도록 한다면? 그리고 크래프트매틱(Craftmatic: 전자동 침대로 유명한 미국 침대 브랜드—옮긴이)의 변형 가능 침대에서 직접 추출해낸 친숙한 테크놀로지에 의해 조절되는 의자라면 어떨까? 이 새로운 샘플 의자들은 어떤 장소에 적합할까? 샘플을 제자리에 들여놓고 그것이 제대로 기능한다면 뒤로 물러서서 다시 한 번 살펴보라.

6. 당신이 쳐다보고 있는 그 아이디어는 이제 하나의 리믹스로 간주될 수 있다. 그것은 기존의 오리지널 제작물의 요소들이 포함된 또 다른 새로운 오리지널 창작품이다. 훌륭한 재편집 과정을 거치면 오리지널이 아닌 부분들에서 전혀 새롭고 훌륭한 오리지널 제작물이 생성될 수 있다. 그러나 밤바타와 아서가 랩핑과 드럼 머신을 샘플에 가미했던 것처럼 완전히 독창적인 것을 첨부하는 것도 나쁘지 않다. 훌륭한 리믹스는 매우 색다르고 독창적인 요소에 의해 정의된다. 그것은 새로운 베이스 라인을 작곡하거나, 또 다른 음조로 연주하거나, 새로운 킥 드럼을 추가하는 것일 수도 있다. 당신은 오리지널의 원형을 그대로 남길 것인지 남기지 않을 것인지 결정내릴 수 있다. 여기서 중요한 것은 샘플링된 재료에 담긴 순수한 오리지널 프로세스나 관점이다. 혹은 오리지널 곡의 극히 일부를 떼어내어 당신이 전혀 새롭게 만들어놓은 곡과 혼합시킬 수도 있다. 어느 쪽을 선택하든지간에 당신의 독창성은 빌려온 요소들보다 빛을 발해야 하며, 혹은 적어도 새로운

시각에서 제안되는 것이어야 한다. 훌륭한 리믹스는 가치를 부여한다. 모든 것이 제대로 진행되었다면, 이제 당신은 본래의 것에서 취한 요소가 담겨 있지만 그 자체로 독자적인 또 하나의 새로운 아이디어를 갖게 되었을 것이다. 이렇게 새롭게 탄생된 아이디어가 바로 리믹스다. 이제 그릇에 예쁘게 담아 손님들에게 대접하라.

케빈 베이컨(Kevin Bacon)이 주장하는 6단계 분리(여섯 사람만 거치면 이 세상 모든 사람들이 연결된다는 주장─옮긴이)처럼 당신과 훌륭한 리믹스도 겨우 여섯 발자국 거리에 떨어져 있다. 아직도 개념이 명확하지 않다면 내가 좀 전에 스타워즈와 리믹스해 들려줬던 스토리를 생각해보라. 이 '리믹스의 역사' 스토리는 이미 세상에 존재하는 여러 권의 책과 신문 기사, 라디오 프로그램, 다큐멘터리, 웹사이트 등에서 발췌한 내용이다. 나는 그것들을 모두 샘플링하고 나만의 댄스 플로어, 그러니까 당신을 포함한 여러 독자 그룹에게 가장 최상의 버전이라고 생각되는 것을 잘게 부숴놓고는 여기에 혁신과 변화에 초점을 맞춘 다양한 음악 역사와 젊은이 문화의 지식을 함께 버무렸다. 그런 다음 나만의 댄스 플로어에 적합하다고 판단되는 누구나 알만한 대중적인 스타워즈 스토리를 이 버전에 덧입혀놓았다. 이렇게 완성된 스토리의 구성 요소 중에 독창적인 것은 전혀 없어도 스토리 각색 방식만큼은 그 완성작이 매우 독창적이라는 사실을 알려준다. 모쪼록 스타워즈 감독 조지 루카스(George Lucas)의 변호사가 이런 식으로 내 작품을 보아주길 바랄 뿐이다.

그렇다고 다 좋은 건 아니다

뭔가 리믹스한다고 해서 반드시 더 좋은 건 아니다. 형편없는 리메이크 영화를 보았거나 유명한 캐롤을 악기 하나로 지루하게 연주해놓은 CD를 들어본 사람에게 물어보라. 아니면 간밤에 보드카와 에너지드링크를 섞어 마시고 잠에서 깨어난 사람들에게 물어보든지 말이다.

사실 리믹스는 오리지널 아이디어에 담겨 있는 핵심적 개념을 얼마든지 깎아내릴 수 있다. 오늘날 할리우드 제작사들은 과거에 흥행한 작품의 리믹스와 속편과 리메이크에 의존하고 있으며, 오히려 독창성을 띤 아이디어들은 폭스 서치라이트(Fox Searchlight)나 미라맥스(Miramax)처럼 비교적 규모가 작은 제작사들의 몫으로 돌아가고 있는 실정이다.[•] 한편 감독이 삭제 편집한 부분은 영화관 개봉 이후 몇 달이 지나서 DVD 판매를 돕는 '오늘의 특별' 리믹스가 되곤 한다. 이 같은 현상은 비디오 게임 · 운동화 · 잡지 · 자동차 업계를 포함해 리스크라면 질색하는 의사결정자들이 이끌고 있는 거의 모든 분야에서 동시에 일어나고 있다. 새롭지만 아직 입증되지 않은 아이디어에 도박을 걸기보다는 이미 히트된 콘셉트를 재포장하고 재배치해 기존의 청중과 새로운 청중에게 다시 판매함으로써, 창의력이 억제되고 사회가 규격화되며 라디오에서는 온종일 똑같은 곡들이 되풀이된다.^{••} 어떻게 보면 리믹스는 아무런 개성 없는 주류 비즈니스로 진화했다. 2005년 베니스 영화제에서 영화감독 스파이크 리(Spike Lee)는 "도무지 독창성을 찾아볼 수 없다. … 이번이 가장 최악이었다."라고 불평을 늘어놓기도 했다.

- 2001년에 대형 할리우드 스튜디오들은 총 9편의 속편과 리메이크 작품을 개봉했다. 2003년에는 그 수치가 25편으로 치솟았고 2005년에는 45편으로 늘어났다. 그리고 2006년에는 50편 이상이 제작되었다.
- •• 기업 합병이 그런 비난을 받을 수 있다. 연간 음반 판매액 120억 달러 가운데 80퍼센트 이상이 미국의 대형 음반사 4곳에 의해 통제받고 있으며, 각각 40곳이 넘는 라디오 방송국을 소유하고 있는 몇 안 되는 거대 기업들이 라디오 시장의 75퍼센트 이상을 통제하고 있다(클리어 채널Clear Channel은 현재 1,200곳의 라디오 방송국을 소유하고 있다). 음반사에서 방송국으로 흘러들어가는 돈이나 다른 뇌물 형태의 특권이 대형 음반사의 음반 판매를 일으키는 동시에 이 같은 폐쇄적 순환 고리는 다양성과 새로운 인재, 청취자의 기호를 몰살시킨다. 음악 미래 연합(Future of Music Coalition)이 시행한 2002년 설문 조사에서 응답자의 78퍼센트가 보다 다양한 곡이 방송되기를 희망한다고 밝혔다.

리믹스의 배후에 절묘한 기술을 응용하여 대단히 뛰어난 리믹스를 창조해낸다면 오히려 본래의 것을 잊어버리게 만들 수도 있다. 리믹스의 기초를 어느 정도 다져놓았으니 이제부터는 몇 가지 고급 퀵 믹스 이론과 그것을 실천에 옮기고 있는 사람들을 살펴보도록 하자.

시각을 믹스하는 사람들

DJ가 VJ로 발전하면서 리믹스는 사운드의 장벽을 무너뜨렸다. 이 같은 새로운 현상은 사실상 여러 작은 노력들이 합쳐져 발전된 결과였다. MTV는 1981년 8월 1일에 버글스(Buggles)의 히트곡('Video Killed the Radio Star')과 함께 런칭되었다. 그러나 막상 MTV가 세상에 나오자 비디오는 라디오 스타에게 강력한 힘을 불어넣었다. VJ들이 리믹스의 문을 열어젖히면서 리믹스는 놀라우리만치 새로운 시각적 퍼포먼스 아트로 성장해나갈 수 있었다.

DJ와 VJ 영역의 배후에 놓인 테크놀로지는 상당히 흡사하다. 샘플러와 신디사이저, 소프트웨어, 믹서가 음악을 만들어내듯이, 비디오 장비들도 이와 동일한 방식으로 원작 필름을 추출하고 잘라내고 더빙할 수 있도록 발전해갔다. 비디오가 두 대의 턴테이블과 크로스페이더 덕분에 앞으로 나갈 길을 찾게 되면서 영화의 생산과 소비 방식에도 일대 혁명이 일어났다.

오늘날 우리는 수많은 영화와 TV쇼를 리믹스에 집중시키고 있다. '핌프마이 라이드(Pimp My Ride: 고물 자동차를 새롭게 튜닝해주는 자동차 개조 리얼리티 쇼—옮긴이)'와 '퀴어 아이(Queen Eye for the Straight Guy: 각 분야의 트렌드세터들이 평범한 남자들의 라이프스타일을 바꿔주는 리얼리티 쇼—옮긴이)'와 같은 인기 방송 프로그램들이 사람들의 자동차와 옷장을 리믹스하는 동안, 고정 팬들은 프로그램 방송분을 매일 온라인에 불법으로 리믹스해 올려놓았다. 한편 샘플러는 티보(TiVo)와 같은 디지털 비디오 녹음기로 발전하면서

TV 프로그램 스케줄 전체가 리믹스 가능한 것으로 돌변했다.

1992년 영화감독 쿠엔틴 타란티노(Quentin Tarantino)의 〈저수지의 개들(Reservoir Dogs)〉은 리믹스 작품을 커다란 영화 스크린으로 내보냈다. 그는 스탠리 큐브릭(Stanley Kubrick) 감독의 〈시계태엽 오렌지(A Clockwork Orange)〉와 임영동(Ringo Lam: 영어로는 링고 램) 감독의 홍콩 액션 고전물 〈용호풍운(City on Fire)〉과 같은 필름에서 일부 요소를 추출하고 여기에 새로운 맛을 가미하여 자신만의 독특한 작품을 만들어냄으로써 할리우드의 새로운 '영화 장면 절도범' 세대에게 영감을 불어넣었다. 그러나 그에게서 아이디어를 얻은 영화 팬들이 직접 영화를 리믹스해 인터넷을 통해 유포하기 시작하면서 영화는 갑자기 양방향 제작 형태를 띠게 되었다. 그러한 첫 번째 사례 중 하나는 〈스타워즈〉의 리믹스 영화였다. 스타워즈의 〈에피소드 1: 보이지 않는 위험(Episode 1: The Phantom Menace)〉이 많은 기존의 스타워즈 팬들을 실망시켰을 때 그중 팬 한 명이 독자적인 행동에 나서기로 결심했다. 그렇게 해서 나온 〈에피소드 1.1: 팬텀 편집판(Episode 1.1: The Phantom Edit)〉이 2001년 초반에 온라인으로 유포되기 시작했다. 그것은 원작에서 팬들의 신경을 거슬리게 만들었던 부분(이를테면 자자 빙크스와 어린 아나킨이 나누는 유치한 대화 장면)을 잘라내어 20분 이상을 단축시킨 새로운 비공식 버전이었다. 영화 도입부에서 우주를 향해 날아가는 그 유명한 노란색 자막은 팬텀 편집자의 사명 선언문으로 대체되었다.

스타워즈 영화의 최신작이 도착하기를 기대하던

나를 포함한 일부 팬들은

그 완성작에 대단히 실망했다.

'조지 루카스 세대'의 한 사람으로서

나는 〈보이지 않는 위험〉의 표준 VHS 버전을 재편집하여

원작보다 강력하다고 판단되는 영화를 완성했다.

그것은 영화 스토리의 중복 부분과 아나킨의 무의미한 활동상과 대화 부분,

그리고 자자 빙크스의 장면을 덜어내는 방법으로 이루어졌다.

나는 제작 방향에 착오가 생겼다고 판단되는 개봉작 〈보이지 않는 위험〉에

만족하지 못하는 많은 스타워즈의 팬들에게

새로운 희망을 심어주기 위해 이 버전을 만들었다.

본 재편집 영화로 기분이 상할지 모를 루카스 씨와 관계자들에게

심심한 사과를 표한다.

— 팬텀 편집자

팬텀 편집자의 행동에 담긴 의미는 대단한 것이었다.• 전에 없던 이 같은 편집판 제작을 통해 청중에게 영화 제작자와 동등한 경쟁의 장을 마련해놓았다. 이것으로 게임은 시작됐다. 그 후로 몇 년에 걸쳐 불만에 찬 영화 팬들이 개조한 영화들이 줄줄이 쏟아져 나왔다. 스탠리 큐브릭 감독이 사망했을 때 많은 팬들은 그의 미완성작 〈AI〉의 바통을 이어받은 스티븐 스필버그의 영화 제작 방식에 실망했다. 팬들은 큐브릭이 마지막으로 남기고 간 우울한 공상 영화가 할리우드 제작사 라인의 블록버스터로 둔갑한 사실을 감지했다. 그리고 2002년에 〈큐브릭 편집판(Kubrick edit)〉이 등장했다. 캘리포니아 주 새크라멘토의 독립 영화제작자 DJ 헙(DJ Hupp)의 또 다른 버전 작품

• 그러나 뭐니 뭐니 해도 고금을 막론한 스타워즈 최고의 리믹스는 1970년대에 조지 루카스가 북아프리카 튀니지의 사막에 은밀히 제작해 아직까지도 명맥을 이어가고 있는 오리지널 타투인(Tatooine) 사막 행성 세트장일 것이다. 지금은 튀니지 주민들이 거주하는 제법 성장한 마을로 자리 잡았다. 영화 속에서 루크 스카이워커(Luke Skywalker)가 성장했던 집은 현재 관광객들이 하룻밤 10달러 가격으로 투숙할 수 있는 호텔이다.

은 그의 가정용 컴퓨터에서 편집하고 스필버그 감독이 즐겨 이용하는 행복한 장면들을 모두 잘라내어 큐브릭 감독 특유의 수심에 잠긴 듯한 음울한 스타일을 표현해내고자 했다. 그 후로 〈반지의 제왕〉 3부작은 원작자 톨킨(Tolkien) 본래의 시각에 좀 더 충실하려는 순수주의 팬들에 의해 리믹스되었으며, 〈매트릭스 자이언 삭제판(The Matrix: Dezionized)〉의 경우는 많은 팬들이 원작에서 지루하다고 판단한 지하도시 자이언의 연재 줄거리 부분을 삭제했다. 〈스타트랙: 커크 선장 삭제편(Star Trek: Kirkless Generations)〉은 제목만으로도 그 삭제 내용을 충분히 짐작할 수 있다.

그 후 언더그라운드 〈팬텀〉 편집판은 새로운 영화 장르로는 물론이고 심지어 새로운 영화 체인점 형태로까지 폭발했다. 유타 주에 위치한 비디오 체인점 클린플릭스(CleanFlicks)는 유타 주 몰몬교도 가족 청취자들의 기호에 맞춰 700편이 넘는 영화에서 섹스와 폭력 및 신성모독 장면을 모두 삭제한 리믹스 영화를 선보였다. 그들의 비디오 리스트에 포함된 〈에일리언(Alien)〉과 〈스크림(Scream)〉 시리즈, 〈쏘우(Saw)〉와 같은 영화들이 어떻게 한 방울의 피 흘림도 없이 수술대 위에서 난도질되어 화목한 가족 모임에 적합한 영화로 다시 꿰매어졌는지 나로서는 도무지 이해할 수 없지만, 어쨌든 그들의 청중을 고려했을 때 그것은 합당한 처사임에 틀림없었다. 클린플릭스의 편집 영화 사업은 미국 18개주에서 70곳이 넘는 상점에서 운영되다가 결국 2006년에 그들의 리믹스 활동이 불법이라는 연방 법원 판결이 내려졌다. 클린플릭스의 CEO 레이 라인스(Ray Lines)는 같은 해 7월에 「데서릿 모닝 뉴스(Deseret Morning News)」에서 "참으로 실망이다. 이는 전형적인 다윗 대 골리앗의 싸움이었다. 하지만 이번에는 할리우드가 결말에 손을 댔다."고 말했다.

할리우드의 변호사들도 팬텀 편집자 단체에 대해 이를 갈기는 마찬가지였다. 그러나 의식이 깬 일부 영화 제작자들은 이 같은 관행을 하나의 새로운 사회 혁신으로 바라보았다. 저널리스트이자 영화제작자인 대니얼 크라우스(Danile Kraus)는 "영화제작자들이 잘라내지 못하면 팬들이 그렇게 할 것이다."라고 말했다.

영화 리믹싱 분야는, 로버트 그린월드(Robert Greenwald)가 폭스 뉴스를 혹평한 다큐멘터리 〈아웃폭스드(Outfoxed)〉가 개봉되어 폭넓은 지지와 박스 오피스 성공을 누린 2004년에 할리우드로부터 공식 인정을 받게 되었다. 당시 그린월드는 제3자가 다운로드하고 리믹스할 수 있도록 '미 가공 미 편집' 영화를 만들겠다고 발표했다. "지난 1년 반 동안 다큐멘터리 작업을 하면서 깨달은 한 가지 사실은 바로 원작 필름에 대한 소유권과 통제권을 누가 쥐고 있는가가 중요하다는 것이었다. 우리는 우리가 한 말을 실천하기 위해서 원작 필름을 사용하기 원하는 사람에게는 누구든지 인터뷰 기회를 주고 있다."고 〈아웃폭스드〉의 프로듀서인 짐 길리엄(Jim Gilliam)은 말했다.

한편 드림웍스의 스필버그도 리믹스 쪽으로 고개를 돌리고 있는 것 같다. 2004년에는 코믹 배우 마이크 마이어스(Mike Myers)가 새로운 종류의 유명 VJ로 변신하여 오래된 영화를 부분 수집하고 리믹스해 새로운 창작물을 만들기로 결정했다. "이미 오래전부터 랩 아티스트들은 음악에 리믹스를 적용해왔다. 이제는 우리도 이와 동일한 콘셉트를 영화에 적용할 수 있게 되었다."고 마이어스는 「로이터」 통신에서 말했다. 스필버그도 "사실 혁신가적인 자질로 보자면 마이어스는 타의 추종을 불허한다. 오래된 영화로 새로운 관중을 끌어들이는 방법을 만들어낼 수 있는 사람이 있다면 그것은 바로 마이어스다."라고 거들었다. 그러나 이 프로젝트는 4년이 지난 현재에도 아직 이렇다 할 결실을 맺지 못하고 있으며, 영화 샘플링 방식의 최초의 블록버스터는 아직도 갈 길이 멀다. 어쩌면 스필버그는 쿨 허크나 톰 몰튼에게 전화를 걸어 조언을 구해야 할지도 모르겠다.

드림웍스 프로젝트는 미국의 법학자 로렌스 레식(Lawrence Lessig)이 언급한 내용을 고려해볼 때 흥미롭다고 할 수 있다. 그는 저작권에 관한 홀륭한 저서 『자유 문화(Free Culture)』에서 다음과 같이 말했다. "마이크 마이어스밖에는 없다. 오직 마이크 마이어스만이 영화를 자유롭게 샘플링할 수 있다. 우리 문화의 소유물인 영화 유산을 마음껏 이용할 수 있는 자유, 우리 모두에게 주어진 것으로 알고 있던 그 자유가, 이제는 마이크 마이어스처럼 유쾌하고 부유한 유명인에게만 주어지는 특권이 되고 말았다." 그러나 앞서 2장에서 살펴보았듯이 앞으로도 해적들은 법이 바뀔 때까지 계속해서 저작권 체제를 밀어붙일 것이라고 역사는 말해주고 있다.

리믹스, 오픈 소스와 결합하다

리믹스는 매우 전염성이 높은 것으로 증명되었다. 리믹스는 컴퓨터 속으로 들어가면서 오픈 소스 운동(이 운동에 대해서는 5장에서 자세히 살펴볼 것이다)이 지닌 이상향과 결합되었고, 그 결과의 하나는 바로 소프트웨어의 리믹스와 개조였다. 그중에서도 가장 두드러진 활약은 컴퓨터와 비디오 게임의 해킹과 리믹싱, 혹은 모딩(modding: 본래의 설계자가 의도한 것이 아닌 기능을 수행할 수 있도록 하드웨어나 소프트웨어를 개조하는 행위를 일컬음-옮긴이)으로, 이는 주류에 대단한 영향을 미쳤다.

모딩의 스토리는 힙합과 MTV의 컷 앤 페이스트 세계가 주류 의식으로 침투해 들어간 1981년에 시작되었다. 같은 해에 '캐슬 울펜슈타인(Castle Wolfenstein)'이라는 게임이 애플2에서 발표되었는데, 그것은 제2차 세계대전 시대의 연합군 스파이가 독일군 요새로 들어가 나치군을 총으로 쏘아 넘어뜨리는 액션 게임이었다. 그중에서도 세 명의 고등학생(앤드류 존슨Andrew

Johnson과 프레스턴 네빈스Preston Nevins, 롭 로먼처크Rob Romanchuk)이 게임에 깊이 빠져들었다. 하지만 게임은 뭔가 부족했다. "1980년대 초반 도시 근교에 사는 고등학생의 눈에도 나치군은 그렇게 위협적으로 보이지 않았다."고 그들은 훗날 자신들의 팬사이트에서 말했다. "이제는 스머프다. 스머프가 진정한 위험인물이다."

1983년, 데드 스머프 소프트웨어(Dead Smurf Software)는 나치군을 스머프로 대체해 넣고 몬티 파이튼(Monty Python: 영국 유명 코미디 집단의 코미디 시리즈—옮긴이)의 줄거리에서 영감을 얻은 전혀 새로운 스머프 이야기를 엮어서 '캐슬 스머펜슈타인(Castle Smurfenstein)'이라는 게임을 리믹싱(이제는 모딩으로 알려진 프로세스)했다. 앤드류 존슨은 "우리는 게임이 어떻게 제작되는지 알고 싶었을 뿐이다. 그러다 다른 것도 더 많이 알아보자는 쪽으로 가능성을 열게 되었다. 한두 가지 변화를 시도했다가 즉각적으로 결과가 나타나기 시작하면서 자체적인 피드백 순환 구조가 생겨났고 계속해서 일이 진행되어 나갔다. … 아마도 꽤 멀리까지 말이다."고 말했다.

스머펜슈타인에서는 독일말로 소리를 질러대며 총탄 세례를 퍼붓는 나치군 대신에 알아들을 수 없는 스머프 말로 으르렁대는 정신 나간 파랗고 하얀 살인마들이 캐나다 요새의 평지를 가로지르는 당신을 향해 공격을 개시한다.• 여기서는 오직 애플2와 캐슬 울프슈타인 원본만을 이용해 리믹스가 이루어졌다. 음향 효과와 스머프 주제곡은 VCR로 녹화한 만화영화에서 직접 따왔고, 게임은 컴퓨터 게시판(인터넷으로 발전된 초기 프로토타입)과 플로피 디스크를 통해 복사되어 무료로 널리 유포되었다. 복사본은 들불처럼 번져나가면서 곧바로 언더그라운드 히트작이 되었다. 그러나 악의 없는 장난

• 지적 수준도 뛰어나고 오늘날까지 꽤 여러 해 동안 이 문제에 대해 생각해왔을 텐데도 스머펜슈타인의 제작자들은 스머프가 왜 캐나다에 살고 있는지 논리적인 설명을 하지 못하고 있다.

질로 시작된 일은 곧 게임 산업의 원천이 되었다. "나는 우리 게임이 미친 영향력에 대해 한동안 전혀 모르고 있었다. 우리는 그냥 게임을 만들어 세상에 공개하고는 까맣게 잊고 있었다. 당시 스머펜슈타인 제작과 관련지어 떠올릴 수 있는 유일한 사회적 의미라면 그저 스머프 여러 명을 죽여도 아무런 문제가 되지 않도록 해준 공공 서비스를 들 수 있다. … 스머펜슈타인이 점점 확산되면서 우리끼리 즐기던 괴상한 놀이가 꽤 많은 사람들이 즐기는 게임이 되었다."고 프레스턴 네빈스는 말했다. 그러나 이는 과소평가에 불과했다. 데드 스머프 소프트웨어는 게임을 리믹스하는 방법으로 게임 판도 전체를 바꾸어놓았다.

그로부터 10년 후인 1990년대에 이르러서는 게임 팬들이 게임을 재설계하는 데에만 만족하지 않았다. 그들은 게임 제작 툴까지 재설계하면서 새로운 특징을 추가해 넣고 소프트웨어 버그 문제를 해결하며 제품을 소비하면서 동시에 제품을 개선시켜나갔다. 스머펜슈타인의 영향력을 받으며 자라난 아이들은 게임 개발업자가 되기도 하면서 제품 수명과 고객 충성도를 확장하는 동시에 창의력을 생성하는 데 있어서 게임 팬과의 상호작용이 갖는 가치를 완전히 터득할 수 있었다.

이런 아이들 중에는 오늘날 게임 개발업체 ID 소프트웨어(ID Software)의 공동 창업자 존 카맥(John Carmack)도 들어 있었다. ID 소프트웨어는 오리지널 캐슬 울펜슈타인 게임의 저작권을 획득하고 1992년에 캐슬 울펜슈타인의 후속편인 울펜슈타인 3D를 발표했다. 이 최초의 1인칭 사격 게임(FPS: first-person shooter)●은 게임 분야의 혁명적인 발걸음이었을 뿐 아

● 1인칭 사격 게임은 특정 무기를 손에 들고 게임 내내 특정 악인을 겨냥하는 1인칭 시점 액션 게임이다. 지금은 널리 대중화되면서 40만 달러가 넘는 상금을 놓고 전문 사이버 경기자들이 시합을 벌이는 거대한 국제 스포츠로 발전했다.

니라 게임 플레이어들에게 코드 리믹스를 통해 새로운 콘텐츠를 개발하도록 장려한 첫 번째 게임이었다. 카맥은 이어 리믹스 문화를 수용한 블록버스터 게임 '둠(Doom)'과 '퀘이크(Quake)' 같은 후속 성공작을 일구어냈으며, 게임의 성공뿐 아니라 게임 설계 방식에서도 리믹스 능력의 덕을 톡톡히 보았다. 그는 1999년에 「타임」 지에서 선정한 테크놀로지 분야의 가장 영향력 있는 50인 가운데 10위를 차지하기도 했다. ID 소프트웨어는 현재 1억 500만 달러 이상의 가치를 지닌 회사로 알려져 있다.

이러한 모드 게임은 자체적으로 거대한 게임으로 발전했다. 또한 젊은이들이 몰래 작업해 만든 음악 리믹스가 성공하면서 종종 음반사의 합법 제작 활동으로 이어졌던 것처럼, 게임 산업은 현재 의도적으로 구성해놓은 거대한 모더(modder)와 하드코어 게이머 인력 집단으로부터 직접 인재를 채용하고 있다.

인기 많던 '하프 라이프(Half Life)'•의 모드 게임인 '카운터 스트라이크(Counter Strike)'는 현재 세계 정상에 올라 있는 온라인 액션 게임으로, 일일 특정시간 기준으로 평균 10만 명의 플레이어들이 동시에 전투를 벌이고 있다. '카운터 스트라이크'의 제작자 제스 클리프(Jess Cliffe)와 민 르(Minh Le)는 '하프 라이프' 리믹스 게임이라는 걸작을 만들어냈을 당시에 고등학생에 불과했다. '카운터 스트라이크'의 성공으로 하프 라이프의 제작업체 밸브 소프트웨어(Valve Software)에 채용된 그들은 현재 게임 산업에서 크게 성공한 위대한 인물의 위치에 올라 있다. 모더에서 프로로 전향한 또 다른 게임업자인 스티비 '킬크릭' 케이스(Stevie "KillCreek Case")는 게임 분야에서 가장 유명한 여성에 해당한다.•• 카맥의 비즈니스 파트너이자 둠과

• 하프 라이프(Half Life)도 워크래프트(Warcraft)라는 이름의 게임 엔진에 근거한 모드 게임에 속한다.

퀘이크의 공동제작자인 존 로메로(John Romero)와 죽음의 가상 시합에서 맞붙어 승리한 후에 스티비는 아마추어 설계자에서 프로 사이버 선수이자 작가, 게임 제작자이자 설계자로 도약했다. 그녀는 또 자신의 게임 개발 스튜디오를 공동 창업하기도 했다.●●●

이는 게임 산업이 그토록 빠르게 진화하고 성장하고 있는 하나의 이유가 된다. 프로 개발업자들이 갖추고 있는 모든 소프트웨어를 이용해 이미 자체적인 훈련을 마친 최고의 아마추어 모더들을 채용하는 식으로 게임 산업의 훈련 경비를 최대한 낮출 수 있었던 것이다. 게다가 소비자들에게서 많은 혁신이 직접 쏟아져 나오면서 R&D 비용도 최대한 낮게 유지되었다. 게임 개발은 리믹스 문화의 지배를 받기 시작하면서 이제는 세계 최고의 역동적인 산업으로 자리 잡게 되었으며, 2007년 닐슨/네트레이팅(Nielsen/NetRatings) 수치에 따르면 게임 산업은 3백억 달러 이상의 가치를 지니고 있다.

그러나 리믹스는 비디오 게임을 보다 흥미롭고 새로운 형태로 발전시키는 방법을 발견해냈다. 울펜슈타인 3D에 이어 1998년에 발표된 둠은 플레이어들이 좀 전에 일어났던 전투의 즉각 재생 장면을 녹화하도록 하는 기능과 함께 출시되었다. 모더들은 이 툴을 이용해 즉각 재생뿐 아니라 전혀 새로운 단편 영화와 뮤직 비디오를 제작하기도 했다. 게임 캐릭터들을 프로그램으로 조작 가능한 영화배우로 캐스팅하고, 각 비디오 게임 단계의 배경무대를 세트장으로 이용한 것이다.

모더들은 현재 비디오 게임 캐릭터와 게임 단계를 장편 영화로 재프로그래밍하고 있다. '그랜드 테프트 오토(Grand Theft Auto)'와 '언리얼 토너먼트(Unreal Tournament),' '세컨드 라이프(Second Life)'의 게임 엔진 코드는 현재 '머시니마(Machinima : 머신machine과 영화cinema의 합성어로 게임 엔진을 이용해 만든 애니메이션 영화를 말함—옮긴이)'로 알려진 새롭고 기발한 리믹싱 형태에 사용되는 툴로 각광받고 있다. 〈레드 대 블루(Red vs. Blue)〉와 같은 머시니마 총 시리즈는 '헤일로(Halo)'게임 엔진으로 만들어져 대단히 인기 높고 매우 볼만한 것으로 널리 입증되고 있다. 〈몬티 파이튼과 성배(Monty Python and the Holy Grail)〉에서 나오는 장면들은 '다크 에이지 오브 카멜롯(The Dark Ages of Camelot)'비디오 게임을 통해 재창작되었다. MTV가 비디오 게임을 이용해 라디오 스타를 공격하면서 머시니마는 주류를 강타했다. MTV 쇼 〈비디오 모드(Video Mods)〉는 인기 있는 컴퓨터 게임 캐릭터와 세트 디자인을 최신 히트곡의 얼터너티브 뮤직 비디오와 리믹스해 선보였다. 그 결과 '소닉 더 헤지호그(Sonic the Hedgehog)'와 '더 심즈(The Sims),' '크래시 밴디쿠트(Crash Bandicoot)'와 같은 게임 캐릭터들이 최신 곡을 노래했고, '모탈 컴배트(Mortal Kombat)'를 비롯한 다른 고전 게임의 장면이 세트장으로 이용되었다. 그밖에도 정치적인 동기로 제작된 영화들이 보다 중대한 대의명분에 따라 머시니마로 제작되었다. 머시니마는 이미 영화 페스티발과 온라인 커뮤니티를 갖춘 가정용 제작 산업으로, 둠과 같은 폭력 게임에 기반을 두어 비롯된 또 다른 혁신물에 해당한다. 헨리 젠킨스(Henry Jenkins)는 『컨버전스 컬처(Convergence Culture)』라는 책에서 "많은 논란거리가 되고 있는 1인칭 사격 게임이 최근 미국에서 벌어지는 학교 총기 사건의 저격수를 키워낸다는 증거는 희박한 반면에, 그것이 애니메이터 세대에게 영감을 주고 있다는 증거는 무척이나 많다."고 밝힌다.

비디오와 영화 및 게임 제작에 대한 이 같은 접근이 갖는 함축적인 의미는 어마어마하다. 현재 저작권법으로 따지면 법정 소송의 희생양이 되는 일 없이 이런 일을 대대적으로 벌일 수 있는 기업은 MTV 못지않은 파워를 지닌 소수의 기업들이 전부이지만, 웬만한 PC와 기술 노하우를 갖고 있는 사람이면 누구나 시도해볼 수 있는 일이기도 하다.

몇 년 안에는 대단한 상상력을 지닌 십대 팬이 오스카(Oscar) 시상식에 올라 리믹스 작품상을 받게 될 수도 있을 것이다. 윌 페렐(Will Ferrell)을 주연으로 캐스팅해 영화 〈앵커맨(Anchorman)〉의 일부를 따오고 '슈퍼 마리오 월드(Super Mario World)' 비디오 게임의 배경을 통째로 필름에 담아 만든 최고의 〈벤허(Ben-Hur)〉 리믹스 버전의 영화로 말이다. 오직 영화의 토막들을 긁어모아 베스트셀러 비디오 게임을 만드는 일도 가능하다. 리믹스된 각본과 캐릭터와 배경 일부를 담아 만드는 DVD도 그렇게 허황된 얘기는 아니다. 이러한 새로운 콘텐츠 제작 방식의 가능성은 말 그대로 무궁무진하다. 이는 의외로 접근 가능한 새로운 문화의 장으로 이어질 수도 있으며, 저널리스트 와그너 제임스 오우(Wagner James Au)가 말한 것처럼 "이제 제작자와 청중, 또는 공급자와 소비자 사이의 실질적인 경계선은 존재하지 않는다. 그들은 동일한 상상의 공간에서 협력자가 되어 동등한 관계로 일하며 새로운 매개체를 함께 창조해나갈 것이다."

하우스 음악의 선구자 DJ 프랭키 너클스(Frankie Knuckles)는 하우스 음악(house music: 1980년대 초반부터 소규모 클럽에서 다양한 음악과 전자음을 믹싱하여 선보이던 댄스 음악—옮긴이)을 일컬어 '디스코의 복수'라는 유명한 명언을 남긴 바 있다. 디스코의 복수는 하나의 새로운 사회적 민주주의다.

아이디어를 모방하다

"스머펜슈타인을 만들던 80년대 초반만 해도 직접 음악을 만들고 싶다는 작은 충동이 내게 일어났더라면 아마도 악기 상점을 배회하면서 기타 가격표를 살펴보다가 일찌감치 체념하고는 다시 집 안을 어슬렁거렸을 것이다." 라고 데드 스머프 소프트웨어의 프레스턴 네빈스는 말했다. "그러나 이제는 테크놀로지가 대단히 발달되어서 예전과 같은 정도의 대단치 않은 욕구라면 얼마든지 실질적인 표현 수단을 갖출 수 있다. 예전에는 전문가가 되는 길만이 유일한 방법이었지만 이제 전문가의 길은 그저 하나의 선택권일 뿐이다. 이런 상황이야말로 사회의 자체 구성 방식을 필연적으로 개조해나가게 될 엄청난 변화에 해당한다."

네빈스가 비디오 게임에서 발휘했던 솜씨나 한 세대가 음악에 부린 기교는 이제 사회 전체가 이용하고 있는 하나의 도구로 진화했다. 이제 우리는 누구든지 선택하기만 하면 우리의 작은 욕구를 리믹스로 탈바꿈해놓을 수 있으며, 나아가 자신의 리믹스를 새로운 제품과 심지어 새로운 브랜드로 발전시킬 수도 있다.

1982년에 런칭한 이후로 수천 번에 걸쳐 커스터마이즈되어 재발표된 나이키의 에어포스 원(Air Force One) 운동화를 생각해보라. 에어포스 원이 본래 겨냥한 청중은 농구선수들이었으나 에어포스 원의 단순하고 아이콘적인 디자인은 힙합 세대의 사랑을 한 몸에 받으며 계속 인기를 유지해나갔다. 리믹스 테크닉 덕분에 나이키는 새로운 한정판 버전을 출시하는 방법으로 힙합 세대의 관심을 지속시킬 수 있었다. 에어포스 원은 25년이 지난 지금도 여전히 세계 절정의 인기를 누리는 농구화 브랜드로 남아 있다. 그러나 나이키의 에어포스 원도 일본 도쿄에 사는 22세의 디자이너이자 힙합 팬인 도모아키 나가오(Tomoaki Nagao)가 자신만의 버전으로 재창조하는 작업을 막지는 못했다.

나가오는 자신의 리믹스가 겨냥하는 댄스 플로어에 대해 훤히 꿰뚫고 있었다. 그는 애초에 농구화로 계획되지 않은 힙합 세대만을 위한 특별 리믹스 에어포스 원을 만들어냈다. 언뜻 보아도 그것은 에어포스 원 디자인을 기본으로 삼고 나이키의 스우시(Swoosh) 로고를 따낸 다음 나가오의 별똥별 모양 엠블럼과 조합한 것이었다. 그는 나이키조차 시도해보지 않은 재질과 색상의 배합을 시도했다. 그는 각 버전마다 화려한 형광 노란색에서부터 톤을 낮춘 파스텔 핑크색에 이르는 색상 중에서 최소한 두세 가지의 현란한 색상을 취해 에나멜가죽 운동화를 제작했다. 그는 고전적인 운동화에다 새로운 고광택 느낌을 덧입히고 여기에 고가의 가격표를 달아놓았다(그의 대부분의 운동화 소매가격은 300달러를 웃돌았다). 그러고는 수천 달러를 호가하는 나이키의 한정판과 비교하여 겨우 200달러 선밖에 되지 않는 가격의 극소 한정판을 자신의 상점을 통해 출시했다.

화려한 색상의 한정판 운동화는 오리지널을 사랑하는 힙합 시장에서 더 큰 호응을 얻게 되었다. 그의 '베이딩 에이프(A Bathing Ape)' 의류 라인의 일부인 일명 '베이프 스타(Bape Sta)' 혹은 '베이프(Bapes)'로 알려져 있는 그의 운동화는 일본, 런던, 뉴욕 등지에 16곳이 넘는 매장을 두고 수억 달러 매출액을 벌어들이는 브랜드로 발돋움하면서 많은 사람들을 깜짝 놀라게 했다. 그러나 전직 힙합 DJ였고 이제는 니고(Nigo)라는 이름으로 더 잘 알려져 있는 나가오와 같은 이들에게는 그리 놀라운 일이 아니었다. 그는 2004년 뉴욕의 소호 매장 오프닝에서 「뉴욕 타임스」를 향해 이렇게 말했다. "내가 힙합에서 사랑하는 점이라면 계속해서 진화한다는 것이다. 힙합은 매우 자유롭다."

베이프는 에어포스 원의 리믹스 버전을 독자적인 오리지널 제품으로 간주한다. 나이키도 자신들을 모방한 이유로 니고에게 소송을 걸기보다는 베이프가 도입한 새로운 재질을 이용해 그와 비슷한 재질과 색상으로 제작된 더 많은 버전들을 출시했다. 나이키는 베이프를 해적으로 바라보기보다는 그들을 경쟁자로 인식했고, 그 결과 두 브랜드 모두가 성장했다.

음악과 마찬가지로 패션 분야도 젊은이 문화에서 비롯되어 서로 공유되고 리믹스된 아이디어로 지속되고 있는 산업이다. 코코 샤넬(Coco Chanel)의 말처럼 "길거리로 나아가지 못하는 패션은 패션이 아니다." 대부분의 대형 음반사와 영화 제작사들은 비공식적인 믹스 제작물을 그리 달가워하지 않는 데 반해, 패션 비즈니스는 전혀 다른 구조로 돌아가고 있다.

파이러타 포르테(Pirate-a-Porter)

패션계의 지적 재산권은 엔터테인먼트계와는 사뭇 다르게 돌아간다. 2D 의류 디자인은 법적 보호를 받는 반면에 3D 실제 의류는 그렇지 않기 때문에 패션계에서의 복제는 늘 존재하는 관행에 속한다.

다른 사람의 디자인을 복제할 수 있는 자유가 패션계에서 당연시된다는 점은 매우 특징적인 요인인 동시에 패션계를 성공으로 이끄는 요인이기도 하다. 오트 쿠튀르(Haute couture: 고급 맞춤복을 뜻하며 기성복을 의미하는 프레타 포르테와 상반되는 개념을 갖는다. 명품 브랜드 장인들의 수작업을 거쳐 완성된 의류 창작품들은 1년에 두 차례 열리는 컬렉션을 통해 전 세계 극소수 바이어들에게 판매된다—옮긴이) 디자인은 적극 복제되어 실제 의류로 모방되고 개조되면서 점진적으로 퍼져나가다 결국에는 지난 시즌 캣워크 디자인을 본딴 각종 의류들이 도처의 바겐세일 장소에 깔리게 되면서 생을 마감하게 된다. 디자인의 리믹싱이나 샘플링을 비즈니스에 대단히 위협적인 존재로 바라보는 시각이 패션업계에서는 일어나지 않는다.● 어떤 아이디어가 복제될 경우에 디자인 하우스로부터의 항의는 거의 일어나지 않는 편이며, 복제는 사실상 권장되다시피 한다. 패션 산업은 고가의 디자이너 의류가 하나의 트렌드가 되자마자 각 공장들에서 생산된 온갖 복제품과 모조품이 저렴한 가격으로 경쟁하는 산업이다.

이러한 접근방식이 이치에 맞지 않는 것처럼 보일 수도 있다. 그러나 칼 라우스티알라(Kal Raustiala) 교수와 크리스 스프릭먼(Chris Sprigman) 교수가 2006년에 법률 학술지 「버지니아 로 리뷰(Virginia Law Review)」의 기사에서 주장했듯이 패션업계의 이러한 접근방식은 실제로 혁신을 장려한다.

두 교수는 자신들의 저서 『해적 행위의 패러독스(The Piracy Paradox)』에서 리믹스가 업계 성장을 자극한다는 주장을 제시했다. 디자인이 재빨리 복제되고 스타일이 대량 시장으로 확산되어 들어가는 탓에 오리지널 명품들은 자체적인 매력을 상실하면서 또 다른 새로운 트렌드의 수요를 일으키게 된다. 결국 해적들이 일으켜놓은 수요가 업계 전체를 앞으로 밀어당기는 견인차 역할을 하게 되는 것이다. 라우스티알라 교수와 스프릭먼 교수는 이러한 프로세스를 가리켜 '유도된 퇴화(induced obsolescence)' 라고 명명했다. 패션업계의 복제는 "업계에 역설적인 유익을 제공한다. 무료 도용을 허용하는 패션 디자인의 지적 재산 법칙은 디자인과 스타일의 확산을 가속화한다. … 복제가 불법이라면 패션 주기는 매우 느리게 진행될 것"이라고 주장했다.

그들은 오히려 패션계에서의 복제 현상이 확산의 속도를 부추긴다고 주장한다. 그들의 「버지니아 로 리뷰(Virginia Law Review)」의 기사는 패션 디자이너 미우치 프라다(Miucci Prada)의 말을 인용하고 있다. "우리는 복제를 허용한다. 그리고 남들이 우리를 복제할 때면 우리는 그것을 중단한다." 패

- 칼 라우스티알라(Kal Raustiala) 교수와 크리스 스프릭먼(Chris Sprigman) 교수가 말했듯이 디자인을 복제하는 것과 트레이드마크나 로고를 복제하여 모조품을 생산하는 것은 서로 다르다. 후자는 패션 업계에서 심각하게 취급하는 문제로, 여기에는 중복되는 부분이 존재할 수 있다. 예를 들어 루이 비통(Louis Vuitton)의 모노그램은 트레이드마크이면서 디자인의 일부가 되기도 하며, 버버리(Burberry)의 트레이드마크인 체크 패턴도 마찬가지다.

션 트렌드는 광범위한 디자인 복제에 의해 더욱 빠르게 움직인다. "왜냐하면 복제는 패션 제품의 입지적인 품위를 손상하기 때문이다. 반대로 디자이너들은 이러한 쇠퇴 현상에 새로운 디자인으로 반응한다. 간단히 말해 해적 활동은 보다 급속한 회전율과 부가 판매를 자극함으로써 디자이너들에게 역설적인 이익을 제공한다. … 최상위 제품은 급속하게 대중 제품이 되어버린다."

그러나 이러한 복제품은 단순한 복제품에 불과하지 않다. 기사에 따르면 그것은 곧 리믹스이기도 하다. 디자이너들은 서로를 모방하고, 오리지널 요소들을 추가하고, 드물게는 상대의 트레이드마크 영역을 침해하기도 한다. 이런 현상의 발생 속도가 트렌드를 일으키면서 해당 시즌에 인기를 끌게 되거나 그렇지 않을 옷감과 색상과 스타일을 결정짓게 되는데, 이는 라우스티알라 교수와 스프릭먼 교수가 이름 붙인 '정박(anchoring)' 프로세스에서 일어난다. 이런 트렌드들은 패션 기업 피라미드를 따라 내려가면서 복제되어 다양한 가격대로 급속히 확산되다가 결국 지나치게 대중화되어 사람들에게 더 이상 멋진 것으로 인식되지 못하게 되면 즉시 소멸되어 새로운 트렌드의 등장에 필요한 공간을 만들어낸다.

'정박' 프로세스는 오래된 디자인을 쓸모없게 만들고 새로운 디자인을 적합한 것으로 만들어놓는다. 이는 밑단 넓은 바지가 통 좁은 바지로 교체되고 어지러운 프린트물이 미리 세탁 처리된 데님으로 교체될 시간이 다가왔을 때 업계가 소비자와 의사소통하는 방식이 된다. 샘플링과 리믹스 디자인의 자유가 없다면 이런 일은 결코 일어날 수 없다. 패션 언론들은 일련의 유사 제품들을 참고 자료로 제시해 하나의 트렌드 존재 여부를 증명하지 않으며, 어떤 것이 인기 있는 패션인지에 관한 의견 일치는 쉽사리 일어나지 않는다. "그렇기에 정박 프로세스는 패션 의식이 강한 소비자들에게 (1)언제 패션 모드의 방향이 뒤바뀌고 (2)무엇이 새로운 모드를 정의 내리게 되며,

(3)그러한 모드를 유지하기 위해 무엇을 구입해야 하는지 파악하는 데 도움을 준다."

새로운 트렌드는 칼 라거펠트(Karl Lagerfeld)나 도나텔라 베르사체(Donatella Versace)의 머릿속에서 시작되듯이 콩고의 어느 길모퉁이에서 시작될 가능성이 높다. 그러나 유도 퇴화나 정박 효과는 똑같이 계속된다. 광범위한 리믹싱은 보다 큰 혁신으로 이어진다. 패션 하우스들조차도 자신들의 디자인을 도용하여 일명 '브릿지 라인'을 통해 새로운 버전으로 리믹싱한다. 예를 들어 조르지오 아르마니(Giorgio Armani)의 사촌뻘 브랜드로 독창력이 덜하고 가격대가 낮은 아르마니 익스체인지(Armani Exchange)와 엠포리오 아르마니(Emporio Armani)는 플래그십 브랜드에 그 어떤 손상도 입히지 않은 채 비슷한 디자인을 낮은 가격대로 판매한다. 어떤 지적 재산의 보호 없이도 수천억 달러의 매출액을 벌어들이는 막강한 패션 산업이 융성하고 생존하는 것은 디자이너들이 아이디어를 공유하고 서로의 제작물을 자유로이 리믹스하기 때문이다.

패션업계의 성공은 혁신을 일으키는 인센티브를 보호하는 차원에서 엄격한 저작권법이 반드시 필요한 것은 아니라는 사실을 확인해준다. 그것은 오히려 사실상 그 개념을 거꾸로 돌려놓는다. 복제의 자유가 없다면 패션 트렌드는 매우 더디게 진행될 것이다.

합법적인 회색 지대

제작자와 리믹스 사용자 모두가 리믹스를 효율적이고 공정하게 응용할 수 있는 방법이야말로 해적의 딜레마라 할 수 있다. 종종 그 효과가 제대로 발휘되는 경우는 어떤 브랜드가 신제품을 해체하고 분석하고 리믹스할 수 있는 기회를 외부인에게 제공할 때이다. 외부인은 기업 내부인이 제공하지 못하는 신선한 시각과 새로운 관점을 가져다주기 때문이다. 예를 들어 고객들에게서 직접 의견을 구하는 보잉(Boeing) 사의 경우를 생각해보라. 보잉의 온라인 월드 디자인 팀(World Design Team)에 등록한 12만 명 이상의 회원 고객들은 기업 내부의 항공기 전문가들과 함께 새로운 787 드림라이너(Dreamliner) 기종의 청사진 작업을 벌이고 있다.

리믹스에 일가견이 있는 또 다른 재주꾼으로는 래퍼 제이지(Jay−Z)가 있다. 2003년 후반에 데프 잼 레코드(Def Jam Records) 사에서 제이지의 '더 블랙 앨범(The Black Album)' LP판을 발표했을 때였다. 그는 자신의 모든 트랙을 아카펠라 버전으로 만들자고 고집했고, 그것은 결국 다수의 팬들과 다른 아티스트들이 참여해 프로젝트 전체를 리믹스하도록 만들었다. 무엇보다 돋보이는 리믹스 작품은 DJ이자 프로듀서인 데인저 마우스(Danger Mouse)의 '더 그레이 앨범(The Grey Album)'으로, 비틀즈의 '더 화이트 앨범(The White Album)' 일부에 제이지의 가사를 덧입혀 완성한 것이었다. 정신 나간 짓처럼 보일 수도 있었지만 이 과감한 시도는 제이지의 가사를 새로운 팬들에게 소개하는 계기가 되면서 제이지의 매력을 확장시켰고, 이로써 제이지의 앨범을 새로운 차원으로 끌어올렸다. 그러나 애석하게도 비틀즈의 '더 화이트 앨범'에 대한 마스터 소유권을 갖고 있던 EMI는 이에 그다지 달가워하지 않고 데인저 마우스에게 정지 명령을 내렸다. 데인저 마우스는 EMI에 협조했지만 이번에는 비틀즈의 작곡권을 소유하고 있던 소니가 법적 조치를 가하겠다고 으름장을 놓았다. 머지않아 이 소식을 접한 온라인 행동주의자들은 자유 문화의 이름을 내걸고 이 소송에 공개적으로 대항하기 시작했다. 그러자 지금까지 오랫동안 다양한 마케팅 캠페인에서 리믹스를 주도해온 소니가 결국 한발 양보하게 되면서 '더 그레이 앨범'은 지금까지도 온라인상에서 자유롭게 이용할 수 있다.

이 같은 상황은 우리를 리믹스의 다른 난관에 직면하게 한다. 많은 아티스트와 기업들이 이러한 신문화를 포용하면 이번에는 다른 이들이 대항하고 나서서 자신들의 지적재산권을 보호한다. 그러나 해적 활동에도 일리가 있듯이 저작권 역시 응당 보호받아야 한다. 그러나 옛것에서 새로운 문화를 일으킬 권리도 보호받아야 마땅하다. 현재 쟁의에 휘말려 있는 형편으로 보면 리믹스는 소멸될 가능성도 있다. 따라서 리믹스가 온전한 잠재력을 이루며 번성하기 위해 극복해야 할 마지막 장애물은 바로 오래된 저작권법이다.

다른 사람의 소유권이라고?

아직도 리믹스를 표절 이상으로 보지 않는 사람들이 있다. 법조인과 정치인을 비롯한 다른 여러 미개인들이 계속해서 냉담한 태도를 유지해나가면서 힙합은 그러한 개념과의 충돌에서 벗어나지 못하고 있다. 1988년에 싱글 앨범 '토킹 올 댓 재즈(Talkin' All That Jazz)'로 반격에 나선 랩 그룹 스테사소닉(Stetsasonic)은 다음과 같이 토로했다. "솔직히 말해 제임스 브라운(미국 R&B의 선두주자—옮긴이)은 한물간 양반이었다. 에릭(Eric)과 라킴(Rakim)이 '아이 갓 소울(I Got Soul)'을 들고 나오고 랩이 오랜 R&B를 부활시키기 전까지만 해도 말이다. 우리가 아니었으면 사람들의 뇌리 속에서 잊혔을 것이다."

그의 말은 일리가 있었다. 제임스 브라운은 음악 역사상 가장 많이 샘플링된 인물이었다. 그러나 소울의 대부였던 그가 재능 넘치는 인물이었음은 분명한 사실이라 해도 그의 창의성은 1970년대 초반부터 기울어지기 시작했다. 힙합 세대가 애착을 갖고 그의 음악을 샘플링하면서 그의 커리어가 다시 소생한 것은 부인할 수 없는 사실이다.

저작권법은 지난 몇 년 동안 그 범위가 급격히 확장되었는데, 그것은 불법 다운로딩에 대한 부분적인 방어책이기도 했고, 계속해서 정치 의사 결정에 대해 기업이 영향력을 키워가는 탓이기도 했다. 파일 공유와 해적 활동에 대한 규제가 반드시 필요하기는 하지만, 특허법과 같은 저작권법이 지나치게 고압적인 태도를 취하면서 이제는 도리어 애초에 보호하려고 계획했던 창의적인 프로세스를 억압하고 있다.

저작권 기간은 정부에 의해 연장되고 있으며, 엔터테인먼트 업계는 계속해서 기간 연장을 밀어붙이고 있다. 해적들과 싸우는 특허괴물처럼 샘플괴물이라는 것도 존재한다. 그들은 오래된 곡들의 저작권을 확보하고(종종 미심쩍은 방식으로) 그것을 샘플링하는 아티스트들에게 소송을 건다. 제이지는 샘플괴물들로부터 수백만 달러의 금액을 소송당하는 여러 아티스트들 가운데 한사람이다. 2005년에는 브릿지포트 뮤직(Bridgeport music)이라는 이름의 회사가 피고측 디멘션 필름스(Dimension Films)을 상대로 벌인 내시빌 연방항소법원 재판에서 승소한 적이 있었다. 디멘션 필름스는 조지 클린턴(George Clinton)의 '겟 오프 유어 애스 앤드 잼(Get Off Your Ass and Jam)'•의 한 소절을 샘플링해 음조를 바꿔서 식별이 불가능하도록 만든 사운드를 새 레코드의 배경음악으로 집어넣었을 뿐이었다. 법원은 샘플링의 크기가 매우 미미하고 식별이 불가능하다고 해도 샘플링은 '무조건' 저작권 침해라는 규정을 설정해놓았다. 법원은 "라이선스를 얻든지 샘플링을 하지 말던지 둘 중 하나를 선택하라. 우리는 이 판결이 창의성에 심각한 제재를 가하는 것으로 보지는 않는다."라고 판결했다. 그러나 네트워크 중립성을 최초로 고안해낸 팀 우(Tim Wu) 교수는 미국 온라인 잡지 「슬레이트(Slate)」에서 다음과 같이 언급했다.

• 자신의 레코드를 샘플링한 래퍼들을 옹호하는 입장을 강력하게 주장했던 조지 클린턴은 본 재판 승소의 결과로 브릿지포트 사로부터 땡전 한 푼 받지 못하게 될 것이 분명하다.

퍼블릭 에너미와 같은 초창기 랩은 한 앨범에서 수천 개 음을 결합하고 믹스 했다. 그것은 음악적으로는 이치에 맞지만 법적으로는 이치에 맞지 않는다. 브릿지포트 이론에 따르자면 수천 개 아니 수백 개 샘플링은 곧 수천 개의 저작권 허가와 라이선스를 의미한다. 그렇다면 오늘날 퍼블릭 에너미의 앨범(It Takes a Nation of Millions to Hold Us Back)은 제작비로 수백만 달러 비용이 들 것이고 그렇다면 아마도 제작되지 않았을 것이 분명하다.

문제는 샘플괴물이 아티스트들에게 해로울 뿐만 아니라 대형 음반사에게도 해롭다는 사실이다. 음반사들은 최소의 비용으로 새 음반을 제작하고 싶어 한다. 그런데 브릿지포트식의 저작권 허가비용이 엄청나다면 제작비는 훨씬 더 높아질 것이고, 그렇게 되면 혁신적인 음악은 보다 큰 리스크를 감수해야 할 것이다.

언더그라운드에서 공공의 기반으로

저작권법은 누구나 사용 가능한 공공 영역을 침해하고 있다. 그러나 해적들의 역사가 수용될 수 있는 것이라면 그러한 법은 종종 무시되다가 나중에는 집행이 불가능해지면서 결국 뒤바뀌게 될 것이다.

다행히도 이런 변화는 이미 일어나고 있는 것처럼 보인다. 속도는 더디지만 분명 소비자와 기업과 아티스트들은 저작권 보호 조치와 과거에 기반을 둔 자유 사이에서 타협점을 찾기 위해 노력하고 있다.

소비자들은 그들이 소중히 여기는 음반 제품에 대한 태도를 바꿔나가고 있다. 합법적인 음악 다운로드 시장은 2005년에 187퍼센트 성장했으며, 불법 다운로드가 왜 그토록 확산될 수밖에 없었는가 하는 부분적인 이유로는 우리가 알고 있다시피 음악 업계가 새로운 테크놀로지에 반응하지 못했고 너무 성급하게 법적 대응에 나섰던 사실을 들 수 있다. '하프 라이프'의 모드 게임인 '카운터 스트라이크'는 매일 백만 건 이상의 게임이 온라인상에서 진행되고 있지만 '하프 라이프' 정품을 갖고 있는 사람에 한하여 가능하다. 이러한 시스템은 게임 설계자들이 자신의 최초 오리지널 창작으로 수입을 올리는 권리를 존중해주는 모더와 플레이어에 의해 유지되고 있다.

제작자들과 함께 정치가들조차도 자신들의 태도를 조금씩 바꾸어가고 있다. 영국의 BBC는 크리에이티브 아카이브(Creative Archive)를 도입했는데, 이는 비상업적 용도로 사용할 경우에는 누구나 저작권으로부터 자유롭게 이용할 수 있는 비디오와 오디오 자료실을 말한다. 2006년 당시 영국의 재무장관이었던 고든 브라운(Gordon Brown)은 리믹스가 혁신 수단으로서 갖는 가치를 인정하고 새로운 영국 저작권법을 제안했는데, 그것은 타인의 제작물을 리믹스할 수 있는 보다 창의적인 자유를 제공하는 동시에 만인의 권리를 보호한다는 내용이었다.

미국에서는 2007년 3월에 마이크 도일(Mike Doyle) 하원의원이 리믹스 문화를 옹호하자는 하원 연설을 통해 21세기 창의성에 대한 새로운 규정을 동료 정치인들에게 피력했다. 그는 음악의 미래에 관해 논하는 한 청문회에서 다음과 같이 말했다.

나는 모든 관련자들이 한 걸음 물러나 각자 자문해보기를 바란다. 매시업(mash-ups: 웹상에서 두 개 이상의 자원을 섞어 새로운 자원을 창출해내는 기술-옮긴이)과 믹스테이프가 과연 정말로 다른 것인지, 혹은 폴 매카트니(Paul McCartney)가 척 베리(Chuck Berry)의 베이스 후렴구를 떼어내어 비틀즈의 히트곡(I Saw Her Standing There)에 이용한 사실을 인정했던 일과 지금 상황이 뭐가 그리 다른지 말이다.

어쩌면 그것은 모두 참말일 수도 있다. … 어쩌면 믹스테이프는 하나의 강력한 도구일 수도 있다. 그리고 어쩌면 매시업은 소비자 체험을 확장시키고 아이튠이나 CD 판매점에서 사용 가능하도록 만들어놓은 아티스트들의 제작물과는 경쟁이 되지 않는 새로운 변형 기술일 수도 있다. 게다가 나는 폴 매카트니가 허락을 구하고 그 베이스 라인을 도용했다고는 생각하지 않는다. 하지만 나는 그 음악을 들을 때마다 그가 그렇게 하기를 훨씬 잘했다고 생각한다.

그의 연설은 고무적이었다. 그것은 권력층이 직접 나서서 해적의 딜레마에 적극 대처하려는 움직임으로 보였다. 그러나 앞으로 얼마나 많은 노력이 이루어져야 전국의 모든 정치인들이 리믹스가 얼마나 유익한 것인지 납득할 수 있을지 증명하기 위해서는 마이크 도일 의원 다음에 입을 연 일리노이 주 하원의원 존 심커스(John Shimkus)의 얘기를 귀담아 들어볼 필요가 있다. "의장님, 저는 방금 전 마이크 도일 의원의 연설 중에서 알아들을까 말까 한 내용이 절반밖에 되지 않습니다. 도대체 무슨 말인지 모르겠습니다."

어쩌면 법에 있어서 가장 큰 변화는 크리에이티브 커먼스(Creative Commons: CC)라고 알려진 새로운 형태의 리믹스 친화적 저작권 라이선스를 이용하는 아티스트들로부터 나오게 될지도 모른다. 크리에이티브 커먼스는 완전한 혼란과 완전한 통제 사이의 절묘한 중간물로 제시되고 있으며, 아티스트들이 부당한 착취를 당하는 일 없이 대중에게 일부 권리를 허용하도록 하는 새로운 리믹스 저작권 라이선스를 만들어낸다. '일부 권리만을 소유'하는 그들의 모델은 점점 더 대중화되고 있으며, 이제는 46개국 이상으로 계속해서 늘어가고 있는 국가들이 여기에 적극 동참하고 있다. 크리에이티브 커먼스는 기존의 저작권 기간을 철회하거나 혹은 공공 영역에서 행사되고 있는 무제한적이고 위헌적인 영향력을 바꾸기 위해서 아무런 조치도 취하지 않는다. 다만 그것은 원제작자들이 자신의 제작물을 다른 사람들과 다양하고 합법적인 방식으로 공유할 수 있도록 하며 간접적으로는 이 쟁점에 주목하도록 한다.

컷 앤 페이스트 문화 덕분에 주류는 패러다임의 방향을 바꾸어놓았다. 그리고 리믹스는 음악, 게임, 영화, 패션을 비롯한 다른 여러 업계를 변화시켰다. 그렇다면 이제 모든 것은 입장을 바꾸지 않는 저작권 소유주와 법률가와 정치인들에게 달려 있다. 저항하기에는 이미 너무 늦어버렸다. 리믹스는 이미 수십 년 동안 존재해왔고, 아직 리믹스를 사용해보지 않은 사람들도 조만간 사용하게 될 것이다. 크리에이티브 커먼스가 제대로 작동하지 않는다면 일반 상식이 작동하게 될 것이다. 리믹스는 피해망상에 사로잡힌 엔터테인먼트 업계와의 싸움에서 점차 승리를 얻어나가는 가운데 리믹스가 의미 있는 표현 형태임을 입증하고 있고, 아티스트와 기업가 간의 공정한 경쟁의 장을 마련하고 있으며, 기존의 재료에서 새로운 의미를 구축해나가고 있다. 이제 마지막 전쟁이 눈앞에서 펼쳐지고 있다. 리믹스는 과거의 미래이며, 어쩌면 무한정한 비판과 재해석과 개선에 열려 있는 궁극적인 민주주의라 할 수 있다.

리믹스는 하나의 창의적인 도구로서 새로운 음악과 새로운 영화, 새로운 운동화와 새로운 의류를 제공하고 있다. 그러나 무엇보다 중요한 것이라면 그것은 기존에 정립된 아이디어를 흥미로운 새 아이디어로 재해석하는 단순하고도 효율적인 방법을 우리에게 제공해주고 있다. 보잉이나 제이지, 비디오 게임 업계가 그랬던 것처럼 다른 이들에게 당신의 아이디어를 리믹스하도록 허용한다면 새로운 방법으로 창의력에 날개를 달 수 있을 것이다.

리믹스도 해적 활동처럼 논란의 여지는 있지만 그것은 해적 활동과는 다르다. 리믹스는 옛것에서 새로운 예술과 문화, 제품과 아이디어를 창조해내는 합법적인 방식이다. 이제 리믹스되도록 남겨진 유일한 것이라면 그것은 바로 우리의 오래된 저작권법이다.

이제 곧 살펴보겠지만 리믹스가 사용되면서 창의력이 생성되고 창의적인 공간이 옹호되고 있는 한편으로 또 다른 젊은이 문화 현상이 수년 동안 공공장소를 리믹스하면서 우리 눈앞에 놓인 주변 세계를 재정립하고 있다.

CHAPTER 04

길거리 문화,
마케팅 전쟁의 승리자가 되다
The Art of War

길거리 그래피티, UCC, 그리고 공공장소의 탈환

대중의 폭발적인 반향을 일으킨 드로라 5의 영상 중 한 장면

©드로가5(Droga5)

미 중앙정보부(CIA)에서 호칭하는 '블로우백(blowback)'이라는 것은 세계 곳곳에서 암암리에 펼쳐지는 정부 공작에 대한 뜻하지 않은 결과나 반응을 뜻한다. 물론 민간인들은 정부의 비밀공작에 무지한 채로 살아가는 경우가 대부분이어서 정작 블로우백이 일어나도 그 맥락을 파악하기 힘들다. 이 장은 우리가 날마다 접하게 되는 블로우백의 스토리로, 공공장소에서 일어나는 일방적인 상의하달식 정보 흐름에 저항하는 은밀하고도 느슨한 네트워크 조직과 기성세력 사이에서 수백 년간 벌어지고 있는 알력 다툼의 상징이라 할 수 있다.

이 같은 블로우백은 평범한 일상에 가려진 채 계속해서 명맥을 이어가고 있다. 블로우백 투쟁가들이 활동하는 이유에는 여러 가지가 있다. 이제 블로우백의 사례 하나를 들려줄까 한다. 짙은 머리색의 한 젊은이가 사람들이 북적대는 시내 거리를 걷고 있다. 길거리 퍼레이드가 한창인 시내는 평소보다 많은 인파로 붐비고 있었다. 그의 목표물은 바로 코앞에 있었다. 바로 그가 내내 쫓아다니던 정부요원 차량 말이다. 물건과 서류를 전달해주는 심부름꾼의 행색 탓에 그가 인파를 뚫고 자동차 행렬에 다가서고 있음을 눈치채는 이는 아무도 없었다. 목표물은 완전한 무방비 상태였다.

그의 손에는 무척이나 특별한 무기가 감추어져 있었다. 플라스틱의 초소형 무기는 발사 오차가 30밀리미터밖에 되지 않을 정도로 정확했다. 아무리 봐도 그것을 무기로 생각하기는 쉽지 않지만 어찌 됐든 순교자가 되는 일은 이제 시간 문제였다. 게다가 그의 노력 덕분에 지금 그의 손에 들려 있는 무기는 앞으로 굉장한 위험물 취급을 받게 될 것이고, 구입과 판매 그리고 소지 사실이 적발되면 즉시 경찰에 체포될 것이다. 하지만 지금 이 순간, 도시는 앞으로 어떤 일이 벌어질지 전혀 알지 못한다.

세월이 흘러 메릴랜드 주에서 제2의 조직단이 야밤을 틈타 작전을 개시했다. 한 남자가 고개를 돌려 동료들이 위치한 쪽을 바라보면서 "이 일은 결코 일어나지 않았다."라고 중얼거린다. 후드 달린 옷을 입고 야간투시경으로 무장한 동료 단원들이 울타리를 지나 앤드류 공군기지의 남쪽에 위치한 골프장을 가로지르기 시작했다. 활주로를 향해 어둠 속을 내달리던 그들은 별안간 우뚝 멈춰서고는 몸을 숙였다. 철조망 사이로 투광 조명을 받고 있는 목표물이 보였다. 에어포스 원(Air Force One). 미국 대통령의 전용 제트기이자 이동 백악관이다.

정찰견을 동반한 순찰병 한 명이 기지 주변을 순찰하더니 다시 제1격납고로 발걸음을 돌린다. 근처 초소에서는 보초병 두 명이 잡담을 나누고 있었다. 그 사이 후드를 뒤집어쓴 단원들이 보초병들의 눈을 피해 잠복했다. 단원들의 카메라는 기지 주변에서 일어나는 모든 움직임을 낱낱이 잡아냈다. 그들의 배낭에는 고압축 무기가 들어 있었다. 알루미늄 케이스에 들어 있는 그것은 시내에 있는 단원의 무기와 비슷하지만 분사력은 10배나 더 강력하다.

그들은 숨죽여 기다렸다.

한편 시내에서는 심부름꾼 차림의 공격수가 먹잇감을 향해 다가가고 있었다. 그의 귀에 주변 인파의 소리는 전혀 들리지 않았다. 요란스럽게 울려대는 심장 고동소리에 주변 풍경이 눈에 들어오지 않는다. 형형색색의 만국기도, 솜사탕을 사달라고 졸라대는 아이들도 말이다.

그는 이내 무기를 빼들더니 정부요원의 차량 측면에 그것을 사정없이 분사했다. 눈 깜짝할 사이 임무를 완수해낸 것이다. 행락객들이 제일 먼저 그 사실을 알아챘을 때 그는 이미 인파 속으로 사라진 뒤였다. 사태 파악이 불가능한 상황에서 차량 측면에 휘갈겨진 그 암호 메시지를 블로우백이라고 알아보는 사람은 아무도 없었다. 그것은 제일 먼저 도시를 상대로, 그리고 나아가 세계를 상대로 한 선전포고였다. 하지만 보이는 것이라고는 철자 4개와 숫자 3개가 전부였다. 'TAKI 183' 그것은 도대체 무엇일까?

바야흐로 때는 1971년, 그 도시는 바로 뉴욕이었다. 그래피티 전쟁이 막 시작된 때였다.

다시 35년 세월을 되감아 올라간 우리는 다시 경비망 뚫린 공군기지에 와 있다. 조직단은 즉시 행동에 착수했다. 단원 두 명이 먼저 수풀을 헤치고 한 쌍의 경계선 울타리를 향해 돌진한다. 작전의 핵심을 맡은 주요 임무 완수자는 바로 세 번째 단원이다. 그는 다른 두 동료 단원이 바깥 쪽 울타리 입구 지점을 통과해 골프장 가장자리에 위치한 안쪽 보안용 울타리의 옆 건물 지붕을 훌쩍 뛰어넘는 것을 지켜보았다.

그때 헌병차 한대가 다가오자 단원들은 조용히 숨죽였다.

차가 천천히 지나가자 안도의 숨을 내쉬는 단원들.

헌병차가 시야에서 사라지자 다시 행동을 재개한 단원들은 레이저와이어를 없애고 활주로를 허겁지겁 가로질러 뛰어갔다. 보초병의 감시를 피해 활주로를 달려가던 그들은 각기 다른 방향으로 흩어졌다. 단원 한 사람은 비행기의 착륙 기어 뒤쪽으로 몸을 숨기고 멀리 떨어진 보초병들을 감시하는 내내 가슴을 졸이며 머리에 장착된 카메라로 모든 광경을 녹화했다. 또 다른 침투단원은 기체 왼쪽 날개에 매달린 한 쌍의 거대한 터빈 밑으로 몸을 웅크리고 등에 매고 있던 배낭으로 손을 뻗어 고압축 깡통을 꺼내들고는 목표물에 조준했다. 어둠 속에서 움직이는 그의 팔놀림은 기체를 향해 있다. 손잡이를 당기자 깡통에서 쉿 하는 소리를 내며 뿜어 나오는 검정 페인트가 제트 엔진 기체를 강타했다. 순간 대통령 권한의 최고의 상징물은 고의로 파괴된 또 다른 정부 시설물의 하나로 전락하고 말았다.

골프장 쪽에 배치되어 있던 단원이 가까이 다가가 수풀 위로 몸을 웅크리고 기체 외벽을 가로질러 구불구불 칠해지는 페인트를 줌인하여 카메라에 담았다. 이제 얼마 후면 녹화 비디오가 인터넷을 통해 유포되면서 셀 수 없을 정도로 여러 차례 다운로드가 일어날 것이다. 스프레이 깡통으로 대통령 전용 비행기에 낙서하는 게릴라 아티스트의 녹음 육성과 함께 말이다.

"대통령은 록스타처럼 세상을 누비며 날아다녀서는 안 된다. 미국이 이 세상에서 얼마나 위대한 국가인지 떠들어대지만 정작 무엇이 미국을 위대하게 만드는지는 모르면서 말이다." 비행기에 낙서한 단원의 설명이 계속 이어진다. "자신의 목소리를 부당하게 통제받는 나와 같은 아이들은 수천 명에 달한다. … 무지한 정치인들은 가장 두드러진 예술 형태를 겨냥한 법률을 계속해서 제정해나가고 있다. … 나는 만인이 자유롭게 말하는 권리를 옹호한다. … 그리고 두려움에 떨며 살기를 거부한다. 나는 아메리칸 드림의 또 다른 관점을 갖고 있다."

그래피티는 오랜 세월 지속된 기업 광고와 공공장소의 사유 점거로부터 반발하여 일어난 블로우백으로, 기업들에게는 새로운 브랜딩 수단을 무장하도록 만들었으며 이에 못지않게 사람들을 기업의 침입에 대항하도록 부추겼다. 이러한 블로우백은 놀라운 신 테크놀로지가 일어나도록 자극했고, 우리가 창조해낸 기업과 공공장소를 우리가 섬기기보다는 그것들이 어떻게 우리를 최고로 섬길 수 있는지 바꿔 생각하도록 함으로써 더 이상 편협한 미국인이 아닌 진정한 세계인이라는 새로운 이상의 방향을 우리에게 제시해주었다.

임무가 완수되자 단원들은 제트 엔진 외벽에 메시지를 남기고는 어둠 속으로 도망쳤다. 그들의 메시지는 공공장소에서 일어난 30년 전쟁의 블로우백이었다. 누군가는 이를 반달리즘(vandalism: 공공시설물의 파괴행위)이라고 부르겠지만, 그 본질에는 대통령 전용 비행기의 외벽에 스프레이를 뿌려 만든 글자처럼 다음의 사실을 증명해주는 예술이 존재한다.

아직도 우리는 자유롭다(STILL FREE)

'TAKI 183'은 도대체 무엇일까?

1970년에 등장한 뭔지 모를 이상한 암호가 많은 뉴요커들의 마음속에 궁금증을 일으켰다. 그러다 결국 1971년 7월 21일자 「뉴욕 타임스」의 헤드라인으로 미스터리는 벗겨졌다. 'TAKI 183이 동지들을 일으키다' 신문은 TAKI 183이 뉴욕 183가에 사는 드미트리우스(Demetrius)라는 이름의 17살짜리 소년임을 밝혔다. 타키는 몇 블록 떨어진 곳에 사는 한 푸에르토리코인 갱단(그가 몇 번가에 사는지 알아맞혀 보라)의 JULIO 204라는 낙서에서 영감을 얻고는 동네의 가로등 기둥과 아이스크림 트럭과 같은 시설물에 마커 펜으로 낙서하기 시작했다.

타키가 유명해진 것은 그래피티 작가로서가 아니라(그는 최초의 그래피티 작가와는 거리가 멀다) 도시 방방곡곡을 누비며 낙서한 최초의 인물이라는 이유에서였다. 타키는 심부름꾼 직업을 갖고 있었을 당시에 뉴욕의 5개 독립구를 돌아다녔으며, 때로는 뉴저지와 코네티컷 주를 포함해 뉴욕 북부 지역까지 종행무진하면서 발길 닿는 곳곳마다 자신의 이니셜을 낙서하기 시작했다. 타키가 시내를 누비는 동안에 사람들은 그의 낙서를 알아보기 시작했다. 그 후 몇 년에 걸쳐 명성에 굶주린 아이들이 페인트와 펜으로 무장하고 모여들었다. 이들은 오늘날 우리들이 이메일 주소를 적듯이 자신의 이름과 주소를 낙서하면서 도시 전체를 채색하는 방법으로 자신들의 존재감을 드러냈다.

타키는 정치인이나 사기업들처럼 자신과 새로운 동료들에게도 공공장소를 이용할 수 있는 동일한 권리가 있다고 생각했다. 유행처럼 번지기 시작한 그래피티에 대해 시 당국의 역습이 시작되자 그는 자신을 뒤쫓는 그들의 위선을 지적하면서 「뉴욕 타임스」에 다음과 같이 말했다. "그들이 어린 소년을 뒤쫓는 이유가 무엇인가? 그렇다면 선거 기간에 지하철이란 지하철에 포스터를 도배하는 선거 운동 단체는 왜 단속하지 않는 것인가?"

타키는 혁신적인 급진주의자였다. 그는 미디어의 파워를 제대로 이용하기만 하면 더 많은 노출의 기회를 얻어낼 수 있다는 사실을 알고 있었다. 그것은 바로 해적의 방식이었다. 그가 가장 먼저 「뉴욕 타임스」에서 주목한 인물이었다는 사실은 결코 우연이 아니었다. "타키는 이스트 사이드 북쪽과 맨해튼 비즈니스 구역에서 집중적으로 작업 활동을 벌였다. 그곳은 소설가와 저널리스트, 텔레비전 관계자를 비롯한 각종 미디어 브로커들의 집결지였기에 그의 이니셜을 본 어떤 매체에서든지 그의 낙서에 대해 언급할 수도 있을지 모를 일이었다." 조 오스틴(Joe Austin)은 『전철 타기(Taking the Train)』라는 책에서 이렇게 적고 있다. "타키는 이미 구축해놓은 자신의 신화적인 입지를 이런 식으로 더욱 단단히 다져놓았다. 미국 전역에 빈번한 횟수로 방영되던 금연 공익 광고에서는 한 영화배우가 자유의 여신상 계단을 오르다 걸음을 멈추고 금연의 중요성을 강조하는 장면에서 배우의 뒤쪽 벽면으로 타키의 이름이 선명하게 보이기도 했다."

그렇게 얻은 명성으로 표적물이 된 그는 결국 종적을 감추고 말았으며, 이것으로 타키는 그래피티 역사상 사람들 입에 가장 많이 오르내리는 인물의 한 사람이 되었다. 그 후 몇 차례에 걸쳐 수면 위로 모습을 드러냈던 그는 최근 2000년에 「뉴욕 타임스」와 전화 인터뷰를 가졌다. 근황에 따르면 타키는 한 가정의 가장으로 웨스트체스터 카운티의 어딘가에 살면서 자동차 수리업에 종사하는 것으로 추정되었다. 그는 과거를 회상하면서 2000년 지면을 통해 이렇게 말했다. "아직도 어떤 벽면이든지 지나칠 때마다 작업하기 괜찮겠다고 중얼거릴 때가 있다. 물론 나는 아직까지도 늘 마커를 소지하고 다니는 위험인물이다. 그러나 그것은 열여섯 살 때나 하는 짓이다. 그런 낙서가 커리어를 쌓을 만한 일은 되지 못하기 때문이다."

우리의 두 번째 이야기 주인공은 커리어에 관한 타키의 언급이 완전히 빗나갔음을 증명하는 완벽한 본보기에 해당한다. 골프장을 가로질러 에어포스 원에 낙서했던 장본인은 바로 마크 밀레코프스키(Marc Milecofsky)라는 뉴저지 출신의 유태인 소년이었다. 뉴욕 지하철에서 영감을 얻은 그는 십대 때부터 티셔츠에 '에코(Ecko)'라는 문구를 낙서하다가 1980년대 중반부터 아버지 차고에서 티셔츠를 팔기 시작했다. 그러다 퍼블릭 에너미의 척 디(Chuck D)와 같은 힙합 인기가수와 영화 제작자 스파이크 리(Spike Lee)가 그의 티셔츠를 즐겨 입기 시작하면서 에코의 낙서는 하나의 브랜드가 되었다. 오늘날 마크 에코 엔터프라이즈(Marc Ecko Enterprises)는 연간 10억 달

• 「뉴욕 타임스」에 따르면 그는 최소한 서너 차례 붙잡혔다. 심지어 퍼레이드가 끝난 후에는 머리끝까지 화가 난 한 정부요원에게 붙잡혀 단단히 혼줄이 나기도 했다.

러 이상의 수익을 벌어들이고 있으며, 이밖에도 에코 언리미티드(Ecko Unlimited)와 50센트의 지유닛 클로딩(G-Unit Clothing), 스케이트 브랜드 즈욕(Zoo York), 남성 잡지 「콤플렉스(Complex)」, 그래피티 비디오 게임을 포함한 12개 의류 및 잡화 라인을 갖고 있다. 현재 마크를 비롯한 다른 유명인사들의 비즈니스는 인기 가도를 달리고 있다.

그러나 여전히 의문은 남아 있다. 이 패션 억만장자는 대통령 전용기에 낙서를 해놓고도 어째서 총알 한 발 맞지 않았는지, 아니 설상가상으로 쿠바의 관타나모 수용소로 실려 갈 수도 있었을 텐데 어떻게 그토록 무사할 수 있었는지 말이다. 답은 간단하다. 모두 쇼였기 때문이다.

에코는 광고 에이전시인 드로가5에게 기업의 브랜드 영향력을 표현해주는 동시에 에코의 표현대로 하나의 '대중 문화적 사건이' 될 만한 영화를 제작해 달라고 의뢰했다. 드로가5는 임대한 747 화물 제트기의 왼쪽 측면을 에어포스 원과 똑같이 도색했다(사실 이 가짜 제트기는 캘리포니아 주의 샌버나디노 공항에 상주해 있었다). 고용된 그래피티 아티스트들이(이 중에 마크 에코는 없었다) 영화 도입부에서 '이 일은 결코 일어나지 않았다'고 중얼거린 대목은 훗날 국가법 위반의 명목으로 법정에 서게 됐을 때 도움이 될지 모른다는 드로가 측 변호사들의 판단에 따른 것이었다. 그들은 헌병차와 똑같이 보이도록 차량 서너 대에도 도색 작업을 했고, 앤드류 에어포스 기지와 똑같은 울타리를 설치했다. 그리고 촬영 후에 편집 특수 효과를 이용하여 컴퓨터로 만들어낸 비행기 격납고 이미지를 추가해 넣었다. "모든 세밀한 부분들이 고스란히 표현됐다."고 드로가의 광고 책임자 던컨 마셜(Duncan Marshall)은 말했다. "우리는 가능한 한 실물과 똑같이 보여야 한다는 점을 알고 있었다. 그리고 모두 감쪽같이 속아 넘어갔다. 간단히 말해 이 광고는 에코의 영향력에 대한 열광적인 분위기를 도시 문화에 일으키자는 것이었다. 에코는 본인의 분명한 입장을 갖고 있었고 그래피티에 대해 대담한 입장을 취하고 있었다. 우리는 온라인상에서 광고에 대한 웅성거림을 만들어내려고 노력했다. 하지만 무슨 일이 벌어질지는 확신할 수 없었다."

흐릿한 화면의 비디오 클립이 인터넷에 공개되자 그 결과는 집단 히스테리 증세에 가까웠다. 무슨 일이 벌어질지 확신했던 사람은 아무도 없었다. 처음에는 인터넷 게시판과 블로그, 이메일 재전송으로 소문이 퍼져나갔다. 그리고 마지막으로 불과 몇 시간이 지난 후에는 이상한 낌새를 파악한 전 세계 주류 미디어들이 정신없이 보도를 내보내기 시작했다. 지금까지 이 비디오 클립을 시청한 네티즌 수는 1억 1,500만 명에 달한다. 에코와 드로가5에 깜박 속아 넘어간 미 공군은 비디오 클립을 보고 난 후에 실제 대통령 전용기를 재차 점검하기까지 했다. 이 사건에 당황한 한 중령은 훗날 AP 통신에서 실제 상황과 너무나 흡사했다고 토로했다. 미 국방부에서는 이것이 실제 상황이 아님을 각각 세 차례에 걸쳐 공식 부인하기까지 했다.

"기존 미디어를 통해서 1억 1,500만 명과 소통하는 데는 어마어마한 비용이 들었다. 에코는 사람들이 자신의 브랜드를 알아주기를 간절히 원했고 자신의 티셔츠와 운동화를 비롯한 여러 제품들을 구입해주기 원했다. 하지만 거기에는 광고에 관한 합법성 문제도 함께 걸려 있었다. 그것은 논란을 일으켰다. 그것은 광고가 진정으로 원하는 일인 동시에 우리가 의도한 일이었고, 그 일은 실제로 벌어졌다. 벽에 그리는 그래피티가 대형 브랜드 포스터를 거는 일보다 정말로 더 나쁜 일일까? 내가 광고업자로서 이런 얘기를 하고, 길을 걷다가 나오는 아무런 상관없는 제품의 포스터를 보게 될 때, 그것이 과연 복잡하고 난해한 그래피티와 비교해 더 나은 것일까 아니면 더 나쁜 것일까? 그것은 괜찮은 논쟁거리이면서 매력적인 질문이었다."

타키와 에코는 그래피티라는 다채로운 스펙트럼의 양쪽 가장자리에 위치해 있다. 그 한쪽에는 비록 땡전 한 푼 벌지는 못했지만 전설적인 존재가 된 그래피티의 창시자가 있다. 많은 이들이 TAKI 183을 하나의 전설로 평가한다. 물론 그를 전염병을 일으킨 세균 같은 존재로 바라보는 이들도 있다. 반대로 스펙트럼의 다른 한쪽에는 티셔츠● 외에 다른 장소에 낙서해본 경험은 없지만 그래피티를 수십억 달러의 매출액을 벌어들이는 브랜드로 탈바꿈시킨 모방자가 존재한다. 에코가 저질렀던 짓궂은 장난은 대단한 볼거리였고●● 그의 굽힐 줄 모르는 길거리 예술과 언론의 자유에 대한 주장은 가히 존경스러웠지만, 일부 비판가들은 그것을 에코라는 다국적 기업의 얄팍한 선전 상술에 지나지 않는 것으로 보았다. 그러나 타키와 에코 두 사람 모두가 인정하는 한 가지 사실은 분명히 있다. 그것은 실제 그래피티 작품보다도 그에 관한 미디어 보도가 훨씬 더 강력할 수 있다는 것이다.

그래피티 작가의 모순성

타키와 에코는 그래피티에 있어서 모순적이고 갈등적인 이상을 강조하고 있다. 펑크와 마찬가지로 그래피티도 늘 반기업적인 움직임으로 여겨지고 있다. "이처럼 공격적이고 생동감 넘치는 예술은 CBGB와 같은 펑크의 전설적인 장소를 지배했던 바로 그 반기업적 정서와 완벽하게 맞아떨어진다."

- 마크 에코는 사실상 그래피티 작가로서는 높이 3미터가 넘지 않는 아버지 차고의 천장을 벗어나지 못했음을 인정했던 첫 번째 그래피티 작가였지만 자신에게 영감을 불어넣은 정신만큼은 굳건히 고수했다. 그는 2006년 5월에 한 법정 소송에 자금을 조달하여 당시 18세부터 20세 젊은이에게 스프레이 페인트나 펜촉 두꺼운 마커펜의 구입과 소지를 금하는 뉴욕 규제법을 완전히 뒤엎었다. 당시 그 규제법으로 사실상 많은 예술 전공 학생들이 교재물을 구입하지 못하거나 수업에 들고 갈 수 없는 형편에 놓여 있었다. 조지 B. 대니얼스(George B. Daniels) 판사는 해당 규제법에 대한 임시 규제 명령을 내렸다. 그는 "마치 그것은 사과를 먹을 수는 있지만 사과를 구입해서는 안 되고, 누군가 내게 사과를 판매하거나 사과를 도시락에 싸가는 일도 있어서는 안 된다고 말하는 것과 같다."고 말했다.
- ●● 에코가 이를 고안해낸 최초의 인물은 아니었다. 1960년대 초창기 그래피티 작가의 한 사람인 콘브레드(CORNBREAD)는 팝그룹 잭슨 5(Jackson 5)가 필라델피아에 방문했을 때 그들의 보잉 747 전용기에 낙서한 바 있다.

고 넬슨 조지는 자신의 저서『힙합 아메리카』에서 적고 있다. "펑크가 반항적인 음악이었다면 그래피티도 그만큼이나 확실한 반항 미술에 속한다."

펑크와 마찬가지로 그래피티에도 모순적인 부분이 많은데, 그것은 그래피티가 서로 상반되는 두 세력이 만들어낸 작품이라는 점 때문이다. 어떤 이들에게 그래피티는 도시의 십대 세대들이 자신을 브랜드화하여 명성을 얻고 나아가 게릴라 마케팅으로 모습을 바꿔서 최고의 영향력을 행사하도록 하는 보이지 않는 실체의 목소리에 해당한다. 그런가 하면 다른 어떤 이들에게 그것은 기성 체제의 대적이자 낙서를 즐기는 시민이며 시스템 붕괴 수단이다. 그래피티 내부의 이러한 갈등은 그래피티를 둘러싸고 존재하는 또 다른 갈등, 즉 그래피티는 좋은 것인가 나쁜 것인가 하는 의견 대립에 잘 반영되어 있다. 일부 미술 비평가들은 그래피티를 20세기의 가장 중요한 미술 형태로 평가하고 있으며, 오늘날 그래피티가 아트 갤러리에서 차지하는 공간이 점점 더 증가하고 있는 사실이 이를 증명해준다. 그런가 하면 그래피티를 조경을 망치는 천덕꾸러기로 취급하고 모두 깨끗이 쓸어버려야 한다고 주장하는 사람들도 있다.

어느 쪽에 속하든지 그래피티는 하나의 전쟁을 일으킬 정도로 막대한 중요성을 갖고 있다. 그리고 앞으로 어떤 경제 역사학자가(혹은 미국의 에너지 공급업체이자 군수업체인 핼리버튼Halliburton의 임원진이) 얘기할 수도 있는 내용이지만 전쟁은 유익한 비즈니스에 속한다. 그래피티도 이와 다르지 않다. 그것은 창의성과 더불어 공공 영역의 새로운 이용 방식을 창출해낸다. 그리고 이 둘은 에코 제국과 같은 멋진 기업체와 그래피티 제품 속에서 자유롭게 활용된다. 그리고 다른 많은 전쟁과 마찬가지로 그래피티는 투철한 시민 정신의 소유자들에게 자유와 평등에 대한 욕구를 강화하고 있으며, 사회 관련성을 지닌 흥미로운 작품을 생산하는 아티스트들을 꾸준히 배출하면서 우리 같은 일반인들에게 그것에 대해 좀 더 생각할 수 있는 시간을 제공해준다. 그러나 그래피티에서 가장 중요한 점을 꼽자면 전쟁 상황 속에서 급속하게 출현하는 그 무엇을 산출해냈다는 것이다. 그것은 바로 혁신이다.

개들에게 가로등이 필요하듯이 말이다

인간은 먼 옛날부터 그래피티를 즐겨왔다. 폼페이의 오래된 벽면에는 이런 글귀가 적혀 있다. "놀랍도다. 오 벽이여, 그대는 그토록 많은 낙서가들이 그려놓은 따분하고 우둔한 짓들을 잘도 참아오면서 무너지거나 주저앉지도 않았구나." 마야인이나 바이킹족도 그래피티에 탐닉했고, 심지어 고대 로마인들도 피라미드 위에 이집트인들이 새겨 넣은 그래피티 위에 낙서를 하곤 했다. 약 8천 년 전부터 시작된 조각 행위는 미국 노스다코타 주 포트랜섬의 "라이팅 록(Writing Rock: 일직선으로 된 기다란 홈이나 원형 무늬, 불규칙한 선들이 패여 있는 바위로, 지금까지도 자연 현상이라는 주장과 구석기 시대 부족들이 해놓은 표시라는 주장이 엇갈리고 있다—옮긴이)"이라고 알려진 바위에서 지금도 확인해볼 수 있다. 그런가 하면 제2차 세계대전 동안에는 전 세계 곳곳에서 수천 곳이 넘는 벽면과 폭탄, 전투기 등 에 '킬로이가 여기 왔었노라(Kilroy was here)'는 낙서가 새겨지기도 했다. 동굴 벽화에서부터 미스터리 서클(crop circle: 잉글랜드 남부 등지의 밀밭에서 농작물이 일정한 방향으로 쓰러져 거대한 기하학 무늬를 만들어놓은 현상—옮긴이)에 이르기까지, 공공 영역에 표시를 남겨두는 행위는 신분과 지위를 막론하고 모든 사람들이 저항할 수 없는 하나의 강렬한 자극에 속한다.• 개들에게 가로등이 필요하듯이, 우리 인간에게는 그래피티가 필요하다.

그러나 1970년대와 80년대에 뉴욕에서 출현한 그래피티 작가들은 달랐다. 사명 의식을 갖고 있던 이 아티스트들은 생명의 위험을 무릅쓰고 스프

살림

Best Books

(주)살림출판사 www.sallimbooks.com

413-756 경기도 파주시 교하읍 문발리 파주출판문화정보산업단지 522-2번지

대표전화 031-955-1350 / 팩시밀리 031-955-1355

레이 캔으로 자신들의 정체성을 구축하면서 한 세대를 정의 내렸다. 그래피티 작가들은 최근에 들어서야 사회가 인정해주기 시작한 새로운 조직과 운영 방식을 만들어내는 방법으로 전통적인 하나의 자기표현 수단을 집요하고도 창조적인 글로벌 운동으로 바꾸어놓았다.

그래피티 작가들은 잘 흔들어놓은 스프레이 캔보다 더한 압력에 시달리면서 날마다 새로운 실험과 다각적인 표현 방법을 표출하기 위해 고민한다. 누구보다 명성을 날리고, 경찰보다 늘 한발 앞서 움직이고, 보다 정교한 새로운 스타일을 개발해내기 위해 고군분투하는 작가들은 그래피티를 오늘날 가장 역동적인 예술 분야의 하나로 구축해놓았으며, 이러한 기본 정신은 우리 일반인들이 뭔가 비범한 것을 만드는 데 이용할 수 있는 하나의 공식을 제공해주었다.

모든 도시들의 다양성

다양성은, 그것이 정치적으로 올바르고 법으로 규정된 것이라는 이유 때문에 마지못해 내세우는 하나의 무의미한 기업 용어이자 전략이 될 수도 있다. 그러나 똑똑한 CEO들과 비즈니스 리더들은 실제로 다양성이 보장될 경우에 그렇지 않은 집단에서 일할 때보다 직원들의 창의성과 생산력을 한층 높일 수 있다는 사실에 눈을 뜨고 있다. CEO들에게 박수를 보낸다. 그러나 십대 그래피티 아티스트들은 이미 40년 전부터 다양성을 효과적으로 이용

- 지하철 아티스트들의 영원한 적수인 뉴욕 시장들조차도 자신의 집에 그려놓은 그래피티의 오랜 역사를 갖고 있다. 뉴욕 시장의 관저인 그레이시 맨션(Gracie Mansion)에도 일부 인사들이 남몰래 남겨놓은 낙서들이 적혀 있다. 줄리아니 전 뉴욕 시장의 딸 캐롤라인(Caroline)은 2001년에 그곳 서재 창유리에 자신의 이름을 새겨놓았으며, 그 역사는 1965년 린드세이(Lindsay) 전 뉴욕 시장의 딸 마지(Margie)와 1893년 노아 휘튼(Noah Wheaton: 그는 뉴욕 시장은 아니지만 그레이시 맨션이 뉴욕 시장의 관저가 되기 이전에 그곳에 살았던 거주자이다)의 손녀 밀리(Millie)의 낙서로 거슬러 올라간다. 소문에 따르면 그곳 지하실 한쪽 벽면에는 지난 역대 뉴욕 시장들이 직접 남겨놓은 낙서들이 수세기 동안 남겨져 내려오고 있다.

해왔다.

　일찍이 그래피티 작가들이 체계화한 방식은 오늘날 많은 성공적인 기업들의 운영 방식에 선구자적인 역할을 담당했다. 압도적인 수치의 비즈니스 연구조사에서도 지적되고 있는 사실이지만 이러한 다양성은 네트워크를 확장시키고, 신선한 아이디어와 관점으로 시야를 넓히며, 경쟁 우위를 확보하고, 새로운 시장을 개척하며, 기업 효율성을 증가하도록 도와준다. 기업의 세계화는 지리적인 거리를 단축시켰으며, 다양성은 문화적인 거리를 좁혀 나가고 있다. 다양성은 수십억 달러의 매출액을 벌어들이는 산업으로 발전되었으며, 막강한 성공을 이룬 기업 중역실에서는 종종 그래피티 집단과 같은 방식으로 인재들을 채용하고 있다.* 세계 곳곳의 도시와 국가들이 계속해서 보다 다양화될수록 도시화와 인구 이주의 속도가 점점 단축되면서, 새로운 아이디어와 영향력과 사람들에 대한 개방성은 그 어느 때보다 중요해지고 있다.

　타키 이후에 나타난 그래피티 작가들은 패거리 집단을 결성하고 무리지어 작업하기 시작하면서 갱단들이 장악하고 있던 위험한 구역들을 돌아다닐 수 있는 자유와 영향력과 안정성을 얻을 수 있었다. 그러나 그래피티 집단은 급진적이고 새로운 인력 채용 전략을 구사한다는 점에서 갱단들과는 달랐다. 갱단들이 자신들의 관할 구역에 매우 민감하고 지역적인 편협함을 드러낸다면, 그래피티 집단들은 자신들이 속한 구역의 외부에서 적극적으로 인재를 채용했다. 그들은 의도적으로 만들어진 다민족 다성별 집단으로, 모든 주변 지역들과 각계각층에서 젊은이들을 끌어들여 전 도시를 누비고 다녔다. 그래피티 아티스트 리 키노네스(Lee Quinones)는 아이버 밀러(Ivor

---

* 국제 헤드헌팅 기업 콘/페리(Korn/Ferry)의 설문조사에 의하면 미국에서 가장 성공한 기업들은 임원진 자리에 여성과 소수민족들을 앉히는 일에 열심이었던 것으로 보고하고 있다.

L. Miller)가 쓴 『에어로졸 왕국(Aerosol Kingdom)』이라는 책에서 다음과 같이 말했다. "갱단들은 자신들의 구역을 사수한다. … 그러나 그래피티의 움직임은 사람들을 결집시켰다. 흑인, 백인, 남아메리카인, 동양인, 유럽인을 포함해 부자에서 빈자에 이르는 각종 인물들로 구성된 우리들은 모두 평등했다. 우리는 그 속에 존재하는 에너지를 사이좋게 공유하면서 방망이나 권총, 그리고 마커펜을 들고 밤새 서로의 구역을 지켜주었다. 그리고 그 에너지를 이용해 창조적인 도색 작업에 나섰다."

그래피티 멤버들이 가져온 광범위한 배경과 관점과 아이디어들은 그래피티 색조에 다양한 스타일과 영향력을 빠르게 확산시켰다. "다양한 것을 할 수 있다는 사실은 내게 하나의 강점을 제공해주었다. 이제는 더 이상 한 가지 재주만을 부리는 조랑말 신세가 아니었다."고 뉴욕에서 크게 성공한 뉴욕 출신의 아티스트 산드라 '레이디 핑크' 파바라(Sandra 'LADY PINK' Fabara)는 말했다. "그래피티 집단의 다양성은 경찰들이 눈여겨보는 특성이었다. 다양한 인종이 섞여 있는 십대 무리들은 그래피티 작가들인 경우가 거의 틀림없었기 때문이다. 모든 이들을 한데 합쳐놓았다는 것은 굉장한 조건에 속했다. … 모든 인종과 경쟁 상대들이 한자리에 모이면 보다 대단하고 강력한 것을 이룩할 수 있었다. 그렇다고 해서 늘 단결했던 것은 아니었다."

그래피티는 외부인들이 보기에는 온갖 언어들로 뒤섞인 난해한 혼합물이었지만, 내부 사정에 밝은 이들의 눈에는 결코 단순하지 않은 한 집단의 언어였다. 그것은 치열한 경쟁이 동력이 되어 움직이는 다문화 혼합체에서 생성된 고도의 창의적인 생성물이었다.

그래피티에 들어 있는 영향력과 관점에는 시민권 운동과 반전 운동, 흑인 옹호주의, 여성 해방 운동, 히피 문화를 비롯해 무수히 많은 젊은이 문화의 줄기들이 포함되어 있었으며, 뉴욕에 거주하는 이민자 인구만큼이나 다양한 전통적인 영향력이 한데 녹아들어 있었다. 1980년에 열다섯의 나이로 그래피티를 시작한 레이디 핑크는 "젊은이들이 맨 처음 하나의 목소리를 발견해낸 것은 1960년대였다."고 말했다. "우리는 어떻게든 이를 유지하려고 노력했다."

목청을 돋우어라

목소리들이 점점 커지고 온통 어지러운 낙서에 지하철이 파묻히면서 그중에서 살아남는 유일한 방법은 몸집을 부풀리는 것이었다. 지하철 내부에서 시작된 낙서는 지하철 외관을 뒤덮기 시작했다. 그래피티는 작가들끼리 지하철 라인의 '왕' •이 되기 위해 싸움을 벌이면서 군비 경쟁에 돌입했다. 초대형 글자로 무장하고 기발하고 새로운 폰트를 발명하여 색깔을 칠해 넣은 다음 여기에 드롭 섀도우(drop shadow) 기법과 캐릭터와 배경을 추가해 넣었다. 1973년 무렵이 되자 페이즈 2(PHASE 2)와 리프 170(RIFF 170), TRACY 168(TRACY 168), 블레이드(BLADE)와 같은 초창기 아티스트들은 낙서를 발전시켜 하나의 걸작품으로 바꿔놓았다.

그래피티 작품들은 세부 작업을 곁들인 초대형 작업이었다. 온갖 인종들이 뒤섞여 있는 뉴욕에서 피어오른 갖가지 아이디어들을 형형색색 장식해 놓은 그래피티는, 유리창을 포함해 지하철 차량 전체의 한쪽 측면을 뒤덮을 수도 있었고, 때로는 두세 개 이상의 지하철을 뒤덮기도 했다. 이들 작품들은 마치 움직이는 아트 갤러리처럼 뉴욕시 전체를 누비고 다니면서 눈에 보이지 않는 세대가 만들어낸 새로운 언어를 온 천하에 알렸다. 힙합 래퍼의

• 왕(king)이 된다는 것은 지하철 라인 전체를 차지하거나 혹은 특정한 낙서 스타일의 창시자가 된다는 뜻이다. 그래피티에서 가장 낮은 지위는 토이(toy)에 해당한다. 경험이 없거나 실력이 미숙한 초보 작가를 뜻하는 이 명칭은 특이하게도 1597년 프란시스 베이컨에 의해 동일한 의미로 사용되었다.

선구자이면서 그래피티 아티스트이기도 한 래멀지(RAMMELLZEE)●는 "글자들의 싸움이 일어나고 있었다. 뉴욕은 세계에서 가장 큰 인종 집합소이며, 우리는 세상에 알려진 가장 악명 높은 갤러리를 갖고 있다. 도시의 혈관이자 교통 시스템인 지하철 말이다. 우리는 제일 먼저 혈관에 침투했다. 그러니까 말하자면 우리는 암적인 존재였다."고 말했다.

핑크를 비롯한 다른 많은 그래피티 작가들에게 그것은 극한 황홀감을 안겼다. "당신의 첫 지하철 작품이 지나가는 것을 보고 당신과 동료들의 반응이 나오는 것과, 문이 열리고 사람들이 쏟아져 나온 다음 다시 엄청난 소음을 울려대며 저 멀리 사라져가는 것은 그야말로 대단한 풍경이었다."

"지하철은 새로운 디자인이 개발되는 일종의 풍동 실험과 같았다."고 래멀지는 회고했다. 지하철의 공간은 한정되어 있지만 아티스트들의 상상력과 포부는 그 한도를 넘어섰다. 작품들은 알파벳에 생명력을 불어넣어 새로이 바꾸어놓았다. 알파벳을 쪼개고 비틀고 이어 붙여 완성해놓은 새로운 형태는 '와일드 스타일'로 알려져 있다. 곧이어 보는 이로 하여금 호기심을 자극하는 미래적이고 전위적인 이 '상형문자'들은 지하철 동력보다도 강력한 에너지로 충전되어 도시 전체를 누비고 다녔다.

모방은 치명적이다

뉴욕 지하철을 장악한 그래피티 무리들은 다양성에 대한 하나의 사회적 실험 집단이었지만, 이들의 운영 방식은 법적 규제 없이도 지적재산권이 제

● 크리에이티브 커먼스 라이선스에 의해 공개되어 누구나 RAMMELLZEE(ram-el-zee)로 발음된다는 힙합 문화의 가장 극단적인 세력에 해당한다. 그의 낙서는 하나의 수학 공식이며, 그는 랩 음악의 개척자 중 한 사람이다. RAMMELLZEE는 양자 물리학과 15세기 서예에 대한 심오한 이해를 발전시켜 그래피티의 대략적인 기초를 이루는 하나의 완전한 철학으로 만들어놓았으며, 이는 '고딕 미래주의(gothic futurism)'로 알려져 있다. 그는 또 쓰레기로 제작된 21개의 대형 로봇의 차림으로 랩을 하는 방식으로 그가 지닌 21개의 서로 다른 성격을 표현한다. 그는 일본에서 커다란 인기를 얻고 있다.

대로 운영될 수 있는 법에 대해 한수 가르쳐주고 있다. 해적의 딜레마가 강력한 힘을 발휘하는 세상에서 이 점은 더욱 더 중요성을 띠고 있다.

지적재산권을 둘러싸고 새로운 시스템을 창조해낸 사람들이 그래피티 작가들만 있는 것은 아니었다. 재능 넘치는 그래피티 인재들 속에서 출현하여 발전된 스타일 방식은 특이하게도 프랑스의 인정받는 요리사 세계와 매우 흡사했다.

2006년 MIT의 엠마뉴엘 포차트(Emmanuelle Fauchart)와 에릭 본 히펠(Eric von Hippel)은 프랑스 요리사 체제의 조직 방식을 연구한 논문을 통해서 비공식 규범에 기반을 둔 지적재산권 시스템이 어떻게 돌아가는지 살펴보았다. 그들이 발견한 내용은 그래피티 아티스트들이 사용하는 시스템과 놀라우리만치 흡사한 공통점을 갖고 있었다. 논문은 지적재산권법이 부재하는 경우에 비공식적인 시스템이 중요한 대안 혹은 보완물이 된다는 입장을 밝히고 있다. 그래피티와 프랑스 요리는 대개 저작권법과 특허법, 혹은 상표에 의해 보호받지 못하는 매우 복잡한 스타일과 관련되어 있다. 양쪽 분야의 경우 다른 사람의 아이디어를 모방하거나 훔치는 행위는 매우 심각한 결과를 초래할 수 있었다. 파리 레스토랑에서 값비싼 베샤멜 소스를 만들거나 혹은 뉴욕 지하철 측면에 부드러운 스프레이 도색 작업을 벌이는 경우든지 간에 양쪽 커뮤니티 집단에는 각기 나름대로 철저히 고수하는 비공식적 시스템이 존재하고 있었으며 그것은 두 집단의 창의적인 혁신을 유지해준다.

그래피티 멤버와 상급 요리사와 같은 커뮤니티 멤버들에 의해 단속되는 비공식적 시스템에서 규칙을 위반하게 되면 그것은 명성의 훼손을 자처한다. 명성은 양쪽 커뮤니티 집단에서 모두 대단히 중요한 자산 형태에 속한다. 이보다 더 끔찍한 것은 그러한 위반 행위로 핵심층에서 밀려날 수도 있다는 사실이며, 어느 쪽 집단이든지 두 경우는 모두 엄청난 재앙에 해당한다. 앞서 소개된 논문은 프랑스 요리사들에게 자신들의 요리 작품을 보호하는 세 가지 방식이 있다고 주장하고 있다.

1. "요리사는 다른 요리사의 창작품을 그대로 모방해서는 안 된다." 그래피티에서는 이를 모방(biting)이라고 부른다. 남의 작품을 모방한 혐의에 몰리게 될 경우 아티스트의 입지에 치명적인 타격이 가해질 수 있다.

2. "동료를 설득해 비법을 전수받은 요리사는 다른 사람에게 허가 없이 해당 정보를 전달할 수 없다." 그래피티 아티스트들도 같은 방법으로 정보를 공유한다. 작품 옆에 스프레이로 저작권 ⓒ 마크를 표시해둔 모습도 심심찮게 볼 수 있다.

3. "동료 요리사들은 최초의 요리 입안자를 해당 조리법의 창시자로 인정해야 한다." 그래피티 아티스트들은 자신의 작품 옆에 자신이 영향을 받은 작가의 이름을 나란히 적어놓기도 한다. 또한 돈디(DONDI)와 같은 그래피티 대부들에게 헌사하는 작품들을 세계 곳곳의 벽면과 지하철에서 찾아볼 수도 있다.

양쪽 집단의 경우 이 같은 비공식적이고 암묵적인 재산권은 창작자들을 보호하면서도 미래의 혁신을 도모한다. 요리사들과 그래피티 작가들은 종종 경험 많은 전문가들과 함께 지내는 견습 과정으로 많은 것을 터득하게 되며, 이런 규칙들을 엄수하여 신용 있는 사람으로 인정받게 되면 보다 높은 지위로 올라서게 될 가능성이 높다. 양쪽 그룹은 모두 집단 형태로 운영된다. 요리사들에게는 조리부가 있고, 그래피티 아티스트들에게는 동료 무리들이 있다. 이런 커뮤니티 내부에서는 동료들 사이에서 지적재산권이 거래되며, 아티스트들은 함께 협력하면서 자신만의 독특한 스타일과 취향을 세상에 내놓게 된다. 오직 최고만이 최고의 요리사들과 함께 일하게 된다. 마찬가지로 세계 정상급 수준의 그래피티 집단에 가입하는 일은 그만한 가치를 지닌 작가들에게만 허락된다. 예를 들어 래멀지는 한때 키스 해링(Keith Haring)과 장 미셸 바스키아(Jean—Michel Basquiat)와 함께 작업실을 공유했다.

양쪽 경우에 있어서 대량 시장이 이들의 작품을 베끼는 경우가 빈번하게 일어날지도 모른다(프랑스 요리사들은 자신들의 요리작품을 일반 체인 레스토랑에서 발견해내고, 그래피티 아티스트들은 티셔츠에 고스란히 옮겨놓은 자신들의 디자인을 보게 될지도 모른다). 하지만 이러한 모방은 해당 인물의 입지를 해치기보다는 오히려 도움을 주게 된다. 혁신을 부추기고 규칙을 마련하는 것은 법이 아니라 명성이다.

바다 속에 내던져지다

다양성과 비공식 저작권 시스템은 지하철 위의 그래피티 스타일을 급속도로 발전시켰다. 반면에 그림을 그려 넣을 공간은 점점 줄어들었고, 뉴욕 시당국은 그래피티에 넌더리를 치는 많은 시민들의 압력에 못 이겨 그래피티에 반대하는 캠페인을 추진했다. "사람들은 우리를 싫어했다."고 레이디 핑크는 당시 상황을 회고했다. "우리는 더할 수 없이 쓸모없는 존재였다. 사람들은 늘 우리를 악당쯤으로 생각했다. 왜냐 하면 지하철은 지저분해 보였고 공포 분위기를 풍겼기 때문이다. 시당국은 통제할 능력이 되지 않았고 우리가 바로 그 산 증인들이었다. 도시는 온갖 소동과 혼란으로 가득했다. 사우스 브롱크스 지역은 쑥대밭이 된 히로시마처럼 보였지만 대부분의 사람들은 그것을 눈치채지 못했다. 그러다 그곳을 빠져나와 깔끔한 동네로 진입하는 지하철은 사람들을 무서움에 떨게 했다."

이 같은 두려움은 결국 지하철에서 그래피티를 근절하려는 저항 세력의 토대를 형성했다. 지하철 구역에 경비를 강화하면서 아티스트들이 침입하여 지하철에 도색 작업을 벌이는 일은 더욱 힘들어졌고, 심지어 지하철 구역을 벗어나기도 전에 도색해놓은 작품들이 깨끗하게 지워지는 일이 일어나면서 작가들이 갈망하던 명성도 함께 앗아가버렸다. "그렇게 해서 나온 스테인레스 스틸의 지하철은 어떻게 손을 써볼 도리가 없음을 깨달았다."고 그래피티로 성공한 작가이자 레이디 핑크의 남편인 스미스(SMITH)는 말한다. "1985년에 그들은 지하철 4호선을 청소했다. 그림을 말끔히 지워놓은 것이다. 우리는 경악을 금치 못했다. 그러고는 7호선과 1호선을 차례대로 지운 다음 계속해서 F선과 R선을 포함한 전 지하철 노선을 말끔히 닦아놓았다." 아티스트들이 목숨의 위험을 무릅쓰고 지하철을 공격하는 일을 멈추게 하는 데는 수백만 달러가 들어갔다. 1989년에 뉴욕의 코크(Koch) 시장은 그래피티로 뒤덮인 마지막 지하철이 운행을 중단하고 노선에서 제외된 사실을 발표했다.

많은 아티스트들이 벌금형과 징역살이의 위험에 노출됐고, 레이디 핑크와 래멀지, 세이모(SAMO, 장 미셸 바스키아라는 본명으로 더 잘 알려져 있다)를 포함한 다른 아티스트들은 결국 명성의 기회를 다른 곳에서 찾아냈다. 지금에 와서는 이 새로운 아트 형태에 사족을 못 쓰는 도심에 위치한 갤러리들로 눈길을 돌린 것이다. 영화 〈와일드 스타일〉과 〈지하철 미술(Subway Art)〉과 같은 선구적인 작품들 덕에 그래피티 문화는 뉴욕을 벗어나 전 세계로 퍼져 나갔다. 반면에 뉴욕에서는 그래피티를 그리지 못하게 방지해놓은 지하철 대신에 온통 펜과 페인트로 낙서된 차량들이 빈 자리를 대신했고, 폐업 처분된 지하철들은 바다 깊숙한 곳으로 던져졌다.• 미술관에 보관되었어야 마땅한 전설적인 아티스트들의 작품들이 바다 깊숙이 가라앉게 되면서

색 바랜 녹슨 표면 위에 그려진 정교한 걸작들 위로 산호초들만이 무성하게 뒤덮이고 만 것이다.

우주 침공자 전략

뉴욕시는 승리를 선언했다. 그리고 골치 아픈 일을 해결한 사실에 시당국은 스스로 대견해했다. 물론 그래피티가 지하철에서 거의 대부분 퇴거한 것이 사실이기는 했지만 새로운 우주 침공자 무리들은 이미 그래피티를 또 다른 새로운 경지로 끌어올릴 수 있는 전략을 준비한 상태였다.

1990년대가 시작되면서 이러한 움직임은 예전보다 인심 사나워진 뉴욕 환경에 대처하기 위한 새로운 국면에 접어들었다. 신세대는 과거보다 가혹해진 법에 대해 신중하게 접근했다. 그것은 '장소'에 집중하는 것이었다. "내 낙서는 무척 단순하기 때문에 누구나 쉽게 읽을 수 있었다. 그렇다면 문제는 바로 장소였다." 브루클린 다리에 커다란 작품을 남긴 스미스는 이렇게 말했다. "어디든지 낙서를 남기겠다는 생각이 완전히 정신 나간 것은 아니었다. 그것은 장소를 정해 낙서하겠다는 말이었다. 우리는 가능한 한 높은 곳에 작품을 남겼고, 그런 방법으로 사람들 눈에 띌 수 있었다. 적절한 장소에 가능한 한 크게 낙서를 남겨놓는 일이 필요했던 것이다."

다른 아티스트들과의 경쟁과 지하철 당국의 감시에서 벗어나 새로운 공간으로 이동하는 방법을 통해 그래피티는 계속 명맥을 이어가면서 적절성과 흥미로움을 유지했다. 이는 다른 여러 상황에서도 적용될 수 있는 전략이었다.

해적들과 마찬가지로 그래피티 아티스트들도 시장을 벗어나 외부에서 자

- 그러나 스미스에 의하면 열 칸 지하철 전체가 결국은 어찌어찌 해서 디즈니랜드로 옮겨졌고 지금까지도 그곳에 보관되어 있다는 소문이 있다.

신의 입지를 찾는 일이 중요하다는 것을 깨달았다. 작가들이 경쟁하는 데 있어서 최고의 방법 중 하나는 다른 이들이 경쟁을 벌이는 장소(여기서는 지하철)에서 벗어나 아직 다른 경쟁 상대들이 알지 못하는 장소, 즉 경쟁과 무관한 새로운 영역으로 옮겨가 경쟁 상대들과 거리를 두는 것이었다. 컴컴한 지하철에 익숙해진 눈을 돌려 시내 길거리로 나오자 그들의 눈길이 닿는 새로운 영역을 발견할 수 있었다.

상점의 철제 셔터와 전국을 돌아다니는 화물 열차, 고속도로 벽면 등이 새로운 목표물이 되었다. 아티스트들은 다른 작가들의 손이 미치지 못하는 외딴 장소('permaspot'으로 알려져 있다)를 새롭게 찾아냈다. 그곳은 아티스트들의 작품을 독자적으로 감상할 수 있는 새로운 시장을 뜻했다. 코스트(COST)와 레브스(REVS)와 같은 작가들은 옥상이나 다리에 매달려 작업하기 시작하면서 뉴욕의 법률뿐 아니라 중력의 법칙에서도 벗어나 페인트 롤러로 자신들의 이름을 활자체로 그려 넣으면서 모든 기존의 와일드 스타일의 관습에서 벗어나 거대하고 단순한 작품을 창조해냈다. "코스트와 레브스는 과하다 싶을 정도로 커다란 롤러를 밀어대며 맨해튼을 파괴했다."고 길거리 미술의 듀오 작가 스큐빌(Skewville)의 한 사람인 애드(Ad)는 당시 일을 회고했다. "그들은 그래피티뿐 아니라 포스터 작업도 했다. 우리로서는 이게 도대체 어떻게 돌아가는 일인가 싶었다."

그것은 그래피티 움직임의 발전된 양상을 의미했다. 시당국은 다시 반달리즘에 대해 보다 강화된 규제와 형량으로 단속 강도를 높였고, 이제는 세계 곳곳에서 활동하게 된 당시의 아티스트들은 보다 발 빠르고 똑똑하게 대처해나갔다. 그들은 그래피티를 받아들인 광고 산업이나 순수 미술 갤러리로부터 테크닉을 빌려와 이용했다. 단속이 심해지자 아티스트들은 더욱 짧은 시간에 더 많은 공간을 차지해야 했다.

무엇보다 중요한 것은 속도였다. 스티커와 스탬프, 포스터, 스텐실을 포함해 스프레이 작업보다 빠르게 이용 가능한 설치 작업이 길거리 아티스트들에게 새로이 각광받기 시작했다. 코스트와 레브스에게 영감을 얻은 스큐빌과 같은 아티스트들은 경쟁과 무관한 장소를 발굴한다는 아이디어를 새로운 경지로 끌어올렸다. "이제는 그 누구도 더 이상 올라설 곳이 없었다. 그러자 우리의 정신은 전혀 색다른 것을 하기에 이르렀다. … 우리는 정말로 다른 사람의 손이 미치지 않는 곳으로 올라서야 한다고 생각했다."고 스큐빌의 애드는 말했다.

스큐빌은 뉴욕에서 성장하면서 그래피티에서 영감을 얻은 애드와 드루(Droo)라는 쌍둥이 형제였다. 그들은 새로운 매개체를 창조하려는 의도로 자신들만의 길거리 미술 캠페인을 시작했다. 이미 다른 온갖 종류의 시도가 이루어진 상태라는 판단 때문이었다. 그들은 가짜 신발을 제작하기 시작하면서 제일 먼저 주목받기 시작했다. 그것은 나무로 신발 모양을 만든 조각물에 실크스크린 프린팅을 한 운동화였다. 밤새 남몰래 구두를 만드는 요정이 다시 되살아나 활동하듯 그들은 전국 각지에서 가짜 운동화를 고압선에 운동화 끈으로 묶어 매달아놓았다. 런던, 암스테르담, 멕시코, 남아프리카와 같은 곳에는 아직도 수백 켤레의 운동화가 공중 위에 대롱대롱 매달려 있다.

애드와 드루는 길거리 시설물을 전복시키는 활동으로도 유명했다. 그들은 자신들의 메시지를 나무 팔레트의 테두리에 교묘히 새겨 넣은 작품을 빌딩에 비스듬히 세워두기도 했다. 좀 더 자세히 들여다보면 더 많은 작품을 찾아낼 수 있다. 뉴욕 소호의 한 진입로 안쪽에 고정되어 있는 환풍기는 더 이상 원래의 환풍기 모양이 아니었다. 그것은 쇠격자를 구부려 'FAKE'라는 글자 형상으로 변형되어 있었다. 한번은 실제 공사장 울타리를 공원 바깥에 세워두기도 했는데, 그 울타리는 나무에 'SKEW'라는 단어를 새겨 넣은 거대한 입체 작품이었다. "청중들의 심장 박동을 뛰게 할 수만 있다면 우리의 초대형 작품들을 길거리에 설치하는 일은 전혀 어렵지 않았다. 우리는 공사장 인부처럼 보였다. SKEW라는 작품을 실은 차량을 길가에 세우고 그것을 설치하고는 유유히 자리를 떠났다. 우리는 늘 새벽에 움직인다."고 드루는 말했다. "새벽에 작업을 벌이면 뭔가 불법 행위를 저지르는 것처럼 보이기 마련이다. 만약 30세가량의 뚱뚱한 남자 두 명이 밴을 타고 어슬렁거린다면 길거리를 배회하는 대부분의 아이들은 그들을 경찰로 여길 것이다." 애드도 한몫 거들어 말했다.

그들은 쭉쭉 뻗어나가는 담쟁이덩굴처럼 새로운 장소로 계속 성장해나갔다. 그래피티 아티스트들은 해적들처럼 공공장소를 약탈해나갔지만 주변 환경과 무난하게 조화를 이루었다.

'SKEW'라는 단어가 선명히 새겨진 길거리 입체 작품
ⓒ스큐빌

은밀한 창의성

스큐빌과 같은 아티스트들은 단순히 공공장소를 침투하는 대신에 현존하는 시설물을 교묘히 전복시키고 있다. 주변 경치와 조화를 이루어가면서 그

래피티는 또 한 번 진화했다. 이 책 도입부에서 주차 미터기를 커다란 막대사탕으로 바꿔놓았던 아티스트 마크 젠킨스는 스카치테이프로 조각품을 만들어 공공장소에 놓아둔다. 조각품 대부분은 쉽게 제거가 가능하다. 집에서 스카치테이프로 만든 오리를 연못에 띄우고, 잠자는 모습의 남자를 실물 크기로 만들어 공공장소에 놓아두고, 스카치테이프로 만든 아기를 신호등에 매달아 놓으면서, 젠킨스는 그의 고향 워싱턴 DC에서 이류급의 유명인사가 되었다(비록 눈에 보이지 않는다 해도 말이다). "내가 하는 일은 스프레이 페인트 작업만큼이나 위험하지는 않다. 특별히 내 일을 처벌하도록 규정된 법도 없다. 기껏해야 내가 처벌받는 항목은 쓰레기 투기와 무단 횡단이 대부분이다."

이전 작가들은 지하철 위에 그린 자신의 작품이 가능한 오래 유지되기를 바랐다. 그러나 오늘날 아티스트들에게 이는 그다지 커다란 관심사가 되지 못한다. 이제는 유명해지는 방법도 다양해졌기 때문이다. 이제 작가들은 자신의 작품을 사진과 비디오로 찍어 Flickr.com과 같은 사진 공유 사이트에 올리거나 WoosterCollective.com과 같은 지정된 그래피티 웹사이트에 올린다. 최근에 등장한 신종 괴짜 그래피티 집단들은 고급 테크놀로지를 이용해 벽면에 빛을 쏘아 작품을 만들어내면서 나중에 작품 사진이 올라가는 사이버 공간을 제외하고는 아무런 흔적도 남기지 않는다. 영국 아티스트 폴 커티스(Paul Curtis)는 먼지 덮인 더러운 차 위에 손가락으로 '세차해주세요'라고 글을 남기는 것과 똑같은 방법으로 더러운 도시 시설물 표면에 자신의 작품을 남긴다. 산업용 세척액을 이용하여 이른바 '역 그래피티'라는 프로세스로 이루어지므로 법에 저촉되는 일은 전혀 없다. 그는 "그것은 외관을 손상하기보다 오히려 외관을 단장하는 일이다. 원래 상태대로 표면을 복구하는 것이다. 그것은 일시적인 것으로 점점 타오르다가 빛을 내고 다시 가라앉는 것이다."라고 「뉴욕 타임스」에 기고했다. 스큐빌은 너무 오래 방치해두었다는 생각이 들면 직접 작품을 치우기도 한다. 작가의 입지를 구축하는 새로운 방법은 정보의 초고속 지하철, 즉 입소문을 통하는 것이어서 이제 길거리 미술은 그 어느 때보다 일시적으로 유지될 수 있다.

이처럼 신중한 침투 작전과 손쉬운 철거 작업으로 마크 젠킨스와 스큐빌과 같은 아티스트들은 골칫거리 인물 리스트에 포함되는 일이 없었다. 그러나 여기서 또 다른 일이 벌어지고 있었다. 꽤 많은 길거리 미술이 의도적으로 침투성을 줄이고 주변 환경과 조화를 이루는 일이 많아지게 되자 1980년대에 뉴욕에 등장했던 그래피티와는 전혀 대조적인 입장에 처하게 되면서 사실상 팬들을 빠르게 확보해나가고 있다. 이제 길거리 미술은 지나가는 행인들을 깜짝 놀라게 하기보다는 조용히 대중을 사로잡고 있다. 물론 그들을 주목하는 대중에 한해서 말이다.

2005년 「타임」지는 길거리 미술을 가리켜 '영리하다'고 언급한 바 있었다. 1990년대에 자신의 고향에서 스텐실로 작업 활동을 시작한 영국 브리스톨 출신의 아티스트 뱅크시(Banksy)는 이제 세계에서 가장 유명한 길거리 아티스트의 한 사람이 되었다. 그는 2005년 「에스콰이어(Esquire)」지에서 "앤디 워홀 다음의 아티스트"로 소개되었고, 그의 작품은 로스앤젤레스에서 팔레스타인을 거쳐 하라주쿠에 이르기까지 세계 도처에서 발견할 수 있다. 그는 영국에서 엄청난 유명인사가 되었다. 그가 2006년에 브리스톨의 한 시내 빌딩 측면에 스텐실 기법으로 제작한 작품(벌거벗은 남자가 매달려 있는 창문으로 그의 애인과 그녀의 화난 남편이 내다보고 있는 그림)은 작품을 그대로 보존하자는 데 주민 97퍼센트가 찬성투표를 던지면서 영구적인 설치물로 남게 되었다. 뱅크시는 또 자신의 초대받지 않은 작품들을 뉴욕 현대 미술관(Museum of Modern Art)과 메트로폴리탄 미술관(Metropolitan Museum of Art)에 내걸기도 했다. 한편 영국 박물관(British Museum)에서는 쇼핑 카트를 밀고 있는 네안데르탈인의 모습을 그린 가짜 동굴 벽화 그림을 걸어놓았다가 영구 보존 작품의 하나가 되기도 했다. 뱅크시는 『벽돌 벽에 머리를 박다(Banging Your Head against a Brick Wall)』라는 책에서 "그래피티는 내부에 걸어놓는 작품에 비해서 어떤 의미를 갖거나 무언가를 변화시킬 가능성이 더 많다."고 설명했다. "그래피티는 혁신을 일으키고 전쟁을 중단하는 데 이용되어왔다. 일반적으로 그것은 소외된 사람들의 목소리를 말한다. 그래피티는 별로 가진 것 없는 사람들이 갖고 있는 얼마 안 되는 도구의 하나이다. 세계 빈곤을 해결할만한 걸작품을 만들어내지는 못한다 해도 사람들이 볼일을 보는 동안 슬며시 미소를 떠올리도록 만들 수는 있다."

1세대 그래피티 아티스트들은 지하철 전쟁에서 패배했지만, 새롭게 재편성된 신세대 아티스트들은 사람들의 지지를 얻어나가고 있다. 이들은 주변 환경과 조화를 이루어나감으로써 함께 공감하고 지지해주는 보다 광범위하고 새로운 시장으로 흡수되고 있다. 그러나 그래피티에 대한 대중의 지지가 더 높아진 데에는 또 다른 이유가 있는데, 그것은 또 다른 강력한 시각적 현상 때문이었다. 그래피티만큼이나 침투적이고 그래피티의 발자취와 서식처를 함께 공유하는 것, 그것은 바로 '광고'다.

기업의 공공 파괴 행위는 환영할 수 없다

그래피티와 광고는 고대 폼페이의 창녀들이 하트 모양의 그래피티를 벽에 그려 자신의 서비스를 광고한 이후로 지금까지도 계속해서 애증 관계에 얽혀 있다. 그래피티와 광고는 그 근원을 살펴볼 때 거의 동일하다. 단지 차이점이라면 광고는 허용되고 그래피티는 그렇지 않다는 것이다. 광고계의 제왕들은 '도처에 존재하지 않으면 그 어디에도 존재하지 않는 것이다'라는 주문에 살고 죽는다. 뉴욕 그래피티의 폭발적인 급증은 이러한 태도에서 기인한 역류 현상이었으며, 그것을 의도적으로 모방했다. "우리는 광고에서 대단한 영향을 입었다."라고 핑크는 설명했다. "작가들의 이름을 적어 넣는 순수한 행위도 우리의 일상에 침투해 있는 광고와 로고와 매스 미디어에 근거한다. 코카콜라, 뉴포트(Newport), 펩시, 타키183은 전부 같은 것이다. 당신이 내 로고를 백만 번 이상 보게 된다면 나는 유명해질 것이다."

뉴욕에 그래피티라는 전염병이 몰아닥친 이후로 광고는 그래피티의 트렌드 기준을 따르면서 그것을 상업적인 용도로 이용했다. 그래피티 아티스트들은(핑크를 포함하여) 광고 에이전시를 위해 일하면서 생계를 꾸려나갔다. 다른 많은 아티스트들은 나이키와 아디다스를 위해 운동화 리믹스 작업을 벌여나갔다. 커스(KAWS)와 같은 일부 아티스트들은 베이딩 에이프(A Bathing Ape)나 아이스크림(Ice Cream)과 같은 브랜드의 한정판 티셔츠를 제작하거나 자체적인 길거리 의류 라인을 런칭했다. 그런가 하면 게임기에서 스케이트보드에 이르는 다양한 제품의 그래피티 디자인 의뢰를 받는 이들도 있었다.

일부 기업들은 그래피티와 벌이는 장난질을 그만두고 직접 그래피티 작업에 뛰어들기도 했다. 2001년에 샌프란시스코 길거리를 습격한 IBM이 그런 경우였다. IBM은 보도에 스텐실 기법으로 로고를 새겨 넣어 시당국의 노여움을 사기도 했다. 당시 공공사업국 관계자는 훗날 CNN에서 "그것은 도시 경관을 해치는 일"이라고 일침을 가하며 그래피티와 광고가 한 통속임을 시사했다. 한편 소니는 2006년에 길거리 아티스트들을 고용하여 PSP 게임기로 게임을 즐기는 아이들의 모습을 미국 전역의 벽면에 그리게 함으로써 그의 주장을 증명하기도 했다. 이 같은 대부분의 은밀한 광고들은 얼마 지나지 않아 '대기업과 기업 제품들이 우리 동네 벽면을 습격하는 행위를 중단하라'나 '기업의 공공 파괴 행위는 환영할 수 없다'와 같은 메시지들로 뒤덮이게 되었다.

2007년 1월에 카툰 네트워크(Cartoon Network)는 미국의 주요 도시 열 곳에서 게릴라 마케팅 캠페인에 착수했다. 식탁용 매트만한 크기의 까만 정사각형 전광판들이 미국 전역의 신호등과 벽과 다리에 자석을 이용해 몰래 설치되었다. 전광판에는 이상한 머리 모양을 한 분홍색과 초록색 외계인이 지나가는 행인에게 가운데 손가락을 들어 올리고 있는 모습이 나타났다. 이 외계인들은 카툰 네트워크의 새 영화 〈아쿠아 틴 헝거 포스(Aqua Teen Hunger Force)〉의 캐릭터들이었다. 이 플래카드는 바로 영화의 은밀한 광고였다. 그러나 1월 31일 보스턴의 설리번 스퀘어 기차역 근처에서 이 장치물 하나를 발견한 보스턴의 한 대중 교통 기사의 눈에는 폭탄물처럼 보였다.

경보가 발령되자 12곳 이상의 고속도로와 지하철역과 다리들이 통제되면서 보스턴 전체가 공황 상태에 빠져들었다. 비상 차량들과 TV 뉴스 헬리콥터들이 도시를 선회하고 있다가 경찰과 폭탄물 처리반이 장치물들을 처리할 때마다 미친 듯이 그 뒤를 추격했다. 일부 장치물은 폭탄 제거 방법으로 파손되었으며, 해안 경비대도 경계 태세에 들어갔다.

게릴라 마케팅이 엉뚱한 방향으로 흘러가자 몇 시간 후에 몇몇 블로거들이 폭탄 소동의 실체를 고백했다. 마지막으로 오후 4시 30분에 카툰 네트워크의 모기업인 터너 브로드캐스팅 시스템(Turner Broadcasting System)이 이를 책임지는 공식 성명을 발표했다. 훗날 '아쿠아게이트(Aquagate)'로 알려진 본 사건 이후에 테드 터너(Ted Turner) 기업 대표는 경찰국(Police Department)과 국토안보부(Homeland Security)에 각각 1백만 달러의 변상금을 지불했고, 보스턴에 전광판을 설치한 두 명의 게릴라 마케터들은 체포되었다. 다른 도시의 경찰들도 설치물을 제거하기 시작했고, 대중들이 먼저 범죄 현장을 발각하는 경우도 많았다(아쿠아게이트 이후에 이 설치물은 각각 5천 달러 가격으로 이베이의 손에 넘어갔고, 밀매업자들은 이 사건을 기념하기 위해 제작된 비공식 티셔츠와 스티커를 판매하면서 활발한 거래 활동을 벌여나갔다). 이 사건으로 13년간 카툰 네트워크의 대표를 역임했던 짐 샘플스(Jim Samples)는 자리에서 물러났다. 토머스 메니노(Thomas M. Menino) 보스턴 시장은 터너가 "자사 제품을 선전하기 위해 도가 지나친 행동을 저질렀다."고 말했다.

그래피티는 예술이 되기도 하지만 많은 경우 공공의 훼방꾼이 될 수도 있다. 납세자들에게 수백만 달러의 철거 비용을 부과하기도 하고 눈살을 찌푸리게 하는 경우도 있다. 차창 밖으로 내다보이는 풍경을 가로막고, 시설물을 손상시키고, 평화로운 상태를 방해하기도 한다.

뉴욕은 지하철 정화 작업 이후로 보다 안전하고 깨끗한 도시가 되었다. 다른 많은 도시들에서 최근 생겨난 규제법이 아티스트들에게 상당한 압력을 가하면서 아티스트들도 새로운 전술로 대응해나갔다. 물론 일부 그래피티 아티스트들은 이러한 규제가 결코 나쁘지 않다는 데 동조하기도 했다.●
그러나 이 모든 상황들은 또 다른 비밀스런 공공의 설득자에 관한 중요한 논제를 간과하고 있었다. 그것은 바로 광고였다. 이 모든 낙서들이 대중의 정신 건강에 좋지 못한 영향을 미친다면, 그 많은 광고들은 대중에게 무슨 짓을 저지르고 있는가 말이다.

길거리 아티스트들의 작전을 모방하는 광고업자들은 이제 모든 것을 광고로 탈바꿈하고 있다. 이제 수증기가 올라오는 하수도 격자 뚜껑은 가짜 커피 잔이 된다. 네덜란드에서는 한 무리의 양떼들에게 웹사이트를 선전하

● 그렇다 해도 대부분의 아티스트들은 '처벌은 범죄에 적합하지 않다'는 레이디 핑크의 견해에 공감한다.

는 광고판 코트를 입혀 놓기도 했다.* 기업의 그래피티는 한계가 없는 것처럼 보인다. 피자헛(Pizza Hut)은 러시아 우주 로켓에 자신들의 로고를 새겨넣었는가 하면, KFC는 약 8천 평방미터에 달하는 거대한 커넬 샌더스(Colonel Sanders: KFC의 창업주로 각 매장 앞에 세워져 있는 동상으로 유명하다—옮긴이) 동상을 네바다 사막에 세워두어 우주 궤도에서도 보일 수 있도록 함으로써 하늘을 낮게 비행하는 우주비행사들에게 버킷에 가득 담긴 닭고기를 생각나게 했다. 전 세계의 광고 에이전시와 브랜드 기업들은 현재 우주에 고정 설치물을 제작해놓는 구상을 벌이고 있다. 달 크기만큼 커다란 발광 로고를 우주에 띄워 밤하늘에 고정된 흉물스런 존재를 온 지구인들이 볼 수 있도록 하려는 계획 말이다.

소비자의 눈에 띄도록 제품을 노출시키는 작업은 수년간 지속되어왔지만 오늘날에는 영화와 뉴스, TV 프로그램, 심지어 아이들 교과서에까지 침투해 들어가고 있다. 지하철의 그래피티가 결국 도시 경관을 해치는 문제로 발전된 것처럼 광고도 같은 식으로 발전해나갔다. 예전만 해도 광고가 '곳곳에' 존재한다는 말은 TV와 라디오, 신문, 광고판에 한정된 의미로 사용되었지만, 지금은 만화 외계인 주인공 때문에 도시 전체가 마비될 정도로 주목을 끄는 지경에까지 이르게 되었다.

이제 누구도 광고에 주목하지 않는다

광고가 우리 앞에 더 많이 모습을 드러내는 이유 가운데 하나는 우리가

---

* 양을 이용한 이 광고는 영국에서 소 한 무리의 등에다 'Turf War'이라는 글자를 써 넣었던 뱅크시를 모방한 것이었다. 한편 뱅크시는 이 전술을 콘브레드에게서 빌려왔다. 1971년에 필라델피아의 일부 지역 신문들이 콘브레드가 총격으로 숨졌다는 오보를 전하자 콘브레드는 자신이 살아 있음을 증명하기 위해 필라델피아 동물원(Philadelphia Zoo)에 침입해 한 코끼리의 양쪽 엉덩이에 '콘브레드는 살아 있다(CORNBREAD LIVES)'는 낙서를 남겼다.

더 이상 광고에 주목하지 않기 때문이다. "좋지 못한 광고는 이제 더 이상 먹혀들지 않는다."고 에코 광고 캠페인을 배후에서 조종했던 드로가5의 던컨 마셜은 말했다. "이제는 전통적인 광고에 관심을 기울일지 기울이지 않을지 소비자 스스로 선택할 수 있기 때문이다. 이제 사람들은 쓰레기 같은 광고를 걸러낼 수 있다. 얼마나 커다란 로고를 만들고 얼마나 많은 비용을 들이는지는 중요하지 않다. 우리는 그것을 걸러낼 수 있다. 우리의 뇌는 그것을 가볍게 무시하고는 오히려 길거리 보도에 대수롭지 않게 칠해놓은 스프레이 작업에 더 관심을 기울일 수 있다. 그것이 더 흥미롭기 때문에 말이다. 무턱대고 침투하는 것은 좋지 못하다." 시카고의 광고 에이전시인 BBDO 에너지(BBDO Energy)도 2005년에 시행한 한 연구조사에서 동일한 결론에 다다랐다. "소비자들은 남들 모두가 판매하는 것은 이제 더 이상 구입하지 않는다. 그럼 도대체 무슨 일이 벌어진 것일까? 먼저 '다르다'는 것은 더 이상 브랜드의 차이를 의미하지 않는다. 또한 파괴적인 것도 더 이상 소비자의 주목을 얻지 못한다. 오랜 세월 무엇을 구입해야 하는지 귀가 따갑도록 들어온 소비자들은 마음을 고쳐먹었다. 그들은 일상 속에서 그다지 브랜드를 관련지어 바라보지 않는다. 심지어 그들에게 매우 친숙한 브랜드 관계에서조차도 단절되고 대수롭지 않은 느낌을 갖는다고 말한다. 그들은 참여자라기보다 구경꾼에 가깝다." 우리는 너무도 많은 광고의 시끄러운 외침들을 듣고 있으며, 그런 광고 하나하나는 지하철에 빽빽이 휘갈긴 낙서들 중 하나만큼이나 대수롭지 않다. 우리는 마치 백색 잡음처럼 그것들을 무시해버린다.

이제 우리는 과거만큼이나 광고에 주의를 기울이지는 않지만 많은 연구조사에 따르면 우리의 관심을 끄는 일부 광고들은 우리에게 매우 부정적인 영향을 미친다. 미국과 뉴질랜드는 전 세계에서 처방약 광고가 합법적인 유일한 두 나라에 속한다. 미국은 전 세계에서 처방약에 소비되는 전체 비용의 50퍼센트 가량을 차지한다. 그러나 「미 의학협회저널」에서 발표한 2006년 보고서에 따르면 미국인들은 영국과 비교했을 때 1인당 의료보험 비용이 거의 2배에 달하면서도 환자 수는 영국의 2배가량 된다.* 2005년 유니레버(Unilever) 사가 실시한 한 연구조사에 의하면 15세에서 64세에 이르는 모든 여성의 67퍼센트가 자신의 외모에 대한 열등감 때문에 삶과 결부된 활동에서 위축되어 있으며, 이런 현상은 광고와 관련되어 있다. 2004년 미 심리학협회(APA)는 8세 이하 어린이들의 경우에 광고 메시지를 정확하고 편견 없는 진실로 받아들인다는 점이 아이들의 불건전한 식습관과 최근 소아비만 급증 현상의 강력한 원인이 되는 것으로 결론 내렸다.

그래피티가 지하철 통근자들의 눈살을 찌푸리게 하자 시당국은 지하철을 통째로 들어내어 바다 속으로 던져 넣었지만 광고가 가져온 부정적인 여파는 대개 그냥 무시되었다.

광고는 우리 머릿속을 어지럽히고 있다. "여기에 함축된 근본 메시지는 문화는 당신에게 일어나는 그 어떤 현상을 말한다는 것이다." 칼럼니스트 나오미 클라인(Naomi Klein)은 『노 로고(No Logo)』라는 책에서 이렇게 말했다. "당신은 버진 메가스토어(Virgin Megastore)나 토이저러스(Toys 'R' Us)에서 음반이나 장난감을 사고 블록버스터 비디오(Blockbuster Video)에서 영화 DVD를 빌린다. 그렇다고 해서 당신은 그것에 동참하는 것도 아니고 혹은 대응할 권리를 갖는 것도 아니다." 하지만 광고의 쌍둥이 악동 형제인 그래피티의 주특기는 바로 즉각적인 반응이다.

---

* 여기서 두 국가의 의료보험제도가 매우 다르다는 점은 기억해둘 만하다. 영국은 의료보험이 무료인 반면에 미국은 4천만 명에 달하는 국민이 의료보험에 가입되어 있지 않다.

거품이 터지다

날마다 광고의 맹공격이 계속되면서 길거리 아티스트들은 재빨리 상황판단을 하기 시작했다. "정부는 계속해서 거대 기업에 공공 영역을 팔아넘기고 있다."고 마크 젠킨스는 말한다. "길거리 아티스트들은 공공장소의 반환을 요구하며 시각적으로 정면 대처하고 있다. 그리고 각 도시 시장들은 그 보복책으로 아티스트들을 표적으로 삼고 경범죄를 적용하여 감옥살이를 시키고 있다. 내 작품 활동은 정치적인 의도로 출발하지는 않았지만 점점 그런 것들을 생각하면서 영감을 얻게 된다." 다른 많은 아티스트들도 젠킨스의 생각에 동감한다. 그러나 전 세계를 통틀어 에스토니아 출신의 전직 광고업자 칼레 라슨(Kalle Lasn)만큼 이 모든 상황에 대해 불쾌감을 느끼는 사람도 드물다.

라슨은 광고와 무기력한 소비자 문화에 대항하기 위해 설립된 비영리 기관이자 잡지사인 애드버스터스(Adbusters)의 창업주이다(「애드버스터스」 잡지는 60개국에서 12만 명의 구독자가 읽고 있는 잡지다). 마케팅 업계에서 커리어를 중도 포기한 라슨은 광고에 대해 무척 극단적인 입장을 취하고 있다. 그는 광고가 사람들에게 갖는 통제력에 대해 늘 분노를 감추지 못한다. 하루는 한 식품점 주차장에서 25센트 사용료를 요구하는 쇼핑 카트를 보고 화가 난 나머지 동전을 마구 쑤셔 넣어(jamming) 쇼핑객들에게 더 이상 돈을 요구하지 못하게 만들어놓기도 했다. 이 사건은 하나의 현상으로 자리 잡게 되면서 결국 '문화 훼방(culture jamming)'으로 알려지게 되었다.

문화 훼방은 여러 다양한 기업 통제 행위 가운데서도 특히 광고에 대한 전복 행위를 말한다. 전 세계에 걸쳐 느슨하게 연결되어 있는 문화 훼방꾼(culture jammer) 네트워크는 광고판과 그래피티를 리믹스하여 상황주의자들의 정신을 본받아 원래의 메시지 의미를 바꾸어놓는 대신에 브랜드의 정체성은 그대로 유지시킴으로써 마치 실제 광고인양 감쪽같이 보이도록 한다. 애드버스터스는 또 광고 없는 TV 프로그램을 만들어(주요 네트워크 사들은 번번이 퇴짜를 놓곤 한다) TV 시청 시간을 줄이고, '쇼핑하지 않는 날'과 같은 이벤트 계획을 세우도록 우리를 격려한다. 문화 훼방은 브랜딩의 역류 현상으로, 방해 공작을 통해 광고업계와의 대화를 재개하는 하나의 방식을 말한다.

포로로 잡힌 소비자들을 해방시키려는 노력의 일환으로 수백억 달러의 매출액을 벌어들이는 기업의 정체성을 역이용해 그것을 모두 균일하게 만들어놓은 문화 훼방꾼들의 분노는 시간이 흐르면서 패스트푸드 체인 기업과 운동화 제조업체 및 패션 거물들에게 감지되기 시작했다. "이제 사람들은 문화를 밑에서 아래로 이용하고 있다. 우리에게 상의하달식으로 문화를 주입해놓은 것에 대한 반작용이 생겨난 것이다. … 우리는 무질서와 냉소주의의 경향이 일어나는 시대에 살고 있다. 제2차 세계대전 이후로 정신병은 300퍼센트 증가했다. 세계보건기구는 얼마 지나지 않아 정신병이 세계 제2의 치명적 질병이 될 것으로 추정하고 있다."고 라슨은 말한다. 라슨은 광고가 사람의 생각을 망쳐놓기 때문에 광고를 철저히 배격해야 한다는 입장을 취한다. "생각의 투명성을 갖지 못하면 우리는 이런 문제들을 다룰 수가 없다. 우리는 매스 미디어에 사로잡힌 냉소적인 사람들을 데리고 이유 같지 않은 이유로 전쟁을 벌여놓은 셈이다. 그래피티 아티스트들에게 벌금을 부과했다면 광고에도 세금 징수가 필요하다. 우리와 텔레비전과의 관계가 갈수록 심상치 않게 진행되고 있다는 점에서 보면 그 관계를 심각하게 받아들일 필요가 있다. 지금 우리는 열 손가락 안에 드는 소수의 기업들이 지구상에서 일어나는 모든 커뮤니케이션의 절반가량을 통제하고 있는 세상에 살고 있다. 미디어의 다양성은 생태계의 다양성만큼이나 중요하다."

그의 분노는 많은 사람들이 공감하고 있다. 1990년대에 맨 처음 문화 훼방이 정착된 이후로 문화 훼방의 실천자들은 분명한 영향력을 갖게 되었다. 우리는 광고에 예전보다 덜 반응하고 있을지 몰라도 기업은 광고에 대한 우리의 비판에 반응하고 있다. 이제 맥도날드는 샐러드를 판매하고 있고, 유니레버의 도브(Dove) 브랜드는 광고 캠페인에 일반인 여성을 등용하여 여성들의 자존감을 재구축하는 일에 앞장서고 있다. 어떤 기업들은 우리를 향해 소리지르기보다는 우리를 끌어들이는 법을 배워나가고 있다. 그래피티와 같은 방식으로 말이다. "광고업자들은 기존과 다른 메시지 전파 방식을 찾아내야 한다."고 던컨 마셜은 말한다. "그들은 광고가 상호 이익적이어야 한다는 사실을 계속 발견해가고 있다. 사실 광고를 반드시 봐야 할 필요는 없다. 그렇기에 브랜드와 내가 상호소통하려면 브랜드가 나를 위해 뭔가 해주기를 바라게 된다. 브랜드로부터 뭔가 얻어내기를 바란다는 것이다. 이제 브랜드는 사람들에게 대단한 즐거움을 선사하지 못하면 바로 외면당하고 만다는 사실을 잘 알고 있다." "소비자 문화는 놀라운 속도로 우리를 향해 오물을 집어던지고 있다."고 칼레 라슨은 불평한다. "이처럼 광고의 환상이 깨지는 실망스러운 일들이 늘 눈앞에서 일어나고 있지만 이제 소비자들은 그 속에 담긴 참된 의미에 눈을 뜨고 있다."

광고업계에 신물이 난 또 다른 한 광고업자는 광고의 거품에 대해 자신이 직접 만든 거품으로 대항해나가고 있다. 한국 태생의 지 리(Ji Lee)는 맨 처음 그가 자라난 브라질 상파울루와 그가 디자인과 순수 미술을 공부한 뉴욕에서 그래피티에 의해 지속적인 영향을 받아왔다. 지 리는 3차원 입체 알파벳 디자인으로 광고 에이전시 사치 앤드 사치(Saatchi & Saatchi)에 고용되어 4년간 업계에서 승승장구하다가 결국 생각을 바꾸어나가기 시작했다. "나는 길거리마다 도배되어 있는 따분하거나 지성을 공격하는 광고에 답답함을 느꼈다. 그래서 무슨 수를 써서라도 그것을 다시 바꿔놓아야겠다고 생각했다."고 그는 설명했다. 리는 공백으로 비어놓은 말풍선 스티커 2만 개를 인쇄하여 어디를 가든지 눈에 띄는 광고 위에 붙여놓고는 며칠 후에 다시 돌아가 그 달라진 결과를 사진에 담곤 했다.

길을 오가는 통행자들은 곧바로 말풍선의 표적이 된 원래의 기업 메시지 대신에 정치성과 사회성을 곁들이거나 혹은 개인적인 의견을 담아 유머러스하거나 비판적인 논평을 적어 대체해놓았다. 이제 아이팟 광고에 나온 한 젊은이의 실루엣은 이 말풍선을 통해 "나는 음악을 슬쩍 해도 도망가지 않을 거예요!"라고 말하고 있는가 하면, 한 민간 의료보험 광고에 등장한 더할 나위 없이 사랑스러운 커플은 "왜 정부는 우리 건강을 책임져주지 않는 걸까?"라고 반문하고 있다. 그런가 하면 비디오 게임 '그랜드 테프트 오토 (Grand Theft Auto)'의 포스터에 나온 만화 악당은 "예수님이라면 어느 나라에 폭탄을 터뜨릴까?"라고 질문하고 있다.

이제 드로가5에서 아트디렉터로 일하고 있는 리는 문화 훼방에 영향을 받고 있기는 해도 광고에 대한 거센 비난은 그리 올바르지 않다고 생각한다. "말풍선은 어떤 편도 들지 않는다. 나는 말풍선의 중립성을 좋아한다. 그것은 사람들이 자신을 표현하는 하나의 플랫폼일 뿐이다. 그래서 동성애자를 혐오하는 메시지든 공화당원의 미 전국총기협회의 메시지든지 간에 모두 나름대로 타당성을 갖는다. 여기서 중요한 것은 표현의 자유다. 내가 이번에 깨닫게 된 사실은 사람들이 표현하고 싶어 하는 것들이 매우 많다는 것이었다. 사람들은 이탈리아와 아르헨티나, 루마니아 등지에서 각각 말풍선 웹사이트를 개설했다. 나는 말풍선이 지닌 이런 포괄적인 특성이 무척 마음에 든다."

리의 프로젝트는 폭넓은 인기를 끌면서 『말대꾸하기(Talk Back)』라는 책을 세상에 내놓게 되었고, 세계 전역에서 광고를 바로잡으려는 말풍선 집단들이 생겨나기도 했다. 소비자들은 이미 훨씬 더 강력한 말풍선을 창조해내고 있다. 자신들이 직접 제작한 반(反)광고를 유튜브(YouTube)와 같은 사이트에 올리면서 자신들을 부당하게 취급했거나 노엽게 한 브랜드를 상대로 비난의 공격을 퍼붓고 있다. 이제 광고를 맞상대하기는 그 어느 때보다 쉬워졌다. 그러나 이 같은 시각적이고 청각적인 장치 뒤에는 광고가 공공장소에서 규제되어야 마땅하다는 리의 확신이 있었다. "나는 길거리에서 일어나는 광고의 급증 현상과 그러한 광고와 마주치는 빈도수에 늘 불만이 가득했다. 텔레비전 광고를 보는 경우에는 우리가 지불한 프로그램 시청료로 광고를 보겠다는 일종의 암묵적 동의가 있다. 하지만 길거리에서 마주치는 광고는 사실상 우리가 동의한 광고가 아니라는 점에서 전혀 다르다고 생각한다. 이것이 바로 말풍선 프로젝트가 나오게 된 배경이다. 이 프로젝트는 수백만 달러짜리의 기업 독백극을 아무런 검열을 거치지 않은 대중의 자유로운 대화로 즉시 바꿔놓았다."

한때 그래피티는 현대 도시 개발 차원에서 낙후된 동네를 뭉개놓고 주변 환경을 장악하고 혼자 우뚝 솟아오른 초현대식 건물과 같은 존재였다. 그러나 그래피티는 계속해서 변화를 거듭해나갔고, 광고업자들을 비롯해 공공장소의 통제권을 쥔 권력자들도 그래피티를 따라 하기 시작했다. 오늘날 뱅크시의 스텐실 작품과 스큐빌의 공사장 울타리. 마크 젠킨스의 테이프 조각품과 지 리의 말풍선 작품은 모두 도시 환경을 거스르기보다 그것과 융화되어 제 기능을 담당하고 있다.

리믹스가 지적재산권을 공유 권리로 바꿔놓으면서 그래피티는 길거리 위에서의 주장을 대화로 바꿔나가고 있다. "그래피티는 참으로 이상야릇한 존재다. 당대의 쟁점에 대해 아무런 언급도 하지 않고 그 속에 아무런 내용도

들어 있지 않지만 그것은 현상 유지에 대한 저항을 떠올리게 한다. 그래피티는 아직 이 세상이 변화할 수 있다는 가능성을 떠올리게 해준다."고 칼레 라슨은 말한다.

공간: 마지막 미개척 분야

그래피티는 길거리에서 광고를 향해 고함을 질러대면서 광고와 공공연한 논쟁을 벌여나갔다. 그러나 막상 논쟁이 고조되자 그래피티와 광고 두 분야의 결함이 모두 드러나기 시작했다. 래멀지는 "나는 양쪽의 차이점을 분간할 수가 없다. 이것도 비극적이고 저것도 비극적이다. 그리고 양쪽 분야 모두에 시민 정신을 지닌 사람들이 존재한다. 게다가 이것도 상업적이고 저것도 상업적이다. 그렇다면 대중에게 어떤 식으로 정보를 제공하느냐가 관건이라고 할 수 있다."고 말했다. 양쪽 분야가 모두 자신들의 사회적 책임에 대해 심사숙고하기 시작하면서 그 논쟁은 지 리가 말한 것처럼 점점 대화와 교제의 방향으로 발전해나가고 있다. 광고와 그래피티가 벌이는 전쟁 속에서 우리는 미래의 공공 영역이 구체화되고 있음을 파악할 수 있다.

공공장소에 관한 지속적인 논쟁은 다가오는 미래에 계속해서 중요해질 것이다. 그것은 공공장소가 뭔가 전혀 다른 것으로 변화해가고 있기 때문이다. 곳곳에 존재하는 광고와 그래피티의 역할은 유비쿼터스 컴퓨팅 세계에서 보다 중요한 쟁점으로 떠오를 것이다.

유비쿼터스 컴퓨팅은 계속해서 빠르게 접근해오고 있는 나노테크놀로지가 주도하는 세상을 언급할 때 사용되는 용어이다. 나노미터는 10억분의 1미터(1초 동안 손톱이 자라나는 양)를 말하며, 우리는 이미 30나노미터를 측정할 수 있는 컴퓨터를 보유하고 있다. 컴퓨터는 크기가 줄어들고 생산 단가가 저렴해지면서 눈에 보이지 않을 정도로 초소형화 되었을뿐 아니라 전국 각지로 흩어졌다. 테크놀로지의 세계적인 권위자 하워드 라인골드(Howard Rheingold)는 『참여 군중(Smart Mobs)』이라는 책에서 "세상이 발전하자 사람들은 눈에 띄지 않는 전기 모터 속에 살면서 그것을 전혀 의식하지 못했다. 이제는 과거에 전기 모터가 그러했듯이 컴퓨터가 눈에 띄지 않게 사라지면 어떤 결과가 일어나게 될지 생각해볼 때가 왔다."고 말했다.

그 결과는 바로 일부 사람들이 말하고 있는 '사물의 인터넷(Internet of things)'을 말한다. 그것은 크기는 아주 작아도 광범위하게 유포되어 있는 컴퓨터를 통해 물건들이 서로 연결되어 있는 세상을 말한다. 이를테면 RFID(radio-frequency identification chips)는 개당 5센트도 되지 않을 정도로 저렴해서 이미 월마트(Wal-Mart), 타겟(Target), 테스코(Tesco)와 같은 소매업체에서 제품 검색 용도로 사용되고 있다. RFID는 여권, 화폐, 자동차 열쇠, 신용 카드, 여행 카드에도 사용되고 있으며, 가축이나 심지어 인간을 상대로 이용되기도 한다. 군대 내부에서의 사용은 제외하고라도 스페인의 바르셀로나와 네덜란드의 로테르담에 위치한 일부 나이트클럽에서는 VIP 고객들에게 칩을 이식하여 신분 조회는 물론이고 술값 계산까지 처리할 수 있도록 해놓았다.

이 같은 방식으로 그래픽과 가상 태그를 사물에 부착하려는 움직임도 일어나고 있다. 휴대폰과 노트북 컴퓨터의 화면이나 심지어 안경을 당신의 옷 속에 장착된 컴퓨터와 연결하여 볼 수 있게 하면 이른바 '증강 현실(augmented reality: 실재하는 현실 세계와 부가 정보를 제공하는 가상 세계를 합쳐놓은 또 다른 가상 현실-옮긴이)' 환경을 만들어낼 수 있다. 증강 현실 리서치 프로젝트는 현재 MIT 미디어 리서치 연구소 등지에서 진행되고 있다. 2005년 UN의 보고서 내용에 따르면 이런 형태의 유비쿼터스 컴퓨팅이 앞으로 가져오게 될 변화는 컴퓨터 내부에 포함된 인터넷이 이미 일으켜놓은 변화를 미미하게 보이도록 만들 것으로 예측하고 있다.

광범위하게 분포되어 있지만 믿을 수 없을 정도로 작아진 컴퓨터가 움직이는 세상을 상상해보라. 보이지 않는 태그로 뒤덮인 빌딩과 도로들은 통행인들에게 정보를 전달해준다. 사람들은 주변에 널려 있는 다른 수백만 개의 초소형 네트워크 인식 컴퓨터를 감지하여 커뮤니케이션할 수 있는 나노컴퓨터를 걸치고는 날씨와 교통 상황에서부터 친구의 위치나 할인 행사 정보에 이르는 갖가지 종류의 실시간 정보를 제공받게 된다. 길거리 모퉁이에서 공짜 신문을 집어 들지 않더라도 길거리를 지나는 동안 그날그날의 주요 기사들을 비디오 파일로 다운로드할 수 있다. 다음 길모퉁이에서 나타날 빙판길에서 미끄러지는 일을 미리 방지할 수도 있고, 다른 사람들에게 가상 경고 표시를 남겨 주의시킬 수도 있다. 당신과 만나기로 약속한 친구가 자신의 위치를 알려주기 위해 당신만이 볼 수 있도록 공중으로 전송해놓은 커다란 화살표를 따라가면서 말이다. 앞에 놓인 가로등에는 어느 잃어버린 애완견의 가정 촬영용 동영상 mpeg 파일이 붙어 있다. 그런가 하면 새로운 개념의 무덤들은 모든 이에게 전자 사후 관리 시스템을 제공해주는 마이스페이스(MySpace) 페이지와 추모 사진 앨범으로 연결되어 있다. 어쩌면 이런 세상과 관련하여 가장 무서운 일은 이 모든 테크놀로지가 이미 존재한다는 사실일 것이다.

실제 세상에 부가 정보를 덧입혀 안경으로 보여주는 방법은 사실 1989년부터 가능했다. 아직 이러한 기술의 적용이 대중화되지는 않았다 해도 부가 정보 층(層)이 덧입혀진 실제 세상은 한순간에 온 세상을 뒤덮게 될 수도 있다. UN이 추정하는 예측이 옳다면 인터넷은 앞으로 다가올 현실의 2차원적인 청사진에 불과하다. 사람들은 이미 몇 해 전부터 가상공간에 태그를 달아 상세한 설명을 적어놓기 시작했다. beermaps.com과 같은 사이트들은 구글 지도에 현재 위치와 가장 가까운 술집의 정보를 덧입혀 놓았다. 하지만 이런 웹사이트의 실세계 버전이 있다면 토요일 새벽 3시 경에 술에 취해 있는 당신에게 얼마나 유용할지 생각해보라.

그래피티의 아이디어는 유비쿼터스 컴퓨팅의 중심에 해당한다. 태그는 이미 검색 엔진에서 사용되고 있어서 태그나 키워드를 검색해 결과를 얻어낼 수 있다. 태그는 사이트에 연결되어 정보의 가시성을 제공하고 접속을 가능하게 해준다. 그리고 앞으로 닥칠 '사물의 인터넷' 시대에는 더욱 중요해질 것이다.

사람들이 실제 공간에 가상의 설명을 달아놓기 시작하고 심지어 페인트나 공기마저 똑똑해지는 세상에 살면서 개인 영역과 공공 영역의 성질과 그래피티의 역할도 갑작스레 변화하고 있다. 가상 환경에 태그를 달아놓을 수 있는 권리는 과연 누구에게 돌아갈 것인가? 우리가 마치 인간 티보처럼 원하지 않는 광고판을 시야에서 차단시킬 수 있다면 과연 광고는 어떻게 효력을 나타낼 것인가? 구름처럼 하늘에 떠다니는 그래피티 아티스트들의 거대한 작품들은 과연 누가 닦아낼 것인가? 우리는 어떤 식으로 맞상대하게 될 것인가?

정부와 기업들이 나서서 이 같은 다양한 결정들을 내리게 되겠지만, 앞서 그래피티 아티스트들과 프랑스 요리사들에 의해 사용되던 것과 같은 신용 중심의 규범 시스템은 이 같은 비공식적이고 순간적인 환경에 더없이 효율적이고 대중화될 가능성이 높다. 우리 개인의 명성은 마치 이베이의 판매자 등급처럼 우리 머리 주변을 떠다니는 가시적인 상품이 될 수도 있다. 원하지 않는 정보를 걸러내는 일은 우리 삶의 질에 있어서 그 어느 때보다 중요해질 것이다. 스팸 정보는 위험하고 성가신 존재가 될 수 있을 것이다. 조금이라도 사람들의 눈길을 끌게 하려면 광고는 특정 소비자 위주의 광고가 되어야 한다. 소비자의 선택으로 방영될 수 있는 태그와 기호 리스트에서 당신이 정말로 관심 있는 분야와 관련된 가상 광고판만을 볼 수 있게 될 테니 말이다. 현재 개발 중인 일부 테크놀로지는 잘못 사용될 경우 우리의 자유를 위협할 수도 있다. 하지만 그래피티의 역사가 보여주듯이 공공장소의 도구와 정보를 이용해 그에 맞상대할 수 있는 방법은 늘 존재해왔다. 그래피티는 마치 적수의 파워를 역이용하여 그를 맞상대하도록 하는 쿵푸와도 같은 용도 변경 글자와 다름없다.

미래에 그래피티는 자유로운 표현의 마지막 요새가 될 수도 있다. 법령과 규제가 효과를 발휘할 수도 있지만 그래피티는 입법자들을 저지하는 하나의 디지털 낙서 민주주의로 하나의 중요한 도구가 될 것이다. 공공영역의 미래는 불확실하지만 그렇다 해도 한 가지 확실한 것은 앞으로 다채로운 이야기가 펼쳐질 것이라는 사실이다.

CHAPTER 05

독점의 경계 밖에
새로운 비즈니스가 있다
Boundaries

디스코 수녀, 음반 산업의 종말, 그리고 오픈 소스의 미래

파티장의 꼬마들과 앨리샤 도노호(Alicia Donohoe) 수녀

1947년 크리스마스

이 세상에서 과감한 혁명을 일으킨 수녀는 그리 많지 않다. 더군다나 아이들의 생일 파티에서 DJ 역할을 자처하여 혁명을 일으킨 수녀는 거의 전무하다 할 것이다. 하지만 앨리샤 도노호 수녀는 세상을 변화시키려고 했던 것은 아니었다. 그저 아이들이 즐거운 시간을 보내도록 하기 위해 그렇게 했을 뿐이었다.

앨리샤는 애너(Anna)와 존 도노호(John Donohoe) 부부의 딸로 태어나 1930년대에 보스턴의 근교인 도체스터에서 성장했다. 다시 말해 미국 대공황 시절에 태어난 아이였다. 그녀는 당시 살던 지역을 '죽은 동네'로 회상한다. 피아니스트 집안의 도노호 가족에게 그 힘겨운 시절을 근근이 지탱시켜 준 버팀목은 바로 음악이었다. "부모님은 클래식 음악을 연주하셨고 언니는 대중음악을 연주했다."고 앨리샤는 말했다. "부모님이 피아노를 연주하면 나는 악보 페이지를 넘기면서 음악에 맞춰 노래를 따라 부르곤 했다. 부모님은 듀엣 곡을 부르시곤 했다. 우리 친구들도 모두 우리 집으로 놀러오곤 했다. 우리는 늘 음악에 둘러싸여 있었다."

존 도노호는 낯선 사람들과 함께 음악을 즐기기를 좋아했다. 그는 피아노를 이용해 이웃에 사는 여러 실업자들을 불러들이고는 그들에게 미소를 자아낼 만한 것을 선사했다. "우리 집 베이 윈도 안쪽에는 무척 근사한 소형 그랜드 피아노가 있었다. 아버지는 오후에 피아노 앞에 앉아 계실 때마다 커튼을 젖히고 창문을 열어놓곤 하셨다. 음악을 좋아하는 사람들이 창문 바깥쪽에 서서 음악을 들으면 아버지는 사람들을 안으로 불러들이곤 했다. 아버지는 내성적인 사람과는 거리가 멀었다. 그래서 우리는 늘 집 안에 누가 들어오게 될지 알 수 없었다."고 앨리샤는 빙그레 웃으며 말했다.

음악이 영감을 불어넣기는 했지만 그녀는 이미 여섯 살의 나이에 평생 아이들을 돌보며 살고 싶다고 마음먹었다. 앨리샤 수녀는 어린 시절 엄마에게 "즐겁고 행복한 우리 집처럼 불우한 아이들에게도 그런 기쁨을 맛보게 해주고 싶다."고 말했던 것을 기억했다. "나는 늘 수녀회(Daughter of Charity)의 일원이 되고 싶어 했다. 나는 수녀들을 많이 알고 있었다. 이모 두 명이 수녀였기 때문이다." 그래서 앨리샤는 스물한 살이 됐을 때 수녀가 되어 곧바로 성 요셉의 집(St. Joseph's Home)에 들어갔다. 그곳은 갓난아기부터 여섯 살에 이르는 고아들과 문제아들을 돌보는 종파를 초월한 안식처였으며 또한 혁명이 시작된 곳이기도 했다.

때는 1944년이었고 세상은 전쟁 중이었다. 당시 맨해튼 프로젝트(Manhattan Project: 제2차 세계대전 중에 미국에서 비밀리에 원자 폭탄 제조를 추진했던 계획—옮긴이)에 참여한 과학자들은 인류에 알려진 가장 파괴적인 무기인 원자폭탄을 개발하는 데 한창 열을 올렸다. 그러나 뉴욕 유티카에 위치한 성 요셉의 집에서는 앨리샤 수녀가 또 다른 실험을 추진하고 있었다. 그것은 무척이나 강력한 사회적 실험이었기에 지금도 세계 곳곳에서 매주 저녁마다 되풀이되고 있다.

성 요셉의 집은 문화와 종교와 배경에 상관없이 아이들을 받아들였다. 그곳은 늘 아이들이 들어왔다 나가는 임시 처소와 같았다. 그중에는 한두 달 머물다 가는 아이들도 있었고, 수년간 그곳에서 지내는 아이들도 있었다. 앨리샤 수녀가 입회하던 당시에 그곳에는 통제 불가능한 짓궂은 아이들이 있었다. 언젠가는 뚱뚱한 수녀를 막대기와 빗자루로 때리는 아이들을 뜯어

말려야 했던 적도 있다고 앨리샤 수녀는 회고했다. "내가 그 아이들을 쫓아 다니면 다음에는 그 아이들이 나를 뒤쫓아 올 정도로 아이들은 막무가내였다." 하지만 앨리샤 수녀는 그 아이들을 말썽꾸러기 정도로만 생각했고 그저 아이들을 즐겁게 해주고 싶었다. "처음에 아이들은 모두 침울한 표정이었다. 오갈 데 없는 아이들이라는 사실이 너무나 가슴 아팠다. 그러자 내가 징징대며 약하게 굴어서는 안 되겠다고 결심했다." 그녀는 자신의 어린 시절을 떠올리고는 낯선 사람들에게도 효과를 발휘하던 음악의 위력을 생각해냈다. 그러자 갑자기 영감이 떠올랐다.

앨리샤 수녀는 자신에게 주어진 한정된 여건을 이용해서 아이들이 이름 붙인 '파티장'을 만들어냈다. 냉장고와 레코더가 놓여 있던 그 공간에 앨리샤와 아이들은 형형색색의 풍선과 주름진 종이 장식물을 채워 넣었다. 피아노와 작은 무대도 마련되어 있던 그곳의 책임 수녀가 사용 금지령을 내리기도 했지만 앨리샤 수녀는 아랑곳하지 않았다. 그녀는 그곳에서 엄격한 계층 구조가 가장 불필요하다는 사실을 잘 알고 있었다. "그곳은 놀이방이었다. 나는 아이들에게 얼마든지 그곳 시설물을 사용하라고 말했다." 그녀는 이 방만큼은 아이들이 규칙을 지키는 대신 자유롭게 선택할 수 있는 공간으로 만들어놓겠다고 결심했다.

앨리사 수녀는 아이들을 위해 가능한 자주 파티를 열기 시작했다. 그녀는 아이들 모두가 자신을 스타처럼 여기기를 바랐다. "모든 아이들이 생일파티를 열었다. 한 달에 아이들 생일이 세 번 있으면 우리는 세 번 파티를 열었다. 생일을 맞은 아이들은 모두 예쁜 옷을 입고 파티 모자를 썼다. 그리고 나는 레코드판을 틀었다. 파티의 요란한 소동은 그야말로 대단했다! 하지만 전혀 거슬리지 않았다. 몇몇 사람들은 거슬렸을지 몰라도 아이들은 한바탕 즐거운 시간을 보냈다."

앨리샤 수녀는 턴테이블을 설치하고 프로 DJ처럼 레코드판을 돌려대면서 파티를 지속해나갔다. "우리에게는 근사한 레코드판이 굉장히 많았다. 우리는 참으로 축복받은 존재들이었다. 온갖 종류의 레코드판이 있었으니 말이다. 아이들을 위한 음악과 파티 음악, 그리고 잠자리에 들 때 트는 잔잔하고 아름다운 음악까지 없는 게 없었다. 나는 갖고 있던 모든 레코드판을 틀어댔다. 새로 나온 레코드 소식을 들으면 상점으로 가서 그것을 사곤 했다."

그녀는 매주 동네 레코드 가게에서 나무 상자를 들쑤시며 레코드판을 찾곤 했는데, 오늘날 전 세계 열성 DJ들도 지금까지 이와 똑같은 식으로 음반을 찾고 있다. 앨리사 수녀는 전문가다운 세심함으로 파티장을 주도해나가는 법을 금세 터득해나갔고, 중간 중간 노래를 끊고 아이들 청중에게 최신곡을 소개했다. "내가 튼 레코드판이 마음에 들지 않으면 아이들은 그 사실을 알려주었다. 한 아이가 마음에 안 든다고 하면 다른 아이들에게 물어보곤 했다. '이 곡을 틀고 난 다음에 네가 좋아하는 곡을 틀어줄게'라는 식으로 해서 모두에게 순서가 돌아갔다. 그렇게 해서 모두가 춤을 추게 됐고 그것은 대단한 효과가 있었다!"

서로 제각각이고 불우한 배경을 지닌 아이들이 많았지만 파티장에서는 전에 없이 신나게 먹고 마시고 춤추고 놀았다. 아이들은 음악을 통해 공감대를 이루고 즐겁고 기쁨에 찬 순간을 만끽했다. 그리고 이러한 놀이는 그곳 아이들뿐 아니라 수년 후에 나머지 우리 모두에게도 엄청난 영향을 불러일으켰다.

데이비드 맨쿠소(David Mancuso)라는 다섯 살짜리 아이가 성 요셉의 집을 나와 엄마와 재회한 때는 1949년이었다. 파티장과 그곳에서 들었던 음악에 대한 추억은 그가 성장하면서 점점 희미해졌지만 그의 잠재의식 속에는 하나의 씨앗이 심어졌다. 맨쿠소는 문제아였고 가족들과 잘 지내지 못했다.

그의 주변에는 온통 편협한 인종주의자들만 있는 것처럼 보였다. 감수성 여린 여섯 살 나이에도 그런 것이 거슬렸다. "엄마가 옳다고 생각하는 것을 나도 옳다고 생각할 수는 없었다. 아주 어린 나이에도 온갖 인종들을 경멸적으로 부르는 단어들이 끔찍이 싫었다. 그것은 내게 전혀 이치에 맞지 않았다. … 돈을 포함한 다른 많은 것들도 마찬가지였다."고 그는 말했다. 시간이 흘러도 그는 환경에 적응하기를 거부했다. 성 요셉의 파티장은 까맣게 잊어버렸지만 그는 분명 뭔가 다른 노랫가락을 흥얼대고 있었다. 9년이 흘러도 여전히 엄마와 함께 사는 것이 맞지 않던 그는 결국 소년원에 들어가게 되었다.

맨쿠소는 학생의 신분과도 거의 맞지 않았다. 그의 유일한 관심사는 '사운드' 뿐이었다. 그는 사운드에 빠져들었다. 어디를 가든지 음악에 귀를 기울였고 실내로 걸어 들어가면서도 손뼉을 쳤다. 엄마가 외출하면 집으로 친구들을 몰래 불러들이고는 레코더 주위에서 춤을 췄다. 소년원에 있을 때도 자신의 기숙사 방에서 낡은 라디오를 고치거나 R&B 라디오 채널에서 흘러나오는 몽롱한 음악에 심취하여 노래를 듣다가 잠이 들곤 했다. 그는 "음악을 들으면 모든 게 괜찮다는 생각이 들었다."고 말했다. 하지만 현실은 그렇지 못했다. 열여섯 살이 되던 무렵에 그는 사회에 적응하려는 노력을 중단하고 학교에서 도망쳐 나와 뉴욕으로 향했다.

그는 뉴욕에서 구두닦이를 시작하여 숙소를 빌리고는 새롭게 발견한 독립적인 삶을 마음껏 즐겼다. 맨쿠소는 뉴욕이 자신을 맞이하는 것처럼 보였다. 그는 이스트 빌리지의 톰킨스 스퀘어 공원에서 공연하는 밴드들과 어울리기 시작했다. 그레이트풀 데드(Grateful Dead)라는 그룹과 지미 헨드릭스라는 가수가 그곳에서 막 활동을 시작하던 때였다. 60년대가 시작되자 많은 사람들이 사회 체제에 반항하기 시작했다. 맨쿠소는 어느 자연식 레스토랑에서 환각제의 전설적인 대부인 티모시 리어리(Timothy Leary)를 어린 나이에 만나고는 곧바로 LSD 마약의 실험을 시작했다. "리어리는 내가 만나본 멋진 인간 중 한 사람이었다. 그가 마약의 대부라서가 아니었다. 그는 고매한 인간이었고 일종의 스승이었다."고 그는 설명했다. "LSD는 정말로 괜찮은 것이었다. 물론 다른 좋은 마약도 있었다. 그것은 내게 의식을 심어주었다. 환각에서 깨어나면 뭔가 바꾸고 싶은 생각이 들었다."

변화에 대한 욕구는 늘 그에게 남아 있었다. LSD를 실험하던 기간 동안 맨쿠소는 과격하고 새로운 방식으로 현실을 실험했다. 절정으로 치솟았다가 바닥으로 추락하면서 잠시 벨뷰 병원(Bellevue Hospital)의 정신 병동 신세를 지기도 했다. 병원 직원들의 눈에는 그가 빈번한 환각 증세로 정신이 돌아버린 또 다른 히피족처럼 보였을 것이다. 하지만 맨쿠소는 뭔가 다른 것을 보았다. 그것은 하나의 환상이자 잠시 스쳐가는 기억이며 하나의 계시였다. 그도 확실히 알지는 못했지만 어떤 생각이 형태를 갖추어나가기 시작했다. 이상하게도 그것은 친숙하게 보였다. 그에게는 분명 뭔가 해야 할 일이 있었다.

맨쿠소는 이 직업 저 직업을 전전했지만 돈에는 무관심했다. 임대료만 벌면 그뿐이었다. 1965년에 맨쿠소는 브로드웨이 647가에 위치한 어느 빌딩의 버려진 꼭대기 층으로 이사했다. 그곳이 싸고 넓었기 때문이었다. 20년만 더 지났더라도 과대 포장에 능한 부동산업자들이 일명 '로프트'라고 떠벌리는 낡은 원룸에 돈 잘 버는 온 나라 여피족들이 거금을 지불하고 구입하는 세상이 왔을 테지만, 당시만 해도 그런 곳은 누구나 살기 꺼리는 동네에 버려진 좁고 황량한 공간이었다.• 맨쿠소는 다른 어떤 훌륭한 파티만큼이나 근사한 집들이 파티를 열어서 분위기를 띄우기로 결심했다. 그리고 그 파티는 생각보다 조금 오래 지속됐다. 아니 사실은 오늘날까지도 이어지고 있다.

"내게는 사교 활동에 필요한 물건과 장소가 갖춰져 있는 셈이었다. 그래서 사람들을 건너오게 하여 파티를 열 수 있도록 해줬다. 한번은 나체 파티를 열었던 사람들도 있었다. … 그때가 60년대였다. 그러다 1970년대가 되었고 주머니 사정이 쪼들리기 시작했다. 그래서 파티 장소를 빌려주는 소정의 요금을 받기로 했다. 그 돈으로 나는 임대료를 지불할 수 있었고, 그곳에 살면서 계속해서 파티를 열었다. 친구들 중에 이의를 제기하는 사람은 아무도 없었다."

맨쿠소의 로프트 파티가 그저 그런 파티로 전락하지 않은 데에는 어쩌면 다른 이유가 있었다. 사운드에 대한 맨쿠소의 집착은 점점 커져갔다. 해를 거듭하면서 최고급 오디오 장비들을 사들였고, 뉴욕 일대에서 가장 훌륭하다고 정평 난 사운드 시스템들을 직접 설계하여 자신의 로프트에 설치했다. 맨쿠소는 음질에 관해서는 무척 까다로운 편이어서 그의 턴테이블에 맞는 유일한 레코드 바늘은 시중 가격이 개당 1만 5천 달러에 달하는 고에츠(Koetsus) 제품뿐이었다. 그것은 한때 일본 사무라이 칼을 제작하던 장인 가문이 일본에서 직접 디자인해 수제작한 것이었다. 맨쿠소가 맨 처음 설계하여 배치한 사운드 시스템은 대단히 혁신적이었기에 지금까지도 전 세계 수많은 클럽 사운드 시스템을 구축하는 본보기로 널리 애용되고 있다.

그에게 음악은 그만큼 소중했다. 그는 레코드 덱으로 R&B와 재즈, 록, 펑크, 세계 음악처럼 흥겨운 리듬의 노래들을 한데 엮어나가면서 다채로운 음악의 여정을 펼쳐나갔다. 음악 외에도 따뜻한 음식과 간식, 과일 펀치 등을

• 그에게는 서너 명의 이웃들이 있었다. 전설적인 블루스 아티스트 존 해먼드 주니어(John Hammond Jr.)도 같은 건물에 살고 있었고, 밥 딜런(Bob Dylan)도 정기적으로 놀러왔다. 그가 이사한 지 얼마 안 되어서는 마일스 데이비스(Miles Davis)라는 이름의 또 다른 뮤지션이 바로 길 건너편 로프트로 이사를 왔다.

손님들에게 제공했다(음주 금지 정책을 철저히 고수했지만 종종 음료에 마약을 섞어 마시기도 했다). 그는 또 커다란 미러볼을 달아놓고 커다란 불상을 설치해놓기도 했다. 또 정확히 이유는 알 수 없었지만 왠지 방 하나 전체를 형형색색의 풍선들로 가득 채우고 싶어서 그렇게 하기도 했다.

"사업으로 운영할 생각은 전혀 없었다."고 그는 설명했다. "나는 사람들의 주목을 받고 싶지도 않았다. 마피아 조직에 개입되고 싶은 생각도 없었기에(사실 그들은 내가 돈을 목적으로 하지 않는다는 사실을 알고 나를 괴롭히지 않았다) 술도 판매하지 않았다. 나는 어떤 계급 구조도 원치 않았다. 사교 클럽조차도 내게는 너무 과분했다."

맨쿠소는 멤버십을 만드는 대신에 각양각층의 친구들에게 초대장을 보냈다. 초대장에는 'Love Saves the Day(여기서 굳이 각 단어의 첫 글자(LSD)를 눈여겨볼 필요는 없다)'라는 문구가 새겨져 있었다. 이제는 그 이름이 널리 알려지게 된 '로프트'는 이때부터 하나의 시설물이 되었다. 얼마 지나지 않아 2달러 50센트의 입장료를 내고 들어온 500명의 인파가 매주 토요일 자정부터 일요일 새벽까지 댄스 플로어를 가득 메웠다. 맨쿠소는 갈수록 조직화되어 갔다고 말했다. "사운드와 음악도 그랬고, 보름달이 뜨는 날이면 아이스크림을 대접하기도 했다. 모든 음식은 유기농이고 가정식 요리였다. 친구들과 어울리는 자리니 뭐든 먹게 될 수밖에 없었다. 또 어쩌다 하루 종일 굶은 날인지도 모르고 말이다. 그곳에는 유명 인사들도 섞여 있었다. 하지만 그들이 그곳을 찾는 이유는 본연의 자신으로 돌아갈 수 있었기 때문이었다. 누가 누구인지 그것은 중요치 않았다. 사회 계층에 속해 있든 속해 있지 않든 누구나 함께 어울릴 수 있었다. 우리는 모두 스타였다."

로프트는 하나의 전설적인 장소가 되었다. 그곳은 당시 막 떠오르던 디스코 클럽의 수많은 요소들이 생성된 최초의 댄스 플로어였다. 맨쿠소의 파티에 관한 입소문은 널리 퍼져나갔고 덕분에 같은 고아원 출신이던 에디(Eddy)라는 유년 시절 친구도 맨쿠소를 찾아갈 수 있었다. 입장료를 내고 로프트로 들어서자마자 에디는 언젠가 와본 친숙한 느낌을 받았다. "내 친구는 공간과 풍선들을 포함해 모든 것을 흔들어놓았다."고 그는 회상했다. 에디는 믿을 수 없다는 눈으로 방안을 둘러보았고, 한껏 고양된 데자뷰의 느낌은 한줄기 선명한 추억으로 그를 인도했다. 그는 맨쿠소를 돌아보고는 소리쳤다. "정말 믿기 어려운 일이야."

에디는 얼마 전부터 앨리샤 수녀와 다시 연락을 시작했고 그녀는 예전의 파티장 사진을 몇 장 보내주었다. 그 사진들을 맨쿠소에게 보여주자 갑자기 추억이 파도처럼 밀려들었다. "사진 속 방 안에는 콘솔형 레코더가 있었고 그 위에는 레코드판들이 놓여 있었다. 작은 테이블 주위에는 아이들이 둘러앉아 있었다. 작은 파티 모자를 쓴 아이들도 있었고, 풍선들도 놓여 있었다. 에디와 나는 그 사진을 들여다보고는 소스라치게 놀랐다. 그 사진은 추억을 불러일으켰고 갑자기 우리 두 사람은 살아 있는 사진 속으로 들어갔다. 그것은 너무나 강력한 느낌이었지만 모두 잠재의식 속에서 일어난 일이었다. 파티장은 아이들이 한데 어울려 놀기만 하면 되는 곳이었다. 사진 속 파티장과 로프트를 번갈아 바라보면서 똑같은 요소들을 발견할 수 있었다. 나는 사진을 보다가 그 자리에서 울음을 터뜨렸다."

맨쿠소는 로프트에서 자신의 어릴 적 느낌을 되찾으려고 노력했다는 사실을 깨달았다. 그것은 댄스 플로어를 통해서 그가 전달하고 있던 느낌이었고, 이제는 사람들 그것도 아주 많은 사람들의 마음을 끌게 된 바로 그 느낌이었다.

히피 문화의 몽롱한 환각 증상에서 맨 처음 시작되었다가 R&B와 함께 로프트에서 숙성된 사회적 진보가 녹아들면서 완성된 디스코야말로 로프트의 가장 직접적인 후손에 속하겠지만, 로프트의 영향력은 다른 많은 분야로 퍼져나갔다. 로프트의 단골손님 중에는 세계적으로 이름을 날리며 자신만의 새로운 움직임을 연마시킨 유명 DJ들도 들어 있었다. 시카고 웨어하우스(하우스음악이 태동된 곳)의 악명 높은 시카고 출신 DJ 프랭키 너클스와 그의 절친한 친구이자 뉴욕 파라다이스 거라지(Paradise Garage)(거라지 음악이 시작된 곳)의 전설적인 DJ 래리 레반(Larry Levan)도 그곳에 자주 드나들었다. 니키 시아노(Nicky Siano)와 데이비드 모랄레스(David Morales), 프랑소와 케이(Francois K), 토니 험프리스(Tony Humphries)와 같은 영향력 있는 DJ들도 맨쿠소의 또 다른 제자들에 속했다. 우리가 알고 있는 현대 댄스 음악과 레이브(rave: 음악을 들으면서 각자 개인적인 도취감에 빠져 몸을 흔들며 노는 행위를 총칭함—옮긴이)와 클럽 문화의 역사는 로프트로 그 유래를 거슬러 올라갈 수 있다. 로프트가 남긴 유산은 과대평가라는 말이 나올 수 없을 만큼 참으로 대단했다.

앨리샤 수녀와 맨쿠소가 품었던 생각은 음악 그 이상의 어떤 개념을 반영하고 있었다. "로프트의 파티는 삶을 살아가면서 함께 공유하는 것을 말한다."고 현재 60대의 나이로 아직도 파티를 즐기며 살고 있는 맨쿠소가 말했다.● "이는 모두 파티를 통해 일어난 사회적 진보에 관한 것이었다. 파티는 그 어떤 계급 구조 없이도 운영되고 작동하는 한 방식의 본보기였다. 이러한 커뮤니티 정신이야말로 내가 항해하는 데 필요한 순풍이었다. 우리에게는 하나의 시스템이 필요했고, 효과가 없으면 그것은 제거되어야 했다. 음악과 아티스트들이 대부분의 시간 가운데 아픔을 겪는 것도 모두 시스템이

● 로프트 파티는 아직도 뉴욕의 비밀 장소에서 정기적으로 열리고 있다. 맨쿠소는 미국의 로스앤젤레스, 일본의 도쿄와 오사카와 삿포로, 영국의 런던과 글래스고에서도 파티를 열면서 각 도시마다 다르게 설계한 사운드 시스템을 사용하고 있다.

엉뚱한 방향으로 돌아가고 있기 때문이다."

시스템은 늘 엉뚱한 건반을 눌러대고 있지만, 공감과 수용의 아이디어는 그 어느 때보다 우리의 심금을 울리고 있다. 로프트는 댄스 음악의 탄생을 도왔다. 그것은 이제 전 세계에서 운영되는 가운데 수십억 달러의 매출액을 벌어들이는 산업이자 히피 문화가 주창하던 이상에 대한 환상이었고, 계급 구조 없는 시스템에 대한 음악적인 열망이었다.

앨리샤 수녀의 공유 개념과 사운드에 대한 사회적 실험은 전 세계에 반향을 불러 일으켰다. 최근 몇 년 동안 음악 업계는 새로운 공유 방식에 의해 여러 갈래로 나뉘어졌다. 사람들이 서로 협력하여 낡은 계급 구조를 뒤엎고 우리 삶을 개선시킬 수 있는 새로운 비즈니스 모델과 개방적 자원을 창출해 내면서 오픈 소스의 움직임은 다른 많은 산업들의 혁명을 일으키고 있다.

이제 디스코는 그 수명을 다했지만 공감과 협조에 기반을 둔 아이디어는 그 어느 때보다 인기를 끌고 있다. 1940년대에 아이들에게 생일 파티를 열어주던 한 수녀가 아니었더라면 이와 같은 식으로 일이 진행되지는 않았을지도 모른다.

공유 개념의 수호성인이었던 앨리샤 수녀를 우리 모두 찬양한다.

경계선에 관한 이야기

이 책에 나오는 각각의 이야기들은 모두 경계를 무너뜨리는 내용이다. 펑크는 생산 수단을 민주화했고, 해적들은 새로운 아이디어들을 가로막는 낡은 제약을 묵살했다. 우리는 또 리믹스가 얼마나 유용한 것인지, 그리고 그래피티 아티스트들이 사적 이익으로부터 공공장소를 어떻게 되찾았는지도 살펴보았다. 이 아이디어들은 모두 정보를 새로운 방식으로 공유하고 이용하는 것에 관한 내용이다.

그러나 이 책에 나오는 각각의 이야기들은 또 다른 측면도 갖고 있다. 사회가 아이디어를 공유하는 새로운 방식을 발견해내고 공공의 이익을 가속화할수록 사적 이익에도 그에 못지않게 빠르게 침투하면서 그것을 저지하고 기존의 시스템을 그대로 유지하여 이익을 지키려는 소수 권력층이 존재한다. 이 같은 현상은 역사를 통틀어 꾸준히 지속되어왔다. 오래전 마키아벨리(Machiavelli)도 이렇게 얘기했다. "새로운 제도를 도입하는 일만큼이나 계획하기 어렵고 성공하기 힘들고 관리하기 위험한 일도 없다는 사실을 명심해야 한다. 왜냐하면 새로운 개혁자에게는 그에게 대항하는 적대자와 미온적인 반응을 보이는 지지자 두 부류만 있기 때문이다. 기존 제도를 유지하여 이득을 보는 이들은 적대자가 되고, 새로운 제도로 혜택을 입는 이들이라고 해도 그저 그런 미온적인 반응을 보이는 지지자가 될 뿐이다."

이처럼 처음부터 완전히 새롭게 만들어진 시스템은 하나의 새로운 개방 사회(open society)를 말한다. 이미 살펴보았듯이 권력층은 많은 경우에 해적의 딜레마에 저항하고 있다. 하지만 이 같은 새로운 공유 방식은 사실상 기존 시스템에도 이득을 제공할 수 있다.

마키아벨리 이후로 가장 최근에 폭풍처럼 휘몰아친 르네상스는 음악 업계에 일어났는데, 그것은 모두 파일 공유 덕분에 일어난 결과였다. 파일 공유 시스템에 대한 음반 업계의 반응에 관한 이야기는 다른 모든 업계와도 관련이 있다. 왜냐하면 음악을 변화시킨 커뮤니티와 테크놀로지가 경제 곳곳의 분야에도 두루 영향을 미칠 수 있기 때문이다. 공유 관계에 기반을 둔 새로운 경제 시스템이 시장에서 경쟁력을 얻어나가기 시작하면서 앞으로 해적의 딜레마를 이해하는 일은 개인과 기업, 그리고 국가 모두에게 우선적인 과업이 될 것이다.

울타리를 제거하면 더 많은 이웃들이 생겨난다

디스코가 꿈꾼 개방 사회는 열병의 울타리가 둘러싸인 공간이었다. 아름다운 정원은 늘 좋은 울타리와 커다란 대문이 놓여 있는 커뮤니티를 필요로한다. 그러나 경계선은 오히려 해가 될 수 있으며, 우리는 지금 이 사실이점점 더 분명하게 드러나는 세상에 살고 있다. 19세기 지적재산권법은 과거에는 적합했지만 미래에는 그다지 합당하지 않다. 그리고 오늘날에도 그것은 창의성을 부추기기보다는 오히려 그것을 억제하는 경우가 많다. 종종 진보는 해적들이 울타리를 뛰어넘는 경우에만 일어난다. 불합리한 라이선스와 특허를 뛰어넘어 더 좋은 곳에 다다르는 경우에만 말이다.

좋은 울타리는 좋은 이웃만을 만들지만 울타리를 걷어내면 탁 트인 잔디밭을 얻게 된다. 여기에 좀 더 많은 이웃들을 동참시키면 얼마 안 있어 드넓은 공원을 얻게 될 것이다.

공유의 개념에 기반을 두어 탄생한 댄스 음악은 앨리샤 수녀와 1960년대젊은이 문화에 영향을 받은 데이비드 맨쿠소를 통해 길이 열렸다. 그러나히피 문화의 여파로 뜻하지 않게 얻은 성과물은 댄스 음악뿐만이 아니었다.또 다른 성과물은 바로 퍼스널 컴퓨터의 탄생이었다.

이제 살펴보겠지만 PC는 로프트처럼 하나의 사회적 장치로 고안된 것이었다. 그것은 새로운 자유와 가능성을 제공해준 정보를 함께 공유하는 동시에 과거의 억압적 제도에 대해 강력하게 맞서는 하나의 방식이었다. 그 후로 PC는 오늘날 오픈 소스 운동으로 알려진 것을 태동시켰다. 오픈 소스 운동은 컴퓨터 운영 시스템을 구축하는 하나의 방식으로 출발했지만, 이제는삶의 한 설계 방식이 되고 있다.

1970년대에 출현하여 21세기 초반 무렵에 공유에 관한 개념에 주된 영향을 주었던 공적으로 역사에 길이 남게 될 언더그라운드 모임 두 개가 있다.

이 두 모임은 모두 20세기 음반 업계의 종말에 영향을 미쳤으며, 우리가 앞으로 제대로 파악해볼 필요가 있는 공유의 개념이 지닌 가능성으로부터 영감을 얻었다. 그중 하나는 로프트이며, 다른 하나는 홈브루 컴퓨터 클럽(Homebrew Computer Club)으로 알려져 있다.

공부벌레들의 디스코적 반란

젊은이 문화는 퍼스널 컴퓨터를 만들어냈다. 컴퓨터 제작을 구체화한 아이디어들은 1950년대와 60년대에 캘리포니아 팔로알토의 스탠포드 대학교(Stanford University) 캠퍼스에서 하나로 뭉쳐졌다. 반전 운동과 히피 운동에 참여하던 5명가량의 젊은 공대생들은 자신들의 어렴풋한 사회적 개념을 컴퓨터 개발에 불어넣었다. 마침 근처에 위치해 있으면서 마찬가지로 히피 문화의 영향을 받고 있던 제록스 파크(Xerox Parc) 연구개발 기관에서도 많은 과학자들이 비슷한 프로젝트를 추진하고 있었다. 그중에는 진짜 히피족들도 있었다. 『겨울잠쥐가 말하기를(What the Dormouse Said)』이라는 책의 저자인 존 마코프(John Markoff)는 "예전에 환각제를 이용해 인간의 잠재력을 확장시켜놓은 과정과, 더그 엥겔바트(Doug Engelbart)(인간과 컴퓨터의 상호작용에 관한 개척자로, 마우스를 발명하기도 했다)가 인간의 정신을 확장시킬 수 있다고 생각했던 기기의 제작 시도 과정 사이에는 매우 흥미로운 유사점이 존재한다."고 말했다.

팔로알토의 개척자들은 펑크에 활력을 불어넣었던 것과 동일한 D.I.Y. 태도를 갖고 있었다. 새로운 사회적 기계에 대한 그들의 아이디어는 대개 전쟁과 기성 체제에 대한 반발이었다. 컴퓨터는 편협한 마인드의 숫자 귀신들에 의해 발명되지 않았다. 컴퓨터는 무정부적이고 급진적인 좌익 행동주의자 단체가 한데 결합시켜 완성한 결실이었다. 이들은 과학과 테크놀로지,

집단의식을 확장시키려는 의욕을 지니고 있었으며, 이는 맨 처음 연구실에서 깨닫기 시작했다. 마코프도 말했듯이 "우리 일생 중 가장 위대한 변형 테크놀로지는 엔지니어링과 재정 분야의 단순한 승리 그 이상이었다. 그것은 진보적 가치와 예술가적 감성, 그리고 때로는 환각성 마약에 의해 동력을 제공받는 야심가들 집단의 어쩔 수 없는 협력의 결과였다. 그것은 컴퓨터라는 기기의 당위성에 대한 아이디어, 즉 인간의 잠재력을 확장하고 풍요롭게 만드는 하나의 해방적 수단임을 정의하려는 노력이었다."

컴퓨터는 단지 거대한 계산기라기보다는 1960년대 젊은이 문화가 영향을 미친 직접적인 결과물로서 하나의 사회적 수단이 되었다. 1972년에 음악 잡지 「롤링 스톤즈(Rolling Stones)」가 사람들에게 파워를 되돌려준다는 점에서 환각제와 컴퓨터가 갖는 공통된 연관성에 관한 기사를 실었다가 이에 분개한 제록스가 팔로알토 연구 기관을 철수시키는 일이 벌어졌다. 이로써 제록스는 PC와 워드 프로세스의 개발 주도권을 잃어버렸고, 20세기의 가장 위대한 비즈니스 기회의 하나를 놓치고 말았다.

이렇게 되면서 퍼스널 컴퓨터 개발은 제록스의 통제 대신에 프레드 무어(Fred Moore)라는 D.I.Y. 행동주의자가 감독하는 단계로 접어들었다. 무어는 1950년대 후반과 60년대에 전쟁 반대 운동을 펼친 것으로 유명한 급진적 평화주의자였다. 그는 모든 인간 문제의 근원을 돈으로 바라보았지만● 컴퓨터가 우리에게 새로운 해결책을 제공해줄지도 모른다고 생각했다.

1975년에 알타이르(Altair)라는 이름의 기업에서 최초로 가정용 컴퓨터 키트(home computer kit)를 발표했는데, 그것은 무어와 같은 귀재에게는 마치 DJ와 턴테이블 같은 관계였다. 프레드 무어는 같은 해에 동료 프로그래

● 1971년에 외부로부터 종자돈 2만 달러를 마지못해 지원받은 무어는 이 사실에 기겁하고는 뒷마당에 돈을 파묻어버렸다.

머 고든 프렌치(Gordon French)와 함께 홈브루 컴퓨터 클럽을 조직했다. 그
것은 로프트에 필적할만한 괴짜들의 모임이었다. 이 모임의 회원들 속에는
히피 문화의 영향력 아래 성장한 좌익 경향의 해커들과 행동주의자들이 섞
여 있었다. 그들은 캘리포니아 샌머테이오 카운티에 있던 프렌치의 집 차고
에서 만나 알타이르 키트(Altair kit)와 같은 신 테크놀로지를 사용하면서 컴
퓨팅의 미래에 대해 심도 깊은 토론을 나눴다. 컴퓨터로 발전해나간 아이디
어가 체계화를 이룬 곳도 바로 이곳이었다.

클럽 회원들 가운데는 가끔 LSD를 복용하던 대학 중퇴자인 스티브 잡스
(Steve Jobs)와 훗날 그와 함께 애플을 설립한 공동 창업주 스티브 워즈니악
(Steve Wozniak)도 들어 있었다. 클럽 회원들은 자신들의 초기 프로그램들
을 리믹스하여 오류 부분을 고치고 버그를 수정해가면서 자신들의 연구 결
과를 업계 소식지에 정기적으로 출간했고, 연구를 진행하면서 더 많은 회원
들을 받아들였다. 디스코와 마찬가지로 컴퓨터 소프트웨어도 개방된 사회
적 구조를 갖고 있는 느슨하게 결합된 협력의 결과물이었다. 그리고 이것
역시도 일단 상업화되고 나면 완전히 성질이 변화하곤 했다.

1976년에는 21세의 또 다른 프로그래머(또 다른 대학 중퇴자로, 가끔씩 장난
삼아 LSD를 복용했다는 소문도 들린다)가 홈브루 컴퓨터 클럽에 항의 편지를
보내왔다. 편지에는 홈브루 클럽에서 사용료를 지불하지 않고 BASIC이라
는 자신의 프로그램을 더 이상 사용할 수 없다고 적혀 있었다. 편지는 "세상
에 누가 대가 없이 일한단 말입니까?"라고 묻고 있었다. 사실 그것은 홈브
루 클럽이 결성된 취지와 정확히 일치하는 것이었다. "어떤 할일 없는 사람
이 3년을 꼬박 들여 프로그래밍하고 버그를 잡아내고 자신의 제품을 문서화
하고는 그것을 무료로 배포하겠습니까?"라고 프로그래머는 항변했다. 그러
나 1950년대 이후로 해커와 연구원, IBM과 같은 기업들은 소프트웨어를 하

나의 공공재로 취급해왔다. 편지를 보낸 이 젊은 프로그래머는 명석하기는 했어도 함께 공유하고 수용하는 홈브루 컴퓨터 클럽과는 매우 다른 견해를 갖고 있었다. 그는 아무런 대가없이 일을 하지는 않았고, 그의 소프트웨어는 공공재가 아니었다. 그것은 이윤을 내기 위해 만들어낸 지적재산권이었다. 자신이 투자한 시간에 대해 왜 대가를 받아서는 안 되느냐는 그의 주장도 일리는 있었다.

1980년대 초반에는 디스코가 이와 비슷한 운명길에 접어들고 있었다. 디스코는 데이비드 맨쿠소와 다른 개혁자들이 회피하려고 했던 바로 그 사회적 계급 구조로 점차 변질되어가고 있었다. 이 같은 현상은 스튜디오 54(Studio 54)와 같은 악명 높은 초대형 상업 클럽과 더불어 대형 음반사에서 대량 생산하는 공식 디스코 레코드의 등장에 의해 주도되었다. 본래 디스코가 지녔던 이상향은 화려한 시퀸 장식과 폴리에스테르 슈트와 코카인에 물들면서 점차 잊혀져갔다.

한편 컴퓨터 프로그래밍 업계에서는 이 편지를 적어 보냈던 괴짜가 여론의 흐름을 주도하면서 1980년대 초반 무렵부터 소프트웨어가 사유 재산으로 널리 취급되기 시작했다. 게다가 자신이 만든 소프트웨어로 그는 부유한 생활을 해나갔다. 이 편지의 작성자는 퍼스널 컴퓨팅계의 스튜디오 54에 해당하는 마이크로소프트의 창업주 빌 게이츠(Bill Gates)였다. 동네의 공원과 마찬가지로 예전에는 누구나 무료로 사용하던 소프트웨어는 이제 커다란 대문이 달린 커뮤니티가 되었다. 게이츠는 세계 최고의 갑부가 되었다.

스튜디오 54와 마이크로소프트는 공유와 네트워킹이라는 이상을 돈으로 환산했지만, 홈브루 회원들과 로프트 단골들은 미개척 분야로 진출하기로 결심했다. 디스코의 반란은 바로 하우스였다.

상업화된 디스코 분야는 서서히 최후를 맞이했지만 디스코의 오리지널 소스 코드는 프랭키 너클스나 래리 레반과 같은 DJ들에 의해 새로이 태어났다. 그들은 디스코를 각각 하우스와 거라지 사운드로 새롭게 다듬고 연마함으로써 천박한 상업주의 음악이라는 오명을 씻어내고 디스코 본래의 진보적 이상으로 다시금 활기를 불어넣었다. 1980년대 중반에 대서양을 건너간 하우스 음악은 지중해 발레아레스 제도에 위치한 이비자 섬의 클럽 단골들에게 엄청난 호응을 얻게 되었고, 바로 이곳에서 엑스터시(ecstasy)로 알려진 신종 마약과 결합하게 되었다.

우리에게 늘 가장 소중한 정보 형태의 하나인 음악은 늘 자유로워지기를 꿈꾸며 전 세계로 퍼져나가면서 계속해서 새롭게 형태를 바꾸어나간다. 이비자 섬에서 나온 음악은 영국에 전해졌다가 단번에 인기를 모으면서 영국 전체를 한입에 삼켜버리고는 애시드 하우스라는 새로운 사운드로 발전했다. 엄청난 규모의 불법 야외 파티는 수만 명의 인파를 매료시키면서 거대한 사운드 시스템과 조명 장치가 설치된 야외 들판이나 비행기 격납고 같은 외딴 시설물로 사람들을 집결시키면서 영국 전역의 관할 경찰 인력들을 당혹스럽게 만들었다. 한밤중에 모여든 엄청난 규모의 군중들은 당국을 우롱하고 비난하는 몸짓을 표현하며 새로운 세상을 꿈꿨다. 켄 고프먼(Ken Goffman)은 『시대를 통해 나타난 반문화(Counterculture through the Ages)』에서 "레이브 이상주의자들은 1960년대의 유토피아적 희망을 부활시켰다."고 적어놓았다. "이제 그들은 커뮤니케이션 테크놀로지와 오픈 정보 채널이 결합된 풍조 속에서 별 어려움 없이 일어나는 빠르고 광범위하고 집단적인 의식 전환에 영향을 미칠 수 있다고 확신한다." 레이브의 경쾌한 낙천주의가 전 세계를 한바탕 휩쓸고 지나간 이후로 레이브는 여러 다양한 젊은이 문화와 댄스 음악으로 재인식되면서 전 세계 파티 중독자들을 각국의 장소들로 끌어들였으며, 그것은 다시 미국의 텍사스에서 이란의 테헤란에 이르기까지 전 세계인들에게 영향을 미쳤다.

레이브는 비록 버려진 창고에서 마약에 의존하여 겨우 12시간 남짓 지속되다가 지평선 위로 떠오르는 태양의 빛에 의해 찬란한 조명이 무색해질 때쯤 함께 퇴색해버리는 하나의 허상에 지나지 않지만, 그것이 거대한 커뮤니티를 형성한다는 이유로 점점 인기를 끌게 되었다. 레이브는 히피 문화의 광기 어린 손자뻘에 해당했다. 레이브는 1990년대 초반에 살며시 침투하기 시작한 디지털 반문화에 곁들여진 완벽한 부속품이었다. 미국 레이브 문화의 가장 풍요로운 혈관, 즉 규칙 대신 선택권을 제공하는 개념에 기반을 둔 자유 문화가 실리콘 밸리에 스며 있다는 사실도 결코 우연은 아니었다.

마이크로소프트에 대한 홈브루 컴퓨터 클럽의 반란은 바로 오픈 소스 운동이었다. 빌 게이츠에 동조하고 소프트웨어를 하나의 지적재산으로 바라보는 이들도 많이 있었지만, 한쪽에서는 이를 부정하고 계속해서 무료 소프트웨어를 개발하던 사람들도 있었다. 1983년에는 해커이자 행동주의자인 리처드 스톨먼(Richard Stallman)이 프리 소프트웨어 재단(Free Software Foundation)을 창설했다. 그는 새 운영 개방 시스템을 공개하고는 다음과 같이 주장했다. "무료 소프트웨어는 가격의 문제가 아니라 자유의 문제다. 이 개념을 이해하기 위해서는 '공짜 맥주'•라는 표현에서 나온 '공짜'가 아니라 '표현의 자유'라는 표현에서 나온 '자유'를 생각해보아야 한다." 게이츠의 값비싼 '음료수'를 마실 준비가 되지 않았던 해커들은 먼저 스톨먼의 공짜 '맥주'를 맛보기 시작했고, 이로써 일련의 새로운 코드가 탄생되면서

• 오픈 소스 문화는 공짜 맥주의 개념도 발전시켜 놓았다. 덴마크 코펜하겐의 학생과 아티스트들 단체는 오픈 소스가 디지털 세상 바깥에서 어떻게 적용될 수 있는지 증명하기 위해 세계 최초의 오픈 소스 맥주 Vores Φ1(우리들의 맥주)를 만들어냈다. 크리에이티브 커먼스 라이선스에 의해 공개되어 누구나 Vores Φ1 제조법을 이용해 자신만의 맥주를 양조하고 혼합할 수 있다. 동일한 라이선스로 자신의 제조법을 발표하기만 하면 그것으로 얼마든지 돈도 벌 수 있으며, Vores Φ1의 오픈 소스 디자인과 브랜드도 사용할 수 있다.

사회에 혁명을 일으켰다.

오픈 소스 소프트웨어의 배후 개념은 다른 사람이 내 소프트웨어를 복사, 공유, 변경, 재 유포할 수 있도록 하는 것이다. 물론 이렇게 해서 상대가 만들어낸 새로운 소프트웨어에도 이와 동일한 조건이 적용되도록 동조하는 경우에 한해서 말이다. 이 같은 방식으로 오픈 소프트웨어는 하우스 음악만큼이나 빠르게 유포되고 발전될 수 있다. 인터넷은 유즈넷(USENET)과 유닉스(UNIX)와 같은 무료 소프트웨어에 기초하여 설립되었으며, 바로 이런 이유로 인터넷은 누구나 이용할 수는 있어도 소유할 수는 없다. 유즈넷은 우리 누구나 그 위에 설 수 있는 공공재에 속한다. 1990년대 초반에는 스위스의 소립자 물리학 센터(CERN)에서 일하던 영국인 연구원 팀 버너스 리가 이러한 오픈 소스 소프트웨어에 기반을 두고 기술적 실험이 아닌 사회적 실험의 하나로 웹을 설계했다. 무료 소프트웨어는 1998년에 넷스케이프(Netscape) 사에 의해 오픈 소스 소프트웨어로 다시 공식 브랜드화되었다(이는 다시 모질라Mozilla로 브랜드화되면서 오늘날 대단히 인기 있는 오픈 소스 인터넷 브라우저인 파이어폭스Firefox를 창조해냈다). 웹이 전 세계적으로 영향력을 퍼뜨리면서 결국 오픈 소스는 여러 새로운 공공재를 유지하는 방식인 동시에 사기업을 활성화하는 하나의 훌륭한 방식임이 확실시되고 있다. 오픈 소스 소프트웨어 기업 리눅스(Linux)의 창업주 리누스 토발즈(Linus Torvalds)도 말했듯이 "미래에는 모든 것이 오픈 소스가 될 것이다."

비즈니스를 위한 개방

하우스 음악이 애시드 하우스와 드럼 앤 베이스, 유케이 거라지와 같은 새로운 사운드를 만들어내고 그것이 다시 자체적인 산업으로 발전했던 것처럼, 오픈 소스 운동은 새로운 비즈니스 모델을 창조해냈다. 오픈 소스는 당신의 제작물을 타인들이 사용하도록 허용하는 것만을 말하지 않는다. 그것은 당신의 제작물을 변형하여 당신과 타인들 모두가 이득을 볼 수 있게 하는 것을 말한다. 기업들 중에는 해커들이 오픈 소스를 제작한 의도와 동일하게 오픈 소스 모델을 사용하는 기업이 있는가 하면, 단지 '규칙'과 대조되는 '선택'을 기본 개념으로 삼고 자신들의 브랜드 위에서 하나의 커뮤니티가 세워지도록 하는 기업도 있다(단 이때 해당 브랜드에 대한 저작권은 포기하지 않는다).

오픈 소스 모델은 '위키(wiki)'로도 알려져 있다. 위키피디아(Wikipedia)에 따르면 위키는 "최종 제품의 소스 재료(일반적으로는 소스 코드)에 대한 접근을 장려하는 생산 및 개발 관행으로, 사람에 따라 하나의 철학으로 받아들여지거나 실용적인 방법론으로 받아들여지기도 한다."고 정의된다.

위키피디아는 오픈 소스 모델의 훌륭한 사례에 속한다. 온라인 백과사전이자 세계 최대의 백과사전인 위키피디아는 누구든지 원하면 내용을 추가하고 업데이트하고 수정할 수 있다. 위키피디아 이전의 백과사전들은 학자들에 의해 힘겹게 제작되었지만 위키피디아는 모두 아마추어에 의해 제작된다. 위키피디아는 권위적인 기관 대신에 새로운 분산 운영 방식을 수용했다. 이 책을 쓰고 있는 현재만 해도 위키피디아는 7만 5천 명의 기고자와 530만 개의 기사를 갖추고 있으며, 이용 가능한 언어도 100개가 넘는다. 매일 수천 개의 기재 항목이 추가되고 있으며, 수천 건에 이르는 편집과 업데이트가 일어나고 있다.

위키피디아의 오픈 소스적 특성에 따라서 기재 내용을 함부로 변경하는 행위와 부정확한 기재 내용은 그대로 방치된다. 한번은 미국 코미디언 스티븐 콜버트(Stephen Colbert)가 자신의 TV 쇼가 진행되는 동안 위키피디아에 기재된 사항을 수정해줄 것을 시청자들에게 당부했다가 진행자의 말이 떨어지기가 무섭게 시청자들이 내용을 수정하기도 했다. 그런가 하면 영국에서는 BBC 라디오 1의 DJ 2명이 생방송 진행 중에 위키피디아에 소개된 상대방의 페이지를 함부로 고쳐놓기도 했다. 2007년에는 미국 정부와 마이크로소프트가 자신들이 기재한 내용에 함부로 손을 댔다가 위키피디아 편집자들에게 들킨 일도 있었다(본인의 설명이 담겨 있는 페이지를 자신이 직접 편집하는 행위는 위키피디아 사용자들의 눈총을 받을 만한 행동에 속한다). 2005년도에는 과학 학술지 「네이처(Nature)」가 실시한 한 연구조사에서 위키피디아와 브리태니커 백과사전(Encyclopaedia Britannica)의 과학 분야 기재 항목 42개를 추출하여 비교한 결과 위키피디아는 항목 당 평균 4개의 오류가, 그리고 브리태니커는 3개의 오류가 발견되었다. 그러나 크리스 앤더슨(Chris Anderson)이 『롱테일 경제학(The Long Tail)』에서 지적했듯이 "이 같은 보고 내용이 발표된 직후에 위키피디아의 기재 항목은 바로 수정된 반면에 브리태니커는 다음 개정 인쇄판까지 기다려야 했다."

위키피디아는 일반적으로 신뢰성이 높은 편이며, 그 어떤 기존 백과사전보다도 훨씬 더 많은 근거와 입장을 다루고 있는 편이다. 정확성은 떨어질 수 있어도 예컨대 스타워즈의 제다이나 혹은 파멜라 앤더슨(Pamela Anderson)의 섹스 테이프, 홈브루 컴퓨터 클럽 등의 역사에 대해 상세한 정보를 원한다면 위키피디아는 매번 브리태니커를 능가한다. 그러나 정확성에 관해서는 사이트 자체에서 아무런 보장도 해주지 않는다. 그래서 나는 위키피디아의 창업주 지미 웨일스•에게 위키/오픈 소스 비즈니스 모델을 나름대로 정의해달라고 부탁했다. 그는 "위키는 누구나 편집 가능한 웹사이트"라고 설

• 2006년에 미국 컬럼비아 대학 언론 대학원에서 공개 토론회가 시작되기 전에 지미 웨일스를 인터뷰했다. 그가 얘기하는 동안 그의 등 뒤에 설치된 스크린에 떠 있던 위키피디아 기재 내용을 학과장이 일부러 변경시켜놓았는데, 5분 후에 다시 사이트를 점검한 결과 오류 사항이 이미 수정되어 있었다.

명했다. "위키는 사람들이 정보를 편집하고 공유할 수 있는 장소다. 위키는 품질을 감시할 수 있고 누군가 고의로 나쁜 짓을 저질러놓은 경우에 다시 이전 버전으로 되돌아갈 수 있는 도구를 갖고 있다."

지미 웨일스와 백과사전의 관계는, 데이비드 맨쿠소와 DJ 활동과의 관계와 다르지 않다. 맨쿠소와 웨일스는 공유라는 개념 속에서 새로운 가능성을 내다봄으로써 판도를 바꿔놓았다. 지미 웨일스는 미 우주항공국의 로켓 과학자 팀 본부가 위치한 장소와 가까운 앨라배마 주 헌츠빌에서 자라났다. 그는 엄마와 할머니가 운영하던 작은 사립학교에 다녔다. "그들이 로켓 엔진을 테스트할 때마다 우리 집 창문이 덜컹거리던 일을 기억한다. 사람들이 달나라에 간다는 건 내게 엄청난 사건이었다. 그것은 내게 매우 과학적인 감수성을 안겨주었다. 우리 집 환경은 무척 자유로운 편이었다. 내게는 자유 시간이 많았고 따라서 무척 다양한 관심사를 가질 수 있었다. 게다가 나는 백과사전에 대해 굉장한 열정을 갖고 있었다. 링크를 따라 또 다른 지식으로 이동하여 전혀 다른 지식을 습득할 수 있다는 사실이 너무 좋았다."

웨일스에게 돈 버는 일은 그다지 화끈한 일이 아니었다. 그는 1990년대에 시카고에서 옵션과 선물 거래업자로 일하며 부자가 된 이후에 자신의 열정을 따르기로 결심했다. "나는 오픈 소스 소프트웨어가 온라인상에서 성장하는 것을 보아왔다. 나는 무료 라이선스 모델이 하나의 새로운 사회적 패러다임을 제공했음을 인식했다. 그것은 자신의 제작물을 다른 사람들과 공유하는 방식이었다. 사람들은 상업적인 용도와 비상업적인 용도 모두를 위해 소프트웨어를 사용할 수 있었다. 그것은 비영리 대 영리의 문제가 아니라 소유 대 폐쇄의 문제였다. 만약 내 코드를 공유한다고 하면 그것은 상대가 원하는 대로 얼마든지 사용이 가능하지만 그것을 이용해 만든 변경물 또한 반드시 공유해야 한다는 하나의 라이선스 아래서 공유하는 것을 말한다. 이는 공평한 경쟁의 장을 제공하게 되며 우리 모두 지식을 공유하는 데 동의하고 있음을 의미한다. 그것은 이 같은 사회적 구조와 계약이 소프트웨어 분야를 넘어 보다 폭넓게 사용될 수 있겠다는 생각을 떠올렸다. 그 중 하나가 바로 백과사전이었다."

리눅스의 창업주 리누스 토발즈처럼 웨일스도 미래에는 모든 것이 오픈 소스가 될 수 있다는 사실을 인정했다. "일반 법칙들은 거의 모든 것에 적용된다. 많은 경우에 기업들은 자신들의 정보를 저장해두려는 사고 경향으로 기회를 잃어버리고 있다. 그들은 자신들의 고객들이 더 많은 것을 알고 있다는 사실을 깨닫지 못한다."

이베이와 아마존, 마이스페이스처럼 대대적인 성공을 거둔 네트 기반 기업들은 자신들의 커뮤니티와 사용자들이 무료로 제공하는 방대한 콘텐츠의 위력에 근거하고 있다. 이들 기업들이 기반을 두고 있는 테크놀로지(네트에 파워를 제공하는 코드)도 무료이기는 마찬가지다. 하지만 인터넷에 페이지를 추가하거나 사용할 때마다 엄청난 비용을 개입시키는 기업이라면 이런 식의 기능은 기대할 수 없을 것이다.

콘텐츠를 무료로 배포하는 많은 기업들은 수익을 올리면서 급속하게 성장하고 있다. 리누스 토발즈가 1991년에 취미 삼아 제작한 오픈 소스 리눅스 소프트웨어는 오늘날 구글과 모토롤라 휴대폰, 티보, BMW에서 사용되고 있다. 인텔(Intel)과 IBM을 포함한 여러 기업들은 새로운 무료 리눅스 소프트웨어 개발에만 매달리는 프로그래머들을 두고 있으며, 이들 프로그래머들은 리눅스 법칙을 따라 자신들이 이용했던 것을 다시 새로운 소프트웨어로 환원하고 있다. 리눅스는 자체 핵심 소프트웨어를 무료로 배포함으로써 현재 전 세계 4,300만 대의 PC를 가동시키고 있다. 리눅스는 이 무료 오픈 소스 소프트웨어에 기초하여 운영되는 주문형 소프트웨어의 판매로

2008년 한 해 동안 350억 달러의 매출액을 올릴 전망이다. 홀 어스 카탈로그(Whole Earth Catalog: 1968년부터 1972년까지 매년 2회씩 미국에서 발행된 교육적인 카탈로그로, 훗날 애플의 스티브 잡스는 웹 검색 엔진의 개념적인 전신이라고 칭송했다—옮긴이)의 저자이자 창업주인 스튜어트 브랜드(Stewart Brand)의 말을 인용해 설명하자면 정보는 무료여야 하지만 주문형 맞춤 정보는 매우 비싸야 한다. 리눅스는 이 같은 명언을 그대로 준수한 대표적인 사례의 기업이었다.

이제 우리는 개방성의 가치를 조금씩 이해해가는 수준에 있다. 2006년에 하버드 경영대학원에서 발간된 한 보고서는 여러 기업체를 대상으로 설문 조사한 결과 기업의 문제를 외부에 알리는 것이야말로 효과적인 해결책을 찾아내는 최상의 방법이라고 결론 내렸다. 또한 오픈 소스 소프트웨어에 초점을 맞춰 특별 공개되었던 2007년 EU 보고서에서는 '거의 모든' 경우에 있어서 소유용 소프트웨어를 리눅스 같은 오픈 소스 시스템으로 전환할 경우에 장기간 비용을 절감시킬 수 있다고 주장했다. 이 연구는 또 현재 사용 중인 오픈 소스 프로그램들의 숫자로 봤을 때 기업에서 제작했을 경우 모두 120억 유로화(80억 파운드)의 비용이 들었을 것이라고 주장했다. 아울러 이 수치는 13만 1천 년에 달하는 프로그래머 작업 수명과 일치하거나, 혹은 매년 프로그래머들이 자발적으로 참여해 만든 최소 8억 유로화(5억 2,500만 파운드)의 가치를 지니는 제작물에 해당한다고 추정했다.

공유에 기반을 둔 시스템은 정보 이용 방식을 확장해놓으며, 이는 다시 정보 거래 시장을 확장해놓는다. 이 같은 시점에 이르렀다면 우리가 해야 할 질문은 '어떻게 하면 이 같은 현상을 중단시킬 것인가' 가 아니라 '어떻게 하면 이를 활성화할 것인가' 가 되어야 할 것이다. 우리는 21세기의 성공적인 소셜 네트워크의 도전을 통해서 로프트의 댄스 플로어와 같은 열정적이고 헌신적인 댄스 플로어가 어떻게 창조되는지, 그리고 어떻게 사람들이 홈브루 컴퓨터 클럽에서 그랬던 것처럼 자신의 시간과 역량을 바쳐서 오픈 소스 프로젝트에 지속적으로 헌신하게 되는지를 알아낼 수 있을 것이다. 이 운영 원리를 제대로 이해하기 위해서 앞으로는 해적의 딜레마에 반응하지 '않은' 사례들을 살펴보기로 하겠다.

로프트 스페이스에서 마이스페이스로

오늘날 대형 음반사들은 파일 공유로 인해 전례 없는 위협에 처해 있다고 주장한다. 그러나 이 같은 현상은 역사상 되풀이되어 일어났다. 이들은 전에도 새로운 유통 방식의 위협에 처했었다. 1980년대에 영국 레코드 협회는 카세트테이프와 집에서도 가능한 녹음 방식이 음반 산업을 전멸시킬 것으로 보고 이에 반대하는 운동을 벌였다. 그런가 하면 1970년대에 로프트에서 시작된 새로운 음악 공유 방식에 위협을 느끼고 이에 대항했던 적도 있었다. 그러나 카세트테이프의 경우와 마찬가지로 그들은 로프트의 위협이 결국 또 하나의 기회임을 깨닫게 되었다.

오래전 디스코 DJ들이 음반을 공유하는 새로운 방식을 터득해나갔듯이 오늘날에는 일반인들이 MP3를 공유하는 새로운 방식을 터득해나가고 있다. 결국 데이비드 맨쿠소는 댄스 뮤직의 대부였을 뿐 아니라 파일 공유의 아버지였다.

당시 맨쿠소를 비롯하여 뉴욕에서 활동하던 2, 30명가량의 클럽 DJ들의 영향력은 매우 굉장했다. 그들이 클럽에서 틀던 이름도 성도 없는 레코드들은 대단한 유명세를 떨치게 되면서 결국 라디오 방송국의 후원 없이 음악 차트 40위권 안에 드는 쾌거를 기록했다. 로프트를 비롯해 당시 뉴욕 여기저기서 우후죽순 생겨나던 디스코 클럽의 댄스 플로어에서 흘러나오는 음반들이 대단한 인기를 끌게 되자 대형 음반사들이 덤벼들어 계약을 맺고 상업적인 음반을 발표하기 시작했다. 이 중에 많은 음반들이 팝 차트에 등장하면서 대형 음반사들은 엄청난 돈을 벌어들이게 되었다.

그러나 맨쿠소에 따르면 음반사들은 이 신종 클럽 DJ들에 대해 제대로 알지 못했다. 누가 누구인지 자신들의 레코드를 깨뜨린 DJ가 누구인지 제대로 알지 못하던 음반사들은 결국 디스코 DJ들이 새로운 홍보용 앨범을 갖지 못하게 했고, 앨범 발매 전에는 새 앨범에 손도 대지 못하게 했다. 음반사들은 디스코 DJ들과 라디오 DJ들을 차별했다. 심지어 디스코 DJ들에게 새로 나온 앨범을 나눠줄 때도 오후 2시부터 4시 사이에만 수령해가도록 했다고 맨쿠소는 회고했다. "레코드 산업은 폐쇄적인 인종주의자들이었다. … 그래서 나는 내가 쓸 레코드는 내가 직접 구매하곤 했다." 라디오 방송국보다 훨씬 더 강력한 홍보 효과를 지녔음에도 불구하고 디스코 DJ들은 점점 더 새로운 레코드를 얻어내기 어려운 지경에 처하고 말았다. "당시 레코드를 틀어서는 돈을 벌지 못했다. 보수를 받는 사람은 굉장한 행운아였다."고 맨쿠소는 설명했다.

맨쿠소를 비롯한 DJ들은 상황이 극도로 절망적이라고 생각했다. 얼마나 절망적이었는지 1975년경에는 해결책을 궁리할 때까지 사흘 밤을 꼬박 새우며 문제에 골몰했다고 맨쿠소는 말했다. 맨쿠소와 동료 DJ 스티브 다퀴스토(Steve D'Acquisto)는 뉴욕의 모든 DJ들에게 전화를 걸어 로프트에서 회의를 가졌다. "모든 DJ들이 오직 이 문제를 해결하기 위해 모였고 우리는 결국 해결책을 찾아냈다. 나는 우리도 카풀 제도와 같은 것을 하면 어떻겠냐고 제안했다. 함께 모여 서로의 에너지를 합치면 어떻겠느냐고 말이다."

클럽 DJ들은 로프트에 모여 결의문을 작성했고 이는 훗날 알려지게 된 '레코드 풀(record pool)'의 청사진을 마련했다. 레코드를 부러뜨리기도 하고 홍보하기도 하던 디스코 DJ들은 자신들의 입장을 레코드 업체에 호소하면서 자신들의 행위가 지극히 합법적임을 확신시켰다. "그러자 우리에게 테스트 앨범(test press)●을 보내주었다. DJ 풀로 한꺼번에 보내오는 앨범에는 그 어떤 조건도 없었다. 거기에는 어떤 부정 수단도 개입되지 않았고, 그것이야말로 DJ 풀의 커다란 장점이었다. 그들이 레코드를 유통하는 방법은 곧 우리에게 넉넉한 앨범을 보내주는 것이었다. 우리가 필요한 양보다 두 배 더 많은 앨범을 보내오면 우리는 다시 그것을 고스란히 되돌려주었다. 앨범들은 깨끗하게 보관되었다. 이 같은 관행에 위협을 느끼는 관계자들도 많았지만 우리는 그저 앨범을 원했을 뿐이었다. 그리고 우리는 그 대가로 앨범에 대한 피드백을 제공했다. 이렇게 해서 이 같은 관행이 자리 잡게 되었다. 그것은 참으로 괜찮은 콘셉트였고, 효과는 적중했다. 여기에는 총 관리자도 없었다. 우리는 그저 모두 똑같은 DJ들이었다."

레코드 풀은 클럽 DJ들을 합법적으로 인정했다. 레코드 풀에 소속된 DJ들은 소정의 우편 요금과 기타 비용을 충당하는 소정의 구독료를 지불해야 했고, 현재 활동하고 있는 클럽에서 자신의 근무 일수를 확인해주는 내용이 담긴 공식 서신을 보내야 했다. 무료 레코드를 공급받는 대가로 DJ들은 새로운 트랙별로 어떤 곡이 괜찮고 어떤 곡이 그렇지 않은지 피드백을 적어서 음반 업체들에 알려줘야 했다. 이로써 DJ들은 새로운 음악으로 접근할 수 있는 길을 얻게 되었고, 음반 업체들은 자신들의 제품을 미리 테스트하는 데 이용할 수 있는 새로운 R&B 부서를 얻게 된 셈이었다. 그것은 참으로 영특한 아이디어였다. 레코드 풀 시스템은 오늘날까지도 전 세계 음반 업체와

● 테스트 프레스(test press)는 프로토타입형 레코드로서 대개 아무런 레이블이 붙어 있지 않으며(화이트 레이블로도 알려져 있다) 레코드를 대량으로 찍어내기 전에 사운드 품질을 테스트하기 위해 소량으로 찍어내는 레코드를 말한다.

DJ들에 의해 사용되고 있다.

"개중에는 내가 하는 일은 무조건 위협적으로 생각하는 사람들이 있었다."고 맨쿠소는 회고했다. "이 제도의 틀을 완성하는 데는 많은 노력이 들어갔다. 우리는 '디스코텍(discotheque)'이라는 단어를 사용했고, 우리 스스로를 디스코 DJ라고 불렀다. 이 모두가 얼마나 의미심장한 것들이었는지는 나중에야 깨닫기 시작했다."

이 이야기가 오늘날만큼이나 의미심장했던 적도 없었다. 지난 10년 동안 해적의 딜레마에 엉뚱한 방식으로 대처해온 많은 대형 음반사들의 상황이 또다시 그대로 재현되었기 때문이다. 그 당시와 다른 점이라면 이번에는 글로벌한 차원에서 일어났다는 것이었다. 레코드 풀과의 관계에서 그랬듯이 오늘날 대형 음반사들은 본인들은 물론이고 앨범 홍보로 수익을 올려주는 상대에게도 혜택을 줄 수 있는 훌륭한 음악 공유 시스템을 찾아내도록 강요받고 있다. 단 이번 경우에 해당하는 예외 사항이라면 레코드를 홍보하는 디스코 DJ들만이 아니라 일반 개개인들까지 대상이 확장되었다는 것이었다.

스티브 잡스로부터 빌 게이츠에 이르는 괴짜 혈통 계보를 따라 한참 밑으로 내려가다 보면 거기에는 열일곱 살짜리 대학 중퇴자이자 레이브 문화의 개종자로서 음반 산업을 완전히 뒤집어놓은 파일 공유 커뮤니티 냅스터(Napster)의 창시자 숀 패닝(Shawn Fanning)이 자리하고 있다. 1999년에 패닝은 디스코 DJ들이 그랬던 것처럼 음악을 공유하는 새로운 방식을 발견해냈다. 냅스터가 탄생하자 사용자들은 방대한 양의 음악을 온라인에서 교환할 수 있게 되었다. 물론 불법으로 말이다. 컴퓨터로 다운로드한 방대한 양의 음악을 소비자들이 간편하게 휴대할 수 있도록 한 MP3 플레이어와 함께 냅스터는 음악 역사를 뒤바꿔놓았다. 한창 절정기에 다다랐을 때는 냅스터 사용자는 7천만 명에 이르렀고 매달 27억 개의 파일이 교환되었다(그 대부분은 음악 파일이었다). 패닝은 과격한 해적으로 새로운 지평을 창조하여 현 상황을 완전히 전복시켜놓았다. 음반 산업계는 처절한 법적 소송으로 대응하여 2002년에 냅스터를 완전히 무너뜨렸다(냅스터는 합법적인 온라인 음악 상점으로 다시 일어났다). 대형 음반사들은 아직도 다운로드 사이트들과 사용자들에게 거센 공격을 지속하고 있다. 그러나 냅스터는 다소 사나운 기운을 지닌 레코드 풀과도 같았고, 다운로딩은 결국 음반 업계의 판도를 영원히 뒤바꿔놓았다.

자신의 노력에 대가를 지불받지 못하는 아티스트들이 문제라면 문제겠지만, 냅스터와 같은 파일 공유 사이트가 일반인들은 접근하지 못했을 방대한 양의 음악을 이용 가능하도록 만들어놓았음은 인정할 수밖에 없는 사실이다. 왜냐하면 지금까지 제작되어 녹음된 대다수 음악들은 더 이상 CD로 판매되지 않기 때문이다(녹음된 음악 중에서 실제로 판매되는 양은 겨우 15분의 1뿐이고 나머지는 삭제되어 더 이상 유포되지 않는다). 라디오에서는 할 수도 없었고 하지도 않았을 방식으로 새로운 음악을 제공할 수 있었던 왕년의 DJ들처럼, 파일 공유도 레코드 상점 그 이상의 것을 제공할 수 있음은 분명한 사실이다.

예로부터 대형 음반사에서 앨범 제작 의뢰가 들어오는 일은 야심찬 뮤지션들에게는 성배와 다름없는 것이었다. 그러나 대개는 음반 제작의 기회가 주어지기도 전에 선반 위에 오랫동안 방치되거나 허무하게 탈락되는 경우가 허다하다. 전후 사정을 고려하지 않은 채 음반사와 덜컥 전속 계약을 맺었다가 무제한 방치되는 바람에 결국 자신의 커리어까지 함께 정지해버렸음을 뒤늦게 깨닫는 아티스트들도 있다. 뮤지션 코트니 러브(Courtney Love)는 2000년 한 연설에서 다음과 같이 말했다. "언젠가부터 음반사들은 아티스트들을 양성하는 것보다 유통 시스템을 통제함으로써 훨씬 더 큰 수익을 올릴 수 있다는 사실을 알게 되었다. 그렇게 해서 음반사들이 실질적인 경쟁을 벌여나가지 않게 되자 아티스트들은 갈 곳을 잃어버리고 말았다. 음반사들이 홍보와 마케팅을 통제하므로 오직 이들만이 라디오 방송국에 입김을 불어넣고 대형 음반 체인점에 음반을 집어넣을 수 있다. 그들은 이러한 파워로 아티스트와 청중들 위에 군림하고 있다. 음악 세계의 주인은 바로 그들이다."

레코드 풀이 디스코 DJ와 레코드 음반사 모두에게 보다 공정하고 개선된 환경을 마련한 것과 마찬가지로 파일 공유 시스템도 소비자와 아티스트와 음반사 모두에게 보다 효율적이고 공평한 음반 업계를 만들어놓을 수 있다. 아티스트들은 디스코 DJ들이 라디오 없이 인기를 끌었던 것과 동일한 방식으로 음반사 없이도 꿈을 이루는 법을 터득해나가고 있다. 파일 공유와 온라인 소셜 네트워크가 하나의 새로운 인프라 형태로 떠오르게 되자 아티스트들이 자급자족할 수 있게 되면서 음악 팬들에게 더 많은 선택권을 제공했다.

아티스트의 경우 과거에는 막강한 마케팅 영향력을 지닌 대형 음반사를 방패 삼아 모든 레코드 상점의 선반과 TV 화면을 공략하는 것이 정상의 자리에 오르는 유일한 방법이었지만, 온라인으로 뮤직 비디오를 시청하고 레코드 체인 상점들이 속속 도산하는 오늘날과 같은 세상에서는 더 이상 음반사들이 필요치 않다. 파일 공유는 음악의 새로운 중산층을 창조해놓았다. 중산층에 속하는 뮤지션들은 음반 100만장 판매고를 올리지는 못하더라도 충분히 생계를 이어나갈 수 있다.

DJ 재지 제프(DJ Jazzy Jeff: 윌 스미스Will Smith의 DJ이자 프로듀서로 명성을 날렸다. 당시 윌 스미스의 이름은 프레시 프린스Fresh Prince였다)는 대형 음반사를 떠나 스스로 활동을 펼쳐나갔고, 지금까지도 성공한 프로듀서이자

DJ로 일하면서 생활하고 있는 아티스트에 속한다. 2004년에 그는 자신이 왜 독자적인 길을 걸어가기로 결심했는지 그 이유를 설명해주었다.

"음반 업체들은 음악 자체보다 더 큰 영향력을 갖고 있다. 그건 참으로 기분 나쁜 일이다. 내가 다운로딩 방식을 열렬히 지지하는 것도 모두 이런 이유 때문이다. 인터넷은 음악을 사람들에게 다시 되돌려놓았다. 앞으로 음반 업계는 이 모든 악습을 청산하기 위해서 달갑지 않은 미래로 나아가야 한다. 아티스트들은 앨범 1장당 벌어들이는 액수를 음반사와 분할하는 방법을 놓고 싸우지만, 90퍼센트를 갖는 이가 어느 쪽인지는 아무도 가르쳐주지 않는다.

하루는 책상 앞에 앉아 계산기를 두드려보았다. 만약 당신이 앨범 1장당 1달러를 받기로 하고 음반 녹음과 홍보를 모두 마치고 나면 80만 달러가 소비된다. 이는 모두 당신 몫에서 빠져나가는 액수다. 당신 앨범이 50만 장 판매되었다면 이제 당신은 음반사에 30만 달러를 빚지고 있다는 뜻이다. 앨범 판매도 저조하고 세계 투어 공연까지 마친 경우라면 30만 달러 빚은 가당치도 않은 액수다. 반대로 앨범 50만장이 판매된 경우에 음반사는 앨범 1장당 9달러를 받게 되므로 거의 500만 달러를 벌어들이게 된다! 당신은 여전히 빚더미에 올라 있는데 말이다!!!

우리는 구조를 바꿔놓을 필요가 있다. 한번은 내게 깨달음을 준 사건이 있었다. 4~5년 전쯤에 믹스테이프를 만들어 서너 군데 레코드 상점을 찾아간 적이 있었다. 그런데 그들은 10달러가 판매되면 5달러를 주겠다는 식이었다. 그것은 자그마치 50퍼센트였다! 그것은 음반사가 주는 돈보다 더 많은 액수였다! 일류 업체에서 고작 10퍼센트를 받다니 말이 되는가 말이다. 판매가 저조하면 테이프 1만 개가 팔릴지도 모른다. 그래도 5만 달러를 벌게 된다. 음반사를 통해 100만 장을 팔아도 결코 벌 수 없는 금액이다. 그것이 바로 음반 산업이 죽은 이유이다. 음반사 없이 레코드를 제작하는 아티스트들은 많이 알고 있어도 아티스트 없이 레코드를 제작하는 음반사는 알지 못한다."

많은 아티스트들이 파일 공유가 일으킨 변화를 환영했다. 그들도 제프와 같은 생각이었기 때문이다. 2004년 4월에 퓨 인터넷 & 아메리칸 라이프 프로젝트(Pew Internet & American Life Project)에서 실시한 설문조사에서 뮤지션과 작사 작곡가 3천만 명에게 파일 공유에 대해 갖고 있는 의견을 물었다. 응답자 중 35퍼센트는 파일 공유를 반드시 나쁘게 보지 않는다고 대답했고 그 이유는 음반 시장에 보탬이 되고 자신들의 제작물을 유포할 수 있다는 점 때문이었다. 또 다른 35퍼센트는 파일 공유가 실질적으로 자신들의 이름값을 올려준다고 대답했다. 그리고 겨우 23퍼센트만이 파일 공유가 해롭다는 의견에 동의했다. 그리고 83퍼센트는 자신의 음악의 무료 샘플을 일부러 온라인상에 올려놓았다고 대답했다.

최근까지도 음반 산업은 파일 공유의 합법화를 위해 별다른 시도를 기울이지 않고 있다. 대형 음반사들은 과거에 디스코 DJ들에게 했던 것과 똑같은 반응으로 일관하면서 합법적인 파일 공유 비즈니스의 전망을 이류급의 방식으로 취급한다. 음반 산업은 해적의 딜레마에 대해 경쟁의 방법으로 대응하는 대신에 파일 공유에 대항해 싸움을 벌이면서 이미 팔려나간 MP3 파일에 DRM•이라는 쓸데없는 제약 조치를 부과함으로써 합법 음악 팬들을 범법자로 내몰았다.

2005년에 소니—BMG는 '루트키트(rootkit)' 소프트웨어를 자사 제품에

• 디지털 저작권 관리(DRM: digital rights management)는 일부 합법 음악 다운로드 사이트에서 사용하고 있는 결함 있는 보호 시스템으로, CD나 테이프를 복사하듯이 음악을 복사하는 행위를 방지해준다. 이는 해적 행위를 중단시키기보다는 오히려 음악 팬들을 범죄자로 취급하면서 그들이 합법적으로 음악을 후원하는 일을 방해하고 있다.

남몰래 부착해놓았다. 이는 소비자의 컴퓨터에 몰래 자체 설치되어 소비자의 CD 복사를 세 번까지만 허용해주고 소비자의 컴퓨터 사용 방식에 관한 개인 정보를 자사로 전달하는 일종의 스파이웨어였다. 이 일은 소비자에게 사실을 알리거나 허가를 구하지도 않은 상태에서 일어난 일이었고, 더군다나 소비자 컴퓨터에서 해당 소프트웨어를 삭제할 경우에는 컴퓨터 시스템 전체가 망가질 가능성도 있었다. 전 세계 수백만 대의 컴퓨터가 이 기업 후원 바이러스에 감염되고 나자 이 조치는 해적 행위를 물리치는 데 아무런 역할도 담당하지 못했을 뿐 아니라 불법 다운로드 대신에 합법적인 음악 구매 방식을 선택한 수많은 소비자들의 노여움을 샀다.

오렐리 미디어(O'Reilly Media)의 창업주인 팀 오렐리(Tim O'Reilly)도 일전에 지적한 바 있듯이 해적 행위보다는 오히려 불분명한 태도가 더 두렵고 무서운 존재였다. 음반사들이 디지털 포맷을 어떻게 수용할지 그 방법을 알아내기보다 소비자들을 악한으로 몰아세우기로 결정했을 때 많은 소비자들은 그들로부터 등을 돌렸다. 10년 전만 해도 6개 업체였던 대형 음반사는 이제 3개 업체로 줄어들었으며, 이제 얼마 가지 않아 두 개 업체로 줄어들지도 모를 일이다. 소비자들을 상대로 소송을 걸면서 새로운 유통 시스템을 파악하는 행위는, 음반을 홍보해주던 DJ들에게 오후 2시에서 4시까지만 음반을 수령해가도록 허용했던 일만큼이나 어처구니없는 처사다.

힙합 그룹 퍼블릭 에너미는 이 같은 새 비즈니스 모델을 맨 처음 파악한 그룹들 가운데 하나였고, 퍼블릭 에너미의 척 디(Chuck D)는 당시 상황을 제대로 이해한 최초의 뮤지션 가운데 한 사람이었다. 2000년 5월 미 하원 중소기업분과위원회(U.S. Congress Committee on Small Businesses)의 다운로드 음악에 관한 청문회에서 연설자로 초청된 그는 "모든 이를 참여시키고 백지에서부터 다시 출발하기 위해서는 음반 사업이 근절되어야 하며… 21세기에는 하나의 비즈니스 모델이 생겨날 것이다. 그것은 기존 업체들을 무너뜨리지는 않겠지만 그들의 방식을 재편성해놓을 것이다."라고 말했다.

척의 예언은 현실로 다가서고 있다.

다운로딩이 모든 대형 음반사들에 불어닥친 재앙으로 비난받고 있지만, 현실은 사실상 그렇게까지 심각하지는 않다. 사실 진짜 문제는 다운로딩에 대한 대형 음반사들의 대응 방식이었다. 2004년에 시행된 하버드 연구조사는 다운로딩에 대한 데이터를 해당 다운로드 곡과 앨범의 시장 판매 실적과 비교한 결과 다운로딩이 CD 판매에 미치는 부정적인 영향력은 '통계학적으로 0에 가까우리만치 식별 불가능' 하다는 사실을 알아냈다. 이 조사는 60만 장 이상이 판매된 상위 25퍼센트 앨범의 경우에 있어서 파일 공유가 사실상 CD 판매를 증가시켰다고 결론 내렸다. 이 조사에 따르면 150곡이 다운로드될 때마다 해당 CD 1장만큼 판매 수치가 올라갔다. 해당 곡과 앨범을 다운로드하는 사람들은 애초부터 앨범을 구입할 사람이 아니었기 때문이다.

파일 공유는 신 시장을 창조해내면서 새로운 형태의 음악 팬을 끌어들이고 있다. 여기서 나오는 문제는 과거에 디스코 DJ들과의 문제와도 같다. 음반 산업은 이러한 새로운 공유 방식을 어떻게 합법화할지 아직 아무런 조치도 시도하지 않고 있다. 경쟁 대신 투쟁의 방법으로 해적의 딜레마에 대처한다면 음반 산업은 새로운 기회를 잃어버릴 수 있는 위험을 무릅쓰게 될 것이다.

미 음반산업협회(RIAA)는 다른 수많은 요소들은 무시한 채 파일 공유를 모든 산업의 문제로 몰아세우고 있다. 최근 몇 년 동안에는 라디오 청취율도 급격히 떨어졌는데, 이는 퇴근길에 라디오를 듣기보다는 MP3 플레이어를 틀거나 휴대폰으로 통화하는 사람이 많아졌기 때문이다. RIAA는 파일 공유가 새로운 포맷이 될 수 있는 잠재력을 인정하기를 거부하고 있다. 그들의 통계에 따르면 2005년 상반기 미국 음반 소매 판매액은 2억 6,610만 달러가 감소했다. 그러나 2005년 후반에 파일 공유가 미치는 영향에 관해 MIT에서 출간된 한 논문에서도 지적되었듯이 이 수치는 "지난 해 같은 시기와 비교하여 1억 2,450만 달러(169.9 퍼센트) 증가한 디지털 음악 판매(예컨대 아이튠스iTunes)는 포함시키지 않았다. 그러나 이 수치를 포함시키면 그들이 주장하는 손실분은 거의 반으로 줄어든다."

이 논문은 "음반 업계가 법적 소송을 하는 것은 해결책이 되지 못한다. 이러한 소송에도 온라인 해적 행위가 계속 판을 치고 있기 때문이다. 음반 업계는 무조건 소프트웨어 기업들과 협력하여 상호 동조적이고 효율적인 시스템을 만들어낼 필요가 있다."고 결론 내렸다. 2006년에 오스트레일리아 법무청에서 의뢰한 한 연구조사도 음반 및 소프트웨어 업계는 주장을 뒷받침할 만한 확실한 증거도 없이 판매 손실에 대한 책임을 모두 해적 활동으로 돌리고 있다면서 비슷한 주장을 펼쳤다.

사실 CD 시장이 쇠퇴한 이유는, 사람들과 아무런 소통 없이 동떨어져 있던 업계에 의해 완고하게 버텨오던 CD가 쓸모없는 포맷으로 전락했기 때문이다. 사실 대형 음반사들이 그렇게 오랫동안 전성기를 누렸던 유일한 이유도 자신들의 음반 전집을 테이프에 담아 판매하다가 다음에는 CD에 담아 꾸준히 판매할 수 있던 탓이었다. 그러다 다국적 기업이 된 대형 음반사들의 안일함은 음반 판매에 막대한 타격을 입혔다. 설상가상으로 라디오 방송국들도 대기업과 비슷한 형태로 합병하면서 갑자기 맥도날드 메뉴처럼 고정된 범위의 제품을 판매하는 비즈니스가 되고 말았다. 사실 음반 산업의 최후는 음악 제작 비즈니스에 일어날 수 있었던 최고의 선물이다.

공유의 개념을 진정으로 이해하고 대규모 다운로딩 합법화의 첫발을 내

딛는 데는 한 기업의 힘이 필요했다. 그리고 이 회사가 홈브루 컴퓨터 클럽에서 나온 애플 사였음은 결코 우연한 일이 아니었다. 아이튠스는 음악 비즈니스가 합법적으로 수익을 올리기 위해 더 이상 물리적인 유통 시스템을 필요로 하지 않는다는 사실을 증명해냈다. 온라인상에서 음악을 독자적으로 판매하는 일이 수월해지자 음악 밴드들은 독자적으로 팬을 확보해나갈 수 있게 되었고, 그러자 그동안 라디오 편성곡과 MTV, 가수 음반 제작자가 지니고 있던 막강한 정보 통제 기능은 갑자기 효력을 상실하고 말았다. 마침내 음반 산업에 민주주의가 도래하고 있는 것이다.

이 같은 새로운 민주주의는 중국 음반 비즈니스가 사용하고 있는 모델과 매우 흡사하다. 중국의 경우에는 전체 판매 CD의 95퍼센트가 해적판이다. 이는 해외 미디어의 합법 판매에 매우 엄격한 제약을 가하고 있고, 중국 사회에서는 다운로드 음악에 돈을 지불한다는 개념이 터무니없다고 생각하는 풍조가 지배적이기 때문이다. 중국에서 소비 시점에 놓인 녹음 음악은 사실상 무료의 공공재와 다르지 않다. 그러나 대다수 중산층 아티스트들은 주로 라이브 공연으로 생계를 유지한다. 칼럼니스트 케빈 매니(Kevin Maney)는 「USA 투데이(USA Today)」에서 "중국 록 스타들은 마이클 잭슨 만큼이나 부유해지지는 않는다. … 그런데 도대체 그들이 왜 그토록 부자여야 하는 건가? CD 판매로 막대한 부를 거머쥐는 이들은 비교적 소수의 미국 로커들뿐이다. 로커들이 자기 집 뒤뜰에 놀이공원을 건설할 만한 돈이 없다고 해서 왜 사회가 책임을 져야 하는가 말이다."

이름값 하는 잡지들의 경우에는 기사거리가 줄어들지 모르겠지만, 음악 비즈니스만을 놓고 생각하면 파일 공유는 곧 음악 전체 비즈니스 분야(작은 플라스틱 디스크 조각의 판매를 제외하고는)의 활성화 현상을 의미한다. 합법 다운로드 시장은 2005년 이후로 번성하기 시작하면서 세계 전체 판매액이

전년도에 비해 3배가 오른 11억 달러를 기록했다. 한편 술집 공연에서부터 스타디움을 가득 메우는 록 스타 공연에 이르기까지 라이브 음악에 대한 수요는 다운로딩이 출현한 이후로 급격히 증가했는데, 이는 지역 밴드들이 마이스페이스와 같은 온라인 소셜 네트워크를 이용해 자국을 벗어나 전 세계 관중들을 상대로 홍보 활동을 벌이기 때문이다.

라이브 음악은 음악으로의 접근이 수월해지면서 음악이 우리에게 더욱 중요한 존재가 되었기에 성장할 수 있었다. 한편 MP3 플레이어가 다른 제품들과 통합되면서 음악은 우리 일상사 가운데 깊숙이 파고들고 있다. 애플은 2005년에 아이팟 3,500만 대를 판매했지만 노키아(Nokia)는 애플의 아이폰(iPhone)이 판매되기 2년 전에 이미 음악 재생이 가능한 휴대폰을 4,500만 대나 판매했다. 한편 오클리(Oakley)는 일부 선글라스 라인에 MP3 플레이어를 내장했고, 스위스 아미(Swiss Army)는 포켓나이프에 MP3 플레이어를 설치했다. 2006년에는 다운로드 판매만으로 최고의 자리에 오른 최초의 싱글 곡이 탄생되는 장면을 목격하기도 했다. 바로 날스 바클리(Gnarls Barclay: 가수 씨―로 그린Cee―Lo Green과 이 책 3장에 등장했던 우리의 친구 DJ 데인저 마우스로 구성된 그룹이다) 그룹의 '크레이지(Crazy)'가 영국 차트 정상을 차지한 것이다. 씨―로는 노래 속에서 어쩌면 음반 산업을 향한 고의적인 발언인지도 모를 가사를 읊어댄다. "당신이 제정신이라고 생각하는가? 내 생각에 당신은 미쳤다." 이를 증명이라도 하듯이 음반사와 계약을 맺지 않은 역사상 최초의 밴드가 된 쿠파(Koopa)는 당시 세태를 제대로 반영한 듯한 싱글 곡 '속여라, 훔쳐라, 그리고 차지하라(Blag, Steal, and Borrow)'로 2007년 1월에 영국 차트 40위권에 진출했다.

최근에는 이 같은 새로운 현실이 안겨다줄 이득을 파악하기 시작한 일부 대형 음반사들이 과거 디스코 DJ들과 손잡는 법을 터득했던 것처럼 파일 공유와 협력하는 법을 배워나가고 있다. 2006년 10월에 EMI의 CEO인 앨라인 레비(Alain Levy)가 다음과 같이 선언했다. "디지털은 더 이상 방해물이 아니며 우리 산업의 밝은 미래다. 현재 전 세계 음반 매출의 10퍼센트 이상이 디지털 포맷으로 일어나고 있다. 2010년에 이르면 EMI의 매출 가운데 25퍼센트 정도가 디지털 판매가 차지하게 되리라고 예상하고 있다. 이는 매우 단시간에 일어난 대단한 변화다. 우리는 베타 제품과 서비스가 소비자의 손길을 기다리는 세상에 살고 있다. … 이제 우리는 지금보다 훨씬 유연해지고 외부 세상에 개방해야 한다. 폐쇄된 미디어 기업들은 별 수 없이 최후를 맞게 될 것이다."

  2006년 여름에 피터 제너(Peter Jenner)는 오늘날의 맨쿠소로 거듭났다. 한때 그룹 클래시(Clash)와 핑크 플로이드(Pink Floyd)의 전 매니저였고 이제는 런던 경제 대학원(London School of Economics)의 교수로 재직 중인 그는 아티스트와 음반사가 함께 자신들의 자원을 합쳐서 온라인으로 공유하는 음악으로 돈을 벌어들일 수 있는 새로운 방식을 제안했다. "예를 들어 모든 음악을 이용할 수 있는 요금으로 사용자에게 매달 10달러의 비용을 청구한다고 치자. 그리고 전 세계 사용자 수가 3억 명이라고 한다면 음반 업계는 지금과 동일한 소매 판매고를 올릴 수 있게 된다. 여기에 매년 8억 대 이상 판매되는 휴대폰이 앞으로 음악을 전송받게 될 수 있다는 점을 감안하고 지난 1세기 동안 성장해온 새로운 테크놀로지와 애플리케이션을 생각한다면, 음반 산업의 미래는 탄탄할 수밖에 없다." 음반사 측은 제너의 해결책에 여전히 반대하고 있지만, EMI와 유니버설(Universal)은 2007년에 DRM 암호화 기술이 배제된 MP3를 판매하기 시작한 첫 번째 대형 음반사가 되었다. 같은 해 2월에 애플의 스티브 잡스는 모든 레코드 기업에게 DRM을 전면 철폐하자고 탄원하면서 "이것이야말로 소비자를 위한 최상의 대안이다.

그리고 애플은 이를 진정으로 수용한다."고 말했다. 국제음반산업협회 (IFPI)의 CEO 존 케네디(John Kennedy)는 음반 산업이 맞닥뜨린 해적의 딜레마에 대해 "마침내 위협이 기회가 되었다."고 자신들의 새로운 입장을 짤막하게 요약했다.

그러나 서글픈 사실은 그것은 애초부터 기회였다는 것이다.

해적의 딜레마에 대한 음반 산업의 대응책은 다른 모든 산업들이 습득해야 할 하나의 교훈이다. 영화와 비디오 게임, 잡지 그리고 신문은 모두 전자 유통 방식에 기초한 비즈니스 모델로의 변환으로 손실을 입고 있다. 음반 산업은 많은 수업료를 내고 저항이 헛되다는 사실을 깨달았다. 해적 활동을 멈추는 유일한 방법은 스티브 잡스가 말한 것처럼 그것과 경쟁하는 것이다.

그의 컴퓨터 기업은 변화에 맞서기보다는 그것을 진정으로 수용하고 합법화하여 단기간 내에 음악 비즈니스에서 가장 막강한 선수가 되는 것이라고 판단했다. 애플은 홈브루 컴퓨터 클럽이 1970년대에 제록스를 물리친 것과 동일한 이유로 대형 음반사들을 물리쳤다. 홈브루 컴퓨터 클럽은 위협을 기회로 취급한 1세대들이었다. 그리고 비결은 싸움이 아니라 최초로 시장에 진출하는 것이었다.

앞서 해적의 딜레마가 다른 모든 산업들이 반드시 고려해볼 문제라고 말했을 때, 그것은 말 그대로 다른 '모든' 산업을 의미한다. 3D 프린터로 가득 찬 세상, 그래서 운동화 다운로딩이 음악 다운로딩만큼이나 쉬운 세상이 온다면 물리적인 제품을 판매하는 업계 사람들에게는 무서운 세상이 될 수 있다. 그러나 여기에 더해 오픈 소스 3D 프린터로 가득한 세상이 온다면 그것은 참으로 무시무시한 세상이 될 수 있을 것이다.

새로운 일괄 처리 방식

1장에서 살펴본 것처럼 펑크가 거세게 반항했던 덩치 큰 기계는 이제 보다 작고 날렵하고 효율적인 부분들로 쪼개지고 있다. 비록 그 부분들이 또다시 자체적으로 덩치 큰 기계를 프린트로 찍어낼 수도 있지만 말이다.

그럼에도 일전에 만나보았던 3D 프린터 개발자 에이드리언 보이어는 3D 프린터의 미래에서 훨씬 더 심오한 가능성을 발견했다. 현재 보이어와 그의 팀은 '자체 복제되는 신속한 프로토타이퍼(Replicating Rapid Prototyper)', 줄임말로는 렙랩(Reprap)이라고 불리는 3D 프린터를 또 다시 프린트할 수 있는 오픈소스 3D 프린터를 개발하고 있다.

"나는 거의 모든 자체 부품을 만들어낼 수 있는 3D 프린팅 기계의 설계가 가능할 수밖에 없다고 깨달았다. 이제 기계 조립은 개인 스스로 할 수 있어야 한다. 하지만 그것은 사실 재생되고 있다. 물론 사람의 도움이 있어야 하지만 말이다. … 생물학을 일컫는 최고의 정의는 바로 '재생하는 물체의 학문'이다. 내가 제안하는 기계도 재생하게 될 것이며, 따라서 많은 생물학적 법칙이 자동으로 적용될 것이다. 그중 가장 분명한 법칙은 바로 다윈의 진화의 법칙이다."라고 보이어는 설명한다. 렙랩은 자정이 넘어 닭고기를 먹어치우는 축축한 그렘린보다도 신속한 재생을 가능하게 할 것이고, 아울러 자체적인 개선과 진화도 가능해질 것이다.

"그것은 예전에는 도달해보지 못했던 막대한 부를 창출할 만한 잠재력을 갖고 있다."고 보이어는 렙랩에 대한 포부를 드러냈다. "그러나 그것은 즉시 모순으로 이어진다. 렙랩 기계 자체와 렙랩의 아이디어는 값어치가 없다. 왜냐하면 그 누구도 자체 복사 능력을 갖춘 기계를 판매할 수 없기 때문이다. 판매할 수 있는 기계는 오로지 한 대 뿐이다. 그리고 기계 가격은 그 원료비에 조립 인건비를 합친 금액으로 곤두박질칠 수밖에 없다. 그것은 부가 가치라는 개념을 완전히 없애놓을 것이다."

보이어와 그의 팀은 현 체제를 전복하는 임무를 맡고 있다. 렙랩의 설계는 그 누구도 테크놀로지에 특허를 부여하지 못하도록 하는 오픈 소스 라이선스를 이용해 누구나 자유롭게 다운로드할 수 있게 되면서 세상의 마지막 장벽을 한 방에 날려버릴 것이다. "우리는 부자들에 의해 부과되는 거래 제약만 없다면 가난한 사람들도 세상의 모든 음식을 재배할 수 있다는 사실을 알고 있다. 그렇게 되면 그들은 극도의 궁핍함에서 벗어날 수 있게 될 것이다. 나의 주된 목표는 렙랩이 제조업을 농업으로 바꾸어놓는 것이다. 그렇게 되면 가난한 이들은(가장 경쟁적인 기계 조립 인건비를 차지하게 될 것이다) 그것을 이용해 자신의 처지를 향상시킬 수 있을 것이다.

3D 프린팅은 제조 산업이 휩쓸고 지나간 거대한 흔적을 다시 완전히 채워놓게 될 것이다. 우리의 초기 렙랩 기계는 그다지 대단하지 않을 것이다. … 하지만 그 다음부터는 다윈의 법칙이 지배하게 될 것이다. 렙랩 기계를 가진 이는 누구나 기계를 향상시키기 위해 기계를 재설계할 수 있고, 그런 다음 기계를 이용해 재설계된 기기를 만들어낼 수 있다. 이렇게 향상된 기계들은 다시 웹에 게시될 것이다. 그렇게 되면 그것은 다양한 방향으로 매우 급속하게 진화할 것이다. 우리는 또 기계가 여러 종류로 갈라지면서 종 분화와 흡사한 것을 지켜보게 될 것이다. 그러나 기계의 자체 복사를 가로막는 그 어떤 조작도 생물체의 경우와 마찬가지로 교착 상태에 빠지게 될 것이다."

우리는 완전 정보로 나아가고 있다

오픈 소스 문화가 3D 프린팅의 잠재력과 결부되면 어떤 조직이나 아이디어도 살아 있는 유기체로 바꿔놓을 수 있다. 아울러 공유와 D.I.Y.에 기초한 이런 급진적인 아이디어는 우리 삶의 방식에 심오한 변화를 일으키고 있다.

경제 이론 중에는 완전 정보(perfect information)로 알려져 있는 하나의 콘셉트가 존재한다. 완전 정보라는 것은 타인들의 행동방식을 완전히 꿰뚫고 있고 새로운 정보가 나올 때마다 즉시 업데이트되는 상태로 설명될 수 있다. 이는 순전히 이론적이고 현실 불가능한 개념이다. 하지만 위키피디아가 급격하게 성장하고 있고 동성애 정치인들이 유튜브에서 공개되며, 현재 조지 클루니(George Clooney)가 입고 있는 의상을 고커스토커(Gawker Stalker) 지도에서 실시간으로 알려주고, 구글을 몇 시간씩 뒤져서 지난 목요일에 새로 만난 여성의 뒤를 캘 수 있는 세상에 살고 있는 우리는 어쩌면 조금씩 완전 정보로 나아가고 있을 수도 있다.

정보의 자율성을 주장하는 해커들의 신념에 늘 공감해온 학교와 대학들은 대부분 정보를 공개하고 있다. 특히 교육 자원은 전 세계 대중들이 이용할 수 있게 되어 있다. 이제 MIT의 오픈코스웨어(OpenCourseWare)처럼 세계 유수 교육 기관의 무료 오픈 소스 교육 도구와 팟캐스트 강의는 예전에는 학계로의 접근이 차단됐던 사람들이 이용할 수 있게 되었다. 수십억 명 인구의 무료 교육은 지구에 심오하고도 긍정적인 영향력을 미치게 될 것이다. 한때 마크 트웨인(Mark Twain)은 교실 수업이 자신의 교육을 방해하지는 못했다고 말했다. 그렇다면 이제는 공부하기 원하는 사람은 누구에게나 학교 입학 문제가 장애물이 될 필요가 없다.

새로운 정보 공유 방식은 교육 대상뿐 아니라 교육 방식에까지 영향을 미치고 있다. 블로그 숙제와 교육용 팟캐스트, 위키(Wikis) 수업 등은 학교 2.0이 현실화되면서 더욱 인기를 끌고 있다. 학업은 예컨대 비디오 게임과 같이 아이들에게 제공되는 다른 콘텐츠만큼이나 재미날 수 없다는 불변의 사실이 이제는 점점 변화되고 있는 것처럼 보인다. "교사 생활 25년 동안 블로그만큼 작문 학습에 확실한 동기 부여제가 됐던 것은 일찍이 없었다."고 교사 마크 알니스(Mark Ahlness)는 「시애틀 타임스(Seattle Times)」 지에서 말했다. "그것은 청중 때문이다. 이제 작문한 글은 냉장고 위에 붙여졌다가 쓰레기통으로 직행하지 않고 있다. 그 대신 세상이 볼 수 있도록 밖으로 나가고 있다. 아이들은 자신이 쓴 글을 다른 사람들이 읽는다는 사실을 깨달았다."

새로운 학생 세대가 자신의 숙제를 가상 애완견이 꿀꺽 삼켜버린 사실을 선생님에게 어떻게 설득하면 좋을지 궁리하는 동안, 많은 오픈 소스 합작품들은 똑똑한 인재들까지도 교육시키고 있다. 인간 게놈 프로젝트가 그 훌륭한 사례에 해당한다. 이 프로젝트는 학계와 여러 방대한 제약업체들의 똑똑하고 훌륭한 과학자들이 함께 협력하여 하나의 공공재를 창조해낸 결과였다. 그 공공재는 바로 DNA 지도, 즉 인간 운영 체제이자 살아 있는 리눅스였다.

너무나 많은 정보가 매우 광범위하게 공유되고 있는 까닭에, 지식과 파워는 역사상 그 어느 때보다 멀리 퍼져나가고 있다. 인간 지식의 축적량은 5년마다 2배가 되고 있다. 앤서니 윌리엄스(Anthony D. Williams)와 돈 탭스코트(Don Tapscott)는 그들의 저서 『위키노믹스(Wikinomics)』에서 이렇게 예언했다. "기관들을 분리하던 벽은 무너지고 그 자리에 개방적인 과학 네트워크가 생성될 것이다. … 마침내 모든 연구자들은 아무런 편견이나 부담 없이 세상의 모든 과학 데이터와 연구 자료를 무료로 이용하게 될 것이다."

우리 주변에서 형성되고 있는 개방 사회는 자원을 활용하여 시장 단독으로 획득 가능한 것보다 훨씬 뛰어난 효율성을 얻어나가고 있으며, 아울러 새롭고 기발한 애플리케이션을 만들어 우리의 커다란 문제들을 해결해나가고 있다.

커뮤니티 컴퓨팅은 가정용 컴퓨터를 서로 연결하고 디스크 여유 공간을 이용해 슈퍼컴퓨터 1대로는 감당할 수 없는 엄청난 연산식과 방대한 데이터를 처리함으로써 어마어마한 양의 분산 컴퓨터 파워를 일으키는 방식이다. 그냥 앉아서 기다리지만 말고 이를테면 세티앳홈(SETI@home)(SETI는 외계 지적생명체 탐사search for extra terrestrial intelligence를 가리킨다)과 같이 외계로부터 오는 무선 주파수를 처리하는 서비스에 온라인으로 가입하면 당신의 노트북을 다른 500만 대 이상의 PC와 서로 연결하여 컴퓨터를 사용하지 않을 때마다 비행접시를 찾아보게 할 수 있다.•

커뮤니티 컴퓨팅은 PC와 매킨토시, 노트북의 분산 네트워크를 이용하여 암과 에이즈의 실현 가능한 치료법과 의약품을 개발하고 날씨를 예측하고 지구 온난화 현상의 이해를 돕기 위해 다량의 수치를 처리하고 있다. 이제 분산 컴퓨터 네트워크는 예전에 DJ들이 로프트 공간을 함께 나누던 것처럼 디스크 공간을 함께 나눔으로써 강력한 슈퍼컴퓨터와 PC가 연결된 시스템보다도 속도가 빠르다. 2007년 4월에 스탠포드 대학에서는 소니 플레이스테이션 3(PlayStation 3) 사용자들 가운데 자신의 게임기에서 여유분의 프로세싱 파워를 생물학 연구조사에 기부하는 1만 5천 명을 등록시켰다. 이와 같은 플레이스테이션 3 분산 컴퓨팅 네트워크는 세상에서 가장 빠른 슈퍼컴퓨터보다도 속도가 빠르다.

사람들은 여러 산업들의 진지한 함축성을 포함하고 있는 새로운 지식 공

• 어쩌면 세티(SETI)는 버지니아 주 포트 유스티스에 있는 박물관이나 메릴랜드 주의 스미소니언 항공 우주 박물관(Smithsonial Air and Space Museum)을 둘러보아야 할 것이다. 이곳에는 1958과 59년 사이에 미 육군과 공군에 의해 제작된 2대의 비행접시 프로토타입이 아직까지도 전시되어 있다. '에이브로카 (Avrocar)'로 알려진 이 비행접시는 1954년에 한 캐나다 업체에 의해 최초로 개발되어 미군에게 판매되었다. 이 프로젝트는 1천만 달러가 비밀 군사 작전에 투입되었다가 극도로 불안정한 성능의 비행접시가 지면으로부터 겨우 9미터가량 떠오를 수 있다고 판정나면서 무산되고 말았다. 이 비행접시 업체야말로 오래 전에 오픈 소스로 눈을 돌렸어야 마땅하다.

유 방식을 고안해내고 있으며, 대부분의 경우 긍정적인 결과를 얻고 있다. Lawunderground.org는 법률 프로세스의 민주화를 시도하고 있는 사이트이다. 이들은 법학도들과 자원 변호사들이 서로의 지식을 한데 합쳐 위키 같은 형태로 구성해놓은 법률 정보를 무료로 제공하면서 질문자의 질문에 근거한 법적 조언을 제시해주고 있다. 또한 의사들은 30억 개가 넘는 의학 자료들을 구글로 검색하여 환자들의 진단에 이용하고 있다(2006년에 시행된 연구조사에 따르면 구글은 일반적으로 58퍼센트의 비율로 올바른 진단을 내렸다). 사이언스 커먼스(Science Commons)와 같은 일부 프로젝트들은 과학 지식과 연구 자료에 일반 대중이 보다 접근하기 쉽도록 만들고 있다. 오픈 소스는 한때 돈을 지불해야 했던 모든 종류의 기본 프로세스와 서비스에 대한 무료 대체물을 만들어내고 있으며, 의사와 변호사, 교사 들이 제공하는 조언들은 이제 음악처럼 다운로드할 수 있게 되었다. 그러나 이 같은 전문가들이 제공하는 맞춤식 정보는 앞으로도 계속해서 값비쌀 것이며, 오픈 소스가 그들의 돈 버는 능력에 손상을 입히지는 않을 것이다. 그보다 실제로 점점 약화되고 있는 것이 있다면 그것은 바로 우리가 왜 일하는가 하는 기본 개념이다.

일이 더 이상 일이 되지 않을 때

오픈 소스 실천 방침의 성공은 돈이 세상을 움직이는 유일한 요소가 아님을 입증해주고 있다. 페커 히매넌(Pekka Himanen)이 『해커, 디지털 시대의 장인들(The Hacker Ethic)』이라는 책에서도 주장했듯이 자본주의는 일하는 것이 우리의 의무라는 개념에 기초하고 있다. 일의 본질은 중요하지 않으며 그냥 일하는 것이 중요할 뿐이다. 6세기에 성 베네딕트(St. Benedict) 수도원장에 의해 맨 처음 제안된 이 개념은 훗날 서구의 직업 윤리(어디에서 일하는지는 그리 중요하지 않다. 돈을 버는 것이 중요하다)로 발전했다. 이 같은 직업 윤리가 지금까지 완벽했던 적은 없었지만(심지어 베네딕트도 일부 수도승들이 독살하려고 했다) 이제는 오래된 직업 윤리가 계속해서 쇠퇴하고 있다.

우리는 수천 년 동안 경쟁이 지배해온 세상에 살고 있지만 앞으로는 경쟁과 협조가 계속 경쟁을 벌여나갈 것이다.

직업 중심주의는 오래전에 자아 중심주의로 대체되었지만 이러한 자기표현의 원동력마저도 새로운 커뮤니티 정신으로 나아가고 있다. 리누스 토발즈는 『해커, 디지털 시대의 장인들』에서 다음과 같이 적어놓았다. "리눅스 해커들이 뭔가 일하는 이유는 그 일이 무척 흥미로울 뿐 아니라 이런 흥미로운 일을 다른 사람들과 공유하고 싶어 하기 때문이다. 뭔가 흥미로운 일을 한다는 사실은 곧 즐거움을 얻는 동시에 사회의 일부가 된다는 뜻이다." 이제 우리의 직업 윤리는 놀이 윤리에 가까워졌다.

우리는 로프트와 홈브루 컴퓨터 클럽이 생겨나기 훨씬 전부터 늘 창조와 공유의 욕구를 품고 살아왔다. 커뮤니티를 형성하는 것은 인간 본성의 일부분이다. 이전에는 눈에 보이지 않던 이 경제는 주류 경제학자들에 의해 오랫동안 무시되어오다가 이제 통화 시스템으로 침투해 들어가고 있다. 그러나 자유 시장 기반을 갉아먹기보다는 오히려 그것을 보강해주고 있다.

역사적으로 보면 자유 기업이 세워질 수 있는 든든하고 풍부한 공공 기반을 자랑하던 사회들이 늘 성공을 거두었다. 오픈 소스는 여전히 그 깊이를 헤아릴 수 없는 막대하고 새로운 공공재 기반 위에 그보다 더욱 기상천외한 새로운 비즈니스 아이디어들이 생겨나게 될 세상이다. 그것은 새로운 가치를 창조해내는 새로운 산업이다. 인터넷은 유닉스라는 개방 코드이자 공공재의 기반 위에서 세워졌다. 그리고 인터넷에는 커뮤니티에 기초한 수백만 개의 새로운 사기업들이 세워졌으며, 여기에는 구글과 야후와 같은 신종 미디어 거대 기업에서부터 성인물 공유 웹사이트인 포르노튜브(PornoTube)보다 훨씬 더 기상천외한 수백만 개의 틈새 비즈니스가 포함되어 있다. 음반 산업은 새로운 중산층 부류로 대체되고 있지만 이는 결코 뮤지션에게만 해당되는 부류가 아니다. 그것은 여러 기업과 시민들에게 보다 많은 기회를 제공해주는 새로운 민주주의로서 우리의 경제 시스템을 재정의 내리고 있다.

오픈 소스 문화에 대한 900만 달러의 연구조사 프로젝트에 기초하여 돈 탭스코트와 앤서니 윌리엄스가 2007년에 출간한 『위키노믹스』는 다음과 같은 결론을 내렸다. "똑똑한 기업들은 집합된 인재와 능력을 적극 활용하여 혁신과 성장과 성공에 박차를 가할 수 있다." 그러나 오픈 소스 미래의 잠재력을 보다 충분히 깨달으려면 세상은 "기업과 경제의 구조와 기초 수단에 일어나는 심오한 변화가 필요하다."

그러나 무엇보다 필요한 변화는 우리의 인식이다. 오픈 소스 모델이라고 하면 많은 사람들이 돈 버는 일보다는 전부 나눠주는 일로 생각한다. 이 말도 어느 정도는 사실이지만 문제는 선택이다. 그것은 분명 정보 공유를 뜻하지만 당신이 공유하는 내용을 관리함으로써 당신과 타인 모두가 윈─윈하는 상황을 만드는 일도 얼마든지 가능하다.

오픈 소스 플랫폼을 구축하는 방법: 커뮤니티의 4가지 기둥

우리는 훌륭한 리믹스를 만드는 문제에 대해서는 이미 알고 있다. 그렇다면 이제는 어떻게 다른 사람들을 설득해서 당신의 아이디어를 오픈 소스 시스템에서 리믹스하도록 하여 함께 이득을 얻게 할 수 있을까? 오픈 소스 시스템은 젊은이 문화와 비슷하게 돌아간다. 개방 환경은 그것을 구축하고 자체적으로 영속해가면서 지속가능하게 성장하여 종종 막대한 성장을 이루려는 열정을 지닌 사람들에게 영향을 미칠 수 있다.

대중을 오픈 소스 프로젝트에 참여시키는 일은 그들을 나이트클럽에 불러들이는 일과 매우 흡사하다. 사람들이 참여하기 원할 만한 훌륭한 오픈 소스 플랫폼을 구축하기 위해서는 훌륭한 파티 홍보업자로 변신할 필요가 있다. 전단지를 배포하는 일만으로는 충분치 않다. 그렇다면 당신의 아이디어를 대박 상품으로 만들어줄지도 모를 미래의 사용자들에게 과연 어떤 것을 제공할 수 있을까? 사람들의 참여를 유도하는 방법에는 4가지가 있으며, 훌륭한 오픈 소스 플랫폼을 만들어내기 위해서는 4개의 커뮤니티 기둥 중 적어도 한 개 이상을 구축할 필요가 있다.

기둥 1: 이타주의(Altruism)

청중을 자극하여 당신의 출발을 돕게 하라

성공적인 클럽과 오픈 소스 프로젝트는 청중들의 열정에 의해 움직인다. 클럽은 새로운 사운드로 파티 참석자들을 자극하며, 오픈 소스 프로젝트는 새로운 아이디어로 사람들을 자극한다. 로프트는 로프트만한 곳이 없었기에 큰 지지를 얻었다. 그곳의 일원이 되는 일은 가치가 있고 뜻 깊은 일이었다. 위키피디아의 경우도 마찬가지다. 우리의 모든 지식을 아무런 비용 없이 한 곳에 쏟아 붓는다는 대의명분은 분명 가치가 있다. Lawunderground.com과 같은 오픈 소스 프로젝트에 공헌한 변호사들은 1970년대 디스코 DJ들이 적은 보수를 받으면서도 세상에 알려지지 않은 레코드를 홍보하여 알렸던 것과 같은 이유로 그렇게 했다. 그들은 전혀 다른 방식으로 새로운 길을 열 수 있다고 확신했다.

기둥 2: 명성(Reputation)

당신의 청중이 자신들의 새로운 정체성을 만들어내어 남들보다 돋보이도록 하라

이타주의도 사람을 자극하지만 이기심도 사람을 자극한다. 젊은이 문화와 오
픈 소스 문화에 모두 동력을 제공하는 이기심의 형태는 바로 자신의 정체성을
만들어내려는 욕구이다. 레이브를 즐기는 이들은 자신에 관한 무언가를 남들
에게 알리기 위해 사람의 이목을 집중시키는 방법으로 현란한 색상의 옷을 입
기도 한다. 오픈 소스 시스템은 남다른 협력을 쏟아 붓도록 개개인을 격려할
때 세력이 확장된다. 많은 오픈 소스 네트워크들은 극도로 헌신적인 사용자를
핵심에 두고 있다. 이 핵심층을 격려하기 위해서는 헌신적이고 열성적인 공헌
자들에게 권한을 부여해야 한다. 그들이 노력하는 모습을 사람들이 볼 수 있
도록 함으로써 그 노고에 보상하라. 인터넷 포럼 회원들은 각 회원이 올리는
게시물의 개수에 따라 적용되는 포인트 시스템으로 등급이 매겨지는 경우가
많다. 그중에서 가장 헌신적인 웹마스터들은 커뮤니티에서 차지하는 지위와
함께 토론을 통제하고 불량 회원을 차단하는 권한에 의해서 움직이는 지원자
들이 대부분이다. 바로 이 같은 명성이 위키피디아를 세계에서 가장 커다란
백과사전으로 만들어놓은 다수의 핵심 사용자들을 움직이는 것이다. 위키피
디아에는 수많은 공헌자가 있지만 등록건수가 10개 이상 되는 사용자는 대략
10퍼센트에 이른다. 그들은 서로 경쟁을 벌여나가고 있으며, 이것이 바로 사
회적 활동이다. 사회적 활동은 회원들의 명성을 주변 사람들보다 높여주는 독
특한 형태의 창조물에 해당한다. 오픈 소스는 분산의 형태를 띠고 있지만 많
은 경우에 명성을 얻기 위해 열심히 노력하는 상위층 핵심 사용자들이 매우
중요한 역할을 차지한다.

기둥 3: 경험(Experience)

청중에게 그들의 기술을 향상시킬 수 있는 기회와 경험을 제공하라

히피와 디스코, 하우스는 모두 댄스 플로어의 청중에게 대단히 새로운 경험을 제공했다. 이 같은 움직임에 동참한 협력자에게 주어지는 대가는 그가 중요시하는 무언가의 일원이 되게 하고 뭔가 새로운 것을 경험하게 하는 것이다. 과거의 히피족은 히피 마을의 상징인 우드스톡에서 남은 일생을 살아가는 가슴 벅찬 생활에 대해 얘기하곤 했다. 과거의 레이브족은 시대를 앞서나갔던 자신들의 경험을 젊은 세대들에게 말해주기를 좋아했다. 오픈 소스 모델도 사용자들이 얻지 못했을지 모를 경험을 제공해준다.

여러 협력자들이 훌륭한 오프 소스 프로젝트에 이끌리는 이유는 자신이 그 일원임을 떳떳이 밝힐 수 있다는 점 때문이기도 하지만 많은 경우에는 보다 실질적 차원에서의 경험을 바라기 때문이다. 그들은 자신의 기술을 연마하고 즉각적으로 사용할 수 있는 경험을 얻기 원한다. 무료 블로깅 소프트웨어는 사용자들에게 저널리스트가 되는 방법을 배우는 기회를 제공해준다. 전 세계 프로그래머들이 리눅스를 지지하는 이유는 무료 소프트웨어에 대한 리누스 토발즈의 열정에 대한 공감 때문이기도 하지만, 시스템의 고급 기술을 습득하여 자신의 커리어를 향상시키고 싶다는 욕구 때문이기도 하다. 비디오 게임 산업에 흥미를 갖고 있는 사람들에게는 게임의 오픈 소스 모드를 만들어내는 일이 해당 분야에 발을 들여놓는 훌륭한 방법이 된다. 오픈 소스 프로젝트에 공헌하는 데 드는 비용은 매우 낮으며, 대개는 시간이 필요할 뿐이다. 당신의 프로젝트에 시간을 쏟아 붓도록 협력자들을 설득하기 위해서는 그들의 투자 대비 이익이 높도록 해야 한다.

기둥 4: 그들에게 보상하라!(Pay Them!)

로프트에서 데이비드 맨쿠소는 파티 참석자들에게 집에서 조리한 음식과 LSD
가 들어간 과일 펀치로 보답했다. 그렇다고 공짜 LSD를 제공하는 일이 오픈
소스 프로젝트에서 훌륭한 보상 방법이 되지는 않겠지만 어쨌든 보상은 반드
시 필요하다. 앞으로도 오픈 소스와 소셜 네트워크 비즈니스로 수익을 벌어들
이고자 하는 대부분의 기업에게는 보상이 하나의 해결책이 되어줄 것이다. 공
헌자들이 전문 기술을 서로 공유해나갈수록 수익을 공유하는 모델은 더욱 일
반화될 것이다. 많은 기업들이 사용자들의 시간을 활용하여 지속 가능한 오픈
소스 경제를 성장시켜나갈 것이기 때문이다. 세상에는 이미 이베이에서 물건
을 판매하는 일만으로 생계를 유지하는 사람들도 있다. 온라인 편집자들도 앞
으로 수입을 벌어들이게 되면서 계속 증가하고 있는 자영업자의 수를 더욱 늘
려나갈 것이다.

오픈 소스 협력 체제는 시스템과 사용자 모두가 윈—윈하는 환경이 되어야 한
다. 참여한 모든 이들이 어떤 식으로든 혜택을 얻지 않으면 모델은 지속 가능
할 수 없다. 훌륭한 오픈 소스 모델을 만들어내는 일은 모델 지탱이 어려우리
만치 과도하게 정보를 쏟아 붓는 일 없이 사용자들이 혁신과 창의력을 일으키
도록 적절히 균형을 유지하는 일이라 할 수 있다. 이는 개인의 모든 정보를 공
개할 필요는 없지만 경우에 따라서는 모든 정보를 공개하는 것이 최상의 해결
책이 될 수도 있음을 뜻한다.

경계선이 약할수록 기반은 튼튼해진다

일부 비평가들은 오픈 소스가 자유 기업을 완전히 무너뜨릴 것이라고 주
장하지만 실제로 오픈 소스는 진정한 민주적 기반 위에서 자유 기업을 활성
화할 가능성이 더 높다. 현재 세상에 존재하는 엄청난 수입 불균형 체제는

모든 종류의 지식과 정보가 자유로이 유통될 경우 큰 타격을 입을 수 있다. 게다가 3D 프린터가 성공할 경우에는 물리 제품의 자유로운 유통도 한몫 거들게 될 것이다. 오픈 소스는 글로벌 차원에서 자유 기업의 종말을 가져오기보다는 오히려 그것을 공평하게 만들어놓을 것이다.

"우리는 여러 사회 구조 속에서 매우 급진적인 변화를 맞이하게 될 처지에 놓여 있다. 그것은 기반을 평평하게 다지고 정보를 완전히 개방적으로 공유하도록 하는 오픈 소스의 위력 때문이다."라고 위키피디아 창업주는 말한다. "그것이 수많은 분야에서 어떻게 활약을 벌일지는 나도 모른다. 그러나 새로운 관점을 현실로 받아들이는 사람에게는 엄청난 기회가 존재하고 있다."

자원이 이용 가능해지면서 파워는 상상할 수 없는 방식으로 분산될 수 있다. 자원을 나눠 갖고 타인을 덜 착취하고 통제를 중단하는 일은 곧 가장 급진적이고 혁신적인 기업과 운동과 아이디어를 정의하는 것으로, 이는 1970년대부터 계속 이어져 왔다. 대량 시장은 파산하지는 않겠지만 앞으로 새로운 비즈니스 운영 방식을 터득해나갈 것이다.

음반 산업의 새로운 민주주의는 우리에게 더 많은 선택권을 제공해주었다. 그러나 낡은 산업 시스템의 관점에서 보면 그것은 마케팅이 주도하여 제조되는 음악의 지배력이 줄어들고 자체적으로 성장한 틈새 예술에 더 많은 기회가 돌아가는 것을 의미한다. 이제 우리는 전자적 송신이 가능한 것은 무엇이든지 음악 공유 방식 그대로 공유가 가능해진 독특한 기회를 얻게 되었고, 모든 산업들은 서로 똑같은 변화에 맞닥뜨리게 될 것이다. 그리고 미래는 그러한 변화에 맞서 싸울 것인지 아니면 그것을 기회로 바라볼 것인지에 달려 있다.

아직 우리에게는 경계선이 필요하다. 그러나 우리의 경계선은 이제 흡수력을 필요로 한다. 많은 분야에서 협력과 집단적 지성의 개념은 두려움과 경멸에 부딪히곤 한다. 그런가 하면 다른 쪽에서는 사용자 개개인이 각각 2센트씩을 부가할 경우 당신은 즉시 다량의 돈을 거머쥐게 된다는 사실을 입증하는 사람들도 있다.

오픈 소스를 디지털 공산주의라고 생각하는 사람들도 있지만 사실은 정반대이다. 지금 우리는 새로운 사기업 생태계가 경쟁에 활기를 불어넣고 비효율적인 독점을 무너뜨리게 될 공공 기반을 다져나가는 중이다.

젊은이 문화의 반체제적 이상은 앞으로 누구도 모르게 다가올 존재가 되어가고 있다. 그것은 극단적이고 활동적이고 공정한 혈통을 지닌 자유 시장이며, 자본주의의 탈집중화된 미래이다.

기업과 시스템이 보다 개방되고 투명해질수록, 소비자와 생산자의 세력 균형이 이루어질수록, 우리가 서로 연결될수록, 하나의 중요한 개념이 지지를 얻어나가고 있다. 앞으로 살펴보겠지만 청중과 연결되는 새로운 시스템만으로는 충분치 않다. 무엇보다 시스템과 사용자들 간의 대화가 진솔해져야 한다. 즉 우리의 새로운 연결 관계는 진실함을 갖출 필요가 있다.

CHAPTER 06

디지털 해적과
친해지는 기업이 성공한다
Real Talk

힙합은 어떻게 엄청난 돈을 벌어들였는가?

2006년 8월 뉴욕 유엔 본부에서 진행된
코피 아난(Kofi Annan) 유엔(UN) 전 사무총장(가운데)의
유엔－MTV 공동 글로벌 물 캠페인 런칭을 위한 기자 회견

ⒸUN 사진/파울로 필구에이라스(Paulo Filgueiras)

1인 거물 기업 숀 콤스(Sean Combs)/퍼프 대디(Puff Daddy)/디디 (Diddy)/당신이 이 글을 읽고 있을 때쯤에는 또 어떤 이름이 생겨날지 모를 그가 카메라 스태프를 거느리고 버거킹 안으로 들어간다. 재키 오나시스 (Jackie-O) 스타일의 커다란 선글라스를 끼고 금색 프린트가 새겨진 헐렁 한 검정색 티셔츠에 가죽 재킷을 걸친 디디는, 지금 자신만큼이나 유명한 다국적 패스트푸드 체인점과 함께 유튜브 온라인 프로모션 광고를 촬영하 는 중이다. "이 자리를 통해 알려드리는데, 버거킹은 내게 음악과 패션의 왕 이라는 호칭을 붙여주었다." 다소 선명치 않은 흐릿한 비디오 클립에서 디 디는 이렇게 얘기했다.

　화면에 포착된 유니폼만으로도 이곳 버거킹이 패션 거물의 홍보성 광고 에는 적합지 않다는 충분한 증거가 될 수 있었겠지만 지금 정작 문제가 될 만한 장소는 따로 있었다. 그것은 바로 버거킹과 디디가 속해 있는 영역이 었다. 거물들끼리의 합작품을 만들어내기에는 더할 나위 없이 좋은 안전지 대, 그것은 방송사가 메시지를 조작하고 명망가들이 입에 발린 홍보 멘트를 매끄럽게 날릴 수 있는 일방통행형의 주류 미디어였다. 하지만 이 방법이 유튜브와 같은 쌍방향 소통 공간에서는 통할 리 없었다. 이곳은 힙합의 전 설적인 존재든 무엇이든 누구 할 것 없이 청중에게 책잡히는 날에는 비난의 화살을 감수해야 하는 그런 곳이었다.

　비디오는 카운터로 다가가 와퍼(Whopper)를 주문하고는 카메라를 향해 자신과 자신의 명망가 친구들을 위해 버거킹이 유튜브 채널을 마련해준 경위를 설명하는 디디의 모습을 담고 있다. 햄버거를 주문한 지 얼마 되지도 않아 햄버거가 왜 안 나오느냐며 무고한 계산대 직원을 나무라자 햄버거 금액을 알려주는 짤막한 직원의 대답에 디디는 혼자 중얼거리며 불평한다.

이 비디오 클립은 미디어 조종의 거장으로 통하는 디디의 모습에 흠집을 내고 말았다. 블로그계에서는 비난의 글이 들불처럼 번져나갔고, 5점 만점에 겨우 2점을 얻은 유튜브에서는 삽시간에 1만 7천 건 이상의 부정적인 시청자 댓글이 올라왔다. 그것은 주류 힙합의 정체된 모습과 아울러 처음 힙합을 잉태시킨 그 순수했던 이상으로부터 지금 얼마나 멀리 동떨어져 있는지 씁쓸히 일깨워주었다. 훗날 MTV 뉴스는 유튜브와는 전혀 어울리지 않았던 그 비디오 게시물에 대해 "그것은 마치 PETA(동물보호운동단체) 집회에서 절대로 환영받을 수 없는 와퍼버거와도 같았다."고 말했다.

디디는 진심을 전달하지 못했다. 청중에 대한 예절도 보이지 않은 채 의미 없는 입소문용 비디오를 공개했는가 하면, 유튜브에 나와 돈 자랑하는 실수를 저지르면서 미디어에 대한 몰지각성을 드러냈다(유튜브에서 돈 자랑은 쓸데없는 짓이다. 아무런 비용 없이 얼마든지 원하는 만큼의 비디오를 올릴 수 있고 자신만의 채널을 만들 수 있는 곳이니 말이다). 결국 이런 이유로 자칭 음악과 패션의 왕이라 떠들어대던 디디는 민주적인 방법으로 유튜브에서 선출된 한 유쾌한 어릿광대에 의해 납작코가 되고 말았다. 그녀는 아마추어 영화제작자 리사 노바(Lisa Nova)였다.

노바는 스스로 제작한 입소문 반격용 무기를 들고 디디와의 결투에 나섰다. 그것은 화장 안 한 맨얼굴에 뒤로 질끈 묶은 머리를 하고는 헐렁한 트레이닝 차림으로 동네 과일 스탠드(가판대 위에서 과일을 이용한 먹을거리를 만들어주는 노점)를 향해 걸어가는 자신의 모습을 담은 비디오였다. 디디의 으스

대던 태도를 빈정거림으로 받아치며 그녀는 이렇게 말했다. "이 자리를 통해 알려드리는데, 나는 과일 스탠드와 함께 손을 잡았다. 그리고 과일 스탠드는 내게 음악과 패션의 여왕이라는 호칭을 붙여주었다." 과일을 주문하고는 비디오 클립의 디디처럼 그 위에 전부 다(소금, 후추, 마요네즈, 칠리…) 얹어달라고 말하면서 노바는 설명한다. "나는 과일 스탠드와 손을 잡고 유튜브에 채널 하나를 구입했다. 비록 공짜이긴 해도… 그만큼 우리는 똑똑하니까." 그러고는 과일이 왜 안 나오느냐며 노점상을 나무라자 과일 금액을 알려주는 노점상의 대답에 혼자 중얼거리며 불평하는 등 계속해서 디디를 풍자한다.

그녀의 비디오는 즉시 대히트를 치면서 5점 만점에 5점을 받았고, 이것이 계기가 되어 디디의 더 많은 패러디 극이 쏟아져 나왔다. 노바는 그후로 5분 동안 유튜브의 퀸으로 등극했고(5분 동안이면 다음 입소문 비디오 강자가 올라올 때까지 유튜브 최고의 자리를 유지할 수 있는 최대치의 시간에 속한다), 반면에 디디 측 관계자들은 그의 비디오 클립을 슬그머니 내려놓았다. 힙합의 힙자도 모르는 노바였지만 그럼에도 진심을 전달했다는 이유로 힙합의 강자 아이콘과 맞대결을 펼칠 수 있었다.

진실함의 중요성은 힙합에서 가장 오해받는 것들 가운데 하나다(디디조차도 종종 잘못 이해하니까 말이다). 힙합은 수십 년 동안 젊은이 문화를 지배해오면서 미국 갑부에 속하는 똑똑한 기업가들을 길러왔다. 또한 어느덧 성인이 된 힙합 세대들은 여러 사상가와 정치가, 의사결정자들의 무리 속으로 계속해서 침투하고 있다.

진심을 담아 거대한 청중과 교감하는 일은 힙합이 사용해온 방법이었다. 그러나 진심을 전하는 행위는 힙합 그 이상의 거대한 트렌드가 되면서 이제는 소비자와 투표자는 물론이고 나라 전체를 향해 얘기할 때 사용되고 있다. 4장에서도 살펴봤지만 우리는 갈수록 마케팅의 영향력에 무뎌져가고 있다. 광고 에이전시 못지않게 브랜드를 훤히 꿰뚫고 있는 우리 소비자들은 진정한 가치가 담겨 있는 광고에만 반응한다. 당신이 취업 이력서를 보내는 대학생이든지 브랜드를 리포지셔닝하는 CEO든지 믹스테이프를 홍보하는 래퍼든지 그것은 중요치 않다. 당신의 청중은 모두 살아 있는 존재들이다. 언젠가 제이지가 "진짜는 진짜를 알아본다."고 얘기했던 것처럼 당신은 진짜가 될 필요가 있다. 그렇지 않으면 상대는 귀 기울이지 않을 것이다.

테크놀로지는 우리를 새로운 방식으로 결합시켜놓았고 우리는 역사상 그 어느 때보다 많은 사람들에게 얘기할 수 있는 기회를 얻게 됐다. 그러므로 이제는 효율적인 의사소통 방식을 배울 필요가 있다. 힙합은 젊은이 문화를 주도하는 언어다. 총체적인 관점에서 볼 때 힙합의 뿌리는 바로 진정한 대화이며, 이것이 바로 진정한 유대감을 형성하는 기술이다.

리얼리티는 한때 힙합의 친구였다

오늘날 소비자들은 리얼리티를 갈망한다. 이전 세대들은 〈내 사랑 루시〉(I Love Lucy: 1950년대에 큰 인기를 얻었던 뉴욕을 배경으로 한 시트콤—옮긴이)와 같은 TV 쇼를 보면서 이상향의 세상이 존재한다고 믿으며 성장했다. 그러나 이제 잡지들은 명망가들의 치부를 밝혀내고 실수를 조롱하고 있으며, TV 리얼리티 쇼는 진실과 허구를 반반 섞어놓은 순수 일반인들을 대거 등용하고 있다. 그리고 우리는 다른 이들이 얼마나 이상한 족속들인지 보면서 흐뭇해한다.

지난 30년 동안 힙합 세대*는 문화적 권위의 개념을 벗어던졌다. 그런가 하면 간접 광고 효과를 노리는 제품들이 믿을 만한 방송사의 뉴스 형태로 화면에 등장하고, 마이스페이스에서 광고를 유포하는 허구적 인물들이 접근하는 요즘 세상에서는, 눈으로 보고 귀로 듣는 것을 곧이곧대로 믿기가 점점 힘들어지고 있다.

그 결과 우리는 그 어느 때보다 진실함에 목말라 있다. 아울러 집단적인 개인화 현상에 따라 모든 것을 직접적이고 개별적으로 느끼고 싶어 한다. 청중을 움직이고 커뮤니티를 집결시키는 유일한 방법은 진정한 유대감을 갖는 것이다. 하지만 의심 많은 청중과의 진정한 결속에 대한 필요성이 결코 새로운 것은 아니다.

행동주의와 커뮤니티 단결의 아버지 솔 알린스키(Saul Alinsky)는 자신의 저서 『급진주의들을 위한 규칙(Rules for Radicals)』에서 "새내기 조직자는 초장에 반드시 자신의 입지를 세워놓아야 한다. 달리 표현하면 영향력을 획득해야 한다는 소리다. 그리고 해당 조직에 존재하는 이유, 다른 사람들에게 인정받을 수 있는 이유가 있어야 한다."고 말했다. 맨 처음 풀뿌리 운동의 형태로 시작된 힙합이 진정성을 갖춘 하나의 글로벌 언어로 진화해나갔던 것도 어쩌면 급진주의 행동주의자 솔 알린스키의 책에서 그대로 비롯된 내용일 수 있다.

처음에 힙합은 사우스 브롱크스 지역에서 영향력을 획득했다. 그것이 힙합이 하나의 탈출구였기에 가능했다. 힙합은 사람들이 싸움을 중단하고 그 에너지를 브레이크와 랩과 DJ와 그래피티의 방향으로 전환시킨 하나의 방식이었다. 그리고 펑크(punk)와 펑크(funk), 디스코와 같은 힙합 이외의 영역에서 요소들을 빌려오고 리믹스하는 방법으로 브롱크스 외부 지역에서도

- '힙합 세대'라는 용어는 넓게 보면 베이비붐 세대 이후에 자랐거나 자라나고 있는 세대를 총칭한다. 그러나 베이비부머라고 해서 모두가 로큰롤에 열광하지 않았듯이, 베이비붐 이후 세대 모두가 힙합 가수 케이알에스 원(KRS ONE)의 가사를 줄줄 읊어대는 힙합 마니아라는 얘기는 아니다. 하지만 케이알에스 원도 한때 얘기했듯이 "랩은 당신의 행동이고 힙합은 당신의 삶이다." 록이 베이비붐 세대 전체의 사고방식을 특징지웠던 것처럼 오늘날의 우리는 힙합 세상에 살고 있다.

인정을 받았다. 그 어떤 누구도 힙합의 일원이 될 수 있고 그것을 빌려 쓸 수 있었지만, 그것을 소유할 수는 없었다. 그만큼 힙합은 참여와 협력으로 정의된다.

힙합은 하나의 사운드나 문화 혹은 움직임이 아니라 일종의 오픈 사운드 시스템이었다. 그리고 그것이 바로 그토록 거대한 비즈니스 모델이 될 수 있었던 이유였다. 사회적 변화는 젊은이 문화에서 그 가치를 습득하는 경우가 대부분이다. 테디 보이즈(Teddy boys: 1950년대 중반 영국 젊은이들이 상류층 옷차림을 모방해 반항을 표출했던 패션—옮긴이)와 뉴 로맨틱, 그리저족(greaser: 1950년대 중반 미국에서 머리에 기름을 발라 뒤로 넘긴 갱단들의 헤어스타일을 젊은이들이 따라하면서 시작된 문화—옮긴이)가 더 이상 많은 이들에게 관심을 끌거나 위협적이지 못한 데 반하여, 힙합은 계속 진화해나가면서 꾸준히 자리를 지킬 수 있었다. 대부분의 젊은이 문화는 어느 시점에 이르러 진화하기를 멈추고는 지나치게 다양하고 경직된 구조와 허세를 발전시키다 이내 정체하여 운명을 달리한다. 그런가 하면 주류에 먹혀들어 더 이상 아무것도 남지 않게 되는 문화도 있다. 그러나 힙합은 이 모두를 거부하고 오히려 리믹스를 이용해 그 길에 놓인 다른 모든 것을 흡수한다.

세계화 현상은 힙합에 유리하게 작용했다. 그렇다고 식민지 강국에 여러 약소 지역 전초부대가 딸려 있는 구조가 아니었다. 그것은 전 세계 대륙마다 자급자족하는 허브로 구성된 분산 네트워크였다. 힙합은 세계화가 어떻게 운영되어야 하는지를 단적으로 보여주는 하나의 모델이다. 힙합은 전 세계 다양한 지역 버전들에 적절히 혼합되었고 그 각각의 버전들이 하나로 느슨히 연결된 오픈 소스 네트워크를 형성하면서 이를 통해 사람들이 서로 소통하고 협력하며 스스로 권한을 부여할 수 있도록 했다.

스타벅스에서 판매되는 세계 음악은 지구를 결합시키지 못해도 힙합은 세계를 진정으로 아우르는 하나가 된다. 힙합은 문화적 차이를 악기 삼아 우리 모두가 닮은꼴임을 축하하고, 그것을 글로벌 드럼의 패턴으로 삼아 변화의 열망을 표현한다. 힙합은 전통적인 관점으로 전통을 인식하거나 존중하지 않는다. 힙합은 역사를 빼앗긴 커뮤니티에서 성장했다. 힙합은 다른 많은 문화들이 자체적인 역사에 따라 오랜 세월 자신들을 정의 내리고 스스로를 구속해온 동안 자신만의 세력을 구축했다. 그것은 단지 하나만을 고수할 필요가 없었기에 세계 모든 이들과 소통할 수 있었던 탓이었다.

처음에는 브롱크스에서 영향력을 얻은 힙합이었지만 진정한 유대관계에 의존한 덕에 지금은 전 세계 모든 곳에 영향력을 행사하고 있다. 버거킹과 디디는 이 같은 유대관계를 만들어내는 데 실패했지만, 힙합을 음악계 바깥에 존재하는 브랜드로 탈바꿈시킨 최초의 힙합 기업가의 이야기는 버거킹이 아닌 또 다른 체인 레스토랑에서 시작된 진정한 유대관계의 스토리에 해당한다.

레드 랍스터로부터 탈출하다

대부분의 훌륭한 스토리들은 3개의 막(act)으로 구성되지만, 데이몬드 존(Daymond John)의 스토리는 3개의 모자(hat)로 구성될 수 있다. 모자 1, 장면 1. 이야기는 1990년대 초반 뉴욕 퀸스의 홀리스에서 시작된다. 존은 레드 랍스터 레스토랑에서 일하고 있었다. 눌러쓴 웨이터 모자의 아래로는 힙합 문화에 사로잡힌 욕구불만의 한 기업가가 있었다. "힙합은 내게 늘 엄청난 것이었다. 내가 열한 살인가 열두 살이었을 때 그것은 믹스테이프에 불과했다. 그래도 그것은 이 세상만큼이나 크고 엄청났다."고 그는 회고했다.

어쩌면 홀리스 지역에 어떤 정기가 흐르고 있는지도 몰랐다. 제법 여러 명의 홀리스 출신의 야심가들이 힙합에 특별한 것이 있음을 간파했으니 말이다. 존과 가까운 친구들 중에는 훗날 수억 달러의 매출액을 벌어들이는 음반사 머더(Murder, Inc.)의 설립자 어브 고티(Irv Gotti)와 랩 음악의 전설적인 비디오 디렉터가 된 하이프 윌리엄스(Hype Williams)가 있었다. 데프 잼 레코드의 창업주이자 미국에서 가장 왕성한 활동을 펼치는 기업가의 한 사람인 러셀 시몬스도 같은 또래 출신이었다.

브레이크 댄서로 힙합을 시작한 데이몬드 존은 자신을 키드 익스프레스(Kid Express)라고 불렀다. 그가 행운을 붙잡게 된 것은 퀸스 출신의 또 다른 십대 재주꾼이 1980년대에 투어 공연을 나서면서부터였다. 그의 이름은 엘엘 쿨 제이(LL Cool J)로 더 잘 알려진 제임스 토드 스미스 Ⅲ(James Todd Smith Ⅲ)였다. 존은 공연에 따라다닐 수 있는 기회를 얻은 뒤부터 힙합의 핵심 세력으로 승승장구하기 시작했다. 존은 "공연 중에 다른 수많은 사람들을 만나면서 결국 거대한 투어로 발전했다."고 당시 기억을 회상했다. 힙합계에서의 입지는 바로 이때부터 자리를 잡아나간 셈이었다.

힙합 패션에 매료되어 독보적인 스타일 과학자가 된 그는 엘레세(Ellesse)와 르꼬끄 스포르티브(Le Coq Sportif), 필라(Fila)와 같은 정통 힙합 브랜드를 즐겨 입었다. 그는 구두끈을 체스 판 스타일로 묶거나 바지에 핀턱을 잡아 양말 안에 집어넣어 입는가 하면 리바이스 청바지에 완벽한 주름을 잡는 등 갖가지 화려한 패션 파워 무브를 선보였다. 데이몬드 존의 패션 놀이는 지극히 건전했고 그것은 존을 하나의 계시로 이끌었다. "아이들은 내가 입고 있던 옷을 사고 싶어 했다! 나는 이것이 문화이고 사람들이 그것을 간절히 손에 넣기 원한다는 것을 깨달았다. 그것은 시민운동에 필적할 수 있을 만한 움직임, 즉 할렘 르네상스였다. 그것은 모든 이들이 속해 있는 움직임이었으며, 음악 그 이상의 것이었다."

그러나 존이 추구하던 비전은 그가 숭배했던 일부 브랜드들이 그에게서 등을 돌리는 듯 보이면서 점차 구름에 휩싸였다. "1990년과 91년 즈음에 한 팀버랜드 임원이 '우리 신발을 마약 판매상에게는 팔지 않겠다'고 선언했다는 소식을 듣게 되었다. 말하자면 그것은 신발을 구입하는 흑인들 전부가 마약 판매상이라는 소리였다. 그 외에도 토미 힐피거(Tommy Hilfiger)가 흑인을 위해 옷을 만들지 않겠다고 했다는 둥 캘빈 클라인(Calvin Klein)도 이러저러 얘기했다는 둥 하는 소문이 들려왔다. 그때 그 소문이 사실인지 아니었는지는 모르겠지만 막상 이렇게 직접 비즈니스에 몸담고 일하면서 터득한 사실은 소문의 90퍼센트가 헛소리라는 것이었다. 하지만 당시만 해도 그것은 커뮤니티에 엄청난 충격을 일으켰다. 그 수많은 제품들을 얼마나 열렬히 신봉하며 구입했는지 잘 알고 있던 나로서는 좌절할 수밖에 없었다."

투어 공연이 끝나자 키드 익스프레스의 고공 행진도 멈춰버리고 말았다. 부업으로 레드 랍스터에서 일하던 무렵에 갖고 있던 힙합에 대한 열정은, 그가 우상화하던 브랜드와 문화의 부정적 태도에 대한 분노와 충돌을 일으켰다.

존은 어느 오후 맨해튼으로 나간 쇼핑에서 그의 운명을 결정짓는 두 번째 모자와 맞닥뜨리게 된다. 어느 니트 모자에 붙어 있던 20달러 가격표를 보고 경악을 금치 못한 그는 그 돈이면 하루에도 똑같은 모자 20개는 만들 수 있다는 생각이 들었다. 그러자 갑자기 좋은 아이디어가 떠올랐다. 그렇게 하여 그의 사업가적 마인드와 힙합의 저력에 대한 확신, 패션에 대한 열정이 한데 합쳐져 팀 푸부(Team FUBU)의 스토리는 시작되었다.

존은 친구 세 명을 영입하여 푸부(FUBU: 'For Us, By Us우리를 위한, 우리에 의한'의 줄임말이다)를 만들었다. 푸부는 힙합 커뮤니티에 대한 이들 팀의 진정한 헌신을 상징하는 단어였다. 존과 친구들은 직접 D.I.Y. 모자를 바느질하기 시작했다. 그러다 퀸스의 어느 쇼핑몰 바깥에서 모자를 팔아 하루에

800달러를 벌어들이고 나자 뭔가 할 수 있겠다는 생각이 들었다. 그들은 곧바로 티셔츠와 야구모자, 폴로 티셔츠 쪽으로도 눈을 돌렸고, 돈이 굴러들어오기 시작했다. 존은 1992년에 레드 랍스터를 그만뒀고, 팀 푸부는 프로의 길로 접어들었다.

존은 엄마의 집 지하실에 푸부 본사와 공장을 차렸고, 그 집을 재담보로 잡고 사업 밑천을 마련했다. 그는 하이프 윌리엄스와 같은 친구들을 통해 ODB와 머라이어 캐리(Mariah Carey), 부스타 라임스(Busta Rhymes), 런 디엠씨(RUN DMC)와 같은 다양한 주류 아티스트들이 뮤직 비디오에서 푸부 의류를 입도록 설득했다. 존은 다음과 같이 설명했다. "그들이 우리 옷을 입어준 데에는 여러 이유가 있었다. 그들은 우리를 후원해주기 위해 옷을 입었다. 그리고 두 번째 이유는 우리가 그들을 찾아간 것은 그들의 진정한 팬이기 때문이었다. 사실 그들의 얼굴을 직접 보는 것만으로도 그것은 대단한 영광이었다. 만일 랩 아티스트의 스타일리스트들이 구찌(Gucci) 같은 명품 브랜드를 찾아갔더라면 그들은 '당장 꺼져. 래퍼 따위는 관심 없어'라고 말했을 것이다. 그들을 직접 찾아가는 회사가 있기는 했어도 대개는 래퍼들의 이름도 잘 모르거나 혹은 아무런 예의도 갖추지 않는 경우가 많았다. 마치 그것은 '이 옷이나 걸쳐. 우리가 이렇게 직접 행차했으니 너는 행운아라고' 하는 것과 같았다. 사실 이렇게 찾아갈 정도쯤 되는 래퍼들은 모두 백만장자들이다. 그런 옷 따위를 필요로 하는 사람이 아니라는 말이다. 힙합은 그 누구도 모르게 조용히 일어나고 있던 움직임이었다. 우리는 우리 스스로에게 권한을 부여했다."

힙합의 스토리는 주류를 내부로부터 끌어내려 무너뜨리고 스스로 영향력을 넓힌 신세대의 이야기다. 이제 팀 푸부가 맡게 될 다음 차례는 바로 정통 힙합이었다. 1990년대 중반 무렵에 푸부는 제법 잘 운영되고 있었지만 보이지 않는 유리 천장에 부딪혔음을 깨달았다. 푸부는 여러 주류 소매점에서 유통망을 확보할 수가 없었다. 그리고 이 유리 천장은 바로 세 번째 모자에 의해 산산조각나버렸다. 그것은 존의 오랜 친구이자 푸부의 비공식 대사인 엘엘 쿨 제이가 쓴 모자였다.

푸부는 힙합 문화의 근원에서 시작된 최초의 의류 라인이었지만 다른 여러 90년대의 브랜드들도 힙합의 파워를 마케팅 도구로 주목했다. 사정이 이렇다 보니 브랜드 갭이 1997년에 엘엘 쿨 제이를 기용하여 갭 의류를 입히고 TV 광고에 내보내기로 한 것도 그리 놀라운 일은 아니었다. 엘엘은 이 소식을 존에게 전했고, 존은 그에게 대담한 제안을 던졌다.

"그도 처음에는 내켜하지 않았다. 나도 그 이유를 이해하지 못하는 것은 아니었다. 그는 이미 몇 가지 광고 제의를 놓고 고민 중이었다. 그러던 엘엘은 뜻밖에도 이렇게 말했다. '그렇다면 좋아. 그렇게 하지. 하지만 내 커리어에 이롭지 못하다는 사실만은 알아두라고.'

광고 촬영 당일에 엘엘은 광고 에이전시의 지시대로 갭 청바지와 갭 셔츠 차림으로 세트장으로 갔다. 하지만 머리에는 연한 파랑색 야구 모자도 쓰고 있었다. 엘엘은 내가 일러준 대로 갭 관계자에게 가서 '내가 데리고 온 작은 녀석 하나가 있는데, 광고에서 이 모자를 써도 되겠느냐?'고 말했다. 그러자 상대측은 '상관없다'고 말했다. 아마 속으로는 '누가 모자에 신경이나 쓰겠어?'라고 생각했을 것이다.

카메라가 돌아가고 음악이 쿵쿵 울려대자 엘엘은 상대측의 요구대로 30초짜리 프리스타일 춤과 곁들인 완벽한 랩을 시작했다. 그가 몸을 돌려 카메라를 정면으로 쳐다봤을 때도 광고 책임자들은 전혀 이상한 점을 발견하지 못했다. 그가 쓴 모자에는 푸부 로고가 선명히 박혀 있었고, 그의 랩은 다음과 같은 가사로 끝이 났다.

우리를 위해, 우리에 의해, 아무도 모르게 은밀히.

(For Us, By Us, on the down low.)

이 광고는 푸부의 유리 천장을 산산조각내버렸다. 물론 몇몇 광고 책임자들의 커리어도 말이다. "그가 미국의 눈치 빠른 아이들에게 전하는 말은 이것이 곧 푸부 광고라는 사실이었다. 내가 마지막 랩 문구를 살짝 집어넣은 사실도 그들은 전혀 알지 못했다. 그것은 비밀결사단의 암호와도 같았다. 갭이 이 사실을 알게 되기까지는 한 달가량의 시간이 걸렸다. 그들은 이 사실을 알고 광고를 철수하고는 광고 에이전시와 갭의 여러 직원들을 해고했다. 그러나 그로부터 1년 후에 그들은 흑인 소비자들의 구매율이 기하급수적으로 늘어난 사실을 확인했다. 그 이유는 우리 제품이 갭 매장에서 판매되는 줄 알고 사람들이 몰려들었기 때문이다! 그러자 갭은 다시 그 광고를 재개했고 꽤 오랫동안 방송에 내보냈다."

팀 푸부는 이제 수억 달러의 매출액을 올리는 브랜드로 다른 쟁쟁한 브랜드들과 어깨를 나란히 하고 있다. 2006년에는 약 3억 7천만 달러의 수입을 올렸으며, 현재 26개 국가에서 5천 개가 넘는 매장을 운영하고 있다. 이제 유리 천장은 아득한 추억이 되었지만 푸부는 눈에 띄지 않게 조용히 활동해 가면서 꾸준히 성장하고 있다. 상점 앞 셔터에 푸부 그래피티를 그려 넣고, 다른 기업들의 광고 캠페인* 속에 트로이 목마와도 같은 광고를 슬쩍 집어넣는가 하면, 푸부의 설립을 도운 아티스트들과 함께 푸부 브랜드 앨범을 녹음해 발표하기도 한다.

푸부는 정통 힙합의 성공 스토리에 속한다. 힙합 그 자체만큼이나 푸부

---

* 2005년에는 래퍼 마이크 존스(Mike Jones)가 엘엘에게 리복(Reebok) 광고에서 푸부 티셔츠를 입도록 설득했다.

도 길거리에서 비롯해 일어난 풀뿌리 D.I.Y. 의류로서 푸부가 지닌 해적 재료와 기성 미디어를 리믹스하여 대중과 강력하고 진심어린 유대감을 확립했다. 푸부는 뉴욕의 퀸 지역에서 출발해 이제는 최고 자리에서 군림하고 있다.

데이몬드 존과 푸부 브랜드는, 비록 파워는 부족해도 그런 파워를 붙잡을 수 있는 위치에 놓여 있던 힙합의 스토리를 들려주고 있다. 제대로 된 설명으로 스타들에게 무보수 홍보 작전을 설득할 수 있었던 그는 스타들의 커리어에 해가 될 수 있는 위험천만한 홍보 전술을 성공시키면서 오히려 그들을 팬으로 끌어들였다. 힙합 커뮤니티와 존의 브랜드 사이에는 진정한 유대관계가 있었고, 푸부는 이러한 유대감을 수억 달러의 매출액을 벌어들이는 비즈니스로 탈바꿈시켰다. 청중에게 호소하지 못하는 이야기는 청중이 귀 기울이지 않는 법이다. 이 사실은 힙합에서만 통하는 진리가 아니다. 수백만 달러를 잃어버린 브랜드는 청중과 교감하지 못한 탓이고 반면에 수십억 달러를 벌어들인 브랜드는 청중과 교감했기 때문이라는 사실은 오랜 역사를 통해서도 증명되고 있다.

조용히 대성공을 거두다

이제는 음료수 밑바닥을 통해 진정성을 살펴보자. 더글라스 홀트(Douglas B. Holt)는 『브랜드는 어떻게 아이콘이 되는가(How Brands Become Icons)』라는 책에서 펩시코(PepsiCo)의 마운틴 듀(Mountain Dew) 탄산음료가 어떻게 익스트림 스포츠와 슬래커(slacker: 나태한 X세대를 일컫는 표현─옮긴이) 문화를 옹호하여 성공적으로 이름을 떨칠 수 있었는지 설명해놓았다. 하지만 펩시는 지난 10여 년간 3차례에 걸쳐 힙합에 손을 뻗었다가 3번 모두 쓰디쓴 참패를 맛본 전력을 갖고 있다.

펩시코는 힙합과 진정한 소통을 이루는 대신에 문화 관광객처럼 행동했다. 힙합의 언어로 말할 줄도 모르고 바깥에서 안쪽을 들여다보며 관찰한 힙합 문화를 서툴게 모방하는 문화 관광객 말이다. 1985년에 마운틴 듀는 처음으로 브레이크 댄스를 추고 BMX 자전거로 현란한 기술을 펼치는 콘셉트로 '바이크댄스(Bikedance)'라는 타이틀의 광고를 런칭했다. 그러나 결과는 목표물에서 완전히 빗나갔고, 실제로 그 후 2년간 판매를 떨어뜨리는 원인이 되고 말았다. 1993년에는 힙합에서 영감을 받아 완성되기는 했지만 결국 실력은 형편없었던 만화 캐릭터 '슈퍼 듀드(Super Dewd)'를 제작했다. 힙합과 스케이트보드와 농구 덩크슛을 좋아하는 재롱둥이 슈퍼 듀드가 매우 저조한 실적을 올리면서 펩시코는 모든 광고 캠페인을 중단하고 다시 익스트림 스포츠라는 안전지대로 뒷걸음질치고 말았다.

마지막으로 1998년에는 마운틴 듀 브랜드로 도배해놓은 허머(Hummer) 자동차를 탄 광고 도우미 군단이 미국 대륙 곳곳의 대도시로 흩어져 학교와 쇼핑몰 주변에서 시끄럽게 음악을 틀어놓고 십대들에게 무료 음료수를 나눠주었다. 이 방식은 힙합 음반사들의 레코드 홍보 전략을 그대로 빌려 사용한 것이었다. 사실 이 전략은 맨 처음 마약 밀매업자들에게서 빌려온 것이었다. 하지만 마운틴 듀는 마약 밀매업자들과는 달리 자신들의 영향력을 구축하지 못했다.$^{\bullet}$ 다음에는 래퍼 부스타 라임스를 내세운 광고를 촬영했는데 더글라스 홀트는 이를 다음과 같이 설명했다. 그 광고는 "마운틴 세상에 그를 어설프게 앉혀 놓았다. 그것은 라임스가 얼음산을 힘겹게 올라가다 막다른 난관에 부딪히는 모습을 보여주는 광고였는데, 흡사 마운틴 듀의 형편없는 문화적 현주소를 빗대어놓은 것처럼 보였다. 광고는 힙합 세계로부터

• 듣기 거북한 이야기겠지만 카페인 함량이 높은 음료수를 아이들에게 홍보하는 배후에는 마약 밀매업자들이 아이들에게 마약을 판매하던 것과 동일한 논리가 존재하기도 한다.

호응을 불러일으키는 데에도 실패하면서 결국 의도와는 다른 참담한 결과를 낳고 말았다."

마운틴 듀는 문화와 진정한 공감대를 형성하지 못한 이유로 힙합 청중과 소통하는 데 실패했고, 이처럼 어색한 마케팅 시도로 그들의 핵심 청중인 슬래커들마저 소원하게 만들고 말았다. 아이들과 쿨하면서도 유행에 뒤지지 않는 자연스런 공감을 얻어내지 못한 마운틴 듀는 마치 나이 지긋한 신사가 결혼식장에서 격에 맞지 않는 댄스곡을 불러대는 것과 같은 어색한 모습을 연출하고 말았다.

이번에는 2005년에 프리미엄 음료 기업 글라소(Glaceau)가 힙합 가수 커티스 '50센트' 잭슨과 손잡았던 경우를 비교해보자. 글라소라는 기업에서 생산되는 비타민 워터(Vitamin Water)는 전해물질과 비타민을 보강하여 다양한 색상으로 구성해놓은 음료수다. 탄산음료 대용으로 다소 고가이고 설탕 함유량이 적은 음료로 판매되고 있는 비타민 워터는 헬스클럽광과 메트로섹슈얼 남성, 미시족 여성들에게 인기가 높다. 한편 50센트는 길거리 마약 판매상으로 자라온 험난한 옛 시절 이야기를 들려주는 힙합 악동이었다. 비타민 워터와 50센트라는 이 두 브랜드는 서로가 달라도 한참 달랐다. 그렇다면 신세대가 선호하는 청량음료를 만들어내기 위해 이 두 브랜드는 과연 어떤 작전을 펼쳤던 걸까?

50센트와 글라소의 파트너십은 진정한 유대관계 위에서 맺어졌고, 그 시작은 엘엘 쿨 제이와 푸부의 관계와 비슷했다. 글라소의 임원진들은 50센트가 리복 광고에서 비타민 워터를 마시는 장면을 목격했다. 결국 50센트에게 광고를 제안하기로 결심한 글라소 측은 50센트와 자신들이 꽤 많은 공통점을 갖고 있다는 사실을 알고는 깜짝 놀랐다.

글라소와 50센트는 모두 뉴욕 퀸스 출신이었고, 건강한 라이프스타일은 50센트가 진지하게 추구하는 삶의 태도였다. 그는 이미 다량의 설탕이 함유된 탄산음료와 주류 음료의 기업 광고 제의를 수차례 거절한 상태였다. "나만큼이나 건강한(그는 술을 마시지 않았다) 음료인 비타민 워터는 보다 건강한 라이프스타일 속에서 몸 안으로 들어오는 물질을 조절하도록 도와준다." 50센트는 매끈하게 다듬어진 홍보용 멘트로 이같이 설명했다.

양쪽 모두 퀸스 출신이기는 했지만 생수에 다양한 맛을 첨가해 감미 생수로 거듭난 한쪽과 마약 거래상에서 래퍼로 거듭난 다른 한쪽과의 관계에는 분명 현저한 차이점이 존재했다. 결국 그들은 서로의 출신 장소가 아니라 현재 머물러 있는 위치에 집중해 합의점을 모색하기로 했다.

두 브랜드는 커리어 면에서 비슷한 부분이 있었다. 앞서 유튜브에서 자화자찬하던 디디의 언급에도 50센트는 2005년 상업 힙합 부분에서 최고의 자리에 등극했다. 그는 뉴욕 길거리에서 5만 개가량의 믹스테이프를 직접 판매하며 생계를 유지하다가 결국에는 도널드 트럼프(Donald Trump)나 오프라(Oprah)와 어깨를 나란히 하는 브랜드로 거듭났으며, 그런 과정 중에 총탄 9발을 맞는 사고를 당하기도 했다. 그 이전 해에는 싱글 레코드도 발표하지 않은 상태에서 5천만 달러를 벌어들였다. 그는 자신의 의류 상품과 함께 리복 브랜드의 운동화 제품(2005년에는 스포츠 선수들이 광고하는 리복의 운동화를 모두 합쳐놓은 것보다 더 많이 판매되기도 했다)도 갖고 있었고, 그의 책과 비디오 게임과 영화가 모두 같은 해에 히트를 치는 기록을 남겼다. "나는 앨범이 나온 바로 그 주에 빌보드 차트 1 · 2 · 3위를 모두 차지했다. 이런 결과를 냈던 아티스트는 내가 처음이었고, 그것으로 모든 게 설명된다고 생각한다." 두 번째 앨범 '매서커(Massacre)'를 발표했을 때 그가 한 말이었다.

비타민 워터도 당시 인기 많은 고가의 신흥 브랜드였다. 소비자들이 기존의 탄산음료에서 에너지 드링크로, 그리고 다시 맛이 첨부된 생수로 이동해 가는 동안 비타민 워터는 2000년 이후에 250퍼센트 성장하면서 거의 수직에 가까운 판매 상승 곡선을 오르고 있었다. "우리는 서로 비슷한 방식으로 성장했다." 글라소의 마케팅 선임 부사장 로한 오자(Rohan Oza)는 「뉴욕 데일리 뉴스(New York Daily News)」에서 이렇게 말했다. "그는 미국에서 가장 인기 많은 음악 스타였고 우리는 가장 인기 많은 음료 기업이었다. 그것은 천생연분이었다."

2005년에 50센트와 비타민 워터는 서로 의기투합했다. 글라소는 힙합 스타와의 진정한 교감을 발견했고, 결국 그들은 이를 충분히 활용해보기로 결심했다. 그리고 젊은이 문화로 침투하려는 다른 여느 대형 브랜드들을 교묘히 앞지르는 세련된 방식으로 이를 실현했다.

글라소는 50센트에게 돈과 제품을 건네는 대신에 그와 거래를 협상했고, 결국 50센트는 글라소의 지분을 구입했다. 아울러 창의적인 협조 관계를 맺고 비타민 워터의 새로운 라인을 함께 디자인하자고 제안했다.

이렇게 해서 만들어진 진한 핑크빛의 포도 맛 음료인 포뮬러 50(Formula 50)은 다른 비타민 워터 제품과 다를 바 없이 조용하고 얌전한 브랜드 출시 과정을 거쳤다. 비타민 워터의 트레이드마크인 커다란 물통에 담겨 의약품 분위기가 느껴지는 포뮬러 50의 단순한 포장 그 어디에도 50센트와의 제휴를 알리는 문구는 없었다. 명망가와 손잡고 만들어낸 사실을 왜 떠벌리지 않는지 그것은 이치에 맞지 않는 것처럼 보였다.

만약 비타민 워터가 그의 앨범 표지처럼 총으로 무장하고 방탄조끼를 입은 이미지를 브랜드 전면에 내세웠더라면 비타민 워터의 핵심 소비자층을 떨어져나가게 만드는 리스크를 감수해야 했을 것이고, 동시에 투박한 힙합 전형의 인물을 이용하여 힙합 문화와 전혀 무관한 제품을 판매하려는 기업들에게 점점 식상해하던 힙합 팬들을 멀어지게 할 수도 있었다. 그것은 양쪽 청중 모두에게 이치에 맞지 않을 뿐 아니라 현실성도 없는 일이었다.

대신에 50센트는 무대 위에서 비타민 워터를 마시거나 혹은 그의 2005년 비디오 게임인 불릿푸루프(Bulletproof)에서 픽실레이션 영상으로 움직이는 50센트 자신의 캐릭터가 에너지 레벨을 보충하는 건강 파워 음료로 가상의 포뮬러 50을 깜짝 출연시키는 교묘한 방법으로 팬들에게 음료수를 선전했다. 한편 현실 세계에서는 은박을 입힌 자줏빛 라벨을 두르고 특별 출시된 제품을 일정 상점에서만 판매했다(50센트에 대해서는 작은 글자로 딱 한번 기재해놓았고 그 외에 다른 로고나 사진도 없었다). 마치 한정판 운동화처럼 쉬쉬하며 발표된 포뮬러 50은 50센트의 두 번째 앨범을 축하했다. 그의 팬들을 위해 포장되고 홍보되어 50센트의 음료수입을 알리기도 했지만, 한편으로는 어린 자녀를 둔 주부들이 아무 영문도 모르고 구입하는 것도 가능하게 했다. 50센트는 마치 갭 광고에 등장한 푸부 모자처럼 비타민 워터 속에 자신을 교묘히 숨겨놓았다.

그런 다음 TV 광고와 인쇄 광고를 시작한 비타민 워터는 이번에도 역시 50센트의 터프 가이 이미지와는 전혀 다른 쪽으로 방향을 잡았다.● 그들은 슈퍼스타 래퍼의 일상 속에 자리한 실질적인 부분으로 음료수를 묘사했다. 스튜디오로 출근하기 전 자신의 개인 체육관에서 음료를 마시는 피디(Piddy: 50센트의 애칭)의 모습과 자신의 코네티컷 저택에서 「월 스트리트 저널」을 숙독하며 아침 식사를 하는 동안 음료를 마시는 모습을 그려놓았다. 비타민 워터는 화려한 스포트라이트를 받는 자리에 50센트를 함께 앉혀

● 이와 대조적으로 리복은 2005년에 이러한 터프 이미지에 초점을 맞춰 광고했다가 총기 문화를 미화했다는 이유로 금지되었다.

놓았고, 두 브랜드는 건강을 염려하는 라이프스타일의 거대한 상징물로 빛을 발산했다. 이렇게 해서 50센트는 양쪽 브랜드의 정체성을 손상시키지 않고 비타민 워터와 자신의 청중들에게 영감을 불어넣는 존재로 제시되었다.

비타민 워터는 50센트와 글라소는 물론이고 힙합과 헬스클럽 광에게까지도 이치에 맞는 진정한 협력을 이룰 수 있었다. 2005년 감미 생수 시장이 57퍼센트 증가하는 동안, 비타민 워터는 200퍼센트 성장했다.

양쪽 세상에서 모두 통하다

이전 장들에서는 젊은이 문화의 배후에 놓인 아이디어에 대해 얘기하고 그러한 아이디어가 사회 전반에 어떤 영향을 미쳤는지 살펴보았다. 그러나 힙합의 경우 주류로부터 언더그라운드 젊은이 문화를 따로 떼어내는 일이 불가능하다. 힙합은 여전히 언더그라운드 문화에 속해 있지만 동시에 주류 문화의 모든 분야에 존재하기도 한다. 이는 마치 파동과 입자로 동시에 존재하는 빛의 속성이 과학자들을 당혹시키는 것처럼 그동안 문화 비평가들을 당황하게 만들었다. 힙합은 어디에서든지 그 자체로 모순성을 드러낸다. 젊은이 문화는 대개 사람들에게 현실주의나 혹은 현실도피를 제공하지만, 힙합은 이 두 가지를 모두 제공한다.

힙합은 철저하게 가난과 비극, 분노, 폭력의 여과 없는 처절한 이야기들로 채워져 있는 동시에 자유 시장과 사치, 화려함과 같은 낭만적인 이미지를 담고 있다. 힙합은 시골 대저택과 호화로운 자동차 수집품, 개인전용 비행기를 보유하면서도 결코 길거리를 떠나지 않고 길모퉁이를 지키며 동네를 끌어안는다. 중산층 교외 지역에서도 힙합은 발견될 수 있다. 왁자지껄한 클럽 파티로 인근의 조용한 분위기를 깨뜨리거나 커피숍에서 사색적인 분위기를 즐기는 가운데서도 힙합을 발견할 수 있고, 동시에 지구 저 맞은 편의 빈민가와 판자촌에서도 그것과 비슷한 것을 발견할 수 있다. 힙합은 도처에 편재한다.

록도 현실도피와 현실주의를 동시에 표방하기는 했지만 힙합은 록이 하지 못한 것을 해냈다. 그것은 바로 대중화의 길을 가지 않고 대성공을 거둔 것이었다. 힙합은 가난의 정체성을 그대로 돈에 팔아넘기는 대신에 가난 속에서 하나의 방식을 끌어내어 세상에 전달했다. 그것은 부와 성공의 정교한 그림을 아름답게 그려놓는 동시에 실생활의 고통과 폭력을 담담하고 솔직하게 그려낸 이야기를 통해 시스템을 비판하는 방법으로 이루어졌다. 1990년대의 갱스터 랩은 과거에 펑크가 그랬던 것처럼 중산층을 충격의 도가니로 몰아넣었지만 메시지를 전파하는 데는 매우 효과적이었다. 미국 빈민 도심 생활의 생생한 이야기가 1980년대 후반에 서부 지역에서 일어나기 전까지만 해도 대부분의 미국인들은 미국 내 특정 지역의 참상에 대해 전혀 알지 못했다. 척 디의 표현을 빌자면 힙합은 '흑인들의 CNN'이었다. 그 후 인정받는 힙합 관련 저술가 제프 창(Jeff Chang)도 얘기했듯이 힙합 덕분에 "행동주의와 예술 사이의 경계선이 희미해졌다."

그럼 힙합은 아무런 이유 없이 폭력을 찬양하는 것일까? 물론 그랬다가는 걱정 많은 학부모와 라디오 토크 진행자 그리고 무엇보다 다른 힙합 아티스트들이 절대로 가만있지 않을 것이다. 힙합은 힙합 자체보다 더 무서운 비평가가 없다(아울러 힙합 자체가 힙합의 가장 큰 팬이기도 하다). 힙합의 정반대에 힙합이 놓여 있는 구도에서 다른 그 무엇이 힙합을 대체할 수는 없는 노릇이다.

힙합은 순수한 언더그라운드의 움직임으로 유지되는 동시에 수억 달러 매출액을 벌어들이는 다국적 기업으로서도 힙합 그대로의 면모를 유지해나간다. 미국의 힙합 스타들은 값비싼 보석을 구입하고 100만 장 음반을 판매하는 내용으로 랩을 부르는 반면에 남아프리카공화국 DJ들은 백금 광산에서 노동력을 착취당하며 힘겹게 일하는 노동자들에 대해 이야기한다. 지나친 이상향의 라이프스타일을 담아놓은 화려한 대중 잡지들이 꽂혀 있는 가판대의 길 건너편에서는 임시로 펼쳐놓은 테이블에서 한 사내가 과격한 내용의 힙합 인쇄물을 판매한다. 힙합이 패션에 미친 공헌도 오트 쿠튀르에서부터 천박한 옷차림의 여성에 이르기까지 광범위하다. 또한 폭력적인 비디오 게임과 목욕가운 브랜드로도 어렵지 않게 발전할 수 있었던 것처럼 힙합은 학문적인 연구로도 진행되었다. 힙합은 어떻게 해서 힙합 자신을 망치는 일 없이 자체적인 모순성을 유지할 수 있는 것일까?

신뢰 그 이상의 신뢰

여기서도 해답은 진정성에 들어 있다. 힙합은 여러 다양한 나라와 지역 시장에서 수많은 청중과 공감대를 형성한다. 힙합은 그야말로 모든 영역과 음악과 문화와 협력한다.

모든 것을 적절히 이용하고 다른 영역과 진정한 결합을 이루는 방식으로 힙합은 다양한 문화적 신뢰를 얻어왔고 지금도 변함없이 거의 모든 곳에서 인정을 얻고 있다. 이 같은 보편적인 인정을 상징하는 인물로는 최초의 힙합 주류 음반사를 설립하고 훗날 힙합 최초의 보증수표가 된 러셀 시몬스만한 이가 없을 것이다.

시몬스도 직접 밝힌 바 있듯이 그는 한때 마약 판매를 시작하여 퀸스에서 갱단을 거느린 적도 있었지만 결국 하나의 라이프스타일을 판매하여 큰돈을 벌어들였다. 그는 다음과 같이 설명했다. "힙합은 사회적 정치적 환경적으로 하나의 공통된 형태를 갖고 있기는 하지만 매우 다양한 목소리를 갖고 있다. 그리고 거기에는 수십억 수백억 달러의 돈이 있고 젊은 세대들이 차지할 수 있는 공간이 있다." 그의 말은 사실이다. 하지만 그가 말한 공간이 라는 것도 그것을 만들어내려는 노고가 있었기에 그곳에 존재했던 것이다. 힙합을 세계적으로 인정받게 만든 공헌자 가운데 시몬스만한 인물도 없다. 그것이 가능했던 것은 그가 처음부터 힙합을 하나의 문화 세력으로 확신했 기 때문이며, 힙합이 훌륭한 사운드와 결합하듯이 시몬스 자신도 훌륭한 인 물들과 함께 협력했기 때문이었다.

시몬스는 1979년에 한 주류 음반사와 계약을 맺은 최초의 래퍼였던 커티 스 블로우(Kurtis Blow)의 매니저로 커리어를 시작했다. 그 후 1984년에는 롱 아일랜드에서 자라난 유태인 중산층 출신의 릭 루빈(Rick Rubin)과 함께 데프 잼 레코드 사를 설립했다. 펑크와 메탈 음악의 팬이었던 루빈은 힙합 클럽의 에너지를 좋아했다. 그는 힙합을 '흑인 펑크'로 보았다. 루빈은 훌륭 한 프로듀서였고 시몬스는 사업 수완이 좋았다. 두 사람은 함께 런 디엠씨 (시몬스의 형제인 조셉 시몬스[그는 레버런드 런Reverend Run으로 더 잘 알려져 있다]가 멤버로 들어 있는 그룹이다)와 퍼블릭 에너미, 엘엘 쿨 제이, 비스티 보이스와 같은 훌륭한 힙합 인재들과 계약을 맺었다.

이들 아티스트들은 모두 힙합의 비호 아래 놓여 있기는 했지만 이들 조직 은 매우 다양한 계통으로 구성되어 있었다. 시몬스와 루빈이 지휘하는 음반 사의 아티스트들은 늘 힙합 시장의 핵심 청중에 초점을 맞추는 동시에 각자 의 강점을 발휘하여 다양한 사운드와 아이디어를 접목하도록 격려받았다. 런 디엠씨는 록밴드인 에어로스미스(Aerosmith)와 합작하여 발표한 '워크 디스 웨이(Walk This Way)' 앨범을 300만 장 판매했으며, 엘엘 쿨 제이(그 의 이름 LL Cool J는 '여자들이 좋아하는 멋진 제임스(Ladies Love Cool James) 의 줄임말이다)는 여자들에게 사랑받는 최초의 힙합 가수였다. 퍼블릭 에너 미는 정치적인 성향을 띠었고, 비스티 보이스는 백인이지만 랩을 노래하는 가수로서 이 같은 콘셉트를 공식적으로 고안해낸 바닐라 아이스(Vanilla Ice)보다 10년이나 앞선 존재였다. 데프 잼 소속 아티스트들은 오늘날까지도 여전히 인기가 많다.

시몬스는 늘 힙합을 음악 그 이상으로 바라보았고, 여러 다양한 분야에서 힙합을 판매해나갔다. 오늘날 시몬스는 힙합 문화에 기반을 두고 음반 비즈니스와 패션, 텔레비전, 에너지 드링크, 온라인, 보석, 힙합/요가 운동 비디오, DVD, 금융 서비스 등등의 분야에서 활동하고 있다. 그는 자신의 힙합 핵심 청중과 진정한 유대관계를 유지하는 동시에 늘 주류의 움직임을 주시하고 있다. 자신의 팬은 그대로 유지하면서 그의 브랜드를 확장해 시장을 넓혀가려는 계산으로 말이다.

자기과시의 경제학

시몬스는 힙합 기업가 세대에게 영감을 불어넣었다. 다시 한 번 말하지만 힙합은 기업가 정신을 늘 당당하게 옹호하는 후원 세력이었다. 자유 시장 시스템에 관해서라면 힙합만큼이나 열렬한 지지를 보내고 사리에 밝았던 하위문화도 없었다. 래퍼들은 돈 버는 내용에 관한 가사를 읊어댈 뿐만 아니라 스스로 직접 미국 최고의 유능한 비즈니스맨으로 거듭나기도 한다. 닥터 드레와 팀발랜드(Timbaland), 릴 존(Lil' Jon)과 같은 프로듀서들은 다른 아티스트들의 음반을 작업할 때마다 레코드 제작에만 그치지 않고 자신들을 브랜드로 내세워 아티스트들의 비디오와 홍보물에 직접 모습을 드러내는가 하면 자신들의 작품을 함께 홍보하기도 했다. 상업 힙합 스타들의 경우에는 깨끗한 운동화 몇 켤레를 구비하는 것 못지않게 몇 가지 사업을 부가적으로 함께 꾸려나가는 일도 중요하다.

힙합은 자기과시의 게임이다. 그러나 화려한 면모를 과시하는 것만으로는 제대로 인상을 남길 수 없다. 자신의 브랜드를 성공적으로 구축하고 확장해나가는 동시에 계속해서 진정한 태도를 유지할 수 있다면 보다 현란한 몸짓과 태도로 자신을 과장할 수 있다. 디디는 2002년 앨범(We Invented the Remix)에서 주장했던 것처럼 실제로 리믹스를 발명하지는 않았지만, 자신을 꾸준히 새로운 브랜드로 재포장하고 배드 보이(Bad Boy) 브랜드를 보다 확장시켜서 새로운 연기 활동과 함께 레스토랑 두 곳과 의류 라인 세 개, 수익 높은 각종 라이선싱 거래, 14라인의 명품 운동화를 소유하는 것으로 자신을 리믹스해나갔다.

한편 래퍼 스눕 독(Snoop Dogg)은 브랜드 로고로 휘감은 프로 운동선수들의 홍보 활동을 무색하게 만들 정도로 왕성한 제품 홍보 활동을 펼치고 있다. 빅 보스 독(Bigg Boss Dogg: 스눕 독의 애칭)은 대다수 래퍼들이 관여하는 할리우드 커리어를 제외하고도 개인 맞춤 의류 라인과 운동화 브랜드의 홍보 활동은 물론이고 포르노 DVD에서부터 맥주, 30센티미터 길이 핫도그, 스케이트보드, 액션피겨(관절 인형)에 이르는 제품의 자체 브랜드와 함께 유소년 미국 풋볼 리그(스누퍼볼Snooperbowl)를 보유하고 있다. 물론 휴대폰에서 스쿠터, 사탕(크로닉 캔디Chronic Candy)•에 이르는 여러 다양한 제품의 홍보 활동도 함께 펼치고 있다. 이토록 다양한 종류의 부가 사업 활동이 어떻게 가능할지 상상하기 힘들겠지만, 스눕 독은 자신의 개성을 잘 반영하고 있는 제품들을 골라 홍보함으로써 모든 일을 거뜬히 감당해나가고 있다. 일반인들이 자신의 미니 홈페이지를 구축하듯이 힙합 아티스트들은 자기표현의 방식으로 비즈니스 제국을 일으키고 있다.

팬들에게 열정을 주입시키고 참여를 요구하는 힙합은 반항기로 똘똘 뭉

• 마리화나 맛이 나는 스위스 제과 제품으로 미국 일부 지역에서는 판매가 금지되고 있다.

친 사람조차도 기업가로 만들어놓는다. 아티스트이자 프로듀서인 패럴 윌리엄스(Pharrell Williams)는 버지니아 주에서 성장하던 시절에 성실한 모습과는 거리가 먼 아이였다. 그는 각각 다른 세 개의 맥도날드 매장에서 해고당한 전력도 갖고 있었다. 그는 2004년 런던 최고급 호텔인 세인트 마틴스 레인 호텔에서 "일하지 않아도 된다면 뭐든 신경 쓰지 않았다."고 말했다. 하지만 힙합에 빠져든 그는 쉬지 않고 일하면서 자신의 기술을 연마해갔다. 심지어 2003년도에 미국 라디오에서 방송된 음반의 43퍼센트가 그의 손을 거쳐 완성된 것들이었다. 그 후 그래미상을 수상한 프로듀서에서 기업가로 변신한 그는 운동화 라인 한 개와 의류 브랜드 두 개, 패스트푸드 레스토랑 체인 팻버거(Fatburger)를 런칭하기에 이르렀다. "뭔가 굉장히 좋아하는 것이 있고 그것에 열정적으로 빠져들면 그것이 일처럼 느껴지지 않을 것이다. 게으른 사람들은 자신의 열정을 찾아내야 한다. 그것만 찾아내면 된다."고 그는 말했다.

힙합은 스스로 일하는 D.I.Y. 정신뿐만 아니라 스스로 열심히 일하는 성실성과도 관련되어 있다. 힙합은 그 속에서 성공 스토리들을 만들어내어 여러 다양한 팬들에게 본보기를 따르도록 영향력을 행사한다. 그것은 반항과 쾌활함을 유지하면서도 청중에게 계속해서 자신의 본분을 유지하고 열심히 일할 것을 상기시키는 펑크 정신의 연장선이라 할 수 있다. 돈이 힙합을 변질시킨다는 사실을 많은 아티스트들과 팬들은 달가워하지 않는다. 그러나 힙합은 수많은 아티스트와 팬과 기업들에게 돈을 벌어들이는 문제에 대한 생각을 변화시켜놓기도 했다.

힙합 배후에 놓여 있는 비즈니스 통찰력, 그리고 그러한 통찰력이 멋진 기업가 정신을 만든다는 사실은 힙합의 강력한 속성 중 하나이다. 자신은 음악가가 아니라 음악 비즈니스맨임을 팬들에게 꾸준히 환기시키는 조지아

주 출신의 래퍼 영 지지(Young Jeezy)는 자신이 래퍼가 아니라 동기부여가라고 주장한다. 많은 사람들이 힙합을 하나의 탈출구로 바라본다는 점은 힙합이 지닌 또 하나의 매력이다. 그것은 정상에 도달할 수는 있지만 많은 이들에게 차단되어 있는 기존의 행로에서 우회하여 성공에 이를 수 있는 길이다. 힙합은 마케팅과 유통, 홍보, 프로모션 등에 관해 유익한 조언을 제공해 준다. 음악 비즈니스 역사상 그 어떤 음악도 힙합만큼이나 음악 비즈니스에 탐닉하지는 않았다. 야심찬 래퍼 지망생들의 99퍼센트 가량이 50센트와 같은 인물이 되기는 힘들다고 해도 그들은 브랜드를 구축하는 방법에 대해 배울 뿐 아니라 교실에서는 배울 수 없는 실질적인 경험을 얻을 수 있다. 오늘날 야심찬 힙합 가수들이 제일 먼저 작성할 수 있는 것이 어쩌면 비즈니스 계획서가 될 수도 있다.•

성공한 래퍼들은 다국적 기업들로 거듭났다. 현재 로카펠라(Roc-A-Fella) 레코드와 로카웨어(Roc-A-Wear) 의류, 명품 시계 라인, S. 카터(S.Carter) 운동화, 40/40 클럽, 뉴저지 네츠(Nets) 농구팀 지분 등을 포함한 비즈니스 분야를 섭렵하고 있는 제이지는 2005년에 한 가사를 통해 정확히 핵심을 짚어냈다. 그는 카니예 웨스트(Kanye West)가 부른 '다이아몬즈 아 프롬 시에라리온(Diamonds from Sierra Leone)'의 리믹스곡에 다음과 같은 가사를 적었다. '나는 비즈니스맨이 아니야/내가 바로 비즈니스지/그러니까 내 비즈니스는 내 손에 맡겨달란 말이야!'

최근에는 또 자신이 수년간 계약 관계를 맺어온 음반사인 데프 젬 레코드에 직접 회장이자 CEO가 된다는 사실을 발표하기도 했다. 처음에는 사람들

• 주니어 어치브먼트 월드와이드(Junior Achievement Worldwide) 기업에서 2006년에 시행한 설문조사에 따르면 십대들의 70퍼센트 이상이 개인 사업을 시작하는 데 흥미를 갖고 있었고, 83퍼센트가 자영업이 보다 높은 직업 만족도를 제공할 수 있을 것이라 생각하고 있었다.

의 이목을 끌려는 깜짝쇼처럼 보였지만 제이지는 눈 하나 까딱하지 않았다. "나는 사람들이 이 일을 허황되다고 생각하거나 혹은 똑똑한 인재를 앉혀 놓고는 나는 일 년에 석 달씩 사무실을 비우고 그저 가끔가다 얼굴만 내미는, 그러니까 진짜 사장들처럼 행세할 것이라고 생각하는 것을 알고 있다." 그는 농담조로 「뉴욕 타임스」에 말했다. "하지만 그렇지 않다. 나는 정말로 회사에 나간다." 도무지 이해하기 힘든 일처럼 보이겠지만 사실 그것은 정확히 이치에 맞는 일이다. 제이지가 그 정확한 표본이 되는 것처럼 래퍼들이 브랜드를 확장하는 데 전문가들이라면 래퍼를 CEO로 고용하는 것은 어떨까? 음반사에서 걸음을 멈추지 말고 러셀 시몬스가 글락소스미스클라인(GlaxoSmithKline)의 대표가 될 수도 있지 않을까? 50센트가 제너럴 일렉트릭(General Electric)을 인수해야 하는 것은 아닐까?

물론 이 같은 질문들은 힙합의 운명에 대해 우리가 필요로 하는 가장 절실한 질문들은 되지 못한다. 수많은 분야들과 강력한 유대관계를 다져놓을 수 있었던 힙합은 이전의 그 어떤 음악 영역과는 다른 변화를 일으킬 수 있다. "힙합이 존재하지 않는 장소는 없다고 생각한다. 힙합 아티스트들은 유엔을 향해 얘기할 만한 영향력을 갖고 있다. 힙합은 실제로 정부를 전복시킬 수도 있다. 힙합은 가난한 이들의 커뮤니케이션이다. 음악은 사람들이 서로 소통하는 가장 강력한 수단의 하나에 속하며 그 어떤 제한도 갖고 있지 않다." 데이몬드 존은 자신이 함께 자라온 힙합을 두고 이렇게 말했다. 힙합은 금전을 창출해내는 훌륭한 방법임을 증명해 보였지만, 이제는 진지한 사회적 변화를 일으키는 위치에도 올라 있다.

허위선전을 믿지 말라

그렇다. 힙합은 하나의 거대한 상업 괴물과 다름없다. 그것은 마치 영화

〈트랜스포머〉의 옵티머스 프라임(Optimus Prime)처럼 최고의 자리를 지키기 위해 변신 가능한 고광택의 미끈하고 똑똑한 상업 장치물이라 할 수 있다. 그러나 힙합은 상업 영역을 정복했음은 물론이고 그 자체로 세계인들의 공통된 목소리가 되었다. 그것은 우리 모두를 공통된 언어로 표현하려는 하나의 방식으로, 바벨탑(Tower of Babel)이 무너진 이래로 꾸준히 시도해온 노력이었다.

상업 힙합의 경우에는 매춘부와 사치, 쓸데없고 사소한 것에 사로잡힌 공허하고 남성 지배적이고 폭력적인 문화 그 이상으로 인식되지 않는 경우가 많다. 반면에 베이비붐 세대는 자신들이 로큰롤을 이용해 60년대를 뒤흔들고 베트남 전쟁을 종식시킨 장본인이라는 회상에 잠겨 있으며, 이 사실은 노후 설계에 관한 TV 광고로 확인되곤 한다. 상업 힙합에 초점을 맞춘 비판은 정당화될 수 있으며, 로큰롤 또한 분명 세상을 변화시켰다. 그러나 엄청난 비밀이 있다면 그것은 힙합 세대가 세상을 변화시키는 일에 훨씬 능하다는 사실이다.

많은 베이비부머들은 힙합 세대가 자신들과 비교해 냉담하고 무감각하다고 생각한다. 그러나 힙합 세대는 이라크 전쟁이 발발하기 전에 참전 결정에 대항하는 역사상 가장 큰 시위운동을 조직했다. 2003년 1월 3일부터 4월 12일까지 세계 각지에서는 3천 번에 달하는 시위운동에 무려 3,600만 명이 참여한 바 있었다.

힙합 작가 제프 창에 의하면 점차 증가하는 힙합 세대의 정치적 사회적 영향력에 대한 증거는 2004년 미국 선거 데이터에서도 발견될 수 있다. 2006년에 그는 "2004년에 투표소를 찾은 18세부터 29세까지의 투표자들은 2000년과 비교해 4,300만 명이 늘어나면서 지난 수십 년간 전례 없는 급증을 보였다. 다시 말해 2004년 선거는 힙합 세대가 선거장에 출현한 역사적인 순간을 기록했다."고 적어놓았다. 그는 또 UCLA 신입생 설문조사와 같은 연구 결과를 인용하여 이렇게 지적했다. "힙합 세대의 자원봉사, 정치 시위, 그 밖의 여러 쟁점에 관한 활동의 참여율은 베이비부머의 청년 시절의 참여율보다 훨씬 높다. … 무감각한 세대라는 사회적 통념(심지어 일부 젊은 유명 지식인들도 지지하는 통념)은 우리 시대의 가장 근거 없고 교활한 거짓말의 하나이다."

그것은 돈보다 현실에 관한 문제다

힙합은 비즈니스를 구축하는 문제에 관한 한 늘 올바른 선택을 해왔다. 그러나 힙합이 그토록 사랑하는 기업 활동이 늘 진정성을 유지하지는 못한다. 하지만 많은 힙합 기업가들은 곧 펑크 자본가들이기도 하다. 진정성을 유지하려는 신념을 지닌 힙합 기업가들은 자신이 스포트라이트를 받게 해준 최초의 은인인 커뮤니티에게 자신들의 유명세를 이용해 혜택을 제공하고 있다.

러셀 시몬스는 오래 전부터 힙합의 영향력을 이렇게 보아온 인물이었다. 그의 프로젝트 가운데는 최근에 런칭한 러시 카드(Rush Card: 현재 신용카드 회사의 기준에 미달되는 신용 상태를 갖고 있는 4,500만 명 미국인을 겨냥한 비자 직불 카드)와 미분쟁 다이아몬드(conflict-free diamond)● 생산 라인이 포함되어 있다. 그는 2004년에 다이아몬드 제품의 런칭을 앞두고 이렇게 말했다. "흑인 커뮤니티는 세상에 나온 멋진 보석을 먼저 알아본다. 그러나 우리 가운데 값비싼 보석 비즈니스에 관여하는 이는 없다. 그런 보석을 구매하다

● 유엔의 정의에 따르면 분쟁 다이아몬드(conflict diamond)는 합법적이고 국제적 인정을 받는 정부에 저항하는 세력이나 파벌에 의해 통제받는 지역이 원산지인 다이아몬드로, 합법 정부에 저항하거나 유엔 안보리 결정에 저해되는 군사 행동에 자금을 조달하는 데 이용되고 있다.

보면 계속해서 그쪽 분야로 나가게 된다. 우리가 보석 업계에서 일어나는 갈등에 초점을 맞추는 일을 기성 산업에서 달가워할지는 모르겠지만 어쨌든 나는 돈을 목적으로 이 일을 하지는 않는다."

또 다른 훌륭한 사례로는 뉴욕 닉스(Knicks)의 농구 스타이자 힙합 팬인 스테폰 마버리(Stephon Marbury)의 스포츠웨어 및 운동화 브랜드 스타버리(Starbury)를 들 수 있다. 힙합은 오랫동안 운동화에 맹목적으로 탐닉해왔다. 런 디엠씨의 음반 '마이 아디다스(My Adidas)'에서부터 1980년대 리복 펌프스(Pumps)의 총기 사고, 나이키 덩크(Dunk)•의 한정판 운동화를 구매하기 위해 밤새 장사진을 치고 운동화 매장 바깥에서 기다리는 해프닝에 이르기까지, 운동화에 대한 열망은 다양하게 드러난다. 출시 전부터 과대 선전되는 운동화일수록 가격은 더 높기 마련이다.

브루클린의 코니 아일랜드 주택 단지에 살았던 마버리는 힙합의 영향 아래 농구에 사로잡혀 성장했다. 그러나 값싼 노동력으로 제조되어 한 켤레에 100달러에서 200달러 가격대로 판매되는 최고급 농구화는 마버리와 같은 저소득층 가정의 아이들에게는 그림의 떡에 불과했다. 그러다 NBA 스타가 된 마버리는 다른 농구 스타들과 마찬가지로 예전의 바로 그 운동화 업체들로부터 수백만 달러의 홍보 계약 제의를 받았다. 하지만 그는 뭔가 다른 기회를 발견했다. 그것은 청중과의 진정한 관계를 전혀 새로운 경지로 끌어올릴 수 있는 기회였다.

마버리는 저가형 소매 매장 스티브 앤 베리스(Steve & Barry's)와 손잡고

• 2005년 2월 나이키의 한정판 피존 덩크(Pigeon Dunk: 회색과 오렌지색으로 구성되어 있고 운동화 뒤꿈치 쪽에 비둘기 로고가 수놓아져 있는 디자인 운동화가 출시되던 날에 뉴욕의 한 운동화 매장에서 폭동이 발생했다. 개중에는 뉴욕에서 출시된 20켤레 중 하나를 손에 넣으려고 매장 밖에서 이틀 밤을 꼬박 지새운 사람들도 있었다(전 세계에 150켤레가 출시되었다). 폭동 제지를 위해 경찰이 투입되었고 운동화를 구매한 몇 안 되는 행운의 소비자들은 안전하게 경찰의 안내를 받았다. 들리는 소문에 따르면 사람들이 빠져나간 길거리에서는 칼과 야구방망이가 발견되었다고 한다.

자신의 스타버리 브랜드를 개발하여 매우 저렴한 가격에 판매했다. 마버리는 스티브 앤 베리스 매장에서 15달러에 판매되는 농구화를 실제로 농구 코트에서 신는다. "이제 부모들은 매장에 가서 다섯 아이들에게 멋진 신발을 사줄 수 있다. … 물론 아이들도 마음에 들지 않는 물건으로 기분 상하는 일 없이 즐거워할 테고 말이다." 그는 Starbury.com의 홍보 비디오에서 이렇게 말했다. "우리는 생각을 뒤집어 큰 변화를 이룩했다."

스타버리는 슬램덩크와도 같은 브랜드임을 입증했다. 운동화 수요량의 폭등으로 스티브 앤 베리스의 매장은 소비자 한 명당 하루에 스타버리 운동화 10켤레까지만 구매할 수 있도록 하는 제한 조치를 마련했다. 스테픈 마버리는 대형 스포츠 브랜드를 배후에 두지 않고도 힙합 문화에서 출현한 정통성 있는 운동화를 세상에 내놓을 수 있었다.

커뮤니티로 되돌려주기

힙합은 진심을 전달하는 개념을 통해 지속가능한 상업주의 기술에 정통했다. 이제 힙합은 스테픈 마버리와 러셀 시몬스와 같은 사람들에 의해 커뮤니티에 환원하는 문제에 초점을 맞추고 있다. 사실 커뮤니티로의 환원은 브롱크스에서 힙합이 탄생한 이후로 힙합에서는 없어서는 안 될 부분이었다.

힙합은 1970년대에 출현했던 당시와 마찬가지로 오늘날 또 다시 강력한 하나의 집단행동 형태가 되어가고 있다. 과거와 다른 유일한 점이라면 지금의 규모가 훨씬 더 커졌다는 것뿐이다. "힙합은 늘 커뮤니티에 되돌려주려는 정신과 관련되어 있다."고 러셀 시몬스는 말한다. 힙합협회(Hip Hop Association)•의 상임이사인 롤랜도 브라운(Rolando Brown)도 "우리는 이

• 힙합 협회는 힙합을 이용해 비판적 사고를 활성화하고 사회 변화와의 단결을 촉진하기 위해 2002년에 세워진 비영리 기관이다.

점을 반드시 인식할 필요가 있다."고 동조하면서 이제는 힙합 문화의 자본을 소비해야 할 시점에 왔다고 주장한다. 할렘에서 함께 점심 식사를 하는 동안 그는 이렇게 설명했다. "우리는 변화의 주체가 될 수 있는 기회가 있음을 깨달았다. 우리는 늘 그저 그렇고 똑같은 노래에 식상해 있는 많은 사람들이 머지않아 변화를 실천할 실질적인 기회를 얻게 되리라는 사실을 알고 있다." 2006년 디디는 allhiphop.com에서 생각에 잠긴 어조로 다음과 같이 말했다. "힙합은 우리보다 커다란 존재다. 그것도 엄청나게 커다란 존재 말이다. 우리는 반드시 다음 세대를 위해 기초를 닦아놓아야 한다."

디디의 말은 옳다. 주류 브랜드와 힙합이(혹은 다른 젊은이 문화가) 상호 작용하는 경우에 브랜드가 해당 문화에 되돌려주는 것이 있는 경우라야만 비로소 효과가 발휘된다. 세상이 힙합에 동참할 것을 요구했던 것처럼 이제는 엄청난 상업적 성공을 거둔 힙합도 세상에 동참해야 한다는 압력이 거세지고 있다. 이제는 힙합이 되돌려줄 차례인 것이다.

이 현상은 다양한 방식으로 일어나고 있다. 힙합의 대스타들은 다른 억만장자들처럼 자선사업과 비영리사업을 시작하고 있다. 디디는 사회 혜택을 받지 못하는 가난한 어린이들에게 자금과 교육을 제공하는 재단인 대디스하우스(Daddy's House)를 운영하고 있으며, 50센트는 물질에서 체중으로 눈을 돌려 소아비만 대책 마련에 나서고 있다. 러셀 시몬스는 힙합 서밋 액션 네트워크(Hip Hop Summit Action Network)와 러시 필랜트로픽 아츠 재단(Rush Philanthropic Arts Foundation)의 설립자로서 대부분의 시간을 자선사업에 쏟아 붓고 있다. 이 같은 활동은 힙합 인사들을 다른 여느 명망 높은 자선사업가들이나 기업 구제 프로그램과 뚜렷하게 구별 짓지 못하고 있지만, 이는 이제 막 잠에서 깨어나 기지개를 켜는 거인의 모습과도 같다. 이제 힙합은 혁명을 시작해도 좋을 정도로 막강해진 존재임을 천천히 자각하고 있다.

힙합은 늘 과격한 붕괴자이자 탁월한 기업가인 동시에 사회적 조직자의 역할을 고수해왔다. 그러나 힙합이 사회적 명분을 이루기 위해서 이 3가지 기술을 동시에 적극적으로 활용하게 될 때 우리는 힙합의 상업적 성공 스토리만큼이나 과격하고 흥미로운 변화를 목격하게 될 것이다. 힙합의 막강한 세력가들은 세계무대로 껑충 뛰어오르기 시작했다. 러셀 시몬스는 2006년에 유엔 글로벌 기아 캠페인에서 친선대사로 임명되었는가 하면, 제이지는 MTV와 유엔과 파트너십을 결성하고 깨끗한 식수를 얻지 못하는 전 세계 수백만 인구에게 세계의 관심을 집중시켰다. MTV 뉴스는 "제이지가 얘기하면 그의 말은 온 세계에 반향을 일으킨다."고 표현했다.

"머지않아 힙합 세대는 미국에 종교적 권리가 도입된 이후로 가장 강력한 기반이 될 수 있다."고 크레이그 왓킨스(S. Craig Watkins)가 『힙합은 중요하다(Hip-Hop Matters)』라는 책에서 지적한 것처럼, 힙합은 선두에서 앞장서도록 선택받은 존재로 보인다. 최초의 힙합 대통령으로 누가 선출되든지 간에, 힙합의 실질적인 파워는 정상에서 지휘하는 소수 인물이 아니라 그 아래를 구성하는 수십억 인구이다.

힙합이라는 행성

언젠가 전 유엔 사무총장 코피 아난은 힙합을 하나의 언어라고 설명했다. 힙합의 파워를 하나의 사회적 세력으로 인정한 유엔은 전 세계 수백만 명 젊은이들과 교감하고 그들의 정신을 함양하는 하나의 수단으로 힙합을 유엔 새천년개발목표(Millennium Development Goals)에 포함시켰으며, 글로벌 힙합 정상회담(Global Hip-Hop Summit)을 조직하여 스눕 독과 갱스타(Gangstarr)를 포함한 다른 아티스트들의 협력을 여러 유엔 프로젝트로 끌어들었다. 그러나 이는 힙합이 지닌 잠재력을 살짝 맛보는 정도에 불과하다.

힙합은 기존에는 존재하지 않았던 문화 초월적인 이해를 일으키는 하나의 공통 언어이자 정치적 동기부여제에 속한다. 전 세계의 힙합이 미국 문화의 영향을 받고 있기는 해도 지역 기호에 맞도록 지역 시장에 스스로 맞춤화를 이룬 노력 탓에 힙합에는 지역적인 다양성도 함께 존재한다.

미국 내에서도 동부에서 서부에 이르기까지 각 주마다 서로 다른 수십 종의 힙합이 존재한다. 크렁크(crunk)나 춉트 앤 스크루드(chopped and screwed)와 같은 남부 힙합 하위 장르와 샌프란시스코 베이 지역의 하이피(hyphy), 플로리다 주의 마이애미 베이스(Miami bass)처럼 다양한 갈래의 힙합이 곳곳에 산재해 있다. 미국을 벗어나 살펴보면 마이애미 베이스의 사촌뻘 되는 바일레 펑크(baile funk)가 브라질 리오의 빈민가에서 대단한 인기를 끌고 있으며, 도미니카공화국에서는 메렝게(merengue)와 혼합된 힙합이 메렝랩(meren—rap)을 탄생시켰다. 힙합은 자메이카의 댄스 홀과 부딪히면서 라틴 아메리카에 레게통(reggaeton)을 정착시켰다. 유럽에서는 프랑스가 세계에서 두 번째로 큰 힙합 시장이고, 독일 힙합은 정기적으로 음반 차트 10위권 안에 오르고 있으며, 영국은 그라임(grime) 장르를 갖고 있다. 유럽 맞춤식 힙합은 유럽 대륙을 건너 러시아까지 뻗어 있다. 지역별로 정착된 힙합은 상하이에서 서울을 거쳐 도쿄까지도 성행하고 있다. 인도 북부와 파키스탄의 뱅그라(bhangra) 음악과 힙합이 부딪혀 나는 사운드는 데시 비트(desi beat)로 알려진 하이브리드 힙합으로 들을 수 있다. 힙합 영역은 오스트레일리아로도 뻗어 있으며, 태평양 섬의 마오리(Maori) 문화와도 혼합되었고, 중동 지역에도 두루 전파되어 이스라엘과 팔레스타인 래퍼들이 함께 공동 작업을 벌이기도 한다. 가나의 힙라이프(hiplife)와 같은 지역 특화된 힙합들은 자체적인 혼합을 통해 아프리카 음악으로 발전되었고, 힙합은 아프리카의 복잡한 부족 특색과 타협해나가다 아프리카 만을 돌아 하우스 음악과 혼합되어 콰이토(kwaito)라고 알려진 사운드가 되기도 했다. "힙합 문화의 맥락 속에서는 사람들이 무척 다양한 장소에서 만나 어울릴 수 있다. 힙합은 20년 전만 해도 존재하지 않던 사람들 간의 공감 조성의 기회를 제공해준다. 힙합은 점차 상투적인 개념(힙합이 사람들을 하나로 결합시킨다지만 그래서 어떻다는 말인가?)이 되면서 과소평가되고 있지만 사실은 그렇지 않다. 힙합은 사람들을 결합시킨다. 정말로 그렇다. 그것은 대단한 일이며 우리는 그 점을 인정해야 한다."고 힙합 협회의 롤란도 브라운은 말한다.

아프리카 밤바타와 같은 미국 힙합의 개척자들은 힙합의 움직임에 대해 늘 글로벌한 비전을 갖고 있었고, 힙합은 그러한 비전과 지역적인 통찰력이 어우러지면서 발전해나갔다. 힙합 슈퍼스타들은 세계 모든 대륙에서, 심지어 그들이 가본 적 없는 지역에서도 사람들과 진정한 공감대를 형성하고 있다. 한때 런던 도시 음악 잡지사 「RWD」에서 부편집자로 함께 일하다가 지금은 유엔 공보관으로 아프리카 수단에 상주하고 있는 로잔 아메드(Rozan Ahmed)는 자신이 몸담고 있는 그곳의 힙합 세계와 젊은 아프리카 직장 동료들의 정신 사이에 놓여 있는 강한 유대감을 발견했다. "오지에서 살고 있는 이곳 사람들이 힙합과 어떻게 소통할 수 있는지 신기할 따름이다. 그것은 그들이 친근감을 느끼고 탈출의 희망을 엿볼 수 있기 때문이다. 힙합은 저절로 희망을 불러들인다."

이 세상에는 전례 없이 누구나 공감할 수 있는 젊은이 문화가 있는 것처럼 보인다. "힙합은 아직도 반항과 자존감을 드러내는 소수 하위문화의 하나이다."고 로잔은 설명했다. 하지만 힙합이 과연 세상에 변화를 일으킬 정도로 대단한 것일까? "진정한 파워를 갖춘 도처의 힙합 아티스트들이 저속하고 사치한 행동을 멈추고 세계 수백만 명의 좌절한 아이들에게 그들의 영향력을 제대로 쏟아낸다면, 그렇다. 힙합은 변화를 일으킬 수 있다. 나는 정글밖에 없는 외딴 곳에서 '50센트'라고 써놓은 낙서를 보았다. 50센트의 음악을 어떻게 듣게 됐는지 나로서는 알 수 없는 일이다. 만약 50센트가 가령 유엔 국제 평화의 날(UN International Peace Day)과 같은 행사에 참여한다면 그가 어떤 영향력을 발휘할 수 있을지 상상할 수 있겠는가? 평화를 갈구하는 그 얼마나 많은 사람들이 그를 주목하게 될 수 있을지 말이다."

2006년 수단 다르푸르
ⓒ제이미 제임스 메디나(Jamie James Medina)

힙합은 깨어나야 한다

2003년에 힙합 아티스트 미시 엘리엇(Missy Elliott)은 이 소제목과 같은 가사로 자신의 트랙 '웨이크 업(Wake Up)'을 시작했다. 엘리엇은 학대받는 사람들을 하나로 뭉치는 언어로 힙합을 노래하는 대신에 상업 주류 힙합의 절망스런 상태에 대해 노래했다. 깨어나라는 외침은 2006년에 대대적으로 일어났다. 미국 힙합 음반의 판매는 2005년에 비해 무려 21퍼센트나 급감했다. 한 해 베스트셀러 10위권 앨범에 단 한 장의 힙합 앨범도 포함되지 않은 이례적인 일도 12년 만에 처음으로 일어났다. AP통신과 AOL─블랙 보이스(AOL─Black Voices)가 2006년에 흑인들을 대상으로 시행한 설문조사에서 응답자의 50퍼센트는 힙합이 미국 사회에 부정적인 영향을 미친다고 대답했다. 2007년 블랙 유스 프로젝트(Black Youth Project)에 의한 연구조사에 따르면 미국 대다수 젊은이들이 랩에 지나칠 정도로 폭력적인 이미지가 많이 들어 있다고 생각한다. 힙합 아티스트 나스(Nas)는 '힙합은 죽었다(Hip─Hop Is Dead)'라는 제목의 앨범을 발표하기도 했다.

지난 30년간 문화의 언덕 정상에 올라 있던 힙합이 이제 미끄러져 내리기 시작한 것처럼 보인다. 힙합은 오늘날의 경제 패러다임을 보여주는 사운드 트랙이지만, 힙합과 경제의 관련성은 점점 감소하고 있다. 삶속에서 고급 물질 제품을 맹목적으로 추구하던 힙합은 20세기 후반 자본주의의 완벽한 부속품에 해당했다. 그러나 이제 힙합 배후의 경제 모델은 변화하고 있다.

오늘날의 경제 모델과 상업 힙합의 전망은 불을 깜박이며 꺼져가고 있다. 마약 판매와 폭력과 황금만능주의를 앞뒤 분별없이 외쳐대는 수많은 아티스트들의 작태는 비평가들에게 해로운 메시지로 인식되고 있다. 마찬가지로 오늘날의 경제 모델을 한탄하는 비평가들은 세상을 어지럽게 채색하고 있는 신고전주의 경제학자들에 대해 같은 심정을 품고 있다. 신고전주의 경제학은 무제한적인 성장이 모든 문제를 해결할 수 있다는 비이성적인 신념에 기초하고 있다. 이 같은 성장이 미치는 장기적인 여파나 사회적 비용은 전혀 고려하지 않은 채 말이다. 이런 식의 비즈니스 모델은 상상 속의 유토피아라면 몰라도 환경 자원이 한정된 세상에서는 아무런 효과를 내지 못한다. 이는 마치 돈으로 빌린 대저택에서 돈으로 고용한 비키니 입은 여성들이 파티를 벌이는 흔한 랩 비디오 광경만큼이나 실세계에서도 한시적으로 지속가능한 비즈니스 모델에 불과하다.

상업 힙합과 마찬가지로 신고전주의 경제학은 내부에서부터 갈수록 빈축을 사고 있다. 2006년에 힙합 팬들은 자신들의 지갑을 굳게 닫는 것으로 반발하고 나섰다. 진실이 진실을 파악하기 시작한 움직임은 상아탑 학계에서도 일어났다. 2000년에는 파리 소르본 대학 경제학자 베르나르 게리앵(Bernard Guerrien)의 연구에 근거해 탈자폐적경제학(PAE: Post−Autistic Economics)의 움직임이 태동했다. 오늘날 전 세계 경제학 분야의 촉망받는 인재들은 주류 신고전주의 경제학과 현실 세계와의 단절에 맞서 싸우고 있다. 이 운동은 세상을 지배하는 신고전주의 경제학 교리가 '자폐적'이라고 결론내린 한 프랑스 학생 단체와 함께 시작되었다. 신고전주의 경제학은 자폐 장애인과 마찬가지로 똑똑하기는 하지만 세상과 단절되어 있고 강박적이며 편협하다. 마치 마약 판매상이 되면 더 많은 레코드를 팔아치울 수 있다고 주장하는 래퍼들 마냥 신고전주의 경제학은 우리에게 허상의 조건을 신봉하게 함으로써 자신의 명분을 내세우고 있다.

"우리는 실세계의 경제 현상을 제대로 이해하는 일이 미래 인류의 안녕에 지극히 중요하다고 확신한다."고 PAE 대표 엠마누엘 베니코르(Emmanuelle Benicourt)는 2006년에 「애드버스터스」 지에서 말했다. "그러나 지금과 같은 편협하고 시대에 뒤져 있고 순진무구한 경제학 접근법과 가르침으로는 이러한 이해가 불가능하다. 따라서 우리는 윤리적으로나 경제적으로 이 같은 진정한 이해가 지극히 중요하다는 확신을 갖고 우리가 제시한 개혁 사항을 앞으로 수년에 걸쳐 수행해나갈 것이다."

소르본 대학을 거쳐 캠브리지 대학을 지나 미국의 하버드 대학과 다른 모든 아이비리그 대학을 포함해 전 세계 학계 기관으로 두루 퍼져나간 PAE 운동은 현재 150국가에서 1만 명에 가까운 회원을 두고 있다. 정기적으로 국제적인 헤드라인을 장식하고 있는 이 운동은 한때 밀턴 프리드먼(Milton

Friedman)도 지적했던 것처럼 "시간이 갈수록 경제학은 실질적인 경제 문제를 해결하기보다는 수학의 난해한 학파가 되어가고 있다."고 주장한다. 가난한 나라에 유독 쓰레기를 쏟아버리는 행위와 노동 착취 공장, 전쟁 등등은 모두 경제학적으로 완벽하게 논리에 들어맞는 것들이다. 물론 이것으로 피해를 입는 사람들에게는 거의 이치에 들어맞지 않지만 말이다. 마약 거래를 찬미하고, 총기 폭력으로 사람들에게 겁을 주고, 여성들을 원예용 도구쯤으로 취급하는 이 모든 참상들이 대다수 상업 힙합 레코드에서는 지극히 당연한 일이겠지만, 힙합에 흥미를 잃어가는 힙합 팬들에게는 이치에 맞지 않는 일이다. 힙합을 이토록 오염시키는 주범은 바로 성장에 대한 무제한적인 탐닉이다. 리스크에 질색하는 대형 음반사들과 라디오의 합병이 미치는 영향력은 문화의 균질화 현상을 부추겼다. 대형 음반사의 힙합 발매 앨범은 인기 차트의 단골 공식인 잘못된 남성주의와 여성폄하주의를 고수함으로써 안전한 길을 선택했다. 다트 애덤스(Dart Adams)라는 오랜 골수 힙합 팬은 2007년 자신의 블로그 포이즈너스 패러그래프스(Poisonous Paragraphs)에서 다음과 같이 적어놓았다. "나는 어릴 적 함께 더불어 자라온 힙합에게서 교훈을 얻곤 했다. 그 시절 힙합은 청소년들의 기상을 드높이는 메시지로 가득 차 있었고 더할 수 없으리만치 다양한 종류의 노래와 예술적 가치를 갖고 있었기에, 그것을 일반화한다거나 하나의 획일화된 모습으로 끼워 맞춘다는 것은 전혀 불가능했다. 그러다 그것이 대형 비즈니스가 되고 근본에서 벗어나기 시작한 이후로 상황은 계속해서 악화되었다. 사정이 이러한데 자신도 원인을 제공한 힙합의 이단자들이 과연 어떻게 랩 음악의 현주소를 비판할 수 있단 말인가? 그들은 힙합 문화를 편향적으로 전파해놓은 자신들의 이중 잣대와 위선을 어째서 알아보지 못하는 것인가?"

힙합은 이 세상이 지니고 있는 다양한 문제들에 관심을 집중시킬 수 있다.

그러나 힙합 내부의 문제의 해결이 급선무이다. 이처럼 진정한 유대감에 집중하던 젊은이 문화는 이제 다시 진심을 되찾을 필요가 있다. 우리의 현재 경제 시스템도 마찬가지다. 힙합이 계속해서 반항아로 남아주고 신고전주의 경제학이 이 세상을 지배하기 원한다면, 둘 다 반드시 깨어나야 한다.

힙합의 행로에 돈이 보이다

최근의 상업적인 재앙에도 불구하고 힙합은 여전히 글로벌한 호소력과 함께 백악관 행정부보다 대단한(아직 미개발 상태이기는 하지만) 정치적 잠재력을 갖고 있다. 힙합은 과거에 브롱크스에서 그랬던 것처럼 사람과 시장과의 진정한 교감을 형성하는 방법으로 전 세계 대륙에서 영향력을 획득했다. 힙합은 그 행로 속에 모든 것을 포함시키고 적절히 이용함으로써 힙합이라는 포괄적인 영향권 아래 공존할 수 있는 새로운 브랜드와 사운드와 영역을 구축할 수 있었고, 실제로도 그렇게 했다. 이제 힙합은 자신이 속한 커뮤니티에서 취한 것을 다시 되돌려 놓도록 청중들을 부추기고 있다. 세상의 지배로 향해 있는 힙합의 행로를 거슬러 올라가보면 거기에는 돈을 버는 방법이나 세상에 변화를 일으키는 방법, 혹은 두 가지 방법이 훤히 드러나 있다.

힙합은 미국 역사에 새로운 장(chapter)을 써넣었지만 그것은 이 세상 역사의 다음 막(act)이 될 수도 있다. 힙합도 사회의 다른 부분들처럼 펑크 자본주의의 영향력 아래 변화를 강요받고 있다. 힙합의 미래는 불확실하지만 한 가지 분명한 사실이라면 이토록 광범위하고 멀리까지 확장되어온 덕분에 분명 한 가지 이상의 운명을 갖고 있다는 것이다.

나는 적어도 세 가지 이상의 운명을 예상하고 있다.

가치를 잃지 않은 힙합의 행복한 결말

아프리카 밤바타를 비롯한 과거 힙합 예언자들의 유토피아적 비전은 실현될 것이고, 턴테이블 두 개와 마이크 한 개를 통해 사회적 화합은 이루어질 것이다. 판매 부진은 극복될 것이고, 이러한 현상은 상업적으로 이어지면서 결국 지구 성층권으로까지 올라가 마침내 스눕 독이 당신을 하늘로 띄워줄 비행기를 소유하고 디디와 버거킹이 함께 달을 점령하기까지 지속될 것이다.

랩 박물관이나 힙합의 황금기 시절을 그리워하며 생겨난 라디오 방송국도 이미 존재하지만, 아직은 그 무엇도 힙합의 권위를 무너뜨리지 못한다. 힙합은 여전히 학대받는 이들의 목소리가 되어 문화와 국가의 경계선을 넘나드는 하나의 사운드트랙으로 유지될 것이다. 힙합은 힘겨운 청춘기를 거쳐 포용력 있는 30대가 되면서 원숙해질 것이고, 여성을 비하하고 폭력을 자랑스럽게 떠벌리는 일에 점점 진저리를 치면서 당면한 거대 쟁점들에 집중하게 될 것이다. 이제 35세를 넘긴 힙합은 완전히 성숙하여 책임을 감당할 준비를 마쳤다. 힙합은 세상에 대한 지배력을 갖고 그것으로 우리를 하나의 흥겨운 음악 아래 하나로 합쳐줄 채비를 마치고 기다리는 세계의 리더이다.

나는 이 결말에 적극 동감한다.

가치를 잃은 힙합의 불행한 결말

과거의 힙합은 마치 양의 탈을 쓴 늑대처럼 내부로부터 세력을 넓혀나갔다. 그러나 지금은 마치 앙증맞은 한정판 늑대 의상을 뒤집어쓴 양떼들이 어울리지도 않는 운동화를 신고 모자를 쓰고 있는 형국이 되고 말았다. 퍼블릭 에너미와 같은 그룹의 정치성과 분노와 반항은 어느덧 퍼블릭 에너미의 멤버 플레이버 플래브(Flavor Flav)가 VH1에서 진행하는 리얼리티 쇼 플레이버 오브 러브(Flavor of Love: 플레이버 플래브의 사랑을 독차지하기 위해 모여든 20명의 여성들이 쟁탈전을 벌이는 리얼리티 쇼—옮긴이)에 더 많이 주목하는 세대에 의해 교체되면서 힙합 최악의 공포를 확인시켜주었다. 바로 엉망진창이 된 세상 말이다.

DJ 프리미어(Premier)와 그래피티 아티스트 헤이즈(HAZE)는 그들의 1997년 언더그라운드 믹스테이프 '뉴욕 리얼리티 체크 101(New York Reality Check 101)'에서 이런 실정을 매우 잘 요약해놓았다. "그것은 당신을 걸쳤던 언더그라운드, 이제는 당신을 벗어던질 언더그라운드다." 힙합은 자신이 어디로부터 비롯되었는지 망각했다. 그리고 이제는 정신이 이상해질 때도 될 정도로 시간이 흘렀다.

상업 힙합은 더 이상 학대받는 이들의 편에 서려고 하지 않는다. 한때는 작업에 쓰였던 공구였지만 이제는 또 다른 덩치 큰 기계가 되어 주변 세상에 무지한 채 점점 자신에게만 골몰할 뿐이다.

상업 힙합은 성나고 앳된 행동주의자에서 안일하고 순종적인 시민이 되었다가 결국 거만하고 부패한 기업이 되고 말았다. 힙합은 자신의 영혼을 팔아넘기고 서서히 죽어가면서 자신보다 다부지고 날씬하고 젊은 또 다른 움직임에게 자신의 안락사를 애걸하고 있다. 생각해보라. 마흔 살 가까운 나이에 아직도 클럽을 얼쩡거리며 어린애 행세를 하는 모습이 얼마나 부끄러운지 말이다.

그것은 자신을 만들어낸 문화에서 스스로 완전히 떨어져 나가면서 모든 의미를 상실해버린 어처구니없는 무언극이 되고 말았다. 세속적인 타락쯤은 괜찮다는 기본 전제는 이제 더 이상 팔아넘길 것이 없을 정도로 상황을 악화시켰다. 머지않아 힙합은 흐지부지 약화될 것이며, 게임에 등장하는 가장 위협적인 존재라고 해봤자 드라마 〈안투라지(Entourage)〉의 터틀(Turtle) 정도가 고작일 것이다(할리우드 새내기 스타와 그 측근들의 우정을 다루는 드라마에서 제대로 하는 일 없이 빈둥거리는 캐릭터. 그만큼 힘없는 존재라는 뜻이다.—옮긴이).

더 이상 걷어찰 필요도 없다. 힙합은 이미 죽었으니 말이다.

변화하라, 지화하라

잠깐, 아직 섣부른 판단은 이르다. 늘 만화영화의 악당처럼 행세해온 힙합이지만 그 투박한 상업 마스크 속에는 변화를 일으키는 움직임이 존재하고 있다. 힙합은 벗어던질 마스크를 아주 많이 갖고 있고, 자신의 정체성을 바꿔나가는 일을 결코 끝내지 않을 것이다. 힙합은 10년이 지나도 계속 존재하겠지만, 그 모습은 오늘날 청중이 알아보지 못할 정도로 변화할 수도 있다.

디스코는 자신의 허물을 벗어던지고 하우스로 거듭났다. 정통 록의 딱딱한 껍질 아래에는 펑크가 숨어 있었다. 힙합이라는 카멜레온에게도 변화는 최고의 선택이다. 그것이야말로 변화하는 환경에 힙합이 늘 대처해온 방법이기 때문이다. 변화의 목소리는 이미 점점 커지고 있다. 사치는 퇴색할 것이고, 래퍼들은 은퇴할 것이다. 그러나 힙합을 움직이는 진정한 세력(희망과 고통, 쾌락, 소외, 변화를 일으키려는 욕구에 관한 진정한 스토리를 풀어내는 일)은 결코 사라지지 않을 것이다.

힙합이 하나의 배출구이자 변화의 주체라는 개념은 계속해서 전 세계 인구의 흥미를 잡아끌 것이다. 힙합이 진화되어 생성된 존재는 더 이상 힙합이라는 이름으로 불리지 않게 될 수도 있지만, 그런 것은 상관없다. 힙합은 힙합 배후에 숨은 아이디어가 힙합 그 자체보다 크다는 사실을 늘 인정해왔기 때문이다. 힙합의 새로운 모습과 그 변신술은 무척이나 다양할 것이며, 따라서 앞으로 곧 보게 되겠지만 힙합의 존재마저도 알아채지 못하게 될 수도 있을 것이다.

브랜드 바이러스가
군중을 사로잡다
Ethernomics

베개 싸움, 해피 슬랩, 밈, 그리고 나노문화와 비즈니스

2006년 2월 14일 베개 싸움(pillow fight) 클럽

ⓒ스콧 빌(Scott Beale)/래핑 스퀴드(Laughing Squid)

"보헤미아(Bohemias). 대안적 하위문화(Alternative Subcultures). 둘 다 모두 지난 200년간 산업 문명에서 빼놓을 수 없는 결정적인 특성들이지. 산업 문명이 꿈꾸는 곳이었으니까. 대안적인 사회 전략을 탐구하는 일종의 무의식적인 R&D라고나 할까. 각각은 나름의 드레스 코드와 고유한 예술 표현 형식, 엄선된 내용, 성적 가치관 등을 갖고 있어. 이들은 모두 일반 문화의 그것들과는 상충하는 것들이지. 물론 종종 서로가 관련을 맺던 장소가 있기는 했어. 하지만 그것들은 멸종되어버렸지."

"멸종?"

"미처 무르익기도 전에 우리가 따내기 시작했으니까."

— 윌리엄 깁슨(William Gibson)의 소설
『모든 내일의 파리(All Tomorrow's Parties)』(1999)

오늘날의 젊은이 문화는 마케터와 유행 사냥꾼들이 씨가 마르도록 남획하고 있는 과거의 유물에 불과한 것일까?

록 페스티벌은 후원 기업들의 명령이 떨어질 때 비로소 일어난다. 랩 스타들은 자신들의 다음 앨범으로 패스트푸드와 SUV 제품을 홍보하려는 브랜드 매니저들과 얼굴을 대면한다. 하라주쿠의 여학생 차림에서 착안해 센세이션을 일으킨 최신 패션은 유럽의 마케팅 컨설턴트의 머릿속에서 나와 중국 노동 착취 공장의 어린 소녀들에 의해 제작된다. 이처럼 빠르게 움직이고 과잉 물질적이며 테크놀로지로 충만한 시대에서 젊은이 문화가 그 어떤 다양한 의미를 가질 수 있다는 생각은 한낱 장난스런 농담처럼 보이기도 한다.

하지만 겉으로만 그렇게 보일 뿐이다.

표면적으로 세상을 바라보면 샌프란시스코 저스틴 허먼 플라자의 거미줄처럼 얽힌 교차로를 횡단하는 통근자들은 페리 빌딩(Ferry Building) 시계탑이 드리운 인상적인 그림자 아래로 가방과 쇼핑백을 들고 임박한 마감일의 압박에 구부정해진 몸으로 발걸음을 재촉하고 있다. 베이징 시단의 중요우(中友) 백화점 앞에서도 여지없이 비슷한 풍경이 펼쳐진다. 머리 위로 오가며 형광색을 내뿜는 전철이 아침 햇살에 여과되어 음울한 색조를 드리우면 사람들의 기분까지 함께 우중충해진다. 런던 리버풀 가의 기차역 풍경도 이와 다르지 않다. 중앙 홀에는 마치 단조로운 기계음을 내며 돌아가는 기업처럼 아무런 동작 없이 서서 기차를 기다리는 군중들이 있는가 하면, 휴대폰 소리와 멀리서 들려오는 사이렌 소리, 그리고 MP3 플레이어 너머로 들리는 고음의 잡음을 배경 삼아 걸음을 옮기는 이들도 있다. 음악도 백색 소음의 일부일 뿐이다.

도대체 언제 생겼는지도 모를 새로운 트렌드가 거꾸로 우리에게 판매되는 요즘과 같은 세상에서 젊은이 문화가 세상을 변화시킬지 모른다는 생각은 순진무구하고 별스런 것처럼 보인다. 아직도 이런 생각을 진지하게 품고 있다면 그들은 꿈나라에서 살고 있는 사람들이다. 우리가 심각하게 여기는 반항 세력들은 오직 테러리스트뿐이다.

이러한 사실을 증명하듯 콜롬비아 보고타의 노갈(Nogal)이란 고급 나이트클럽에서는 약 150킬로그램 중량의 폭탄차가 3층 주차장에서 난데없이 폭파하면서 인파로 북적이던 유흥업소에 커다란 구멍을 뚫어놓았다. 이 사고로 36명이 숨지고 160명이 부상을 입었다. 자갈과 유리조각 더미에서 생존자들을 끌어내던 구조대원들의 뒤로 화염에 휩싸인 앙상한 뼈대의 건물이 폭삭 주저앉았다. 이러한 비극적 참상은 샌프란시스코와 베이징과 런던의 시민들에게 곧바로 전달되어 전 세계의 테러 편집증을 다시금 확인시켜 준다. 무뎌진 감각의 시청자들에게는 날마다 공포에 대한 면역약이 전달되고, 무시무시한 통계들이 깜박이는 컴퓨터 스크린의 저 밑바닥까지 끝도 없이 이어진다. 곧바로 광고로 넘어가는 방송은 제대로 내용을 전달할 시간조차 없다.

원래 테크놀로지는 사람들에게 보다 가까운 소통의 느낌이 들도록 해줄 의무가 있고 그것을 '지구촌'이라고들 표현하지만, 오늘날 군중들은 그 어느 때보다 더없이 외로움을 느낀다.

하지만 겉으로만 그렇게 보일 뿐이다.

여기는 다시 보고타. 라이플총과 AK-47 소총을 휘두르며 한 민병대 단원이 불타는 건물을 향해 잽싸게 몸을 움직인다. 도무지 평화라는 건 알지 못하고 오직 철통같이 굳은 결의로 뭉친 듯 보이는 그들. 이 끔찍한 비극에는 불청객들로만 보이는 이들이다. 하지만 겉으로만 그렇게 보일 뿐이다.

이들은 민병대 뮤지션들이다. 그들의 총은 에스코페타라(excopetarra)라고 알려진 소총 기타로 총신까지 기타 줄을 연결해 악기로 개조한 총이다. 대원들은 자신들을 일컬어 '즉석 예술적 조치 대대(Battalion of Immediate Artistic Reaction)'라 부른다. 이들은 온라인으로 연락하는 느슨히 연결된 조직 네트워크로, 2003년 자동차 폭탄 테러 직후에 결성되었다. "우리는 기타와 음악을 들고 그곳에 도착했다. 울부짖는 수많은 희생자들이 음악을 통해 자신의 무기력하고 고통스런 기분을 떨쳐낼 수 있다는 사실을 우리는 깨달았다." 이 단체를 결성한 세자르 로페즈(Cesar Lopez)는 훗날 BBC에 이렇게 전했다. 이들은 지난 40년간 줄곧 이어져온 우익 준군사 조직과 좌익 게 릴라군의 싸움으로 폐허가 된 커뮤니티를 괴롭히는 사건이 일어날 때마다 즉각적인 대처에 나선다. "나는 태어나서 줄곧 총과 죽음, 전쟁을 보아왔다. … 사건 소식을 접할 때마다 우리는 즉시 기타와 탬버린을 들고 현장으로 출동해 음악으로 희생자들을 위로한다."

이 민병대원들이 바로 플래시 몹(flash mob)이다. 플래시 몹은 디지털 커 뮤니케이션 네트워크를 이용해 즉시 동원되어 대중 앞에서 특정한 행동을 취한 뒤 곧바로 흩어지는 무리를 말한다. 이들은 갑자기 각지에서 튀어나와 군중들을 재결집해주어 일순간이나마 외로움을 무너뜨린다.

2006년 발렌타인데이에 샌프란시스코의 시계탑이 오후 6시를 알리자 1천 명이 넘는 군중들이 자신의 가방과 서류가방에서 일제히 베개를 꺼내들 고는 서로를 난타하고 비명을 지르며 웃어댔다. 이들은 필로우파이트 클럽 (PillowFight Club)의 회원들이다. 이 클럽의 유일한 규칙이라면 필로우파이 트 클럽을 사람들에게 소개해주는 것이다. 베개가 없으면 결코 사람을 칠 수 없다. 만약 필로우파이트 클럽에 참석한 첫날밤이라면 온통 깃털 투성이 가 될 것을 각오해야 할 것이다.

베개 속 깃털들이 하늘로 올라가고 카메라 플래시가 터지는 가운데 플래 시 몹은 꼬박 30분간 싸움을 벌이고는 이내 도시의 무명인들로 자취를 감춰 버린다. "이것이 밈(meme)이다." 베개 싸움에 참여했던 아매커 불윙클 (Amacker Bullwinkle)은 후에 「샌프란시스코 크로니클(San Francisco Chronicle)」지에서 이같이 말했다. "밈은 어떤 하나의 생각이 의식의 한 부 분이 되는 순간을 말한다. … 여기에는 어떤 부상도 경찰도 없으며 그저 군 중들의 웃음만이 존재한다."

같은 해 9월 토요일 오전 11시, 베이징의 중요우 백화점 바깥에서는 12명의 사람들(그중 3명은 여성)이 일제히 무릎을 꿇었다. 각자 장미 한 송이를 들고는 한 여자를 향해 애걸하며 결혼 프러포즈를 시작한다. 물론 장난이다. 모두 한 여자의 이름을 외쳐대며 애원하자 어리둥절해진 군중들이 주위를 둘러싼다. 이 무리는 불과 몇 분전에 문자 메시지를 통해 조직된 집단이다. 몇 분이 지나자 그들은 이내 흩어져버렸다. "중국에 플래시 몹이 등장한 건 이번이 처음이 아니다." 중국의 뉴스 사이트 Crienglish.com은 화면을 통해 이같이 보도했다. "전문가들은 고도로 발전된 현대 커뮤니케이션 도구에 비해 사람들 간의 진심어린 의사소통이 줄어든 세태의 탓으로 이 현상을 설명한다. 얼핏 보면 플래시 몹은 일반인들로부터 자신을 구별하려는 행동으로만 보이지만 좀 더 깊은 차원에서 보면 그들이 진정으로 추구하는 것은 바로 소속감이다."

다음 달 10월의 어느 수요일 오후 7시 24분 정각에 런던 리버풀 가의 통근자 무리들은 갑자기 파티를 열었다. 그들은 각자 자신의 MP3 플레이어를 귀에 꽂고는 환호성을 지르고 웃으며 함께 모인 자리를 축하했다. 각자의 음악에 맞춰 춤을 추고는 있지만 그들은 하나가 된다. 한 시간 넘게 파티가 지속되면서 통근자들로 가장 많이 붐비는 런던의 장소가 도무지 이해할 수 없는 파티장으로 돌변한 사실이 불법이라면 불법이랄까. 그 외에 무탈하게 진행되는 파티가 그 어떤 법에 저촉될 일은 만무하다. 그보다는 관광객과 철도 승무원과 구경꾼들이 하늘을 가득 메운 풍선을 그저 흐뭇한 얼굴로 지켜볼 뿐이다. "어쩌면 가장 희한한 일은 기차역에 있던 사람들 모두가 흐뭇한 미소를 지으며 집으로 돌아갔다는 사실일 것이다."「더런던페이퍼(thelondonpaper)」지는 이렇게 보도했다.

진실은 표면 아래에 놓여 있다.

젊은이 문화는 죽지 않았다. 오히려 그것은 움직이는 표적물로 진화하여 예전보다 생존율이 더욱 높아졌다. 새로운 아이디어들은 입소문을 통해 전달되고 있고, 새로운 움직임은 갑자기 나타났다 사라질 정도로 속도가 빨라 주류 레이더에는 일순간의 깜박임 정도로만 나타나는 경우가 대부분이다.

플래시 몹과 젊은이 문화는 한동안 함께 움직였다. 1968년에는 런던의 상황주의자 무리들이 산타 복장 차림으로 런던의 셀프리지(Selfridge) 백화점에 급습하여 아이들에게 훔친 장난감을 나눠주었다. 1980년대에 영국에서는 해적 라디오와 서류 가방만 한 크기의 휴대폰을 이용해 모여든 차량들이 어느 외딴 들판에 모여 밤새 파티를 즐기며 놀았다. 1990년대 초반 뉴욕의 클럽 키드(club kid)들은 도넛 상점과 지하철을 점령하고 경찰이 올 때까지 파티를 즐겼다. 일시적인 영역이라는 점에서는 예전에 비해 새로울 것이 없지만, 이 움직임들은 의미는 상실되고 인기는 올라가고 있다.

오늘날의 플래시 몹은 평화를 추구하고, 규범을 거부하고, 사람들을 웃게 만드는 디지털 상황주의자들이다. 각각의 플래시 몹은 모두 서로 다르고 고유하다. 다만 이들의 유일한 공통점은 순간적이라는 것뿐이다. 그러나 플래시 몹은 새로운 현상의 하나에 불과하다. 오늘날 수많은 것들이 모두 일시적으로 변화하고 있기 때문이다. 몇 달 동안 몸집 작은 여러 개의 나노 문화들이 일어났다 사라진다. 제품들은 그 어느 때보다 일회적이다. 뭔가를 소유하는 것보다는 그것에 접속할 수 있는 권한이 더 중요하다. 깁슨의 말은 옳았다. 예전에 의미 있던 것들은 이제 더 이상 똑같은 무게를 지니지 못한다. 젊은이 문화와 일시적인 유행은 마케팅의 도구가 되어간다. 그러나 저 깊숙한 언더그라운드에서는 뭔가 다른 것이 일어나고 있다.

펑크와 힙합 같은 젊은이 문화의 파괴적 언어 대신에, 새로운 혈통의 나노 움직임들과 파괴적 시스템의 활동들은 열심히 뭔가 작은 것을 만들어내고, 낡은 모델을 산산조각내버리며, 어떤 의미와 움직임의 새로운 구성 방법을 찾아낸다. 이 나노들은 계속해서 뭔가로 거듭난다. '깊이'의 개념 따위는 그저 과거의 것처럼 보일 뿐이다. 그러나 여기서도 마찬가지로 겉으로만 그렇게 보일 뿐이다.

젊은이 문화의 화려한 종적 감추기 단막극을 보러온 여러분을 환영한다.

가만히 앉아 여행하다

여기저기서 들리는 젊은이 운동의 사라짐은 얼마간 문화 논평자들을 혼란스럽게 했지만, 시대는 분명 변화했다.

정보 시대가 도래하면서 그것은 즉각적이고 비공식적이고 덧없는 문화와 커뮤니티와 기업들을 함께 데려왔다. 이제 우리는 그것을 평가하기 위해 더이상 네트워크와 물리적으로 연결될 필요가 없다. 심지어 소통하는 상대 존재가 유형적이지 않더라도 별로 상관하지 않는다.● 아이디어는 시간과 공간의 제한에 아무런 제약을 받지 않는다. 입소문으로 전파되는 아이디어를 '밈'이라고 규정지은 최초의 인물인 진화 생물학자 리처드 도킨스(Richard Dawkins)는 그러한 아이디어를 이 사람에게서 저 사람으로 전달 가능한 문화 정보의 개체라고 정의 내렸다. 마케팅의 달인 세스 고딘(Seth Godin)은 『아이디어 바이러스(Unleashing the Idea Virus)』라는 책에서 "라디오가 1천만 명의 사용자를 확보하기 위해서 40년이 걸렸다. … TV가 1천만 명의 사용자를 확보하기까지 15년이 걸렸다. 넷스케이프는 겨우 3년이 걸렸다. 그리고 핫메일(Hotmail)과 냅스터(Napster)는 1년이 채 걸리지 않았다. … 아이디어가 순환하는 데 걸리는 시간은 거의 제로를 육박하고 있다."고 지적했다.

• 2006년 디지털미래센터(Center for the Digital Future)가 실시한 설문조사는 미국 온라인 네티즌의 43퍼센트가 웹 커뮤니티에 대해 현실 세계의 친구들만큼이나 강한 유대감을 갖고 있다는 사실을 발견했다.

그것이 아이디어든 MP3 파일이든 혹은 3D 프린터 디자인이든 간에, 네트워크를 통해 전달될 수 있는 것은 무엇이나 우리를 전염시키고 그 자체로 하나의 생명력을 갖게 된다. "나는 컴퓨터 바이러스가 생명체로 간주되어야 한다고 생각한다." 스티븐 호킹은 이들의 재생 및 이동 능력을 지적하면서 이렇게 주장했다. "지금껏 우리가 만들어낸 유일한 생명체가 완벽하게 파괴적이라는 사실은 인간 본성에 대해 뭔가 시사하는 바가 크다. 쉽게 말해 우리가 우리 인간 본래의 이미지대로 생명체를 만들어냈다는 것이다." 그러나 바이러스라고 해서 모두 파괴적인 것은 아니다. 예컨대 젊은이 문화처럼 사람이 만들어낸 일부 바이러스들은 유용한 박테리아의 좋은 본보기에 해당한다.

입소문을 통해 수십 년간 전달되어온 젊은이 문화는 갈수록 그 크기가 작아지고 있다. 한동안 준비과정을 거쳐오던 낡은 시스템의 세분화 현상이 이제는 길거리에서 시작해 저 높은 학계의 상아탑과 기업의 고층빌딩에 파편처럼 내려앉았다. 이제 행동주의자와 예술가, 기업가, 경제학자 들은 모두 지속가능하고 민주적이며 분산화된 네트워크에 근거한 대안적인 세계관을 옹호한다. 오늘날 다국적 기업들은 언더그라운드 음악 현장만큼이나 빠르게 움직여야 한다.

한때는 젊은이 문화에서 콘텐츠를 빌려와 광고업체에 넘기는 일이 가능했던 기업들이 이제는 젊은이 문화가 너무나 급속히 움직이는 탓에 기업 스스로 의미를 제조해내야 하는 처지로 내몰리면서 혼란스런 형국이 되고 말았다. 마케터들은 일시적인 트렌드에 점점 목을 매면서 젊은이 문화가 새로이 출현하자마자 그것을 포착해내는 훈련을 하고 있다. 그러자 그 반작용으로 젊은이 문화는 움직이는 표적이 되었다가 다시 진화를 거듭해가면서 새로 비집고 들어갈 알맞은 영역을 탐색한다. 이제는 이 표적물이 도리어 잠자코 있는 당신을 쏘아 넘어뜨릴 것이다.

오늘날의 젊은이 문화는 크기가 작고 느슨히 결합된 전자적 에테르(electronic ether) 상태로 떠다니면서 전 세계 팬들을 진정한 하나로 결합시킨다. 이제 사람들은 하나의 문화에만 매달리지 않고 동시에 다른 여러 니치 문화들과 개방된 관계를 유지한다. 그들만의 똑같은 옷차림으로 쉽게 펑크족을 구분할 수 있던 시절은 지나갔다. 마케터들은 겉모습만으로는 우리가 누구인지 분간하지 못한다. 예전의 인구통계학은 무용지물이 되어가고 있고, 과거의 세대 격차는 점점 사라지고 있다.

하나의 나노 문화가 어떻게 세력을 장악하는지 이해하기 위해서 지금부터는 바로 이렇게 떠올랐다 사라진 초창기 나노 문화의 하나를 집중 탐구해보고자 한다. 정통적인 해적의 딜레마와 함께 시작되는 이 이야기는, 참으로 신기하게도 소 솔리드 크루(So Solid Crew)라는 사우스 런던 라디오 해적 집단의 '딜레마(Dilemma)' 음반을 가리킨다.

오리지널 해적 자료

이제 잠시 당신이 이 음반을 세상에 소개했던 몇백 명의 라디오 DJ 중 한 사람이라고 상상해보라.

당신은 지금 이스트 런던의 어느 고층 아파트 14층에 와 있다. 지금 당신이 서 있는 주방은 오늘밤 당신이 DJ를 맡게 될 해적 라디오 방송국의 임시 스튜디오다. 마이크로 랩을 들려줄 래퍼 세 명은 말할 것도 없고 앞에 놓인 카운터에 턴테이블이나 겨우 얹을 수 있을까 말까 할 정도로 협소한 공간이다. 공기는 퀴퀴한 마리화나 연기로 짙게 깔려 있다. 천장에서 새는 물은 바닥을 향해 똑똑 떨어지고 있고 바닥은 이리저리 굴러다니는 쓰레기로 난장판이다. 이달 월급의 마지막 남은 돈까지 탈탈 털어 장만한 새로운 홍보용 레코드와 테스트 음반, 더브 음반 등이 당신의 스포츠 가방 앞쪽에 수북이 꽂혀 있다(해적 방송국 매니저는 DJ들이 음반을 담아놓은 진짜 레코드 가방을 스튜디오로 가져오지 못하게 한다. 혹시라도 당국이나 주변 이웃들에게 방송 장소를 들키는 일을 방지하기 위한 차원에서다). 이제 막 오전 2시를 넘겼으니 전철을 타고 집으로 갈 수도 없는 시간이다.

하지만 지금은 그 무엇도 상관없다. 당신에게 어떤 감이 찾아들었기 때문이다. 당신을 포함해 런던의 나머지 해적들이 열렬히 옹호하게 될 이 레코드가 모든 것을 뒤바꿔놓으리라는 강렬한 예감 말이다.

때는 바야흐로 2000년 5월. 당신이 헤드폰과 연결해놓은 트랙은 주초에 구입한 소 솔리드 크루의 '딜레마' 인스트루멘탈 버전(instrumental version)이다. 이전에도 음반 영역이 통째로 뒤집히는 기상천외한 현장을 목격한 적은 있었다. 하지만 당신을 포함해 다른 해적 DJ들이 아직 모르고 있는 사실은 이 레코드를 세상에 소개함으로써 이 앨범을 제작한 40명의 특이한 밴드 멤버들을 단숨에 전국적인 스타덤에 올려놓고, 하나의 음악 영역을 추락시키고, 다른 새로운 음악 영역의 길을 닦아놓게 될 것이라는 사실이었다. 이 레코드는 미디어를 들썩이게 만들고 클럽에 변화를 일으키고, 새로운 TV 방송국과 잡지를 탄생시키고, 전 세계 아티스트들에게 영감을 불어넣고, 영국 길거리 문화의 정의를 바꿔놓을 참이었다.

하지만 지금 당신이 알고 있는 사실은 이 레코드는 뭔가 다르다는 것뿐이다. 전혀 색다른 데다 너무나 단순해서 과연 효과가 일어날까 싶지만, 정확히 그런 이유로 효과는 일어난다. 당신은 멜로디가 있고 보컬이 리드하면서 강력한 베이스가 담겨 있는 클럽 음악을 트는 유케이 거라지 DJ다. 그것은 SF 영화에 나오는 우주선 엔터프라이스(Enterprise) 호의 강력한 트랙터 빔보다도 더 빠르게 여성들을 댄스 플로어로 끌어들이도록 설계한 음악들이다.

그러나 이 레코드에는 그런 사운드가 없다. 그 어떤 유케이 거라지 음악의 지침도 따르고 있지 않다. '딜레마' 음반은 곧 해적의 딜레마를 뜻한다. 다른 건 아무것도 없고 오직 베이스로만 새로운 공간을 창조해놓은 이 인스트루멘탈 버전은 유케이 거라지 래퍼들에게 제멋대로 마음껏 복잡한 운(rhyme)을 표출할 수 있는 권한을 제공해주었다. '딜레마' 음반은 보컬의 선율 중간에 집어넣는 막간용 음악으로 래퍼들을 격하하는 대신에 마치 1960년대에 레게 영역을 변화시키고 리믹스를 탄생시킨 듀크 레이드의 오리지널 인스트루멘탈 버전과 같은 역할을 담당했다.

창문을 거세게 두드리는 빗줄기 사이로 보이는 도시의 불빛이 앞에 놓인 턴테이블에서 나오는 불빛에 맞춰 깜박거리는 듯 보였다. 그것은 마치 도시 전체가 음악에 귀를 기울이고 있을지 모른다는 기분이었다. 크로스페이더(crossfader)로 다가가 트랙을 믹스로 부드럽게 밀어넣고는 두 번째 덱의 보컬 거라지 선율을 줄여놓았다.

그러자 모든 것이 달라졌다.

시스템으로부터 분출되어 나오는 16소절의 격정적인 싱글 베이스 사운드와 곁들여놓은 종잇장처럼 얇은 킥 드럼 소리와 깡통 느낌의 짤막한 한 쌍의 손뼉 소리는 강렬한 저음의 베이스 사운드에 파묻혀 거의 들리지 않을 정도였다. 들러리 손님처럼 잠자코 있던 래퍼들이 싸움터로 향하는 기세등등한 전사처럼 돌연 반응을 보였다. 진짜 무대는 지금부터였다. 래퍼들의 정력적인 랩 선율은 베이스라인을 타고 거침없이 흘러갔다. 스튜디오의 열기는 라디오 전파로 전환되어 지붕 위에 되는대로 고정해놓은 링크 박스를 타고 올라가 2마일 남짓 떨어진 옆 블록의 지붕 안테나에 송신되어 그곳에서 빗줄기와 함께 도시로 내려앉았다.

이윽고 방송국의 휴대폰에 전화와 문자 메시지가 빗발쳤다. "이 음악 짱

이에요! 또 틀어주세요!!!" "당신들 너무해요! 사운드가 이렇게 빵빵하다 니! 다시 틀어주세요!" 문자 메시지를 읽는 동안 휴대폰은 계속해서 울려댔 고, 트랙을 되돌려 틀어달라고 애원하는 청취자들의 요구가 쇄도했다. 최고 조의 흥분에 다다른 래퍼들은 격앙된 모드의 창의력으로 엄청나게 뜨거운 열정을 발산했다. "DJ 아저씨! 제발이지 한 번만 다시 틀어주세요!" 사람들 은 소리치며 애원했다.

결국 당신은 정지 버튼을 누르고 레코드 역방향으로 레코드 바늘을 끌어 천천히 제자리에 돌려놓았다. 그러자 죽어가는 로봇의 신음소리와 비슷한 소음이 났다. 쥐죽은 듯 고요하던 분위기는 사정없이 울려대는 휴대폰 소리 와 자아도취에 빠져 숨도 쉬지 않고 래퍼들이 늘어놓는 랩 선율로 단번에 확 살아났다. 다시 처음부터 트랙이 시작되었다. 바로 그거였다. 필요한 건 오직 그뿐이었다. 정확한 음악과 정확한 장소와 정확한 시간. 이제 막 새로 운 혈통의 젊은이 문화가 탄생하려는 순간이었다.

디지(Dizzee), 새로운 경지에 오르다

그라임은 바이러스처럼 런던 전역에 퍼져나갔다. 그러나 소 솔리드의 차 트 진입은 한동안 가로막힌 채 하나의 음악 영역으로서는 주류의 레이더로 부터 벗어나 있었다. 너무도 자유분방한 형식 탓에 처음 몇 년간은 아무도 그것을 무슨 음악이라 불러야할지 알지 못했다.

2002년 7월 이스트 런던 보우 지역의 어느 뜨거운 여름날에 변화는 시작 되었다. 자신이 살고 있던 공영 주택단지의 한 모퉁이 담벼락에 딜런 밀스 (Dylan Mills)라는 열일곱 살 소년이 걸터앉아 있었다. 저 멀리 보이는 런던 독랜드 지역의 스카이라인에 우뚝 솟아 있는 3개의 탑 중에 아직 공사가 덜 끝난 탑 하나가 여름철 아지랑이 사이로 가물거리며 흔들리고 있었고, 자동차와 통근자들은 주말을 틈타 열기 가득한 도시를 빠져나가고 있었다. 그러나 밝은 노란색 운동복 차림에 연한 푸른 색 나이키 운동화를 신고 있는 이십대 흑인 소년에게 눈길을 주는 이는 아무도 없었다. 그는 모퉁이 벽에 편안한 자세로 기대고 앉아 세상이 흘러가는 모습을 바라보았다. 해적 라디오 래퍼였던 그는 자신의 첫 번째 인터뷰를 위해 모퉁이에서 나와 만나기로 되어 있었다. 사실 그와의 인터뷰는 그 후로 이어질 다른 수천 건 인터뷰의 서두를 장식할 참이었다.

아직 공사 중이던 탑처럼 밀스도 아직 한창 공사가 진행되는 영국의 명물이었다. 그는 바로 디지 라스칼(Dizzee Rascal)로 더 잘 알려진 래퍼였다. 아직은 모르겠지만 이제 곧 그의 첫 번째 싱글 '아이 러브 유(I Luv U)'를 놓고 쟁탈전이 벌어질 참이었다. 그 어디에서도 앨범으로 발표된 적 없고 아직 마땅한 이름도 만들어지지 않은 신종 장르였지만, 그것은 현재 런던 해적 방송에서 최고 중 최고로 손꼽히는 음악이다.

2000년대로 접어들자 영국의 도시 음악은 소 솔리드의 '딜레마'에 영향을 받고 훗날 '그라임'으로 이름 붙여진 성나고 각진 사운드가 지배해나갔다. 하우스와 유케이 거라지, 댄스홀, 힙합의 요소들이 함께 녹아든 그라임은 과장과 허세의 이미지와 아이디어 위에서 홀로 생존해나갔다. 그것은 늘 음악 영역이라기보다 밈에 가까웠다.

영국 수도의 공영 주택 단지에서 출현한 그라임은 물리적 자본을 거의 취하지 않았다. 정식 출간되지 않고 해적 라디오 주파수를 통해서만 존재하던 대부분의 그라임 레코드들은 가정용 컴퓨터에서 간단한 해적 음악 소프트웨어 프로그램으로 녹음되었다. 개중에는 플레이스테이션으로 제작된 음악도 있었다. 그라임은 클럽에서 탄생한 음악이 아니었고 실제로 그라임을 트는 클럽은 많지 않았다. 게다가 많은 장소에서 그라임을 금지했고 경찰은 폭력 사태를 대비해 클럽 파티를 꾸준히 단속했다.

그라임은 이름도 없이 언더그라운드에서 힙합의 전 세계 언더그라운드의 일부분으로 명맥을 이어나갔다. 그것은 나라 안에서조차 못 본 체 지나치고 싶어 하는 골치 아픈 문제들을 끄집어내 다루는 한 소외 계층의 환멸에 찬 목소리였다. 음악 저널리스트 크리스 캠피온(Chris Campion)은 훗날 「월간 옵 서버 뮤직(Observer Music Monthly)」 지에서 그라임 아티스트들에 대해 "그들은 블레어(Blair)가 소유한 영국의 후레자식들이었다."고 설명했다. 그라임은 후드 달린 스웨트 셔츠●를 입었다는 이유만으로 범죄자로 내몰리는 십대 세대, 급증하는 총기 범죄와 마약으로 넘쳐나는 길거리, 기존 세대들이 누리던 기회의 상실과 같은 수많은 영국의 도시 문제에 직면해 있는 십대들의 사운드였다. 디지 라스칼은 2002년에 건물 벽에 기대어 이렇게 말했다. "길거리는 곧 나의 영감이다. 그곳에서 모든 것이 일어난다. 오늘은 조용하지만 대개는 꽤 시끄러운 편이다. 물론 조용한 것이 더 안전하지만 말이다. 세상은 변하고 있고 이제는 적응만이 살 길이다. (가려진 CCTV 카메라를 가리키면서) 저 카메라처럼 곳곳에 숨어 있는 카메라와 더 많아진 경찰, 마약, 범죄 등등. … 모든 것이 변하고 있다."

그라임은 1990년대 후반에 유행하던 유케이 거라지의 잔존물에서 출현한 음악이었다. 유케이 거라지는 드럼 앤 베이스 영역에서 빌려온 탄력 있는 베이스 라인이 뒷받침되어 명랑한 멜로디와 달콤한 보컬이 주종을 이루는, 그라임과는 매우 다른 음악 영역이었다. 유케이 거라지는 2000년이 도

• 영국에는 400만 대가 넘는 보안 카메라가 설치되어 있으며, 이는 인구 14명당 1대꼴로 설치되어 있는 셈이다. 자신의 신분을 위장하기 위해 좀도둑들이 후드 달린 스웨트 셔츠를 애용했다는 이유로 영국 사회에서는 이 옷을 걸친 사람은 무조건 수상쩍게 바라보는 경향이 생겨났다. 그러나 수백만 명이 즐겨 입는 옷이란 사실을 감안하면 이는 참으로 애석한 일이었다. 현재 영국의 일부 쇼핑센터와 술집에서는 후드 달린 옷이 전면 금지되어 있으며, 2006년 2월에는 식료품점에 들어가던 58세의 여교사가 경비원들로부터 후드 달린 스웨트 셔츠를 벗고 들어가도록 요구받기도 했다.

래하기 이전의 낙천주의를 담아놓은 영국의 사운드였다. 그러나 두려움에 사로잡힌 새로운 세상에 점점 도태되면서 보다 어둡고 신선한 사운드 트랙이 필요해졌다.

"사람들은 우리가 존재하는지조차 알지 못했다. 하지만 우리는 지하에 존재했다. 이런 상황 속에서 우리는 세상에 나와 뭔가 특별한 것이 있음을 보여주려고 했다." 디지는 2003년 5월에 사우스 런던 브릭스턴에 위치한 데어리(Dairy) 녹음 스튜디오에서 자신의 첫 번째 앨범 '보이 인 다 코너(Boy in Da Corner)'를 작업하며 이렇게 말했다.

아니나 다를까, 발 빠른 DJ와 저널리스트와 블로거들 덕분에 주류는 디지의 싱글이 나온 지 몇 달 후에 그를 발견해냈고, 그 음악에도 그라임이라는 이름이 붙게 되었다. 현실에 대한 그라임의 가혹한 묘사는 1990년대 갱스타 랩이 미국을 혼돈에 빠뜨렸던 것과 마찬가지로 말 많고 탈 많은 영국 상류층을 충격에 빠뜨렸다. 그러나 유행에 민감한 일부 언론은 그라임과 즉시 사랑에 빠졌다. 그라임을 두고 힙합에 대한 영국 최초의 신용할 만한 반응이라고 평하는 이들도 있었고, 흑인 영국 펑크의 새로운 물결이라고 보는 이들도 있었다.

자신의 말을 충실히 지키던 디지는 머큐리 뮤직상(Mercury Music Prize)을 수상하고 첫 번째 앨범으로 25만장이 넘는 판매고를 올렸다. 그라임은 단숨에 유행의 물결을 탔고, 대형 음반사들은 수표를 흔들어대며 열렬한 애정 공세를 펼쳤다. 소식이 전파되자 다른 세상에서도 그를 주목하기 시작했다. 2005년 3월자 「뉴욕 타임스」는 다음과 같이 적었다. "그라임은 콘서트나 희귀한 LP 싱글 레코드 대신에 인터넷을 통해 뉴욕으로 전파됐다. 런던에서의 그라임은 그를 키워낸 떠들썩한 클럽과 야밤에 방송되는 해적 라디오 방송국과 불가분의 관계처럼 보일 수 있겠지만 뉴욕에서는 컴퓨터 음악이었다. 컴퓨터로 감상하는 음악 말이다." 그라임은 영국을 벗어난 세상에서 무사히 다운로딩을 마치고 자체적인 설치에 성공했다. 그것은 다음에 도래할 거대한 존재가 드디어 도달한 것처럼 보였다.

하지만 그것은 오산이었다. 일부 그라임 래퍼들이 주류로 건너가 성공하기는 했지만 그런 이들은 한손으로 꼽을 수 있는 정도였다. 디지 라스칼은 그중에서도 압도적으로 성공한 인물이었다. 미디어의 주목은 지나친 시기상조였다. 그라임은 반사회적이고 반항적인 음악으로 성급히 결론 내려졌고, 래퍼들이 그려놓은 길거리 삶의 무자비한 그림은 그라임 전체 영역의 단면만을 성급히 부각시켜놓았다. 그라임 역시 펑크처럼 타락한 삶을 살다가 너무 젊은 나이에 죽었지만, 상업적으로는 여전히 손에 잡히지 않는 실체로 남고 말았다. 음반 업체들은 그것을 어떻게 판매할지 방법을 알지 못했고, 상업 라디오는 그것이 너무 '도시적'이라는 이유로 그라임 음악을 틀려하지 않았다. 그보다는 TV 쇼에 등장하는 미국 R&B 여가수와 상업적으로 결성시킨 밴드들이 훨씬 더 안전한 선택이었다. 일부 그라임 아티스트들의 앨범 판매율은 그런대로 적당한 편이었지만 '적당'하다는 것은 대형 음반사에게 먹히지 않았다.

2005년 후반이 되자 그라임에 대한 주요 매스컴의 관심은 줄어들기 시작했다. 심지어 이름 있는 아티스트로 성장한 디지조차도 그라임과 거리를 두면서 그가 탄생된 그라임보다 디지 자신이 더 오래 살아남을지 모른다는 생각에 확신이 갔다. 2005년에 디지는 자신의 태도를 옹호하며 이렇게 대꾸했다. "사람들은 마음을 잡지 못하고 오락가락한다. '이쪽인가 저쪽인가' 하는 '아이 러브 유'의 가사처럼 말이다. 사람들은 적응을 두려워한다. 사람들이 갈피를 잡지 못하니 나도 더 이상 한쪽 영역에 발을 붙이려고 하지 않는 것이다." 그를 다시 보게 된 것은 그 이듬해 나이키에서 한정판 브랜드 디지

라스칼/나이키 운동화의 출시를 기념해 개최한 파티에서였다. 이제 디지는 백만장자이자 유명 아티스트가 되었다. 그는 다음 단계로 넘어갈 결정을 내렸다.

2006년이 되자 대형 미디어도 그라임에 완전히 싫증을 내고 다음 단계로 넘어갔다. 언더그라운드에서도 그라임의 유효기간이 지났다는 말들이 나오기 시작하면서 그라임 영역은 보다 세분화된 영역으로 갈라지기 시작했다. 많은 그라임 팬과 해적 DJ들도 당시 막 형태를 잡아가던 새로운 혈통의 펑키 하우스(funky house) 영역이나 막 떠오르던 누 레이브(nu−rave) 영역, 혹은 그라임의 사촌뻘이자 강력한 베이스음의 나노문화에 속하는 덥스텝(dubstep)으로 거처를 옮겨갔다.

그라임은 3년 동안 흥망성쇠를 모두 거친 것처럼 보였다. 그것은 펑크처럼 잠시 반짝하다 사라진 유행이기는 했지만, 미디어가 수백만 갈래로 세분화되는 요즘 세상에서 예전에 펑크가 그랬듯이 한 음악 영역을 둘러싸고 합의를 이끌어내고 상업적인 여생을 마련하는 일은 결코 쉬운 일이 아니다. 젊은이 문화는 이제 일회용 소모품이다. 미국의 힙합은 한 달이 멀다 하고 새롭게 재해석되어 나오는 지역 특화된 힙합을 옹호하는가 하면, 지난주에 등장한 밴드가 무대에서 내려오기도 전에 참신한 록 밴드가 일주일이 멀다 하고 등장한다. 이제 달라진 것은 선택의 폭이다. 선택 가능한 음악은 너무나도 많고 취할 수 있는 샘플 크기도 무척이나 방대해서 이제는 변화를 파악하기도 불가능할 지경이다. 젊은이 문화는 더 이상 현상 유지되는 음악 업계에 반항할 수가 없다. 현상 유지가 더 이상 존재하지 않기 때문이다.

이 같은 역습에도 그라임은 비록 극소수이기는 하지만 살아남았다. 새로운 아티스트들이 등장하여 명맥을 이어가고 있지만 주류의 레이더로부터는 벗어나 있다. 그라임은 대형 음반사를 끼지 않고 존재하는 민주적 모델의 음악에 해당한다. 그라임 영역에서 높이 평가받는 여러 명의 아티스트들은 자체적으로 느슨히 연결된 네트워크를 결성했는데, 예컨대 보이 베터 노우(Boy Better Know) 공동체는 대형 음반사나 주류와 아무런 관계없이 자체 앨범과 제품들을 만들어내고 있다. 그라임이 의존하는 니치 시장의 규모는 작은 편이지만 그 네트워크는 가히 세계적이라 할 수 있다. 그라임의 메시지는 인터넷 포럼과 MP3 파일을 통해 세계를 돌아다니며, 아티스트들은 마이스페이스 같은 인터넷 포털을 통해 세계 각국에서 행사 일정을 계획한다. 그라임은 전 세계에 팬을 확보하고 있으며, 제이지나 엘엘 쿨 제이, 릴 존과 같은 주류 힙합 아티스트들도 모두 그라임을 인정하고 있다.

런던은 비슷비슷한 비즈니스 모델을 갖고 새로운 영역을 생산해내는 여러 문화 수도들 가운데 하나에 불과하다. 그라임과 같은 음악 영역 속에는 하나의 세상이 담겨 있다. 외부인들의 눈에는 마치 찻잔 속에서 휘몰아치는 작은 폭풍처럼 보이겠지만, 자세히 들여다보지 않으면 그 속에 엄연한 하나의 기상 시스템이 갖춰져 있음을 눈치 못 챌지도 모른다.

이러한 글로벌 나노 문화들은 계속 발전해나가고 있고, 의미를 약탈해가는 시장들에 대해 점차 면역력을 키워가고 있다. 이제는 새로운 트렌드가 사라지기 전에 그것을 단적으로 정의 내릴 시간조차 부족할 지경이다. 먼저 레코드 매장의 섹션들이 사라지고 나면 다음에는 레코드 매장이 통째로 사라지는 세상이니 말이다. 이제는 집밖을 나가지 않고도 누구나 접할 수 있는 새로운 음악의 끝없는 실타래가 존재하고 있다.

새롭게 발굴된 젊은이 문화는 새로운 움직임으로 이어지다 결국 매스 미디어의 배경과 혼합되거나 혹은 잠시 찬란한 조명을 받다 이내 수명을 다하고 마는 경우가 대부분이어서 일부 나노 문화들은 스포트라이트에서 완전히 벗어나 있다. 세계 구석구석에서 쏟아져 나오는 제품과 아이디어와 사운드와 볼거리들이 우리의 주목을 끌려고 경쟁하는 가운데 모든 것이 새로운 고안물들의 아우성 속에 묻혀버리고 말았다. 그라임의 성난 사운드는 그 어떤 문화적 움직임도 더 이상 소유할 수 없게 되어 좌절한 세대가 내는 사운드였다.

그러나 그들의 좌절감은 젊은이 운동의 의미를 적절히 활용하는 사람들, 즉 광고업자와 브랜드 관계자들이 함께 나눠 갖고 있다. 모든 것이 혼란 속에 영영토록 상실된 이 시대에 누가 과연 자신의 흔적을 남길 수 있을까?

부 크루(Booo Krooo)로부터 얻은 마케팅 교훈

2001년 11월에 나는 「RWD」 창간 잡지의 편집장이 되었다. 그것은 당시 런던 해적 라디오 영역에서 등장한 새로운 사운드와 문화에 초점을 맞추는 새로운 음악 잡지였다. 유케이 거라지가 퇴거하고 그라임이 태동되던 때에 시작된 「RWD」 지는 당시만 해도 양쪽 음악 영역을 다루는 거의 유일한 잡지였다. 우리는 사우스 런던 크리스털 팰리스에 위치한 한 레코드 상점에 딸린 후미진 골방에서 매달 5천 부가량의 잡지를 찍어냈다. 나는 대형 잡지사의 정규직을 그만두고 「RWD」 지의 세 번째 호부터 합류했다. 그것은 「RWD」 지가 꽤 괜찮은 잡지가 될 수 있으리라는 판단에서였다. 본업 말고도 '딜레마'와 같은 레코드를 옹호하는 해적 DJ 가운데 한 사람이었던 나는 잡지 업계에서 쌓은 경험과 언더그라운드 음악에 대한 애정을 접목시키는 수단으로 「RWD」 지를 바라보았다. 신생 잡지사에서 일하는 것이 모험이 되리라는 것은 알고 있었지만 앞으로 어떤 일들이 펼쳐지게 될지는 나로서도 알 수 없는 일이었다.

크리스털 팰리스에 위치한 사무실은 런던에서도 그리 좋은 동네가 아니었다. 사무실에 출근하는 평범한 주중에도 싸움이 일어나고 마약이 거래되며 이따금씩 총소리도 들을 수 있는 동네였다. 대금업자가 찾아오는 날이면 사무실 문을 걸어 잠그고 임대 컴퓨터 장비들을 몽땅 정원에 숨기는 것이 우리의 의례절차였다. 잡지사 경력을 지닌 직원은 나 혼자뿐이었다. 우리는 초기 자본금으로 5천 파운드를 투자했다. 다른 잡지사들은 우리가 다루려 하는 음악을 비웃었고, 함께 동참하고 싶어 하는 브랜드도 얼마 되지 않았다. 한때 그라임 밴드 소 솔리드의 전단지를 디자인한 바 있는 우리 잡지의 웹사이트 디자인 전문가 알렉스(Alex)는 크레이포드 경견장(Crayford Dog Track)에서 웨이터 보조로 일했던 경력이 전부인 열여섯 살짜리 소년이었다 (그러나 최근에 푼돈을 훔치고 쓰레기통에서 불장난을 저지른 명목으로 해고당했다). 게다가 음악 잡지 시장은 급속히 줄어들고 있었다.

상황은 한마디로 신통치 않았다.

우리가 가진 것이라고는 꽤 멋진 제목의 음악 잡지와 해적문화에 대해 우리가 함께 나누고 옹호하는 신념이 전부였다. 당시는 그라임이 막 떠오르던 때였고 디지가 성공하려면 아직 몇 달을 더 기다려야 하는 시점이었지만 솔리드 크루가 영국 팝 차트 정상을 차지하면서 영국 전체를 깜짝 놀라게 했다. 처음에 대형 음반사들은 소 솔리드와 음반 계약을 맺기 위해 필사적으로 노력했다. 그러나 대다수 음반사 관계자들은 이 새로운 사운드에 대해 제대로 이해하지 못했고 결국 엉뚱한 아티스트들이 계약을 맺는 상황이 벌어졌다.* 그라임에 관해서라면 「RWD」지는 단연 독보적인 존재였다. 우리가 기사화한 아티스트들을 음반사들이 주시하고 있다는 사실을 우리는 알고 있었다. 사실 「RWD」지에 등장했다는 이유만으로 음반사들이 아티스트

---

* 2002년에 인터뷰한 한 래퍼 집단은 소 솔리드 멤버들과 같은 학교를 다녔다는 사실만으로 25만 파운드 짜리 음반 출간 계약을 맺었다. 하지만 첫 번째 싱글로 500부 미만의 앨범이 판매됐고 그 후로 그들의 소식은 들리지 않았다.

들과 계약을 맺고 있는 것은 아닌지 의심스러울 정도였다.

2002년 4월에 우리는 우리의 추측이 맞는지 시험해보기로 했다. 우리는 만우절을 맞이하여 새로운 위장 신인 밴드 부 크루(Booo Krooo)에 관한 기사를 실었다. 우리는 크루 멤버의 사진(사실 그것은 모자와 후드 달린 옷과 선글래스로 위장한 나와 몇몇 동료들이었다)과 함께 황당무계한 내용의 기사를 함께 실었다. 내용인즉슨 부 크루가 일본에서 400만 파운드짜리 음반 계약을 맺었고, 그들의 싱글 앨범은 해적 라디오에서조차 방송 금지를 당했으며, 이 음반을 듣고 많은 사람들이 댄스 플로어에서 구토했다는 것이었다. 이들의 가짜 앨범을 평가하고 우리가 내린 평점은 5점 만점에 1점이었고, 이들의 매니저 전화번호도 함께 적어놓았다(사실 그것은 내 사무실 직통 전화번호였다). 잡지가 출간되자 이들을 간절히 만나보기 원하는 여러 대형 음반사의 A&R(가수 발굴과 양성을 담당하는 책임자) 담당자들로부터 전화가 걸려오기 시작했다. 부 크루에 관해 책을 출간하고 싶어 하는 에이전시도 있었고, 그해 1월부터 부 크루의 음반을 틀어왔다고 얘기하는 DJ들도 있었다. 이 깜짝 쇼와 함께 올바른 아티스트들을 취재하려는 헌신된 노력 탓에 우리는 언더그라운드에 대한 높은 신용도를 얻게 되었지만, 그래도 여전히 대금업자와 동네 폭력배들을 떼어놓을 만큼 넉넉한 돈을 벌지는 못했다.

2002년 초반에 우리는 알렉스가 불장난만큼이나 웹사이트 구축에 제법 재주가 있다는 사실에 확신을 얻고는 온라인 버전 잡지를 런칭할 준비를 시작했다. 어떻게 하면 효과적인 런칭 홍보 캠페인을 일으킬 수 있을까 열심히 머리를 짜냈지만 문제는 예산이 없다는 것이었다. 나는 인터넷을 떠도는 몇몇 입소문 비디오들을 찾아보기 시작했다. 그중 대부분은 광고가 아니었음에도 하나의 아이디어를 전달하고 있다는 사실을 알 수 있었다.

우리는 이미 앞에서 마크 에코의 드로가5 비디오와 같은 여러 입소문 비디오들을 다룬 바 있다. 바이러스에 관한 스티븐 호킹의 주장은 옳았다. 효과적인 바이러스는 자체적인 생명력을 갖고 있었다. 훌륭한 아이디어의 바이러스는 브랜드를 높이 띄워 올릴 수 있었다. 하지만 바이러스라고 해서 모두 똑같이 만들어지는 것은 아니었고, 그것은 전적으로 바이러스를 효과적으로 활동하게 만드는 사람들의 몫이었다.

　나는 다른 사람에게 가치 있는 것, 그리고 그 사람이 또 다른 사람에게 그것을 재전송할 정도로 가치 있는 것을 만들어야 한다는 사실을 알고 있었다. 당신의 아이디어는 곧 당신의 화폐와 같다. 그리고 당신이 얻어내야 할 것은 시청자들의 몇 초다. 그 속에서 사람들의 신뢰를 얻어내야 하고, 사람들을 즐겁게 해주거나 정보를 제공해야 하며, 당신의 메시지를 확신시켜야 한다. 그리고 가능한 사람들을 그 메시지에 따라 행동하도록 만들어야 한다. 그러나 그것은 한편으로 시청자의 화폐도 되어야 한다. 그것은 재미나거나 유익해야 하며 다른 이들에게 전달할 정도로 가치 있는 것이어야 한다. 당시 우리의 경우로 따지면 웹사이트로의 트래픽을 이끌어내야 했다. 우리 사이트가 도시 음악 팬들에게 궁극의 목적지임을 확신시킬 필요가 있었다.

　마침내 「RWD」 지 독자와 일부 업계 관계자들이 부 크루의 기괴한 행각을 무척이나 좋아한다는 사실에 입각하여 나와 일러스트레이터인 아트 재즈는 부 크루 멤버들을 잡지 속 연재만화에 되살려놓았다. 그리고 부 크루는 우리의 청중과 교감을 일으켰다. 입소문 마케팅에 관해 한마디 말하자면 당신이 지닌 핵심에 집중할 필요가 있다. 사람들이 당신의 바이러스를 맘에 들어 하면 그들이 직접 그것을 다른 사람들에게 전파할 것이다.

　우리는 이 연재만화를 애니메이션으로 만들어 「RWD」 온라인 잡지를 홍보하기로 했다. 우리의 타깃 청중은 도시 음악에 열광하는 15세에서 24세의 젊은이였다. 부 크루는 꽤 독특한 캐릭터였다. 당시 영국에는 '사우스 파크 (South Park: 미국 시사와 대중문화에 대한 거침없는 풍자와 패러디로 일각에서 비난을 받기도 했던 미국의 인기 코미디 애니메이션—옮긴이)'에 필적할 만한 애니메이션이 없었고 우리는 이미 청중들이 깊이 빠져 있다는 사실을 알고 있었다. 우리는 래퍼들이 겪는 고난과 시련 그리고 음반 산업을 무너뜨리려는 부 크루 멤버들의 무모한 도전에 초점을 맞춰 대본을 작성하고 스토리보드를 제작했다. 속어를 섞어놓은 대화와 길거리 삶의 요소들을 적절히 주입해 핵심 청중의 흥미를 이끌어내는 동시에 보다 폭넓은 청중에게서 관심을 일으킬 수 있도록 했다. 잡지의 드럼 앤 베이스 파트 에디터와 나는 침실 겸용으로 쓰이는 녹음 스튜디오에서 모든 음향과 음악을 녹음했고, 알렉스는 사운드 트랙을 아트 재즈의 일러스트레이션과 배합해 크루에 생명력을 불어넣었다. 우리는 3분짜리 만화의 마지막에 웹사이트로 이동할 수 있는 클릭 옵션을 첨부하고는 이를 이메일에 담아 당시 별로 많지 않던 우리의 이메일 명단에 전송했다.

부 크루가 인터넷에 퍼지자 반응은 가히 폭발적이었다. 만화는 곧장 팬들을 확보해나갔고, 웹사이트는 엄청난 히트수를 기록했다. 소문은 퍼져나갔고, 몇 시간이 지나자 만화를 더 보여 달라고 요청하는 이메일이 날아들었다. 바이러스는 생명력을 얻었고, 이제 우리는 그것에 영양을 공급해야 했다.

부 크루 바이러스는 거대한 괴물임이 입증되었다. 두 번째 에피소드를 만들어 인터넷에 띄우자 바이러스는 마치 영화 〈흡혈 식물 대소동(Little Shop of Horrors)〉에 나오는 식물처럼 뻗어나가기 시작했다. 웹 히트 수도 치솟았다. 그러다 난데없이 애틀랜틱 레코드(Atlantic Records)의 미시 엘리엇 관계자들에게서 전화가 걸려왔다. 그들은 우리의 세 번째 에피소드에 엘리엇을 투입하고 싶은데 비용이 얼마나 될지 궁금해했다. 결국 우리는 거래를 성사시켰고, 세 번째 애니메이션은 우리 세상에 속해 있는 핵심 청중과 다른 세상에 살고 있는 엘리엇의 팬들 모두에게 흥미를 일으키도록 제작되어 전 세계에 전달됐다. 사이트가 런칭한 지 몇 달 만에 「RWD」 지는 세계에서 가장 인기 높은 도시 음악 잡지의 하나로 성장했다. 부 크루는 목표를 달성했고 기대 이상의 성과를 올렸다.

그러나 부 크루는 자체적으로 생명력을 얻었다. 세 번째 에피소드 이후에 우리는 TV 프로그램을 제의받았고, 나는 유럽 전역에 방송으로 내보낼 부 크루 시리즈를 완성했다. 부 크루의 성공에 일부 힘입어 「RWD」 지는 영국 최대의 도시 음악 잡지로 성장해 그 자리를 지켜나가고 있다. PR의 달인 매튜 프로이트(Matthew Freud)와 리즈 머독(Liz Murdoch)이 이끄는 한 투자자 컨소시엄도 우리 기업의 지분을 매입했다. 우리는 런던 브리지에 위치한 새로운 사무실로 이사했고, 현재 거대한 정규직 팀과 한 부대의 프리랜서들을 거느리고 있다.

부 크루는 훌륭한 바이러스였다. 그것은 자체적인 능력으로 가치 있는 자산이자 수입원이 되었고, 우리 브랜드에게 다수의 팬과 상금을 선사했다. 부 크루는 음반과 더불어 뉴 이라(New Era) 모자 브랜드까지 출시하기에 이르렀다. 알렉스는 현재 독립 영화감독으로 활동 중이고 디자인 에이전시도 함께 운영하고 있다. 더욱 기쁜 것은 2004년에 프린스 트러스트와 스코틀랜드 왕립 은행이 선정한 올해의 런던 기업 상을 수상하고 세인트 제임스 궁전에서 찰스 황태자와 갖는 티타임에 초대된 사실이었다. 그때 찰스 황태자는 내게 제일 먼저 이렇게 질문했다. "누가 그 애니메이션을 만들었습니까?"

바이러스를 보살피는 방법

그라임 영역의 스토리는 모든 나노 문화를 성공적인 바이러스로 만드는 방법에 관한 통찰력을 제공해준다. 한 음악 영역의 흥망성쇠는 이처럼 일시적 현상이 끝없이 연속되는 새로운 세상 속에서 성공적으로 아이디어를 전파하는 데 청사진 역할을 담당한다. 누구라도 성공적으로 바이러스를 만들어내고 보살피는 데 이용할 수 있는 4단계 식이요법은 다음과 같다.

1. 청중이 직접 규칙을 만들게 하라.

   소 솔리드의 앨범 '딜레마'는 래퍼들에게 인스트루멘탈 버전을 그들이 원하는 대로 바꿔놓을 수 있도록 자유 공간을 허용하면서 톡톡히 효과를 볼 수 있었다. 이렇게 하여 매번 해적 방송 때마다 래퍼들의 다른 랩 버전이 가능해진 그들의 트랙은 살아 숨 쉬는 음악으로 변모했다. 모든 래퍼들이 좋아했고, 해적 DJ들도 모두 그것을 레코드 가방에 넣어 다녔다. 곧이어 영국의 모든 십대들도 이 음악을 듣게 되면서 소 솔리드는 차트 정상을 차지했다. 래퍼들에게 이 같은 공간을 허용하지 않았던 유케이 거라지는 바로 이 점 때문에 그라임 영역에 밀려나고 말았다. 그라임이 전파할 만한 가치가 있는 바이러스가 될 수 있었던 이유는 개방적이고 진화적인 특성 때문이었고, 이는 사용자들에게 규칙 대신 선택권을 제공했다. 유케이 거라지 바이러스는 점점 지나치게 정형적이고 예측 가능해지면서 차츰 정체되다 소멸했다. 바이러스는 청중들에 의해 전파된다. 그러니 청중이 직접 규칙을 만들게 하라.

2. 화려한 조명을 피하라. 그리고 당신의 청중에게만 전하라.

   말콤 글래드웰(Malcolm Gladwell)은 사회적 전염에 관해 쓴 『티핑 포인트(The Tipping Point)』라는 책에서 이를 '소수의 법칙(The Law of the Few)'이라는 표현으로 정의했다. 만약 디지 라스칼이 자신의 방에 앉아 각 음반사에게 데모 테이프를 부쳤다면 그는 레코드 계약을 따내지 못했을 것이다. 레코드 업체들은 이런 식으로는 바이러스를 발생시키지 못한다. 그들은 나중에 돈을 주고 구입하여 공개하는 방식을 취할 뿐이다. 그들은 디지의 청중이 아니었고, 그는 이 사실을 잘 알고 있었다. 그의 청중은 런던의 영향력 있는 젊은 해적 라디오 청취자들이었고, 그래서 그들에게만 노래했다. 결국 청취자들은 디지의 편에 서서 음반사에게 그가 누구인지 알게 했고, 이로써 디지를 차지하려는 쟁탈전이 시작되었다.

만약「RWD」지가 한 웹사이트를 가리켜 영국 최고의 도시 음악 사이트라고 커다랗게 광고했다면 아무도 믿어주지 않았을 것이다. 대신에 부 크루가 사이트로 청중을 끌어들여 그러한 사실을 증명해 보일 수 있는 기회를 제공했다. 누구든지 손에 넣지 않고는 못 배길 정도로 당신의 아이디어가 출중하다고 해도 우선은 당신의 청중에게 알려라. 그들이 나중에 그것을 다른 모든 이에게 알리게 될 것이고, 그렇게 해서 그들로부터 들려오는 소리가 훨씬 더 듣기 좋을 것이다.

3. 바이러스의 크기에 알맞게 영양을 공급하라.

바이러스에 자체적인 생명력이 생겼다면 그것에 영양을 공급해야 한다. 단 바이러스의 크기에 맞게 영양을 공급할 필요가 있다. 디지는 해적 청취자들이 자신의 음악에 열광하던 시점에 맞춰 첫 번째 싱글 '아이 러브 유'를 홍보 음반으로만 출시했다. 그런 다음 그와 매니저측은 싱글 앨범을 둘러싸고 형성된 열기가 절정에 다다를 때까지 음반 거래를 기다렸다. 그리고 주류가 바이러스를 포착했다고 확신이 들었을 때 마침내 앨범을 출시했다. 우리도 만약 부 크루의 첫 번째 에피소드에서 미시 엘리엇을 등용했다면 그녀의 명성에 만화 본래의 정체성이 가려졌을 것이다. 그러나 세 번째 에피소드가 나올 때쯤에는 이미 만화에 대한 청중의 이해가 형성되어 있었고 따라서 미시 엘리엇과 같은 다른 브랜드가 개입되어도 그것을 수용할 준비가 되어 있다는 사실을 알고 있었다. 이미 온라인으로 만화의 인기를 키워 놓았던 덕에 부 크루가 TV에 방영되었을 때는 방송국에서 가장 높은 시청률을 기록할 수 있었다.

4. 스스로 소멸하게 하라.

아무리 좋은 것도 모두 끝이 있는 법이다. 나노 문화는 일시적이어서 오래 생존이 불가능하다. 그라임은 홀로 자립할 수 있을 정도로 튼튼해질 때까지 유케이 거라지 영역을 공급원으로 이용했다. 디지는 그라임과의 관계가 자기 자신이나 그라임 영역에 모두 도움이 되지 않는다는 판단을 내리고는 그라임 바이러스로부터 거리를 두었다. 그라임의 인기가 쇠퇴하기 시작하자「RWD」지는 부 크루를 없애고 다음 단계로 넘어가기로 결심했다. 바이러스는 아티스트와 브랜드 모두에게 유용한 수단이기는 하지만, 바이러스가 소멸될 적당한 시기를 감지해내고 제때 거리를 두지 못하면 바이러스 스스로 소멸하면서 당신의 품위까지 함께 끌어내릴 수 있다.

뿌리 문화

오늘날의 입소문 비디오는 여러 주류 광고 캠페인의 일부분을 차지한다. 자연적인 풀뿌리 문화는 기업들이 사용하고 싶어 할 만큼 빠르게 자라나지 않기에 많은 기업들은 일명 '아스트로터핑(Astroturfing)'으로 알려진 과정 속에서 부 크루처럼 인위적으로 만들어낸 자체 모조 풀뿌리 소음을 일으킨다(아스트로터핑은 인공 잔디의 상표명인 아스트로터프Astroturf에서 비롯된 표현으로 일반인으로 위장한 기업 꼭두각시들이 특정 여론을 조성하는 행위를 말한다─옮긴이). 이제 아스트로터핑은 광고업계에서도 그 가치를 인정받고 있으며,「비즈니스 위크」지에 따르면 미국에서만 1억 5천만 달러 이상의 금액이 아스트로터핑에 지출되고 있다.

입소문 비디오라고 해서 늘 만족스러운 것은 아니다. 유튜브에 들인 디디와 버거킹의 헛수고를 생각해보라. 반면에 버거킹의 '시키면 시키는 대로 하는 닭(subservient chicken)' 웹 사이트는 4억 회에 이르는 시청 횟수를 기록했다.[•] 참고로 설명하면 이는 닭 의상과 가면으로 분장하고 웹캠을 연결해놓은 거실에 서있는 남자에게 원하는 동작을 입력창으로 타이핑해 전송하면 그 지시대로 (거의 모두) 따라하는 사이트다.

바이럴 마케팅은 이 어수선한 세상 속에서 제법 효과적인 몇 안 되는 광고 방식의 하나에 속한다. 비록 일부 대행사에서 입소문 현장 제작비로 50만 달러를 청구한다고 해도 1억 명 이상의 시청자들이 비디오를 본다고 하면 그 정도 비용은 아깝지 않을 정도로 그 가치는 굉장하다. 이러한 입소문 전파 방식은 해당 제품 구매에 실질적인 관심을 갖고 있는 잠재 고객에게 도달될 가능성을 훨씬 높여주기 때문이다(전통적인 TV 광고의 경우에는 적용되지 않는 사항이다). 그러나 경쟁은 치열하다. 현재 브랜드들은 광고가 아닌 수천 건의 아마추어 제작 비디오와 경쟁을 벌이고 있으며, 그중 대부분은 광고 에이전시가 고안해내는 것보다 훨씬 더 재미나다.

기업 바이러스는 더 이상 온라인에만 국한되지 않는다. 이들은 각종 사회 네트워크를 통해 이동하고 있다. 프록터 앤 갬블(Procter & Gamble, P&G)은 제품 홍보에 앞장서는 인기몰이 군단을 조직하여 다른 어느 기업보다 저만치 앞서나가고 있다. P&G가 현재 보유하고 있는 60만 명이 넘는 이른바 '보컬포인트 맘(vocalpoint mom)'은 미국 전역에 거대한 소셜 네트워크로 구성되어 있는 다양한 주부 집단으로, 친구나 이웃에게 선전 공세를 펼 수

• 부 크루와 마찬가지로 버거킹 비디오는 픽션으로 완성된 작품으로 닭으로 분장한 비디오 속 주인공은 실제로 움직이는 사람이 아니다. 이 모든 연출은 미리 녹음해둔 비디오 클립과 단어 인식 소프트웨어를 이용한 교묘한 눈속임으로 제작된 것이다.

있도록 P&G 제품의 무료 샘플과 쿠폰을 꾸준히 제공받는다. 이러한 인공적인 움직임은 그라임 영역보다도 훨씬 규모가 큰 편이다.

소비자들이 시장에서 바라는 사항에 관한 피드백을 P&G에 제공하는 보컬포인트 맘의 활동은 매우 유익한 편이다. 「비즈니스 위크」지에 따르면 페브리즈 에어 이펙트(Febreze Air Effects)의 판매액은 보컬포인트 맘이 활동한 이후로 17퍼센트나 증가했다. P&G는 이외에도 주니어 마케터 기업을 자회사로 두고 있다. 22만 5천 명의 십대들로 구성된 '트레머(Tremor)' 팀은 P&G측 대표로서 음악 및 영화 업체를 위한 홍보 활동을 벌이고 있다. P&G는 이러한 입소문 군단들에게 P&G와의 관계를 공개하도록 요구하지 않는다는 것과 인간 상호 활동을 상업화한다는 이유로 비난을 면치 못하고 있다. P&G의 스티브 녹스(Steve Knox)는 이 점에 대해 「비즈니스 위크」지에서 "우리는 각본에 짠 내용을 지시하지 않는다는 철칙을 갖고 있다."고 주장했지만, 기사는 "하지만 P&G는 이 비밀 마케터들에게 미끼용 제품을 제공하고 있다."고 일침을 가했다.

또 재미난 사실은 P&G는 이 자원 마케팅 팀을 '소비자'로 정의내리고 있지만 다른 여러 반대자들은 그들이 기업 후원을 받는 강매자 이상으로 행동하고 있다고 생각한다는 것이다. 그러나 D.I.Y.가 생산자와 소비자의 경계선을 흐려놓았던 것처럼 오늘날의 소비자들은 R&D와 마케팅 부서를 대체해나가고 있다.

그런가 하면 마치 상업계의 플래시 몹처럼 팝업 스토어(pop-up store)라는 형태의 매장이 한 번에 수 주일씩 도시에 모습을 등장하고 있다. 기존의 소매 매장 형태든 혹은 개조된 화물 컨테이너와 같은 자체 임시 매장 형태든지 간에 이러한 팝업 스토어들은, 요지에 들어서 있는 대부분의 플래그십 매장들이 목표로 삼는 쌍방향 광고(interactive ad)처럼 도시 한복판 길거리를 차지하고 있다. 팝업 스토어는 핵심 요지에 위치한 소매 매장에 동반되는 엄청난 장기 임대료의 지속적인 출혈 없이 해당 브랜드에 일시적인 스포트라이트를 제공해줄 수 있다. 타겟과 코닥(Kodak), 일리(Illy) 커피 기업, 「와이어드」잡지, 나이키는 이러한 임시 매장을 마련하는 여러 기업들의 일부에 불과하다.

팝업 스토어의 출현은 물리적 공간을 떠나는 트렌드를 보여주는 또 다른 신호기도 하다. 「패스트 컴퍼니(Fast Company)」지에 따르면 미국의 카탈로그 연간 판매액은 1974년의 610억 달러에서 2003년에는 1,330억 달러로 증가했다. 온라인 쇼핑은 2001년 이후로 매년 평균 25퍼센트씩 성장하고 있으며, 컴스코어(comScore) 네트워크에 따르면 현재 약 650억 달러의 가치를 지니고 있다. 한편 물리적인 매장을 둘러보는 시간은 점점 줄어들고 있는 실정이다. 쇼핑이든지 젊은이 문화든지 우리에게는 그 어떤 것에도 더 이상 장기적인 관심을 쏟을만한 시간이 없다.

아직 우리에게는 대량 생산의 설비가 필요하기는 하지만 그것은 점점 뒷자리로 밀려나고 있다. 이제는 바이러스가 중앙 좌석을 차지하고 있으며, 이것이야말로 우리에게 남겨진 유일한 실제 자본이다. 우리는 더 이상 마케팅 인력들이 대신해서 음악을 분류하고 특정 영역을 구분해줄 필요를 느끼지 않는다. 이제 그런 일들은 얼마든지 우리가 직접 할 수 있기 때문이다. 우리는 우리가 누구이고 무엇을 멋지다고 생각하는지, 우리가 어떤 옷을 입고 어떤 음악을 듣는지 세심하게 정리해놓은 개인의 기호를 세상에 전송할 수 있는 능력을 갖고 있다. 네트워크 없이는 그 누구도 우리 얘기에 귀 기울이지 못한다는 이유로 우리에게는 네트워크가 필요하지만 그럼에도 우리에게는 파워가 있다. 마케터들은 우리에게 의미를 팔지 못한다. 그보다는 우리가 그들의 제품에서 의미를 발견해야 한다. 우리가 열정적으로 그렇게 할 때, 우리는 그 사실을 사람들에게 즐겁게 알리게 될 것이다. 그러나 마찬가지로 한 브랜드나 한 아이디어가 일을 그르치면 그것은 전체 군중을 떠나가게 만들 수 있다.

우리의 주목을 끌기 위해 기업이 더욱 고군분투해야 하고 젊은이 시장이 브랜드의 침입을 더욱더 어렵게 만들고 있는 상황에서, 기업들은 미래의 절대 강자가 되기 위해 그 어느 때보다 열심히 노력하고 있다. 그리고 때로는 그들의 노력이 절대적인 영향을 미치기도 한다.

기력이 약해지다

2001년, 입소문 비디오는 프리 러닝(free running)이라고 알려진 새로운 도시 스포츠를 널리 유포하기 시작했다. 파쿠르(parkour)로도 알려져 있는 프리 러닝은 거침없는 길거리 곡예 행위로서, 길거리 시설물과 건물, 심지어 다리 등을 뛰어내리고 기어오르고 도약하는 등 죽음을 불사한 묘기를 펼치는 스포츠다. 프랑스 파리 교외지역의 신체 유연한 젊은이들에 의해 맨 처음 시작된 파쿠르는 마치 스케이트보드 장비 없이 스케이트보드를 타는 것과 같은 운동이다. 유연하고 연속적인 스타일을 중시하는 프리 러닝 참가자들은 마치 스케이트를 탄 흉내를 내는 무언극 배우처럼 맨몸으로 달리고 뛰어오른다. 2001년에 대대적으로 출발한 이 풀뿌리 운동은 그러나 제대로 정착되기도 전에 브랜드화되고 말았다.

그것이 지니고 있던 뛰어난 시각적 호소력 탓에 미디어 피라니아는 파쿠르를 덥석 집어삼켰다. 몇 달이 지나자 프리 러너들은 영화와 광고, 뉴스 기사에 등장했다. BBC 텔레비전은 2002년에 세 번에 걸친 캠페인과 프로그램에 프리 러닝을 이용했다. 도요타와 캐논, 나이키, 마이크로소프트도 모두 프리 러닝 광고를 제작했다. 007 시리즈 영화 〈카지노 로얄(Casino

Royale)〉의 오프닝 장면에서는 파쿠르 시범을 보이는 제임스 본드(James Bond)의 모습을 볼 수 있다. 파쿠르는 일부 비디오 게임에도 등장했고, 마돈나도 뮤직 비디오에서 즉시 파쿠르를 선보였으며, 아디다스는 프리 러닝에서 영감을 받아 제작한 운동화 제품을 출시했다. 그것은 분명 대단한 움직임이었으나 얼마 지나지 않아 기업을 위한 서커스로 둔갑하고 말았다. 이 스포츠 창시자들은 프리 러닝을 삶의 한 방식으로 바라보는 단체로 출발했지만, 파쿠르의 개척자 다비드 벨(David Belle)이 그 상업성을 비꼬며 "예술의 매춘 행위"라고 언급한 대목에서 서로 불화를 일으키고 갈라지고 말았다.

파쿠르는 흥분한 미디어로부터 간신히 목숨을 부지하며 벗어나와 다시 지하로 숨어들었지만 그것은 오히려 상황을 악화시켰다. 이미 마돈나와 제임스 본드와 BBC가 빠져든 상태에서 풀뿌리 운동으로서의 매력을 되찾기는 힘든 일이었다. 좀 더 부연 설명하자면 새로운 젊은이 문화 형태가 생존하는 경우는 미디어가 개입을 꺼리기 때문에 가능한 것이다. 초기 힙합의 경우가 그 좋은 예라 할 수 있다. 도시의 전설적인 인물에서부터 세제에 관해 이웃과 나누는 대화에 이르기까지 이 모든 것들이 세심하게 고안된 마케팅 메시지로 둔갑하는 세상 속에서 풀뿌리 운동이 의미를 찾을 수 있는 경우는 오직 사회가 수용할 수 있는 범위 바깥에 존재할 때뿐이다. 게다가 그러한 수용 범위의 한계선까지 사람들을 내모는 일이 늘 바람직한 생각은 아니다.

때리기 중독 문화

파쿠르가 파리에서 대단한 이름값을 날리고 있을 때 영국 해협 너머 런던 해크니 지역의 106번 버스에서는 음침한 노래를 배경 삼아 전혀 또 다른 유행이 시작되고 있었다.

2004년 런던에서는 '해피 슬랩(Happy slap) TV' 비디오가 하나둘씩 등장하면서 카메라폰으로 촬영한 영상이 다른 휴대폰이나 인터넷으로 입소문을 통해 퍼져나갔다. 해피 슬랩은 십대 청소년들이 길거리의 무방비 상태에 놓인 모든 연령대의 시민들에게 다가가 뺨을 휘갈기는 장면을 담아놓은 비디오였다. 그것은 15초 만에 명성을 얻을 수 있는 궁극의 출세 가도였다. "내 비디오 하나는 꽤 유명해서 인터넷에 깔려 있었는데 그것은 나보다 3배나 덩치 큰 남자 어른의 뺨을 휘갈기는 비디오였다." 노스웨스트 런던에 사는 20세의 여자아이가 인터뷰에서 자랑스럽게 떠들어대던 말이다. 이 십대 카메라꾼들은 전국 방방곡곡의 길거리를 무리지어 돌아다니며 해피 슬랩 밈을 전파했다. 화면 속에서 어린 학생들은 무자비하게 폭행당했고, 지하철에서 졸던 통근자들은 거세게 뺨을 맞고는 화들짝 놀라 깨기도 했다. 집으로 돌아가는 버스를 탄 나이 지긋한 노인들은 단지 재미를 이유로 얼굴을 강타 당했다. 한 소년은 촬영을 명목삼아 칼에 맞기도 했고, 노스 런던에서는 원추형 표지판으로 머리를 얻어맞고 숨졌다는 사람도 있었다. 집에서 제작한 이 불법 비디오들은 아직도 인터넷을 떠돌고 있다. 런던의 사우스 뱅크에서는 데이비드 몰리(David Morley)라는 37세의 남자가 십대 4명에게 죽도록 두들겨 맞는 장면이 카메라 동영상에 담기기도 했다. 그는 '해피 슬랩에 관한 다큐멘터리를 촬영 중이니 카메라를 보고 포즈를 취해달라'고 하는 어느 열네 살 소녀의 요청이 떨어지자마자 머리를 걷어 채이고 피를 흘리다 결국 숨을 거뒀다.

이 무시무시한 유행은 나라 전체의 악몽이 되고 말았다. 갈수록 더 많은 사람들이 퇴근길에 뺨을 맞고 구타당하고 걷어 채이자 통근자들은 자신들의 신변 안전을 걱정했다. 2005년 1월에 런던에서는 해피 슬랩의 명분으로 끔찍한 폭행을 저지른 10명 이상의 십대들이 검거되었다. 곧이어 경찰은 해피 슬랩 비디오를 촬영하다 적발될 경우 예외 없이 5년 징역형을 받게 될 것이라고 발표했다. 최소한 바이러스에 감염이 일어난 것으로 보였다.

해피 슬랩이 인기를 얻을 수 있었던 것은 한계 범위를 넘어섰다는 이유 때문이었다. 프로레슬링과 얼티미트 파이팅 같은 무차별 폭력 게임이 무대에 올려지고 잭애스(Jackass: 사람들의 엽기적인 행각을 다룬 미국 MTV 시리즈물—옮긴이)가 방영되는 세상에서 자라난 세대에게 그 어떤 것이 짜릿할 수 있단 말인가? 해피 슬랩 TV는 기업에게 또 다시 점령될까 염려하지 않고도 얼마든지 아이들이 독차지할 수 있도록 남겨진 유일한 놀이였다. 프리 러닝과 달리 해피 슬랩은 비난 행위 말고는 주류가 다가설 수 없는 영역이었다. 새로운 젊은이 문화는 지난 세대의 그것만큼이나 안전할 수 없다. 사회적으로 수용 가능한 범위 안에 머물러 있으면 어느새 마케터들이 덤벼들어 머지않아 또 하나의 브랜드화된 구경거리가 되고 말기 때문이다. 이처럼 십대들이 극단의 한계를 넘어 자신들의 정체성을 위한 공간을 만들려 하는 이유는 어찌 보면 그들과 부모 세대 간의 격차가 사라진 탓이기도 하다.

이제는 부모들이 공감한다

힙합 세대는 브랜드 포화 세상에서 자라난 첫 번째 세대였다. 윌 스미스와 DJ 재지 제프도 피력한 바 있듯이 힙합 세대 이전만 해도 부모들이 아이들을 이해하지 못하는 건 기정사실이었다. 그러나 이제 윌 스미스와 같은 연령대 부모들은 자녀들이 듣는 똑같은 음악을 아이팟에 넣어 다니고 새로 출시된 레트로 운동화를 신고 다닌다. 이러한 현상은 젊은이 문화와 상업과 그 밖의 다른 모든 것에 중대한 세분화를 가져왔다.

한때만 해도 젊은이 문화를 이용한 제품 판매는 도무지 종잡을 수 없는 까다로운 젊은 청중에게 다가설 수 있는 믿을 만한 방법에 속했다. 그렇다면 이제는 충분히 그 멋진 속성을 오래 유지할 수 있는 훌륭한 제품이라면 부모 세대를 넘어 조부모 세대에까지 영향을 미칠 수 있다. 서른 살 남자가 열다섯 살 때 가비지 페일 키즈(Garbage Pail Kids: 1985년도에 출시되어 당시 커다란 인기를 끌었던 트레이딩 카드—옮긴이)를 수집하던 것처럼 디자이너 비닐 토이(designer vinyl toy: 장난감 디자이너들이 한정판으로 제작하는 장난감—옮긴이)를 수집하고, 60세 여성이 서른 살 때 미모를 되찾겠다는 일념으로 성형 수술을 받으며, 남녀노소 누구나 크리스마스 선물로 닌텐도(Nintendo) 위(Wii) 게임기를 받고 싶어 하는 세상에 '어른'이라는 단어가 무슨 의미가 있단 말인가?

세대 격차는 점점 쓸모없어지는 것처럼 보이고, 마케팅 종사자들도 이를 눈치채고 있다. "60년대와 70년대에 자란 사람들에게는 브랜드라는 것이 없었고 당시 음악은 매우 달랐다."고 영국 소니 엔터테인먼트(Sony Entertainment U.K.)의 콘텐츠 및 스폰서 담당 매니저 칼 크리스토퍼(Carl Christopher)는 말했다. "많은 브랜드들은 문화를 부활시킨다. 나이키 에어 포스 원은 계속해서 되살아나고 있고, 그것은 브랜드가 그러한 부활을 통해 더 많은 변화를 이끌어낼 수 있음을 알고 있기 때문이다. 훌륭한 제품이 있으면 그것을 미적으로 다시 재현해내는 일이 가능하다. 젊은 세대들은 늘 반항의 방법을 모색한다. 오늘날에는 패션과 음악보다는 미디어와 테크놀로지를 이용해 반항을 일으킨다. 과거의 충격적인 요소는 이제 존재하지 않는다. 이제 반항은 보다 영리한 방법으로 이루어지고 있다."

PR 에이전시인 샤인 커뮤니케이션스(Shine Communications)의 크리에이티브 디렉터 라나 리브스(Rana Reeves)는 다음과 같이 말한다. "나는 아이들이 더 이상 반항하지 않는 것이 반항이라고 생각한다. 그들은 마케터를 상대로 반항하지 않는다. 그보다는 자신들이 직접 마케터가 되고 싶어 한다. 그것이 반항이다. 반항은 아직도 존재한다. 하지만 MTV와 문화와 사회가 훨씬 포용적으로 변하다 보니 반항할 대상이 크게 줄어들었다. 이제 사람들이 반항하는 방식은 테크놀로지 차원에서다. 그것은 아마도 부모들이 갖고 있지 않은 리모트 컨트롤이나 마우스의 파워를 말한다. 아울러 건강과 나이와 같은 요소와도 관련이 있다. 사람들의 수명이 길어지면서 젊음의 기간도 더 길어졌다. 젊음은 반항의 시기다. 그리고 아이들은 반항한다. 그러나 요즘 아이들은 무엇에 반항할지 모르는 것처럼 보인다."

독립 음반사 XL 레코딩스(XL Recordings)의 창업주 리처드 러셀(Richard Russell)은 세계에서 가장 인정받는 음악 영역을 전파하고 프로디지(Prodigy)와 화이트 스트라입스(White Stripes), 디지 라스칼과 같은 젊은이들을 세상에 꾸준히 알려온 인물이다. 세대 격차의 사라짐은 그를 당혹스럽게 만들고 있다. "미디어가 하위문화를 습격하는 방법은 새로워졌다. 예전에는 레이브를 소개하는 매스컴도 없었고 음악에 대해 기사를 쓰는 신문도 없었다. 프로디지는 매스컴을 타는 데 익숙하지 않았다. 그러나 이제 하위문화는 매스컴이 사랑하는 존재가 되었다. 디지 라스칼을 생각해보라. 세대 간의 격차가 있을 법도 한데 「가디언(Gardian)」지도 디지가 꽤 멋지다고 말하고 있다. 이것은 내게 깊은 상처를 안겨주었다. 세대의 격차는 사라져버렸다. 물론 그것은 여러모로 환상적인 일이다. 많은 경우 십대들의 반란은 처절한 악몽이었다. 부모들의 이해를 받지 못하는 것은 정말로 끔찍한 고통이었다. 함께 살아야 할 부모님이 자신을 이해해준다면 그것이 훨씬 좋을 것이다. 이제 부모들은 자녀와 공통된 취미를 가지고 있어서 보다 이해심이 넓고 이는 당연히 도움이 될 수밖에 없다. 음악 분야는 다소 피해를 입겠지만 그렇다 해도 반항할 대상은 또 있기 마련이다. 세상은 여전히 제정신이 아니니까 말이다. 하지만 가능하다면 부모님까지 제정신이 아니도록 만들 필요는 없다."

그렇게 해서… 결국에는 사라졌다

아이디어와 젊은이 문화가 자라나고 확산되는 방식은 달라졌다. 사회가 젊은이 문화를 포용하게 되면서 우리는 많은 수확을 얻게 됐지만 그 과정 중에 중요한 것을 잃어버리기도 했다. 그라임과 프리 러닝 같은 유기농 젊은이 문화는 그것이 제대로 성장하기도 전에 브랜드화라는 살충제로 뒤덮이고, 결국 해피 슬랩과 같은 사회적 잡초만이 남게 된다.

이제 삶의 모든 영역에서 문화적 가치가 채굴당하고 젊은이 문화에서 나온 개념들이 그 어느 때보다 빠르게 퍼져나가는 세상에서는 제대로 숙성되기까지 아이디어들이 남아나질 못한다. 미국 서부에서는 커뮤니케이션 방식으로서의 젊은이 문화가 그 가치를 상실하고 있다. 이런 상황에서 펑크와 같은 새로운 영역이 존재할 수 있는 가능성이 과연 얼마나 될까? 훌륭한 아이디어와 세부 영역이 존재할라치면 곧바로 주류의 손에 넘어가는 판국에 말이다. TV에 이렇다 할 만한 볼거리도 없던 1970년대에 20대 초창기를 보낸 사람이라면 머리를 초록빛으로 물들이고 친구들과 얼터너티브 록 밴드를 결성하여 세상에 대한 불만을 터뜨리는 일이 좋은 아이디어였겠지만, 오늘날에는 유튜브를 만들어낸 3명의 젊은이들이 정확히 21개월이 지나 그것을 구글에 16억 5천만 달러 가격에 매각하여 TV 운영 방식에 일대 혁명을 불러왔듯이 20대 남자 셋이서 TV에 버금가는 대용물을 개발해내는 일도 얼마든지 가능하다. "이제 음악은 더 이상 반항의 유일한 방법이 아니다. 젊은이 문화의 미래는 앞으로 상당히 달라질 것이다."

다음의 절대 강자는?

젊은이 문화의 과거는 우리 미래의 열쇠를 쥐고 있다. 그러나 젊은이 문화의 미래는 현재 세상에서 환영받지 못하는 이들의 것이다. 다양한 젊은이 운동이 출현했던 런던과 뉴욕의 허름한 동네들은 이제 유리와 철재로 지어진 위생 건물들에 의해 뭉개지고 있다. 한편 미국 서부에서는 젊은이 문화가 계속 성장해나갈 것이고, 그것이 제대로 무르익기 전에 우리는 그것을 계속해서 따낼 것이다. 젊은이 운동은 사회적 변화가 절실히 요구될 때 성공을 거두는 법이다. 그것은 누군가가 참신한 레코드를 제작하고, 파티를 열고, 혹은 장난 삼아 색다른 헤어커트를 시도할 때 시작되지만, 변화에 대한 사회의 집단적 염원을 표출할 때 비로소 흡인력을 얻게 된다.

훗날의 젊은이 운동은 지구 남반구 빈민가 지역에서 뿜어져 나오는 분노와 절망과 희망이 그 원천이 될 수도 있을 것이다. 2005년에 개발도상국 젊은이에게 영향을 미치는 트렌드에 관해 미 국가조사위원회(NRC)와 미 의학연구소(IOM)에서 제작된 보고서에 따르면 현재 지구상에서 10세에서 24세에 이르는 인구 수는 15억 명이며 이들 중 86퍼센트가 개발도상국에 살고 있다. 아시아와 아프리카의 여러 지역에 살고 있는 이들 세대는 오늘날에 와서 비로소 국가들이 최초로 인지하기 시작한 세대라 할 수 있다. 그렇다면 바로 이곳이야말로 전에 없던 새로운 세대 격차가 생겨나면서 새로운 젊은이 문화가 생성되어 나오는 장소가 될 것이다.

여러 나라들의 경우에 아동에서 어른으로 전환하는 중간 지점은 존재하지 않는다. 한순간 아이였다가 어느새 일터로 직행하는 신세가 된다. 서구에서 십대라는 개념이 생겨난 것은 제2차 세계대전이 일어나면서부터였다. 그러나 이와 엇비슷한 진행이 개발도상국의 보건과 교육 및 테크놀로지 분야에 일어나면서 새로운 젊은이 세대가 성장하고 있다. 이들의 경제적 정치적 파워가 자라나면서 새로운 사운드와 움직임과 아이디어도 함께 자라날 것이다.

전 세계 15억 명의 젊은이들은 곧 15억 개의 잠재된 젊은이 운동과 일맥상통한다. 그러나 전 세계 실업 인구의 절반가량은 젊은이들이 차지하고 있고, 이들 가운데 4분의 1이 하루에 1달러가 채 안 되는 돈으로 근근이 살아간다. 18세 미만의 전체 50만 명 아이들이 군대와 준군사 단체에 징용되고 있고, 30개국이 넘는 곳에서 30만 명가량의 청소년들이 무력 충돌에 개입되어 있다. 매년 1,300만 명의 청소년들이 아이를 분만하고 있고, HIV에 새로 감염되는 환자들 가운데 절반가량은 젊은이들이 차지하고 있다. 유엔조사연구소(U.N. Research Institute)는 세계에서 가장 부유한 성인 2퍼센트가 전 세계 가구 재산의 절반 이상을 소유하고 있다고 추정하는가 하면, 유엔대학교 부설 세계개발경제연구소(WIDER)에서 나온 보고서는 전 세계 가난한 인구의 절반이 전 세계 재산의 1퍼센트 정도를 소유하고 있다고 말한다. 그럼 앞으로 전 세계 5억 명의 십대들에게 기회가 주어진다면 이런 현상에 대해 과연 뭐라고 말하게 될까?

한 가지 확실한 것은 그들에게 반드시 그런 기회가 주어지리라는 사실이다. 인터넷은 인터넷 고속 연결이 가능한 이들에게는 훌륭한 소식거리가 되어주지만, 전화조차 사용할 수 없는 세계 절반의 인구에게는 아무런 의미가 되지 못한다. 현재 선진국과 개발도상국 진영 간의 디지털 격차를 좁히려는 노력이 진행 중이다. 오픈소스 교육과 100달러짜리 노트북, 무료 와이파이 분산 네트워크 등이 그 훌륭한 시발점에 속한다. 2007년 4월 「이코노미스트」 지 산하연구기관인 이코노미스트 인텔리전스 유닛(EIU)이 인터넷 사용 등급에 관해 발표한 보고서에 따르면 아시아와 아프리카 국가들이 서구의 거대한 인터넷 사용자 인구를 따라잡고 있다. 보고서에 의하면 지구상의 거의 모든 국가에서 인터넷 비용이 점점 저렴해지면서 광대역이 이용 가능해지고 있다. EIU의 편집국장 로빈 뷰(Robin Bew)는 이렇게 말했다. "전 세계 테크놀로지의 리더 자리는 빠르게 이동하는 표적물이 되고 있다. 현재 순위 정상을 차지하고 있는 인물이라고 해서 결코 방심해서는 안 된다. 테크놀로지의 변화와 테크놀로지 사용법에 대한 태도의 변화는 다시 말해 어렵게 획득한 경쟁우위가 발 빠른 경쟁자들에 의해 급속히 퇴보할 수 있음을 의미하기 때문이다."

지난 50년간 십대들이 쟁취한 새로운 시스템은, 향후 50년간 십대들의 좌절감을 덜어주는 데 도움이 되어줄 것이다. 크레이그 오하라(Craig O' Hara)가 『펑크의 철학(The Philosophy of Punk)』에서 주장한 바에 따르면 산업 혁명 이후 출현한 대량 생산은 "현대 사회 속에서 소외감이라는 기분을 만들어냈고, 이런 현상은 강력해지고 더욱 광범위해지면서 결국 흔하고 일반적인 문제가 되었다. 그러나 이런 소외 집단은 앞으로도 계속해서 자신들에게 무슨 일이 일어나고 있는지 감지하게 될 것이다." 혁명이 지금도 진행되고 있음은 분명한 사실이지만 누구나 그것을 분명히 볼 수 있는 것은 아니다. 누군가 '산업 혁명' 이라는 명칭을 처음 붙이게 된 것도 산업 혁명이 일어나고 100년이 지난 다음이었다. 물론 오늘날 우리들은 명칭 붙이는 일에 그 어느 때보다 여념이 없지만 말이다.

헤어스타일과 턴테이블, 스프레이 캔과 같은 단순한 도구들로 지난 세대들이 일으킨 변화를 살펴보면서 앞으로 신세대와 젊은이 운동이 기업의 유행 사냥꾼들의 맹목적인 탐색전에 상관없이 얼마나 대단한 일들을 이루어낼 수 있을지 파악하기는 힘들다. 그러나 변화는 반드시 일어날 것이다. 테크놀로지는 미래의 십대들에게 부모가 깜짝 놀랄만한 새로운 선택권을 제공해줄 것이다. 인간 게놈 생물학자들은 우리 인간이 제일 먼저 피부 색소,

즉 피부 색깔을 바꾸는 일이 가능해질 것이라고 예측한다. 펑크 세대는 초록빛으로 물들인 머리로 집에 돌아가 부모님을 깜짝 놀라게 하곤 했는데, 그렇다면 초록색 피부로 물들이고 집으로 돌아온 자녀를 본 부모의 반응은 과연 어떨까?

히피족과 하우스 DJ, 힙합 아티스트들도 그랬듯이 우리가 새로운 혁명을 진지하게 받아들이기까지는 어느 정도 시간이 걸릴 것이다. 간디는 이런 상황을 다음과 같이 훌륭하게 설명해놓았다. "먼저 사람들은 당신을 무시하고, 다음에는 당신을 비웃을 것이다. 그런 다음 당신과 싸우게 될 것이고, 당신은 이기게 될 것이다." 장차 누가 나타날지는 모르지만 그들은 아마도 지금 당장은 무시당하고 조롱받으며 어딘가에서 자신이 확신하는 일을 묵묵히 하고 있을 것이다.

기다리면 그는 나타날 것이다.

마지막 한 가지

오래된 브랜드와 새로운 음악 밴드, 그리고 15억 인구에 달하는 십대 해적에 이르기까지, 이제는 모든 것이 한 공간에 모여들어 단 15분간의 짧은 명성을 위해 경합을 벌이고 있다. 그러나 정작 오늘날에는 그 명성이 겨우 15 나노초밖에 지속되지 않는다는 것이다. 경쟁 장소를 벗어나기는 더 쉬워졌지만 '그곳'은 예전보다 엄청나게 붐비고 있다. 이 모든 영향으로 오래된 아이디어와 기업과 운동은 새로 나타난 녀석에 의해 즉시 퇴거될 수 있다. 유케이 거라지의 명예는 그라임에 의해 이용당했고, 파쿠르는 마케팅 해적들에 의해 넘어지고 말았다. 그 어떤 움직임이나 사람이나 기업도 자신들의 고유한 위력을 각계각층의 해적들에게 도난당할 수 있다. 낡은 비즈니스 모델을 전복시키고, 한 아이디어를 이용하거나 모방하고, 혹은 새로운 아이디어를 위한 공간을 만들어내기 위해 호시탐탐 기회를 엿보는 해적들 말이다. 이제 후퇴는 없다. 해적들의 딜레마는 현실이며, 그것은 사라지지 않을 것이다. 그렇다면 이제 대답해야할 한 가지 질문은 바로 이것이다.

우리는 과연 그것에 어떻게 반응할 것인가?

해적의 경제가
부의 논리를 바꾸고 있다

The Pirate's Dilemma

게임은 달라졌다.

일시적인 유행처럼 보였을지 모를 젊은이 운동은 그 영향력 아래 성장한 이들의 머릿속에 급진적인 아이디어를 심어놓았다. 그리고 그 후로는 모든 것이 달라졌다.

펑크는 우리에게 무엇이든 스스로 직접 할 수 있다는 사실과 목적이 적어도 이윤만큼이나 중요하다는 사실을 명확하게 일러주었다. 해상 라디오 DJ와 같은 해적들은 혼란과 무질서의 시대를 일으키기는 해도 바로 그것을 통해 나머지 우리들의 삶을 향상시킨다. 한편 우리 수백만 명의 일반인들은 비디오 게임과 음악, 영화, 패션 디자인을 리믹스함으로써 해당 업계를 발전시키고 확장하는 한편으로 지적재산권을 다루는 방법에 대해 법 제정자들을 부추겨 다시금 재검토하도록 만든다. 그런가 하면 주변 환경을 파괴하기보다 주변 환경에 보탬을 주어 상생의 길을 모색하는 새로운 혈통의 길거리 아티스트들은 공공장소를 어지럽히는 광고에 대항함으로써 비록 일부러 의도한 결과는 아니었다 해도 공공 이익에 따라 행동한다. 1960년대와 70년대의 반문화, 그리고 80년대와 90년대의 레이브 혁명의 영향력 덕분에 만능의 사회적 기기를 창조하겠다는 꿈은 퍼스널 컴퓨터로 실현되었다. 오픈 소스 테크놀로지는 금전과 효율성, 창의력, 사회적 진보를 일으키는 데 있어서 자유 시장 경쟁이나 정부 규제에 버금갈 정도로(많은 경우에 그 이상으로) 효과적인 것으로 입증되었다. 힙합은 사회를 개선하려는 소외된 소수들의 간절한 바람에서 탄생됐지만, 힙합의 탁월한 소통 능력 덕분에 이제는 소외된 다수에 의해 사회 개선을 이룰 수 있는 저력을 갖게 되었다. 한편 대중문화가 젊은이 문화를 통제하고 이용할 방법을 찾아냈다고 생각할 때쯤에는 젊은이 문화도 이에 뒤질 새라 변화를 거듭했다. 대중문화는 젊은이 문화의 훌륭한 외관을 이용하는 데만 그치지 말고 젊은이 문화가 행동하고 사고하는 방식을 배울 필요가 있다.

이런 모든 아이디어들이 넓디넓은 세상 여기저기서 동시에 생성되어 나오기 시작하면서 이제 변화무쌍한 십대의 시기로 접어드는 정보의 시대에는 새로운 혼돈의 시기가 찾아오고 말았다. 이제 우리 모두는 해적처럼 행동할 수 있는 능력을 갖추게 되었고, 자칫 방심하면 어느새 다른 해적들의 먹잇감이 되고 만다. 그렇다면 우리는 이 새로운 질풍노도의 상황이 무엇을 의미하는지 그리고 그것에 어떻게 대처해야 할지 반드시 심사숙고해보아야 한다. 게임의 판도가 너무 많이 변해버린 시점에서 우리는 게임 배후의 이론을 다시 한 번 되짚어볼 필요가 있다.

해적들의 딜레마에 대한 해답은 경제학자들이 말하는 게임 이론에 들어 있다. 게임 이론은 게임에 참여한 여러 플레이어들이 상대 플레이어가 취하게 될 행동에 의거해 결정을 내리는, 마치 학술 버전의 포커 게임과도 같은 상황을 연구하는 경제학자들의 한 학문 분야를 말한다. 의사결정자가 다른 주체들과 상호작용하는 사회적 상황을 모델로 삼을 때 이용되는 게임 이론은 각 개인들이 자신의 이기심에 따라 행동한다는 사실을 전제로 삼는다.

이를 예증하는 데 널리 이용되는 간단한 게임으로 죄수의 딜레마(Prisoner's Dilemma)라는 것이 있다. 1940년대와 50년대에 미군에게 전략적 조언을 제공하던 글로벌 정책 싱크탱크인 랜드(RAND) 기업에 의해 개발된 게임 이론의 진행 절차는 다음과 같다. 죄수 A와 죄수 B라는 용의자 두 명이 장물과 함께 절도 혐의로 수감되었다. 그러나 경찰은 두 사람 중 어느 한쪽이나 혹은 두 사람 모두가 죄를 자백하기 전까지는 구속에 필요한 물증이 부족한 상태다. 경찰은 서로 소통이 불가능하도록 두 사람을 따로 수감하고 그들 각각에게 똑같은 거래를 제안했다. 만약 두 사람 모두가 죄를 자백하면 2년 징역형을 선고받을 것이다, 만약 두 사람 모두 죄를 자백하지 않으면 절도죄가 입증되지 않는 대신 장물을 보유한 대가로 두 사람 모두 6개월 징역형을 선고받게 될 것이라고 했다. 하지만 죄수 A가 자백하고 죄수 B가 입을 다물면 죄수 A는 풀려나고 죄수 B는 죄수 A의 증언에 따라 꼬박 5년 징역형을 선고받게 될 것이며, 물론 죄수 B가 자백하고 죄수 A가 입을 다물 경우에도 이와 동일한 법칙이 적용된다고 했다. 죄수 A나 죄수 B 두 사람 모두 상대가 어떤 결정을 내릴지는 알지 못한다. 그렇다면 두 사람에게는 두 개의 선택권이 있고, 그로 인해 다섯 가지 결과가 나올 수 있다.

죄수들은 각각 자신의 입을 다물고 상대도 입을 다물어주기를 간절히 바라거나 혹은 감형을 기대하고 상대를 배신할 수도 있다. 각자의 선택에 따른 결과는 상대 죄수의 선택에 따라 달라진다. 단 상대가 어떤 결정을 내릴지 모르는 상태에서 결정을 내려야만 한다.

| 죄수의 딜레마(The Prisoner's Dilemma) |

	죄수 B가 입을 다물 경우	죄수 B가 자백할 경우
죄수 A가 입을 다물 경우	두 사람 모두 6개월 징역형을 선고받는다 (6개월, 6개월)	죄수 A는 5년 징역형을 선고받고 죄수 B는 풀려난다 (5년, 석방)
죄수 A가 자백할 경우	죄수 A는 풀려나고 죄수 B는 5년 징역형을 선고받는다	두 사람 모두 2년 징역형을 선고받는다

각자 자신의 이기심대로 행동한다고 가정한다면 논리적으로 나올 수 있는 유일한 결과는 두 죄수 모두 자백하는 것뿐이다. 죄수 A의 생각에 죄수 B가 입을 다물 것이라고 판단되면 그가 취할 수 있는 최선의 조치는 5년 징역형을 감수하는 대신에 상대를 배신하고 풀려나는 것이다. 그러나 죄수 B가 자백할 것 같은 의심이 든다면 죄수 A가 취할 수 있는 최선의 조치는 자신도 함께 죄를 자백하고 5년 대신 2년 징역형을 선고받는 것이다. 죄수 B도 죄수 A와 동일한 방식으로 추론할 것이므로 여기서는 상대를 배신하고 죄를 자백하는 것이 우세한 전략(dominant strategy)이 된다. 만약 두 죄수가 합심하여 침묵을 지킨다면 낮은 형량을 받게 되겠지만, 상대방이 이기심에 따라 죄를 자백할 가능성이 높다고 추측된다면 역시 최선의 선택은 자신도 함께 자백하는 길뿐이다. 이기심이 이용되는 게임에서는 각 죄수가 모두 서로 합심했을 때보다 더 좋지 않은 결과가 나오곤 한다. 그러나 실제로 이 같은 딜레마에 봉착하면 상대방이 어떤 행동을 취할지 확신할 수 없다는 이유로 매번 상대를 배신하는 쪽을 선택하게 된다.

우리는 하나의 사회 공동체로서 오직 각자의 이기심을 따라 행동한다는 생각에(최소한 이론적으로는) 동의하는 경우가 많다. 이 이론은 1950년대 이후로 경제학과 정치학, 군사전략, 심리학을 포함해 그 밖의 다양한 학문에서 지배적인 영향력을 발휘했다. 이는 냉전 시대의 핵 무장 경쟁에서부터 오늘날의 각종 자원 분배 방식에 이르기까지, 인류가 내렸던 중요한 결단들을 특징짓는 이론이었다. 강박증에 사로잡힌 두 죄수가 떳떳치 못한 거래를 맺기 위해 필사적인 노력을 기울이는 이 단순 게임은 우리가 살고 있는 치열한 아귀다툼의 세상 배후에 놓인 구조를 체계화하는 데 도움을 제공했다.

게임 이론이 플레이어들 간의 협력을 고려한 수준 높은 버전의 게임인 동시에 무척이나 유용한 도구임은 분명하지만, 이곳에 요약된 가장 기초적인 죄수의 딜레마 게임에 의거하여 사람들이 각자의 이기심에 따라 행동한다고 생각한다면 그것은 너무나 순진한 발상이다. 사실 실제 세상에서 따져보면 이 게임에는 분명한 결함이 있다. 우리 모두 이기심에 따라서만 행동한다는 극히 기본적인 전제는 사실이 아니기 때문이다. 경제학자들이 이 이론을 테스트할 때마다 사람들은 실제로 늘 이렇게 행동하지는 않는다. 실생활 사회 구석구석에 존재하는 사람들은 각자의 개인적인 이기심과 더불어 공공의 이익을 위해 서로 협력한다. 그렇기에 이 세상에는 비영리 조직도 있고 간호사와 교사도 존재하는 것이다. 그라민 은행의 창업주로 2006년 노벨 평화상을 수상한 무하마드 유누스(Muhammad Yunus)도 "인간은 그밖에도 다른 많은 일을 할 수 있다. 하지만 경제학에는 그런 것을 표현할 만한 여지가 없다."고 지적했다.

시장이 보살피지 못하는 특별한 것을 해적들은 보살필 줄 안다. 자신의 사리사욕뿐 아니라 자신이 속한 공동체의 이익에 따라 행동하는 해적들은, 오늘날 지구상 최고의 혁신자에 속한다.

해적들의 딜레마 해결하기

땀 흘려 노력하는 뮤지션에서 음악 제작자에 이르기까지, 여러 다양한 업계 종사자들은 자신의 미래가 해적 활동의 위협에 처해 있음을 감지하고 있다. 그러나 답은 있다. 해적들의 딜레마 해결 문제는 단순한 게임, 즉 해적 활동의 위협에 처한 사람과 기업과 시장이 어떻게 대처해야하는지 그 방법을 보여주는 게임으로도 표현될 수 있다. 그것은 저작권 보호조치가 더 이상 해적들의 접근을 막지 못한다거나, 혹은 자신의 제품을 경쟁업체와 소비자와 함께 공유해야 할지 말지 고민하는 딜레마에 봉착했을 경우에 어떻게 경쟁할 것인가를 보여주는 게임이다.

죄수의 딜레마가 아닌 해적들의 딜레마에서는 플레이어 A와 플레이어 B가 절도범 대신에 경쟁 상품을 판매하는 개인으로 등장한다. 이들은 경찰이 아닌 해적 활동의 위협을 받고 있는 신세들이다. 이 경우에는 이를테면 오픈 소스 소프트웨어와 같이 이타주의에 뒷받침되는 무료 대체품까지 해적 활동에 포함되는 것으로 가정한다. 그렇다면 플레이어 A와 플레이어 B는 법 규제를 들먹이며 이 해적들과 투쟁할 것인가 아니면 이들과 경쟁을 벌여 나갈 것인가?

각 플레이어가 내리는 결정은 상대 플레이어에게도 위협이 된다. 만약 둘 중 한쪽의 플레이어가 보다 경쟁적인 위치로 이동하거나, 가격을 낮추거나, 혹은 일부 제작품을 무료로 공유하는 방법으로 해적들과 경쟁하기로 결정 내린다면, 그들은 해적의 위협과 더불어 상대 경쟁자의 비즈니스 모델까지도 물리칠 수 있다.

양쪽 플레이어는 펑크 자본주의의 전제에 의거하여 자신의 이익은 물론이고 공공 이익에 따라 행동하도록 자극받을 수 있다는 점 때문에 서로에게 이 같은 위협을 가할 수 있다. 아울러 시장과 공유하는 무료 제품에 대해서는 양쪽 플레이어가 커스터마이즈 버전 제품을 판매해 수익을 올릴 수 있는 것으로 가정하자.

이 모델에서 만약 저렴한 대체품이나 오픈 소스 대체품을 만드는 해적들이 시장에 진입한다면 플레이어 A와 플레이어 B는 모두 경쟁의 유혹을 느끼게 될 것이다. 만약 플레이어 A만 경쟁하고 플레이어 B는 경쟁하지 않는다면 A는 자신의 새로운 무료 제품으로 B의 시장점유율을 갉아먹게 될 것이다. 장기적으로 볼 때 플레이어 A는 어떤 제품으로든지 효율성을 높일 수밖에 없다. 만약 A의 제품이 오픈 소스 제품이라면 그것을 공유하는 다른

| 해적들의 딜레마 |

	플레이어 B가 해적처럼 경쟁할 경우	플레이어 B가 경쟁하지 않을 경우
플레이어 A가 해적처럼 경쟁할 경우	양쪽 플레이어는 최대 저가 제품/ 수익자 맞춤형 정보를 판매하여 매년 2백만 달러의 수익을 올린다	플레이어 A는 시장점유율을 확 보하고 보다 효율성을 얻는다 아울러 최대 저가 제품/커스터마 이즈 정보를 판매하여 매년 300 만 달러라는 중간 수준의 수익을 올린다
	양쪽 모두 최고의 효율성을 얻게 된다 (2,2)	플레이어 B는 시장점유율과 수 익을 상실한다 (3,0)
	사회는 1천만 달러의 부가가치 를 얻는다	사회는 300만 달러의 부가가치 를 얻는다
플레이어 A가 경쟁하지 않을 경우	플레이어 B는 시장점유율을 확 보하고 보다 경쟁력을 얻는다 아울러 수익자 맞춤형 정보로부 터 중간급 수준의 수익을 올린다	양쪽 플레이어 모두 매년 500 만 달러의 수익을 올린다
	플레이어 A는 시장점유율과 양 쪽 플레이어 모두 비효율성을 수 익을 상실한다 (0,3)	양쪽 플레이어 모두 비효율성을 면치 못하고, 오직 각자의 아이 디어와 정보로부터만 이익을 얻 게 되며, 더 많이 광고해야 한다 (5,5)
	사회는 300만 달러의 부가가치 를 얻는다	사회는 200만 달러의 부가가치 를 얻는다

공헌자들이 해당 제품을 개선시키는 방법으로 효율성을 높이게 될 것이고, 저렴한(혹은 무료) 제품인 경우라면 시장점유율을 넓힘으로써 효율성을 높이게 될 테니 말이다. 반면에 플레이어 B는 결국 장기적으로 볼 때 A와 동일한 식으로 경쟁하도록 내몰리거나 혹은 도산의 위기에 처하게 될 것이다.

만약 양쪽 플레이어가 경쟁하지 않기로 결정을 내린다면 앞으로도 계속해서 최대치의 수익을 올리기는 하겠지만 (일반 사용자들이 제품을 개선시킬 수 있는 오픈 소스 모델과는 달리) 오로지 각자의 특정 전문 분야에서만 이득을 얻게 되고 사회를 위해서는 최소량의 가치만을 생산해낼 것이다. 그러나 양측 제품 모두 해적만큼 저렴하거나 효율적이지 못한 이유로 결국에는 또 다른 새로운 해적들이나 혹은 이타적인 새로운 경쟁업체가 시장에 진입해 동일한 제품을 저렴하거나 무료로 제공하는 리스크에 방치될 소지가 있다.

이 모델에서는 오직 함께 공유하는 것만이 사회와 플레이어 모두에게 최선책이 된다. 이기심과 함께 이타주의를 표방하는 해적들로 인해 게임이 바뀌었기 때문이다.

젊은이 문화가 세상을 앞으로 밀어내는 원동력이라는 발상에서 등장하는 개념은 바로 민주적 혈통의 자본주의다. 이런 자본주의에서는 개인의 이익은 물론 커뮤니티 이익까지 결합시킨 새롭고 치밀한 형태의 경쟁력을 이용해 전통적 비즈니스 모델을 물리치는 새로운 혈통의 반항세력에 의해서 개인과 기업과 정부 모두가 어쩔 수 없이 올바른 일을 하도록 내몰리고 만다. 이제 우리는 세상이 어떻게 돌아가는지 매우 색다른 그림을 구경할 수 있게 되었다. 경쟁적인 해적들이 움직이는 세상은 신경쇠약증에 걸린 죄수들로 가득 찬 세상보다 훨씬 보기 좋은 곳임에 틀림없다.

마침내 자유를 얻다

해적들은 자본주의라는 멋진 배를 점령하게 됐지만 그것은 결코 배를 침몰시키려는 의도가 아니다. 오히려 그들은 배에 난 구멍을 메우고 배를 물에 띄워 계속해서 앞으로 나아가도록 할 것이다. 대량 시장은 앞으로도 오랫동안 존재할 것이다. 당신이 쥐고 있는 이 책(죽은 나무로 만든 얄팍한 종잇장 위에 인쇄된 아무 움직임 없는 글자들이 거대 미디어 기업에 의해 당신에게 도달된)이 바로 산 증거물이다. 출판 업계는 운이 좋은 편이다. 사실 책은 해적들이 가장 넘보기 쉬운 먹잇감에 속하지만 아직까지는 다수의 독자들이 소프트웨어에 근거한 대체물을 다운로드하기보다는 나무로 만든 인쇄물 버전을 선택하고 있으니 말이다. 적어도 지금으로서는 세상 모든 것이 전자 전송되는 카피본으로 대체될 수 있는 것만은 아니다.

사고파는 것 그 이상의 것을 해적 활동에 응용하는 법을 터득해나갈수록 많은 업계들은 점점 시간이 단축되는 불확실성에 직면하게 될 것이다. 그러나 젊은이 문화, 즉 공유하고 리믹스하고 문화를 생산해내는 새로운 방법을 파악함으로써 정착된 사회적 실험의 역사를 뒤돌아보면, 이러한 새로운 민주적 시스템이 가져올 혜택은 장기적으로 볼 때 확실한 것으로 보인다. 우리 고유의 관점에서 해적의 딜레마에 접근하고, 우리의 특정 상황에 걸맞은 최선책을 적용하는 일은, 우리 개개인에게 달려 있는 셈이다.

지나친 개인주의의 시대로 접어들어 지난 수십 년 이상을 지내온 서구세계에는 늘 찬반론이 양립했다. 그러나 수십억 명의 개인이 연결되어 생성된 파워는 아직 우리 경제 모델로서는 도무지 이해 불가능한 새로운 아이디어를 이용해 시장과 정부와 기업체보다 막강한 영향력을 자유자재로 활용하면서 결국에는 세상의 환영을 받게 될 것이다. 펑크 자본가들은 이타주의와 이기심을 혼합하여 자유 시장 단독으로는 결코 올라설 수 없는 새로운 경지에서 경쟁을 벌이고 있다.

이제 막 시작된 21세기는 젊은이 문화를 통해 보다 나은 삶의 방식이 존재함을 입증해준 급진주의자와 파괴주의자들이 상상하던 새로운 세계관을 함께 꿈꾸게 되었다. 앞으로는 느슨하게 결합된 네트워크와 오픈 소스 커뮤니티가 정부나 자유 시장과 동등한 파워 세력으로 어깨를 나란히 할 수 있을 것이다. 펑크 자본주의는 커다란 정부나 거대한 시장보다는 지나치리만치 효율적인 새로운 혈통의 네트워크와 관련되어 있다. 그것은 디지털 공산주의도 아니고 중앙 집중적인 계획도 아니다. 아니 사실은 그와 정반대되는 개념이다. 그것은 테크놀로지의 변화로 가능해진 새로운 종류의 탈집중화된 민주주의를 말한다. 해적 활동은 또 하나의 비즈니스 모델 정도가 아니라 우리가 지닌 최고의 비즈니스 모델에 해당한다.

해적처럼 활동하는 것은(시장에서 가치를 취하거나 시장 바깥에서 새로운 공간을 창출해 그것을 커뮤니티에 환원하는 활동을 말하며, 그것은 공짜 오픈 소스 소프트웨어가 될 수도 있고 값싼 스타버리 운동화의 판매가 될 수도 있다) 공공의 이익에 이바지하는 훌륭한 방법일 뿐 아니라 새로운 청중과 진정한 교감을 나누는 최상의 방법이기도 하다.

많은 업계와 시장들이 아직은 우리가 지금껏 논의해온 해적들의 영향력과 변화의 세력을 감지하지 못하고 있다. 그러나 자체 복제 능력을 갖춘 3D 프린터처럼 이제 막 수평선 위로 떠오르려는 새로운 테크놀로지가 존재하는 한 그 어떤 누구도 안전할 수 없다. 해적들의 딜레마는 우리 모두가 심각하게 받아들일 필요가 있다. 내일의 해적들이 하나의 산업으로 당신 가까이 모습을 드러낼 수 있기 때문이다.

| 감사의 글 |

이 책은 걸출한 몇몇 분의 작은 도움과 지도와 영감이 없었더라면 세상에 나오지 못했을 것이다. 제일 먼저 『메디치 효과』의 저자 프란스 요한슨(Frans Johansson)에게 감사를 전한다. 젊은이 문화의 틀 안에서 혁신에 관해 생각하도록 해준 장본인이 바로 요한슨이었다. 이 책의 집필 과정 내내 그가 제공해준 조언과 격려는 너무나도 귀하고 값진 것이었다. 그는 지금까지 만나본 사람 중에 가장 똑똑한 인재 중의 인재이자 더없이 훌륭한 친구 중의 친구였다.

라이터스 하우스(Writer's House) 에이전시의 댄 라자르(Dan Lazar)는 내 아이디어에 모험을 걸고 그것을 치밀하고 날렵한 제안서로 탈바꿈하도록 도왔으며, 능숙한 일처리와 더불어 매번 프로젝트 단계마다 열과 성을 기울였다. 작가라면 라자르와 같은 슈퍼 에이전트가 필요할 것이다.

훌륭한 편집자 세 분을 만난 것은 참으로 행운이었다. 뉴욕 프리 프레스(Free Press) 출판사의 마리스 크라이즈먼(Maris Kreizman)은 이 책의 아이디어를 지지해주고 출간 과정 내내 원고를 훌륭하게 다듬어준 첫 번째 편집자였다. 앰버 쿠레시(Amber Qureshi)는 마지막 단계까지 아이디어를 살피고 더 나은 모습으로 다듬어주었다. 런던 펭귄(Penguin) 출판사의 헬렌 콘포드(Helen Conford)가 내 아이디어에 보내준 열정과 의욕은 출간을 성공시키는 데 커다란 보탬이 되었다. 그런 그녀의 수고가 없었더라면 그저 아이디어에 그치고 말았을 것이다.

365

미디어 기업들이 해적 활동에 어떻게 대처해야 하는지 프리 프레스의 도미니크 안푸소(Dominick Anfuso)와 오랜 시간 대화를 나누지 않았더라도 이 책이 지금과 같은 온전한 모습으로 세상에 나오지는 못했을지 모른다. 아울러 펭귄 출판사의 로버트 윌리엄스(Robert Williams)와 제러미 에팅하우센(Jeremy Ettinghausen), 그리고 스테판 맥그래스(Stefan McGrath) 이사의 확고부동한 지지에도 감사를 표한다. 이 책에 소개된 리믹스 장(chapter)이 출판 산업에 대한 본인의 사고방식을 어떻게 변화시켰는지 얘기해줬을 때는 그가 참으로 좋은 분이라는 생각이 들었다. 그리고 몇 달이 지나 펭귄 출판사에서 독자들을 위해 빈 공란으로 된 표지의 고전물 시리즈를 출간했을 때 나는 그의 말이 진심이었음을 알 수 있었다. 프리 프레스와 펭귄 출판사, 라이터스 하우스 직원들 모두의 후원과 수고, 그리고 런던의 도리 시몬즈(Dorie Simmonds)의 노고에 많은 신세를 지게 되었다.

프로젝트 내내 곁에서 응원해주었을 뿐 아니라 순간순간 의기소침해질 때마다 나를 지지해준 아버지 리처드(Richard)와 어머니 수(Sue), 누이 루스(Ruth), 의붓어머니 레티지아(Letizia)에게 무한한 감사를 드린다. 책 출간에 대한 가능성을 보여준 조카 미르(Mir)에게도 고마움을 전하고 싶다. 내가 이 책을 탈고하기 전에 그녀는 이미 다른 두 권의 책을 출간한 상태였다. 당시 조카의 나이가 여덟 살이었으니 앞으로 그녀를 주목해주기 바란다.

이 책이 제대로 모양새를 갖추도록 일부러 시간을 내어 비판과 조언과 후원을 제공해준 분들에게 감사를 표하며, 그중에서도 집필에 대한 아이디어를 심어준 린 존슨(Lynne D. Johnson)에게 고마움을 전한다.

지금껏 살면서 일찍이 영감을 얻지 못했더라면 이런 아이디어의 출간을 설득하지는 못했을 것이다. 이 점에 대해서는 에셔 대학(Esher College)의 경제학 스승인 브레니 올레람(Vreni Oleram), 토니 맥마흔(Tony

McMahon), 웨슬리 제이(Wesley Jay), 브래들리 M(Bradley M), 그리고 런던 최고의 해적 방송국 두 곳이자 한때 내가 그 일원이었음을 자랑스럽게 여기는 MAC 92.7 FM과 ICE 88.4의 모든 DJ와 래퍼들에게 감사를 전한다.

마지막이자 무엇보다 중요하게도 아내 에밀리에게 고마움을 전하고 싶다. 그녀의 인내와 사랑과 지지가 없었더라면 이 책은 결코 완성될 수 없었다. 아울러 그녀의 충고와 통찰력과 제안이 없었어도 이 책은 제 의미를 갖지 못했을 것이다. 그녀가 있었기에 이 모든 것이 가능할 수 있었다. 내 곁을 지켜주는 아내 덕분에 나의 하루하루는 어제보다 늘 조금씩 나아지고 있다.

디지털 해적들의 상상력이 돈을 만든다

초판 인쇄 l 2009년 3월 10일
초판 발행 l 2009년 3월 20일

지은이 l 매트 메이슨
옮긴이 l 최지아
펴낸이 l 심만수
펴낸곳 l (주)살림출판사
출판등록 l 1989년 11월 1일 제9-210호

주소 l 413-756 경기도 파주시 교하읍 문발리 파주출판도시 522-2
전화 l 031)955-1350   기획·편집 l 031)955-1384
팩스 l 031)955-1355
이메일 l book@sallimbooks.com
홈페이지 l http://www.sallimbooks.com

ISBN 978-89-522-1117-0 03320

* 잘못된 책은 구입하신 서점에서 바꾸어 드립니다.
* 저자와의 협의에 의해 인지를 생략합니다.

책임편집 · 교정 : 김형필

값 15,000원